Les Académies de l'histoire

LES HISTORIENS
ET LA MONARCHIE
III

LES HISTORIENS ET LA MONARCHIE

Les chemins de l'Histoire

COLLECTION DIRIGÉE PAR
BLANDINE BARRET-KRIEGEL
ET ANDRÉ BURGUIÈRE

BLANDINE BARRET-KRIEGEL

Les Académies
de l'histoire

Presses Universitaires de France

ISBN 2 13 042166 0
ISSN 0752-0514

Dépôt légal — 1re édition : 1988, décembre
© Presses Universitaires de France, 1988
108, boulevard Saint-Germain, 75006 Paris

Par sa volonté d'espace et de puissance, l'Etat a poussé en avant les franges pionnières ; par souci de mieux saisir, de mieux compter l'homme, l'Etat a construit la donnée statistique de base. Sans lui, donc sans l'Etat, pas d'arith-métique sociale, pas de débordements, faute de données, de l'esprit scientifique mécaniste en direction de l'homme. L'Etat se trouve à l'origine de la science sociale, cette nouvelle promue du XVIIIe siècle.

Pierre Chaunu.

Les *institutions*
de la recherche historique

A l'âge classique, le passé est devenu un objet de connaissance et l'histoire, longtemps vouée au chroniqueur et au mémorialiste, souvent associée au témoignage individuel, au souvenir personnel ou à l'ambition sociale, a enregistré, à partir du XVIIe siècle, une modification non négligeable : elle est devenue *savante*. Dès lors est apparue, soumise à des règles collectives de contrôle et de vérification, une discipline érudite où l'accumulation des connaissances va progresser. Assurément, ce n'est pas la totalité du discours historique qui s'est ainsi transformée et, à côté de l'histoire érudite, coexistera longtemps une histoire littéraire ou philosophique dont Mezeray et Voltaire seront, aux XVIIe et XVIIIe siècles, des illustrations connues. Davantage, à peine la définition de l'histoire savante avait-elle été énoncée avec *La Diplomatique* de Mabillon publiée en 1681, que l'érudition subissait devant l'opinion publique, religieuse et laïque, les démentis éclatants qui sont la marque de la « crise de la conscience européenne » à la fin du XVIIe siècle. Mais il n'est pas suffisant pour une science de trouver une définition pertinente de ses méthodes. Si elle veut se prolonger, aboutir, porter ses fruits, vivre tout simplement, il lui est nécessaire d'avoir des ateliers et des équipes, des institutions et une constitution. Les héritiers de l'histoire savante aux XIXe et XXe siècles, en avouant la dette qu'ils ont contractée avec elle[1], définissent son innovation comme un processus de production des archives. Le progrès réalisé par *La Diplomatique* est, nous l'avons vu, progrès d'ordre, de classification, de tabulation. Les caractéristiques de l'entreprise menée par les sciences de la nature de la seconde génération, telles qu'elles ont été dégagées avec profondeur par François Dagognet et Georges Canguilhem, s'appliquent parfaitement à la diplomatique. Elle aussi désarticule l'archive pour retrouver un ordre susceptible de la domestiquer, pour elle aussi, on peut comme Georges Canguilhem, dire que comprendre « ce n'est pas toucher ou être touché mais lire et écrire, que sa révolution scientifique est moins copernicienne que gutembergienne... »[2]. En consacrant la supériorité de l'écriture sur la parole, du public sur le privé, en accordant par suite une prééminence aux actes juridiques, la notion de diplôme authentique, apparemment restrictive par rapport à notre doctrine de l'archive, n'en constitue pas moins un levier solide de la recherche. La taxinomie qui la fonde entraîne un double mouvement de dépôts à épurer et de dépôts à constituer. Avant d'engranger dans les bibliothèques et les cabinets la moisson du vrai, on doit arracher le chiendent des textes falsifiés. A la différence de l'histoire littéraire dont le succès singulier est lié au prestige d'un talent ou à l'autorité d'une cause, la recherche érudite s'enracine dans une collectivité scientifique. La définition théorique appelle une

---

1. « L'intarissable fontaine où nous puisons tous » (A. Thierry) qui « a appris à l'historien à se servir des documents » (G. Monod) et en fondant « la critique des documents d'archives » (M. Bloch) a fabriqué « la matière première de l'historien » (L. Febvre) (cf. liv. II).

2. « Qu'elle concerne moins le point à partir duquel on voit et on mesure que la façon dont on chiffre et on déchiffre... que l'écriture y est programme et outil... qu'il s'agit là aussi de mieux écrire pour mieux savoir. » Commentant l'étude que François Dagognet a consacrée aux tableaux de la chimie, Georges Canguilhem observe : « Le dessein explicite de Dagognet est de montrer que inventorier l'univers, c'est moins le consacrer ou l'épeler que le dominer et déjà le transformer. La connaissance de l'ordre paradoxalement ouvre déjà la voie aux transformations réelles et positives. » La taxinomie, féconde en chimie, l'est aussi en médecine puisque la classification méthodologique procède à son tour de l'organisation cloisonnée des services hospitaliers devenus « machines à guérir » (F. Dagognet, *Tableaux et langages de la chimie*, Paris, 1963; G. Canguilhem, Nature dénaturée et nature naturante, *Savoir, faire, espérer, les limites de la raison*, Bruxelles, 1976; M. Foucault, *Les machines à guérir*, Bruxelles, 1975).

collation pratique des sources que réalise une communauté savante organisée dans des institutions de recherche historique. Les antiquaires, qui ne dédaignent ni le travail de l'archiviste ni l'effort du bibliothécaire, sont les tenants non d'une idéologie préexistante mais les exécutants d'un programme, se veulent non les adeptes d'une conviction mais les chercheurs d'une vérité, se considèrent non comme les fidèles d'une prophétie mais comme les travailleurs de la preuve en histoire. En délivrant les critères d'authentification des sources et en obligeant les historiens à respecter désormais « leurs engagements particuliers en donnant les originaux des choses »[3] selon l'admirable formule de Mabillon, en conduisant à ce double et même mouvement d'épuration des chartes et de collation et de concentration des actes, *La Diplomatique* a déjà commencé *la constitution des sources.*

Cette constitution est inséparable de ces « véritables ateliers de travail scientifiques » que, selon la formule de Renan[4], formaient les grandes congrégations monacales érudites dont les types étaient la Congrégation bénédictine de Saint-Maur en France et la Congrégation jésuite des bollandistes en Flandres, toutes deux engagées dans la controverse de *La Diplomatique*. Le travail érudit et singulièrement le travail de rassemblement des sources offre en effet cette particularité de se présenter d'emblée comme un travail collectif. L'œuvre des congrégations requises par les exigences de la controverse historique au sein des polémiques religieuses, a été relayée au cours et à la fin du xviie siècle par le réseau particulier de la communauté érudite — réunions, correspondances — mais aussi par des organisations créées par l'Etat. D'abord par la charge d'historiographe telle que l'a étudiée notamment François Fossier[5], qui rappelle qu'elle apparaît pour désigner le rôle d'Alain Chartier à la cour de Charles VI en 1554 et qui se prolongera, la parenthèse de la Révolution et de l'Empire

---

3. Mabillon, *Ms. Fr.* 19696, 1700, fol. 294, *Brièves réflexions sur quelques règles de l'histoire*, cf. liv. II, *La Diplomatique*.

4. Renan, L'instruction supérieure en France, *Revue des Deux Mondes*, 1884.

5. Cf. F. Fossier, La charge d'historiographe du xvie au xixe siècle, *Revue historique*, CLLVIII, 1.

mise à part, jusqu'en 1824[6]. A partir du compte énuméré par François Fossier[7] on peut tirer cet enseignement : avant 1660, la charge d'historiographe est remplie par les grands noms de l'érudition de l'époque, Du Haillan, Belleforest, Nicolas Vignier, Pierre Dupuy, Théodore Godefroy, André du Chesne, Louis et Scévole de Sainte-Marthe, Denis Godefroy. Du moment où la Congrégation de Saint-Maur entre dans sa phase de production active, la fonction d'historiographe devient honorifique et n'est plus occupée que par de grands « rhéteurs ». Bientôt elle sera relayée par deux autres institutions : l'*Académie des Inscriptions et Belles-Lettres* fondée en 1663 et réorganisée en 1701, lorsque la querelle de l'exégèse biblique aura miné l'érudition ecclésiastique (critique de Rancé contre Mabillon, condamnation des bollandistes); puis le *Cabinet des Chartes* établi en 1761 sous la direction de Jacob-Nicolas Moreau, lorsque l'Académie elle-même sera devenue un foyer d'opposition à la monarchie. C'est dans le cadre de ces organismes que va se poursuivre la constitution de l'histoire savante. La bonne marche de ces entreprises repose sur l'appui, voire même sur l'initiative de l'Etat. Bien que ni l'Académie des Inscriptions, ni le Cabinet des Chartes n'aient détenu le monopole de la recherche historique, et que leur coexistence révèle un état d'incertitude institutionnelle, leur création traduit aussi la réalité d'une politique d'aide à l'histoire savante. Richelieu s'est intéressé à Saint-Maur, Colbert a fondé l'Académie des Inscriptions qui, après avoir été réformée par Pontchartrain en 1701, est entrée dans les attributions de d'Antin, d'Argenson, Malesherbes, Breteuil, enfin Bertin a porté le Cabinet des Chartes sur les fonts baptismaux.

6. F. Fossier : « Dans l'état actuel de l'enquête, le nombre des titulaires de la charge se révèle, pour une période qui va de 1554 à 1824, beaucoup plus important qu'on ne pourrait le penser : 79 historiographes du roi, auxquels il convient d'ajouter les historiographes de France, 3 historiographes des langues, 3 historiographes et géographes du roi, 2 historiographes et gardes de la librairie ainsi qu'un petit nombre de personnes dont la fonction s'agrémentait du titre d'historiographe » (*art. cit.*, p. 78).

7. F. Fossier : « Soit un total de 104 personnages pour près de trois siècles, répartis de manière suivante : 12 au XVIe siècle, 71 au XVIIe siècle, 14 au XVIIIe siècle. La disproportion est manifeste surtout si l'on considère qu'entre 1666 et 1715 la charge ne fut presque pourvue que par Racine et Boileau. Le gros de l'effectif se situe avant 1660 dans la cinquantaine d'années correspondant au gouvernement de Richelieu puis de Mazarin » (*art. cit.*, p. 80).

Ce sont ces trois institutions, *la Congrégation de Saint-Maur, l'Académie des Inscriptions et Belles-Lettres, le Cabinet des Chartes,* qui représentent un lieu de rencontre de l'Administration et des antiquaires que nous nous proposons d'évoquer[8].

Mais leur étude ne laisse pas de soulever quelques problèmes.

D'abord des problèmes de méthode. Comme l'a observé A. Momigliano, l'érudition historique des xviie et xviiie siècles n'a connu, jusque dans les années cinquante, ni l'attachement manifesté à l'érudition humaniste, ni l'attention prodiguée aux œuvres des historiens littéraires ou instruits comme Scipion Dupleix, Lenglet-Dufresnoy, Boulainvilliers, Dubos, Mably, etc.[9]. Une partie des raisons qui justifiaient cette relégation[10] et qui tenaient à la séparation creusée entre les études de l'antiquaire et les études historiques proprement dites, a été largement remise en cause dans les dernières décennies, par Momigliano lui-même[11] et par Bruno Neveu[12]. Notre propre travail sur *la définition* de l'histoire savante rejoint leurs

8. L'étude du Cabinet des Chartes se trouve conduite dans le livre IV.

9. Cf. A. Momigliano : « Je voudrais pouvoir me contenter de renvoyer le lecteur à une "histoire des études antiquaires" mais il n'en existe pas... » et Momigliano de citer comme succédanés les œuvres de Thompson et Holm, 1942 ; Sandys, 1906-1908 ; C. V. Langlois, 1901 (L'histoire ancienne et l'antiquaire, *Problèmes d'historiographie ancienne et moderne,* Paris, 1983, p. 247).

10. Le constat concernant « le trou » du xviie siècle est fait de nouveau par G. Huppert, *L'idée de l'histoire parfaite,* trad. franç. F. et P. Braudel, Paris, 1972, p. 92. Sur les raisons des méthodes, cf. G. Lefebvre : « Cette érudition du xviie et du xviiie siècle sur laquelle j'ai insisté n'a pas eu, sur l'histoire, l'influence que vous pourriez imaginer. Les historiens en somme n'ont guère connu ces géants de l'érudition et cela vient du simple fait qu'elle se borne au mieux, à des collections de textes, qu'elle n'écrit pas de récits explicatifs... » (*La naissance de l'historiographie,* Paris, 1971) ; et G. Huppert : « Les savants du xviie siècle, en effet, se désintéressent des grandes questions d'histoire générale. Ils compilent des glossaires comme ce grand robin que fut Charles Du Cange (1610-1688). Ils écrivent des vies de saints comme Mabillon... Bref ils tendent vers les recherches de l'antiquaire beaucoup plus que celles de l'historien » (*op. cit.,* p. 187).

11. A. Momigliano, art. cité.

12. Bruno Neveu, cf. notamment : *Sébastien Le Nain de Tillemont et l'érudition ecclésiastique de son temps,* Paris, La Haye, 1966. Bruno Neveu a bien mis en évidence que l'activité antiquisante elle-même est beaucoup plus complexe qu'il apparaît et que plusieurs fonctions différentes coexistent en son sein : celles de l'antiquaire, de l'érudit, du critique, de l'historien : « Mabillon et Baluze recherchent les manuscrits, les comparent, les publient ; Toinard ou Vaillant examinent les médailles pour établir une chronologie plus exacte, le P. Quesnel édite les œuvres de Saint-Léon et le président Cousin, les historiens grecs. Ce sont à la fois des antiquaires, des érudits et des critiques. Antiquaires, ils s'attachent à la connaissance des documents et des monuments que le temps a rendu curieux et utiles,

conclusions et se range à l'avis selon lequel la distinction entre les historiens qui présentent les faits selon un ordre chronologique, et les antiquaires qui suivent exclusivement un plan systématique en réunissant tous les matériaux se rapportant à un sujet donné, tend à disparaître dans la seconde moitié du xviie siècle. Dans le cadre de l'histoire savante désormais soumise à la méthodologie de la révolution diplomatique, les érudits concilient le compte rendu des événements, la recherche des documents avec la présentation de nouvelles interprétations du développement social, religieux et politique. Plutôt que d'un refus délibéré du récit historique, l'option des antiquaires découle de la rareté de la documentation historique disponible et se rapproche, sans jeu de mots et sans métaphore, de la situation qui est encore aujourd'hui celle des antiquisants accordant la priorité à l'établissement du corpus des sources recensées. Du jour où les sources seront rassemblées en nombre suffisant, et cela adviendra au xviiie siècle, le récit pourra reprendre ses droits mais, et c'est toute la différence du récit érudit avec celui de l'histoire littéraire ou philosophique, un récit fondé sur la connaissance des documents authentiques. Ce qui distingue Mabillon des historiens littéraires de son temps, ce n'est pas le titre d'historien qu'il revendique à part entière[13], c'est le sens qu'il lui donne. A ses yeux, l'historien n'est pas seulement celui qui, à partir des matériaux de l'érudition, compose un récit susceptible de ressusciter les caractères et les passions des hommes même, s'il est également capable de le faire, mais d'abord et avant tout celui qui, pour rédiger le récit, doit rassembler les sources, perfectionner les méthodes de l'érudition et établir l'authenticité des

à la connaissance de l'Antiquité et du Moyen Age. Erudits, ils sont en possession d'une méthode scientifique qui leur permet d'apprécier la valeur de leur découverte et de les présenter au public savant. Critiques, ils déterminent l'authenticité des témoignages sur lesquels se fondera l'histoire : nous disons bien l'authenticité des témoignages non la véracité des faits eux-mêmes » (B. Neveu, *Religion, érudition et critique à la fin du XVIIe siècle et au début du XVIIIe siècle*, Paris, 1967, p. 27-28). Cf. aussi Nathan Edelman, *Attitudes of Seventeenth Century France toward the Middle Ages*, New York, 1943 ; Lionel Gossman, *Medievalism and the ideologies of the Enlightenment. The world and works of La Curne de Sainte-Palaye*, Baltimore, 1968.

13. Cf. liv. II.

matériaux. Ce qui sépare l'auteur de *La Diplomatique* des historiens philosophiques ce n'est pas l'usage de la critique mais le contenu et les limites qu'il leur assigne ; sa critique ne porte pas sur la nature des autorités sociales, religieuses ou politiques mais sur les titres qui légitiment les prétentions juridiques ou les actes prétendus de ces autorités. Une fois dépassée l'interprétation restrictive de l'activité des antiquaires et, une fois comprise la portée heuristique de la révolution méthodologique proposée par *La Diplomatique*, qui est applicable dans le champ de l'histoire médiévale et de l'histoire moderne où l'on pouvait collationner les sources, reste, pour compléter la définition de l'histoire savante, à examiner si, dans le domaine de l'histoire ancienne, où les sources sont rares et où les témoignages sont lacunaires, la méthode de la collection et les habitudes des musées seront ou non soumises à rectifications, reste à étudier la nature des travaux accomplis par les érudits dans les institutions où ils se sont regroupés : quels champs de la connaissance historique ont-ils ouverts et balisés ? Quel est leur degré d'obsolescence et de validité ? Dans la mesure où ces travaux sont centrés sur la constitution d'une discipline savante disposant de ses propres moyens technologiques, reste à s'interroger sur les diverses caractéristiques de cette technologie et sur les aspects de l'archivistique qu'elle organise pour autant que cette dernière est l'un de ses premiers instruments visibles. Aussi peut-on espérer mesurer quelques-uns des apports de l'histoire savante à la connaissance historique.

Une seconde difficulté méthodologique réside dans l'irrépressible tendance de l'histoire des idées contemporaines à rapporter la naissance des sciences humaines au grand séisme épistémologique de la modernité qu'a été la physique galiléenne et cartésienne[14]. La tentation est grande, dès lors qu'on assiste à la naissance d'une nouvelle discipline savante, de calquer le dessin de son développement sur celui — modèle — de la mécanique classique, malgré la démonstration apportée par les historiens des sciences de l'indépendance par exemple

---

14. Cf. Georges Gusdorf, *Les sciences humaines et la pensée occidentale*, Paris, 1966-1973, 6 vol.

de l'essor de la biologie[15] par rapport au mécanisme. Si la diplomatique est un discours de la méthode, il ne faudrait pas la tenir pour
« une politesse de l'esprit scientifique » mais plutôt évoquer à son
propos en raison de son souci opératoire, la théorie bachelardienne
« des instruments comme théorie matérialisée ». C'est à l'invention du
télescope par Galilée et aux découvertes rapportées dans le *Sidereus
Nuncius* qu'on devrait songer à la comparer. Pourtant ce rappro-
chement a ses limites : limites d'abord du côté de la philosophie : les
historiens des sciences ont souligné que les réorganisations entraînées
par la mécanique classique dans le tableau des connaissances se sont
faites sous le magistère des philosophes. Si toute philosophie contient
nécessairement une éthique du savoir et une politique de la connaissance, ce sont peut-être les résistances occasionnées par les institutions
traditionnelles détentrices du savoir, à l'encontre de la nouvelle
physique, qui ont conduit Galilée et Descartes à se placer d'emblée
sur le terrain de la métaphysique. La réception par les autorités religieuses de la métaphysique d'Aristote, solidaire de la physique du
même auteur, a obligé les physiciens de la mécanique moderne à se
retrouver en contradiction avec elles et, devant l'opposition ouverte
et la condamnation prononcée par l'institution patronne des universités
et du savoir, à engager un combat philosophique immédiat. Mais
cette opposition, qui a mis face à face les champions des sciences de
la nature et les institutions traditionnelles, n'a nullement été reconduite
dans le débat sur l'histoire, du moins en ce qui concerne la plus grande
partie de l'histoire érudite et tant que la Bible n'a pas été directement
mise en question. Du coup, nous l'avons vu, les historiens n'ont pas
été d'emblée philosophes et la philosophie de l'histoire, quand elle
advient, surgit en rupture avec l'érudition, sinon sur ses marges.
Assurément, dans les deux cas, le physicien ici, l'historien là, élabo-
raient un instrument de découverte de la vérité. Mais quand le télescope ajoutait, la diplomatique retranchait, quand Galilée multipliait
par dix le nombre des astres existants, Mabillon divisait d'autant la

---

15. Cf. Georges Canguilhem, *La formation du concept de réflexe aux XVIIe et XVIIIe siècles*, Paris, 1955 et François Dagognet, *op. cit.*

quantité des archives authentiques, quand Galilée était condamné par le Saint-Siège, Mabillon était encouragé par Colbert.

A côté des problèmes de méthode, la pratique de l'érudition et, avec elle, l'étude des maisons de l'histoire posent alors un problème institutionnel. Un problème double : d'abord le rapport entre l'institution et le savant n'est pas tout à fait le même que celui qui a régi l'expérience galiléenne. L'institutionnalisation de la recherche historique contredit explicitement l'héroïsation de l'aventure intellectuelle solitaire que, à partir de la vie de Galilée[16], la République des Lettres s'est donnée comme représentation de la vie de ses plus éminentes figures : l'intellectuel ou le philosophe seul contre les pouvoirs, abandonné de tous et reconstruisant toute la pensée comme Robinson, l'économie sur son île. Dans notre imaginaire collectif, la physique n'est pas seulement responsable de la transformation de la culture en culture moderne, elle a aussi produit la représentation du savant contre le politique et de la science contre la puissance. Or les antiquaires ne sont pas des chercheurs esseulés et les solitaires qui s'adonnent à l'érudition, sont membres de congrégations. En outre les érudits ne sont pas totalement indépendants mais pas non plus exclusivement enrégimentés. Comme en témoigne avec éclat le refus opposé par Mabillon à Colbert lorsque celui-ci voulut récompenser l'auteur de *La Diplomatique* par une pension, la situation des historiens savants n'est pas tout à fait celle d'écrivains pensionnés qui résume la condition des historiens littéraires.

Les rhéteurs éloquents, « *les artisans de la gloire* » comme les a très justement nommés Orest Ranum[17], avaient partie liée avec la royauté. Rétribués par les monarques, les rhéteurs s'étaient attachés à construire une historiographie royale fondée sur le lignage, un *ars historica* édifiant, relevant du dialogue des morts à l'antique et susceptible de servir la grandeur de leurs maîtres autant que

16. Même si récemment, dans un livre très stimulant, *Galilée hérétique*, Paris, 1985, Pierre Redondi a parfaitement mis en évidence que le tissu institutionnel qui liait l'aventure galiléenne aux réseaux intellectuels de la controverse religieuse, et notamment à la portée de la remise en cause de l'eucharistie, était fort dense.

17. Orest Ranum, *Artisans of glory, writers and historical thought in seventeenth century France*, Chapel Hill, 1980.

leur propre renommée[18]. Ce faisant, ils remplissaient la fonction traditionnelle de l'histoire qui accouple l'histoire passée à l'histoire présente, en train d'être accomplie par les grandes actions des grands personnages et se trouvaient héritiers de l' « histoire parfaite »[19]. En dotant la représentation de l'idéologie royale d'une expression imprimée à l'âge de la librairie, leur action de propagande est sans doute à mettre en rapport avec les cérémonies par lesquelles la majesté des monarques se théâtralise d'un concours croissant du peuple : le sacre, les funérailles, les entrées royales, les lits de justice, autant de manifestations qui ont constitué récemment des voies d'accès privilégiées pour l'anthropologie historique, à ce fait social total qu'est la royauté[20]. L'histoire littéraire, par la place qu'elle donne à la dimension familiale, la consécration qu'elle apporte, bon gré mal gré, à la personnalisation de la majesté royale est associée à l'absolutisme. C'est la raison pour laquelle l'historiographie de l'histoire littéraire a beaucoup insisté sur l'enrégimentement que la

18. O. Ranum : « The first is how the familial character of monarchical history came to determine the ways in which writers could construct the history of the realm. Their choice of subjects was reduced to two : they either wrote the entire history of the three races of French kings, or else the history of the reigning king » *(op. cit.,* p. 3). « The second theme... the rhetorical heritage from Antiquity — the ars historica — reinforced this tendency to define history as primarily an edifying dialogue with the dead » *(op. cit., ibid.).* « The third theme... namely the writers themselves and the political, social, religious and literary influences a work in the lives of gens de lettres as they attempted to assure their own self-esteem, even gloire, while writing to perpetuate the memory of French kings » *(op. cit., ibid.).*

19. Cf. liv. II.

20. Cf. notamment : Bernard Guénée et Françoise Lehoux, *Les entrées royales françaises 1328-1515*, Paris, 1968 ; Jean Jacquot, *Les fêtes de la Renaissance*, Paris, 1956; Ralph E. Giesey, *The royal funeral ceremony in Renaissance France*, Genève 1960; Sarah Hanley, *The lit de justice of the Kings of France. Constitutional ideology in legend ritual and discourse*, Princeton, 1983.

Dans son étude sur les lits de justice, Sarah Hanley a très bien montré que l'idéologie constitutionnelle qui se manifeste dans ces cérémonies fait apparaître le tournant absolutiste : alors qu'au XVIe siècle la dignité royale était conférée au successeur héréditaire en vertu de la théorie légitime de dévolution de la couronne (Sarah Hanley étudie le discours de Michel de L'Hospital prononcé en 1562 sur la royauté législative. Les termes du chancelier s'inspirent sans doute de l'œuvre de Du Tillet mais aussi et l'exégèse de Sarah Hanley en convainc parfaitement, des mises au point de l'école de Bourges (Alciat) et de Jean Bodin (cf. livre II, *op. cit*.)), au XVIIe siècle, le lit de justice est le forum où se confirment les règles de la royauté dynastique par laquelle désormais le royaume est un droit transmis par le sang et réservé au lignage des Bourbons.

royauté — *censor and sponsor* comme l'a dit Joseph Klaits[21] — faisait subir à ses historiens.

Mais la situation des historiens savants ne se confond cependant pas tout à fait avec celle de libellistes rétribués, de mémorialistes pensionnés, de publicistes privilégiés. Sans doute, parce que toute institution apporte, avec la durée et la communauté, une extranéité et une objectivation par rapport au démiurge qui l'a créée, telles que le lien de dépendance personnelle s'en trouve nécessairement affaibli. C'est pourquoi, si l'on veut rendre compte du fonctionnement de la vie érudite, il ne suffit pas de focaliser la vision cartésienne en donnant un supplément d'âme intersubjectif au parcours individuel, ni d'échanger Gassendi contre Descartes, comme le faisaient naguère les historiens marxistes, car les institutions de la recherche historique ne sont pas « des conquêtes de la bourgeoisie » mais des organismes qui appartiennent à l'Eglise et à l'Etat. A leur propos, on peut s'inquiéter de savoir si les érudits ainsi établis disposaient ou non de liberté d'entreprendre et de l'indépendance nécessaire à la recherche de la vérité historique, s'ils étaient ou non enrégimentés. Lorsque l'Etat investisseur et directeur entre en relation avec la force de travail des historiens, les historiens entrent à leur tour en rapport avec le pouvoir. Quels pouvoirs ont donc les historiens ? Ces questions, on peut encore se les poser autrement et se demander si les institutions de la recherche historique sont seulement en rapport — et dans la mesure où elles le sont, dans quelles limites et dans quel partage — avec la royauté. N'entretiennent-elles pas, au-delà du roi, en dehors de la royauté, un lien privilégié avec l'*Etat* de la monarchie, un Etat dont le rythme et la logique ont leur spécificité ?

Quelles sont donc les demeures de l'histoire ? Comment ont-elles fonctionné ? Quelles ont été les modalités et les résultats de leurs entreprises ? A quel type d'institutionnalisation du savoir correspondaient-elles ? A quel type de pouvoir ?

21. Joseph Klaits, *Printed propaganda under Louis XIV. Absolute monarchy and public opinion*, Princeton, 1972. La formule est appliquée à Richelieu (p. 8).

PREMIÈRE PARTIE

La Congrégation bénédictine
de Saint-Maur

Certains ordres religieux qui appliquaient à l'étude cette tranquillité d'esprit, l'un des meilleurs fruits de la vie monastique, réalisaient autrefois ces grands ateliers de travail scientifique, dont la disparition est profondément à regretter. Sans doute, il eût été bien préférable que ces travailleurs eussent été indépendants ; ils n'eussent pas porté dans leur œuvre autant de patience et d'abnégation ; mais ils eussent certainement porté plus de critique... A côté de l'œuvre savante de l'architecte, il y a dans la science l'œuvre pénible du manœuvre, qui exige une obscure patience et des labeurs réunis. Dom Mabillon, Dom Rivet, Montfaucon n'eussent pas eu sous leurs ordres toute une communauté de laborieux travailleurs qui dégrossissaient l'œuvre à laquelle ils mettraient ensuite la dernière main.

Ernest Renan.

La Congrégation bénédictine de Saint-Maur est la première des grandes institutions de la recherche historique qu'a connue l'âge classique; celle dont l'importance est sans doute la mieux appréciée et célébrée : Xavier Charmes, Gabriel Monod, Pierre Chaunu ont tour à tour souligné son rôle décisif[1]. Sur son activité, sur ses fondateurs et sur ses animateurs, Dom Grégoire Tarrisse, Dom Luc d'Achery, Jean Mabillon, Bernard de Montfaucon, il existe une immense documentation et une vie entière d'étude n'épuiserait pas

---

1. Xavier Charmes : « Cette grande école... (à laquelle) la France avait dû une supériorité reconnue sur tout le reste de l'Europe, au XVIIe et au commencement du XVIIIe siècle, dans les travaux d'érudition historique » (*Le Comité des travaux historiques*, Paris, 1886, t. I, p. XXII). Gabriel Monod : « De quelque importance qu'ait été l'œuvre des jésuites, des oratoriens, du janséniste Tillemont et de quelques membres du clergé séculier, tels que Pierre de Marca ou Longuerue, elle pâlit à côté des travaux de l'ordre illustre dont le nom seul éveille l'idée d'une érudition inépuisable et d'infatigables labeurs. Une science de bénédictin, un travail de bénédictin, et bien qu'une partie de la gloire intellectuelle attachée à ce nom doive être reportée aux bénédictins du Moyen Age, la plus grande part en revient à la congrégation créée en 1627 sous l'invocation de saint Maur, et qui avait pour siège principal l'antique abbaye de Saint-Germain-des-Prés » (Du progrès des études historiques en France depuis le XVIe siècle, *Revue historique*, no 1, p. 20). Pierre Chaunu : « Les bénédictins de Saint-Maur... Ils sont à la science historique ce que Viète est à l'algèbre, Newton à la mécanique et Lavoisier à la chimie » (*La civilisation de l'Europe des Lumières*, Paris, 1971, p. 282).

toutes les richesses de l'œuvre colossale accomplie par plusieurs générations de mauristes sur laquelle se sont penchés jusqu'aujourd'hui, une succession d'érudits ecclésiastiques[2]. Pourtant, bien que Mabillon appartienne à la science historique internationale et que les mauristes soient l'une des grandes équipes de la recherche aux XVIIe-XVIIIe siècles, c'est essentiellement sous l'angle de l'histoire religieuse qui, pour les raisons que nous avons examinées dans le livre précédent, constitue hélas, un chapitre isolé de l'historiographie, que leurs œuvres ont été étudiées et le lien qui unit l'érudition ecclésiastique au reste de la recherche historique et relie la Congrégation de Saint-Maur aux autres institutions de recherche, demeure mal connu. Dans les limites que nous nous sommes imparties, nous essaierons seulement d'éclairer le fonctionnement de cette institution avec la perspective comparatiste des différentes maisons de l'histoire[3] : quel a été le rôle de Richelieu dans la formation de la Congrégation, comment s'est effectuée la réforme des études et des méthodes de travail des mauristes, quelle a été leur participation aux grands travaux sur l'histoire de France ? Comment la Congrégation est-elle entrée en léthargie puis en agonie à la fin du XVIIIe siècle ? Nous voudrions répondre à ces questions pour tenter de comprendre quel rôle ont joué les mauristes dans la constitution de l'histoire savante.

2. Ce sont en effet du XVIIIe au XXe siècle essentiellement des clercs qui ont contribué à la connaissance que nous avons de la Congrégation, notamment Dom Tassin, Dom Edmond Martène, Dom Paul Denis, Dom Ursmer Berlière, A. M. P. Ingold. Antoine Dubourg, Dom Gaston Charvin (directeur de la revue *Mabillon* une quarantaine d'années), Dom Henri Leclercq (cf. notre orientation bibliographique). A partir d'admirables travaux, ils ont maintenu vivant le souvenir des mauristes et éclairé les points décisifs de leur œuvre. La connaissance des études mauristes s'est récemment redéployée avec les travaux de Madeleine Laurain-Portemer, Jeannine Fohlen, Odette Helie d'Halerit.

3. Cf. les principes de notre orientation bibliographique en annexe.

Les origines de la Réforme
et le rôle de Richelieu

La Congrégation bénédictine de Saint-Maur est une expression moderne de la vitalité du grand ordre fondé au mont Cassin[1] au VIe siècle. Si l'on en croit Butler, l'ascétisme propre à saint Benoît n'est pas d'essence essentiellement corporelle mais spirituelle : « Il est à noter — observe-t-il — qu'il n'y a aucune trace de la règle de saint Benoît ni dans sa vie racontée par saint Grégoire, de ce que l'on peut appeler les pénitences artificielles que l'on s'impose : les cilices, les chaînes, les clous, les flagellations qui jouent un si grand rôle dans l'histoire de l'ascétisme et ont été si fameuses dans la vie religieuse médiévale et moderne. »[2] Saint Benoît envisage toujours l'existence du moine dans les limites de la clôture et celle-ci s'écoule essentiellement dans les exercices de la vie claustrale sans qu'il soit question des exercices apostoliques[3]. Pour comprendre le tournant que représente le monachisme bénédictin dans l'histoire de la piété chrétienne, il faut avoir en tête l'érémitisme oriental, et l'habitude de la retraite au désert. Saint Benoît institue le couvent à la place de l'ermitage, la vie cénobitique à la place de la vie érémitique. Il est

1. Cf. Mabillon, chap. I.
2. Dom Cuthbert Butler, *Le monachisme bénédictin*, Paris, trad. franç., 1924, p. 42.
3. Guy Oury, *L'ordre de saint Benoît*, Paris, s.d., p. 7.

des ordres et des congrégations où l'érémitisme figurera toujours le palier le plus élevé de la mystique. Le monachisme bénédictin ne tient pas le couvent pour un pis-aller mais pour un moyen complet, entier de se consacrer à l'*opus dei*. Aussi bien, dans la *Regula* bénédictine publiée et commentée par Grégoire le Grand, n'existe-t-il aucune des fureurs et aucun des déchirements ascétiques que la retraite avait imposés à la pratique religieuse : punition, pénitence, flagellation, scarification, mais, à la place, se déroulent prière, cérémonies et travail pour un ascétisme spirituel dont les douze étapes sont soigneusement distinguées.

On peut approximativement reconstituer la journée typique d'un moine pendant le semestre d'hiver[4]. Il se levait à 2 heures du matin, suivait l'office à 4 heures, se couchait après 18 heures. La méditation après les vigiles durait 1 heure 1/2, la lecture 3 heures 3/4, le travail 5 heures 1/4, le sommeil 8 heures, le repas 1 heure 1/2. Les trois éléments du service de Dieu sont le gouvernement de soi-même, la prière, le travail. De telles dispositions, si elles ont incontestablement favorisé le travail manuel et donné libre carrière en particulier au travail de copiste et à l'édification de bibliothèques[5], n'ont pas pour autant fait de l'ordre bénédictin, avant les Temps modernes, un grand ordre érudit. A la Renaissance, les études bénédictines étaient même en piteux état. Voigt rapporte les témoignages de Boccace, Poggio, Cenci et Bartolomeo : « Boccace raconte volontiers ce qui lui arrive chez les bénédictins du mont Cassin. Curieux de visiter leur ancienne bibliothèque, il prie l'un des moines de la lui ouvrir. Celui-ci lui montrant un escalier en échelle, ajouta d'un ton sec : "Montez, elle est ouverte." En effet, il n'y avait ni cadenas ni portes. Quand Boccace se mit à examiner de près quelques manuscrits, l'un avait des marges coupées, l'autre manquait de mille matières. Il descendit en pleurant de dépit et demanda aux religieux qu'il rencontra pourquoi l'on gardait avec si peu de soin de si magnifiques trésors... » (p. 230). Et plus loin : « ... Un jour Poggio, Cenci, Bartolomeo concertèrent

---

4. D. G. Morin, Journée d'un moine, *Revue bénédictine*, 1889.
5. Cf. Mabillon, chap. 1.

une promenade en commun à Saint-Gall. Ils trouvèrent l'abbé et les religieux de ce sanctuaire autrefois si célèbre par sa science, indifférents à toute étude littéraire, une bibliothèque très riche mais reléguée dans une sombre tour du couvent en proie à la poussière, à l'humidité, aux rats — à tout ce qui peut gâter et pourrir les livres dans une horrible prison, dit Poggio — où l'on ne jetterait pas un condamné à mort. »[6] « Les travaux de bénédictins» ne commenceront qu'avec les mauristes.

La réforme de Saint-Maur est l'aboutissement du mouvement général de réforme des grands ordres européens lié à l'état d'esprit post-tridentin voulu par le Concile et institué par la politique qu'il avait imaginée : réforme des franciscains avec l'institution des Récollets, réforme des dominicains, création par le cardinal Bérulle de l'Oratoire de Jésus en 1611 qui se consacrera notamment à l'instruction de la jeunesse et comptera dans ses rangs des esprits de la taille ou de la distinction de Malebranche, Thomassin, Richard Simon, Massillon. Réforme de la Visitation et des filles de la charité établie également en 1618 par saint Vincent de Paul, puis les lazaristes auxquels succédèrent, dans l'organisation des séminaires, les sulpiciens en 1641. Réforme de la Compagnie de Jésus fondée en 1543 par Ignace de Loyola et qui se développe en France à partir de la fondation en 1564, du collège de Clermont[7]. Le développement des congrégations est aux Temps modernes ce qu'a été le développement des grands ordres conventuels au Moyen Age : un regroupement de missions et de maisons destinées à répandre efficacement

---

6. Voigt, *Pétrarque, Boccace et les débuts de l'humanisme en Italie*, trad. franç. par M. A. Le Monnier, Paris, 1894, p. 233.
Même opinion chez Butler : « L'histoire bénédictine n'a pas produit beaucoup de Bèdes ; les lettrés bénédictins qui lui succédèrent au Moyen Age ne furent pas ses égaux. Il faut d'ailleurs reconnaître que les érudits bénédictins de ce modèle ont été rares de tous les temps — un ici, un autre là. L'idée d'une société bénédictine universellement savante est un mythe dû à sa réalisation partielle, quoique très brillante, dans la Congrégation de Saint-Maur pendant les XVIIe et XVIIIe siècles. À aucune époque, les bénédictins pris dans leur ensemble n'ont été des savants. Mais ils ont de tout temps la tendance à faire surgir des individualités réincarnant Bède le Vénérable. Et quand apparaissent les moines de ce genre, on reconnaît qu'ils ne sont pas le produit du hasard ni l'épanouissement dû à une greffe étrangère, mais les fruits naturels de certains éléments de la vie bénédictine, du caractère et de la trempe d'esprit qu'elle développe » (*op. cit.*, p. 122).
7. Cf. Ernest Lavisse et Alfred Rambaud, *Histoire générale du IVe siècle à nos jours*, Paris, 1893-1904, 12 vol., t. 6, p. 31.

leur spiritualité dans l'Eglise et dans la société[8]. A côté des ordres
de type moderne créés en Italie dans le premier XVIᵉ siècle, les
théatins, les barnabites, de nouvelles congrégations apparaissent, les
oblats de Saint-Amboise, les barthélémites, les doctrinaires, les hospitaliers, etc., qui contribuent à une restructuration du tissu religieux et à
une réorganisation de la vie contemplative. La réforme tridentine qui
a souhaité imposer au haut clergé la résidence, empêcher la mondanité
et le cumul des bénéfices épiscopaux et abbatiaux, veut aussi réorganiser les ordres réguliers, supprimer les abus, raidir les observances.

Saint-Maur tire son origine de la fondation de la Congrégation de
Saint-Vannes et Saint-Hydulphe qui est elle-même une création
tridentine. Cette dernière, fondée en 1604 à l'initiative de Dom Didier
de La Cour, moine de Verdun, correspondait à l'idée conciliaire d'un
regroupement des réguliers. Partie des trois évêchés, elle réunit en
quelques années plus de 40 monastères et rassemble au moment de
sa plus grande expansion environ 600 moines répartis dans une
cinquantaine de maisons, de Lorraine, de Champagne et de Franche-
Comté[9]. Ses constitutions mettaient l'accent sur l'importance du
chapitre général des religieux qui, convoqué annuellement, choisissait
les supérieurs et l'affectation de chacun de ses membres[10]. Son orientation était tendue vers les sciences religieuses capables de résister
fermement au protestantisme. Dom Calmet a bien défini ultérieurement l'esprit de la réforme de Saint-Vannes : « Tout ce que le judaïsme
a produit de plus relevé... tout ce que la philosophie a inventé de
plus excellent pour former l'idée d'un sage se remarque réellement
dans la vie d'un religieux fidèle à pratiquer les devoirs de son état...
C'est pour cette raison que les Anciens appellent si souvent la vie
religieuse une philosophie sainte. »[11] Plusieurs maisons de réguliers

8. Cf. Augustin Fliche et Victor Martin, *Histoire de l'Eglise depuis les origines jusqu'à
nos jours*, Paris, à partir de 1938, 26 vol., *op. cit.*, t. 18 (1960).

9. Cf. *Dictionnaire de théologie catholique*, Paris, 1928, article « Mauriste », t. 10 et René
Taveneaux, La vie intellectuelle dans la congrégation bénédictine de Saint-Vannes au
XVIIᵉ siècle, *Sous la règle de saint Benoît...*, Paris, Genève, 1982, p. 307.

10. Cf. René Taveneaux, *Le jansénisme en Lorraine, 1610-1789*, Paris, 1960.

11. Dom Calmet, *Commentaire historique et moral de la règle de saint Benoît*, Paris, 1734,
2 vol., t. 2, p. 45, cit. par O. Helie d'Allerit, *op. cit.*, t. 1, p. 23.

français voulurent s'y agréger : Saint-Augustin de Limoges, Saint-Julien de Noailles, Saint-Faron de Meaux. Mais la monarchie ne pouvait ni permettre aux moines lorrains de dominer des moines français, ni autoriser le développement d'une congrégation lorraine dont l'obédience était située hors du royaume et lorsque certains moines comme Dom Anselme Rollet, Athanase de Mongin, de retour d'un pèlerinage en Lorraine, demandèrent la possibilité d'établir la réforme dans les maisons françaises, le roi accorda aux pères de Lorraine la possibilité de réformer les monastères de France mais sans leur permettre de s'unir en congrégation. La réforme de Saint-Maur est alors née des désirs conjoints de renouvellement chez les moines et d'une congrégation véritablement française de la part de la monarchie. Ce fut Dom Laurent Benard, moine du monastère de Saint-Etienne de Meaux puis prieur du collège de Cluny qui joua le rôle de la cheville ouvrière dans l'établissement de Saint-Maur. Après un stage en Lorraine, il invita des religieux lorrains du collège de Cluny à Paris et installa sur l'exemple de Saint-Vannes, la réforme à Limoges. Il demanda une réforme et la création d'une congrégation. Au chapitre général de Saint-Mansuy à Toul le 6 mai 1618, sa requête fut agréée par les Lorrains et les vannistes libérèrent les moines de leurs obligations. Dès le mois d'août, il obtenait de Louis XIII des lettres patentes et la réforme s'étendit en France. La Congrégation de Saint-Maur fut donc créée en 1618[12]. Les bénédictins réformés français tiennent leur premier chapitre au couvent des Blancs-Manteaux. C'est ici, le long d'une série de marches et contre-marches qui jalonnent un projet d'union générale de Saint-Maur et de Cluny, pour l'obtention des bulles d'érection et de confirmation prises lors de l'établissement à l'abbaye de Saint-Germain-des-Prés en 1631,

---

12. Voici la relation que fait pour sa part Jacques Bouillart : « Dom Laurens Benard, docteur de Sorbonne et prieur de collège de Cluny, qui avait assisté au chapitre général de Saint-Mansuy, étant revenu à Paris, travailla de tout son pouvoir à l'érection de la nouvelle congrégation de Saint-Maur. Il fut aidé par les pères Dom Anselme Rolle, Colomban Regnier, Adrien Langlois, Dom Tassin, Martin Taisnière, Athanase Mongin, tous religieux de Saint-Vanne et d'une grande probité », Dom Jacques Bouillard, *Histoire de l'abbaye royale de Saint-Germain-des-Prés*, Paris, 1724, p. 236.

quand les moines de Chézal-Benoît (liés au départ à la congrégation) se furent retirés, qu'intervint Richelieu[13].

Le rôle du ministre dans la naissance de la Congrégation a été souligné sans ambages par Dom Tassin qui a écrit : « La réforme de Saint-Maur... le cardinal de Richelieu y contribua plus que personne. »[14] Egalement par Dom Paul Denis qui observe à juste titre que : « Si Richelieu ne destine dans ses mémoires que quelques lignes à son action dans la réforme monastique... il se montre plus explicite dans son testament politique où il se félicite à bon droit des dernières années du règne de son maître, l'ordre et la discipline maintenus dans la paix parmi les habitants du cloître[15] et insiste sur la nécessité d'une réformation moderne et des études dans les ordres religieux. » Mais c'est Edmund Bishop qui a posé de la façon la plus nette la question des rapports de Richelieu et de la Congrégation de Saint-Maur : « What does that Congregation of Saint-Maur, which since his day has made a great name in the world of religion and learning, and what through the Congregation of Saint-Maur, does the whole monastic ordre, owe do Richelieu ? Does it owe something or nothing ? And

13. Bien qu'il existe une documentation importante sur la naissance de la Congrégation de Saint-Maur d'abord dans le premier recueil composé par Dom Ange Nalet, BN, *Ms. Fr. 17669* (des origines à 1626, 290 pages essentiellement et une chronologie annuelle des principaux événements à partir de l'origine de la Congrégation de Saint-Vannes et de la réforme du collège de Cluny, puis un recueil des pièces justificatives); ensuite le livre en 9 volumes de Dom Martène, *Histoire de la Congrégation de Saint-Maur*, publié avec une introduction et des notes par Dom G. Charvin, 1929-1954, 10 vol. et BN, *Fds français 17670*, p. 5 (Dom Mège), excellemment utilisés par O. H. d'Allerit dans le t. 1 de son ouvrage *(op. cit.)*, les péripéties de son institution demeurent embrouillées parce que le rôle de la monarchie n'y est jamais clairement marqué.
14. D. Tassin : « La réforme de Saint-Maur s'étendit de plus en plus par toute la France sous les favorables auspices du Roi Louis le juste et de la pieuse Reine Anne d'Autriche par le sèle des évêques et des abbés les plus recommandables. Le Cardinal de Richelieu y contribua plus que personne. Ce grand ministre qui savait en quoi consiste la prospérité d'un Etat s'appliquait non seulement à faire fleurir les sciences et les beaux-arts mais encore à régler les mœurs du clergé séculier et régulier. Il savait les services que l'ordre bénédictin avait rendus autrefois à l'Eglise et à l'Etat et son dessein était de le rendre florissant comme il avait été avant la décadence de la discipline ecclésiastique et monastique; décadence causée par l'abandon des bonnes études, par les commendes, par le malheur des guerres civiles et les nouvelles hérésies. Les Pères de la réforme de Saint-Maur entrèrent parfaitement dans les vues du sage ministre, leur puissant protecteur » *Histoire littéraire dans la Congrégation de Saint-Maur*, Bruxelles, 1770, préface, p. IV et V.
15. D. Paul Denis, *Le cardinal de Richelieu et la réforme des monastères bénédictins*, Paris, 1913, p. 53.

if something, what precisely is that something ? »[16] La réponse de Bishop est que Richelieu est directement à l'origine de la réussite de la réforme de Saint-Maur. Si comme abbé commendataire de Cluny, Cîteaux et Prémontré, il a finalement échoué dans son projet d'unifier, sous une réforme imprégnée de l'esprit vanniste tous ces ordres, il a réussi à Saint-Maur grâce à Dom Grégoire Tarrisse. La conviction d'Edmund Bishop prend sa source dans la lecture attentive d'un mémoire de première importance[17], celui de Dom Bernard Audebert, prieur de Saint-Denis au centre du gouvernement de la Congrégation, et qui devient, en 1648, l'assistant du général. Il demeure à ce poste jusqu'en 1654, date à laquelle il gouverne à Saint-Germain-des-Prés avant d'être élu à son tour général de la Congrégation en 1660, à la suite de Dom Jean Harel. L'intérêt que la monarchie et ses ministres ont pris à la réforme de Saint-Maur se trouve confirmé par leurs actions successives en faveur de la Congrégation[18]. Sur les instances de Laurent Benard, la reine, Marie de Médicis, était intervenue en mai 1614 auprès du pape Paul IV pour que la réforme de Saint-Maur s'appliquât dans l'abbaye de Saint-Germain-des-Prés[19]. Après la formation de la Congrégation de Saint-Maur en 1618 et son installation aux Blancs-Manteaux, des privilèges sont accordés et des bulles d'érection et de confirmation sont fulminées par l'official de l'archevêque à Paris, le 16 mai 1629. Des lettres patentes du roi suivent le 25 mars 1632, vérifiées par le Parlement le 26 mai. Richelieu, qui possédait en commende Saint-Benoît-sur-Loire dans le diocèse d'Orléans, y établit la réforme en 1626, puis l'étend à Saint-Pierre-de-Conches. Egalement abbé de Cluny, il fait la demande en 1629, à deux

16. Edmund Bishop : « Que doit la Congrégation de Saint-Maur qui s'est fait, depuis lors, un grand nom dans le monde religieux et savant, et à travers la Congrégation de Saint-Maur, que doit l'ordre monastique tout entier à Richelieu ? Lui doit-elle quelque chose ou rien et si c'est quelque chose, qu'est-ce donc au juste ? » (Richelieu and the benedictins, *Liturgica historica, papers on the liturgy and religious life on the western church*, Oxford, 1918).

17. *Les mémoires du R. P. Dom Bernard Audebert estant Prieur de St. Denis et depuis Assistant du R.P. Général publiées par le R.P. Dom Léon Guilloreau*, Paris, 1911, *Archives de la France monastique*, vol. X.

18. Intervention que met en évidence Dom Paul Piolin, Le cardinal de Richelieu dans ses rapports avec la Congrégation de Saint-Maur, *Revue des Questions historiques*, t. 49, 1891.

19. Art. cité, p. 131-132.

religieux de Saint-Vannes de venir enseigner la réforme à Cluny. Au milieu des difficultés rencontrées ici et là par Saint-Maur, le ministre intervient avec diligence et efficacité. Ainsi en 1631, le Grand Conseil a rendu un arrêt qui empêche l'établissement de Saint-Maur à Saint-Germain-des-Prés. Cet arrêt est cassé sur la demande du Cardinal, et ajoute Dom Piolin, de Séguier et de Schomberg[20]. La bulle d'Urbain VIII (21 janvier 1627) paraît avoir quelques difficultés d'homologation au Parlement, qui est obtenue après une intervention de Richelieu[21]. Le prélat intervient, une fois encore, pour accélérer l'implantation de la réforme à l'abbaye royale de Saint-Denis. Il est vrai que son vœu de former une grande congrégation bénédictine gallicane sera couronné de moins de succès. « Le projet de réunion de toutes les congrégations sous un seul général hantait toujours l'esprit de Richelieu. »[22] Sur ce point, les relations qui suivent divergent. S'il y a accord pour indiquer l'entrevue entre le P. Joseph et Dom Grégoire Tarrisse, les commentateurs s'opposent quant à la nature de l'entretien. Pour Dom Piolin, « le P. Joseph convoque D. G. Tarrisse pour lui proposer l'union de toutes les congrégations bénédictines de France et de Lorraine sous la direction supérieure du cardinal de Richelieu ». Pour Dom Paul Denis, Grégoire Tarrisse intervint de son propre chef pour décourager un projet qui était moins celui du cardinal que celui de certains moines[23]. Pour François Rousseau, c'est l'argumentation du P. Joseph en revanche et la promesse que, dans la personne de Richelieu abbé commendataire des ordres réunis et réformés, la Congrégation de Saint-Maur, gouvernée librement par son général élu au chapitre, aurait un zélé protecteur au lieu d'un rival, qui triomphèrent des derniers scrupules de Dom Tarrisse[24]. En 1636, a lieu néanmoins l'union de Saint-Germain avec Chézal-Benoît, puis l'union avec Cluny suit le 22 décembre. Le 8 octobre 1636, Grégoire Tarrisse est nommé supérieur

20. Voir n. 18.
21. Art. cité, p. 141.
22. D. P. Piolin, art. cité, p. 146. Cf. aussi pour le détail des opérations Dom Paul Denis, *op. cit.*
23. Notamment Antoine Rollet.
24. François Rousseau, *Dom Grégoire Tarrisse*, Paris, 1924, p. 108.

général de la nouvelle congrégation, mais après la mort de Richelieu, l'union avec Cluny fera long feu et la Congrégation de Saint-Maur restera seule. L'intérêt de l'interprétation d'Edmund Bishop est, nous semble-t-il, de faire apparaître, derrière l'échec relatif de Richelieu, la marge de son succès. « *O felix culpa !* » s'écrie-t-il[25]. Sans doute le Cardinal ne parvint-il pas à réaliser complètement le projet qu'il avait en vue : « Regrouper l'ensemble de l'ordre bénédictin dans une congrégation réformée qui aurait été la Congrégation bénédictine de France »[26]. Mais ce projet, Bishop l'interprète moins comme déterminé par la volonté personnelle du prélat de mettre la main sur des bénéfices rentables que comme conçu à partir du calcul rationnel des avantages politiques que l'Etat pouvait retirer d'activités érudites menées par les moines et concourant à la grandeur et à la réputation de la monarchie française[27]. Et ce projet-là, Richelieu parvient à le réaliser pleinement. « What is the reason, the secret of the difference, the striking contrast shown during all the seventeenth century between the Congregation of Saint-Maur and the Congregation of Saint-Vannes, of which Saint-Maur is the offspring... ? The Congregation of Saint-Vannes, existed and doubtless flourished, much to the profit of its members; but is it too much to say that in the seventeenth century it remains historically and, so far as the world at large is concerned, a respectable nullity ? »[28]. Cette raison, Bishop

25. E. Bishop, art. cit., p. 470.
26. E. Bishop : « ... grouping together of the whole body of French Benedictins in one reformed congregation which should be the Benedictine Congregation of France » (art. cité, p. 468).
27. Edmund Bishop, art. cité, p. 471.
28. Edmund Bishop : « Quelle est la raison, le secret de la différence du contraste frappant qui se manifeste pendant tout le XVIIe siècle, entre la Congrégation de Saint-Maur et la Congrégation de Saint-Vannes de qui Saint-Maur est pourtant sortie... La Congrégation de Saint-Vannes exista et fut sans doute florissante pour le plus grand profit de ses membres; mais est-ce trop dire que pendant le XVIIe siècle elle resta historiquement et, dans la mesure où le monde extérieur fut concerné, une respectable nullité. » Sans doute est-ce trop dire. René Taveneaux (art. cité) a montré que, si Saint-Vannes ne s'illustra pas directement dans la recherche historique, elle fut en revanche un foyer de science théologique et de controverse ecclésiastique. Mais il est vrai que la gloire n'atteint pas à celle de Saint-Maur et que c'est sans doute aux mauristes que revient d'avoir fait du XVIIe siècle, le siècle des bénédictins, selon le mot du cardinal Newman.

l'attribue à la rencontre fructueuse entre Richelieu et D. Grégoire Tarrisse.

Après le témoignage de Tassin et les études convergentes de Dom Paul Denis et d'Edmund Bishop, on ne saurait plus ignorer le rôle joué par Richelieu dans la réorganisation des études de la Congrégation de Saint-Maur, et il reste, au croisement de sa politique à l'égard de l'opinion, de l'histoire et de la religion, à en saisir la portée.

La politique de Richelieu concernant le gouvernement de l'opinion est connue[29]. Le Cardinal ministre est celui qui a fait de la propagande d'Etat une pièce maîtresse de sa politique et qui est intervenu dans tous les domaines de la culture : la presse, l'édition, l'université, l'Académie, sans oublier ce que nous appellerions aujourd'hui l'idéologie politique. Il a permis à Théophraste Renaudot d'obtenir le 11 octobre 1631 le privilège pour éditer *La Gazette* ; il a décidé la création de l'Imprimerie royale fondée sous la direction du surintendant des Bâtiments et Manufactures et l'a inauguré lui-même en novembre 1640 ; il s'est fait élire proviseur de la Maison et de la Société de Sorbonne, le 29 août 1622 ; il a contribué à établir officiellement l'Académie française par l'intermédiaire de Boisrobert autour de la Compagnie Conrart en 1634 (les lettres patentes furent signées par le roi en janvier 1635) et lui a donné pour tâche d'épurer la langue et d'en fixer le bon usage, de publier un dictionnaire, une grammaire, une rhétorique et une poétique qui imposent son autorité par-dessus celle de toutes les assemblées et académies officieuses qui foisonnaient à l'époque, comme celle du président de Mesme, le salon de Ménage ou le cabinet des frères Dupuy à l'hôtel de Thou. Les rapports que Richelieu a entretenus avec le monde des lettres, à travers ses contacts avec Bautru, Boisrobert, Chapelain et Desmarets de Saint-Sorlin, « premier commis du département des affaires politiques du Cardinal » selon l'épigramme de Fontenelle, ont été bien mis en évidence.

29. Cf. Etienne Thuau, *Raison d'Etat et pensée politique à l'époque de Richelieu*, Paris, 1960 et Michel Carmona, *La France de Richelieu*, Paris, 1984; *Richelieu et la culture (Actes du colloque international en Sorbonne sous la direction de Roland Mousnier)*, Paris, 1987.

Cet homme qui, comme l'a montré Etienne Thuau[30], a eu le premier la volonté d'organiser l'opinion publique comme une force politique, selon une inspiration tacitéenne et machiavélienne, en recrutant des écrivains et des libellistes, ne pouvait qu'être séduit par l'idée d'un retour érudit à l'Antiquité chrétienne et à l'Eglise des Gaules, lié à une réforme de la discipline ecclésiastique et des mœurs dont la France chrétienne pourrait donner l'exemple à l'Eglise universelle. Au siècle dernier, d'Avenel a fait un portrait mémorable de l'époque où Richelieu vint aux affaires : on sortait à peine des guerres de religion. L'intolérance avec son cortège de violence et d'horreurs régnait en maître, les fanatiques de tout poil étaient constamment au bord de l'émeute. La politique du Cardinal qui fit appliquer strictement l'édit de Nantes peut se définir ainsi : « Point de libertés gallicanes en théorie, les libertés gallicanes en pratique. »[31] La remarque est confirmée par Lavisse[32] : le Cardinal cherchait avant tout à recruter des individus qui soient les leviers et les moyens de sa politique. D'Avenel en a proposé une explication valable pour cette première moitié du xviie siècle : *arma cedant togae* : « Les lettres sous leurs formes diverses, allaient conquérir la domination du monde. Dans un Etat pacifique et policé, nul n'a de pouvoir sur le corps de ses concitoyens mais l'orateur ou l'écrivain acquiert de l'influence sur leur esprit : diriger l'opinion, c'est presque gouverner les hommes. »[33] Richelieu, dans son *Testament politique*, expose l'importance désormais capitale de la réputation « le Prince doit être puissant par sa réputation »[34]. Et il ajoute : « La réputation est d'autant plus nécessaire aux Princes, que celui duquel on a bonne opinion, fait plus avec un seul nom que ceux qui ne sont pas estimés avec des

---

30. Etienne Thuau, *op. cit.*
31. Cf. d'Avenel, *Richelieu et la monarchie absolue*, Paris, 4 vol., 1884-1890, t. 1, p. 342.
32. Lavisse : « Richelieu est un homme politique, non un législateur. Le législateur cherche à créer des institutions; il organise des machines qu'il croit bonnes et qui marcheront sans lui. L'homme politique s'occupe des gens plutôt que des choses. Il a un but et il l'atteint comme il peut. Ses effets sont combinés en vue d'un résultat immédiat » (Lavisse et Rambaud, *op. cit.*, Paris, 1905, t. 5, p. 347).
33. G. d'Avenel, *op. cit.*, t. 2, p. 93.
34. *Testament politique de Richelieu*, La Haye, 1740, 2 vol., t. 2, p. 66.

armées. »[35] Que la raison d'Etat par laquelle il entend un dessein politique judicieusement délibéré, fermement arrêté et rigoureusement conduit « doit être la règle et la conduite d'un Etat »[36]. Que l'Etat est désormais formé comme une entité autonome et qu'il y a une différence de nature entre les intérêts privés et les intérêts publics qu'il faut absolument observer au seul profit de ces derniers[37]. Que, enfin et surtout, les négociations l'emportent sur la guerre et que lorsque la guerre éclate, il vaut encore mieux être dans son bon droit[38].

Mais Richelieu, comme l'a montré Orest Ranum[39], s'est aussi et très directement intéressé aux historiens. D'abord à l'histoire rhétorique et littéraire dont l'historien américain souligne que dans la dimension d'*exemplum* qui est la sienne, jamais le cardinal n'a considéré qu'elle devait faire l'objet d'une délégation totale : « Il est — dit Ranum — l'acteur glorieux et l'historien de l'action glorieuse. »[40]

35. *Ibid.*
36. *Op. cit.*, t. 2, p. 8.
37. Richelieu : « Les intérêts publics doivent l'unique soin du Prince et de ses conseillers ou du moins les uns et les autres sont obligés de les avoir en si singulière recommandation, qu'ils les préfèrent à tous les particuliers... Je ne pais que je ne remarque à ce propos que la prospérité qui a toujours accompagné l'Espagne depuis quelques siècles, n'a point d'autres causes que le soin que son Conseil a eu de préférer les intérêts de l'Etat à tous les autres et que la plupart des malheurs qui sont arrivés à la France, ont été causés par le trop grand attachement de beaucoup de ceux qui, employés à l'administration, ont eu à leurs propres intérêts au préjudice de ceux du public » *Testament politique, op. cit.*, t. 2., p. 25.
38. Richelieu : « Les Etats reçoivent tant d'avantages des négociations nationales lorsqu'elles sont conduites avec prudence, qu'il n'est pas possible de le croire, si on ne le sait par expérience... Je puis dire avec vérité, avoir eu de mon temps échanges tout à fait de face des affaires de la France et de la Chrétienté, pour avoir, sous l'autorité du Roi fait pratiquer ce principe jusqu'alors absolument négligé en ce royaume » (*op. cit.*, t. 2, p. 34-35). Et plus loin : « Je soutiens, et c'est chose véritable qu'il n'y en peut avoir d'heureuse qui ne soit juste, parce que si elle ne l'étoit pas, quand l'événement en serait bon selon le monde, il en faudroit rendre compte au tribunal de Dieu. En cette considération, la première chose qu'il faut faire, lorsqu'on est contraint de venir aux arènes est de bien examiner l'équité qui les met en main, ce qui doit être fait par des docteurs de capacité et de probité requise » *op. cit.*, t. 2, p. 76.
39. Orest Ranum, *The Artisans of Glory, op. cit.*, et Richelieu, l'histoire et les historiographes, in *Richelieu et la culture, op. cit.*
40. Orest Ranum : « Pour le Cardinal, *l'exemplum* sera toujours en César qu'en Guillaume du Bellay. Autrement dit, celui qui fait un auteur glorieux doit lui-même le transformer en histoire » (art. cité, p. 126) et plus loin : « La rédaction de l'histoire du roi

C'est ainsi qu'il ne craint pas de corriger Scipion Dupleix ou de prendre ses distances avec Charles Sorel de Souvigny, de pensionner Charles Bernard, Chapelain, Pellisson, Fontanier. Le Cardinal s'est également tourné vers les Godefroy, les Dupuy déjà engagés dans des travaux d'érudition. A cette époque, la division entre l'histoire littéraire et l'histoire érudite qui sera consommée au début du xviiie siècle n'a pas encore été menée à son terme. Si la fonction de rhéteur pensionné pour son éloquence et attaché à décrire la gloire des princes d'un côté, et celle de l'érudit collectionneur de diplômes et appliqué à réunir des documentations précises de l'autre, ont commencé de s'écarter, il arrive encore quelquefois qu'un même homme les combine[41]. Un historique de la division des historiographes entre les deux catégories des « éloquents » et des « érudits » ainsi qu'une sociologie des membres de ces deux groupes reste à écrire qui pourrait s'inspirer des excellentes pages d'Orest Ranum. Celui-ci, rappelant les observations de Jacques Le Goff[42], signale l'importance des modèles de comportement fondé sur l'urbanité, la curialité, la courtoisie, et la réflexion que le miroir en majesté de la gloire du roi offre à leur propre gloire pour comprendre le monde des lettres[43]. Au début de la République des Lettres étaient les princes de l'humanisme, au début était Guillaume Budé... On pourrait ajouter qu'en revanche, la pulsion de la collection, la volonté de collation et de publication des textes, si nécessaires pour interpréter les conduites de la communauté érudite, sont inséparables des institutions qui s'édifient : trésor des chartes, bibliothèques, cabinets des antiques, académies, etc. A la fin de la République des Lettres, adviendra l'institution-

---

consistait à enregistrer les paroles et les actions qui exprimaient la volonté du Bien. C'est une grande comtabilité des effets de la raison divine ou des actions glorieuses de Louis XIII, de ses ministres et de ses sujets » (art. cité, p. 128).

41. C'était le cas par exemple de André Du Chesne « Père de l'histoire de France » et inspirateur des futures entreprises érudites des mauristes mais qui dans son livre *Les Antiquitez et recherches de la grandeur et majesté des rois de France*, Paris, 1609, consacrait plusieurs chapitres à une exposition emphatique du cérémonial royal incluant des descriptions hypnotisées de la splendeur du costume. Théodore et Denys Godefroy avec *Le cérémonial français*, Paris, 1649, continuent dans la même voie.

42. *Les intellectuels au Moyen Age*, Paris, 1960.

43. *Artisans of Glory, op. cit.*, Chapter I : « Men of letters, sixteenth century models of conduct », *passim*.

nalisation des doctes. Sur la rhétorique et le monde des rhéteurs, dans un ouvrage essentiel, *L'âge de l'éloquence*[44], Marc Fumaroli montrant que la littérature n'a pas toujours été séparée des savants, que les belles-lettres n'ont pas toujours été distinguées des lettres, a rappelé que le *Dictionnaire* de Furetière donnait à « Littérature » la définition suivante : « Doctrine, érudition, connaissance profonde des lettres : Scaliger, Saumaise, Lipse, Bochard, Casaubon, Grotius, Bayle et autres critiques modernes ont été des gens de grande littérature, d'une profonde littérature... »[45] Pour que la dissension s'installe entre le savoir et les belles-lettres, il a fallu que soit creusée la différence entre deux rhétoriques qu'exprimaient deux courants du catholicisme, la rhétorique jésuite et la rhétorique gallicane et que se dissocient deux espaces sociaux, le Parlement et la cour. Avant que ces scissions n'interviennent, Marc Fumaroli interprète le magistère critique de la République des Lettres sous le principat de Richelieu à l' « âge de l'éloquence » où coexistent par l'arbitrage du Prince qui en tire parti pour la Monarchie, l'éloquence « *ad majorem Dei gloriam* des jésuites et l'éloquence *ad majorem Antiquitatum gloriam* des doctes gallicans »[46], comme un moment d'équilibre et de compromis. A suivre en effet la liste des correspondants de Richelieu[47], qui compte Jérôme Bignon, Carcavy, Isaac Casaubon, Théodore Godefroy, Dupuy, Hugo Grotius, le P. Sirmond, Chapelain, etc., on ne manquera pas d'être frappé de la constance de sa politique historique. S'il est exact que, dès le XVIe siècle, on prend conscience de ce que les doctes et les éloquents peuvent également remplir les besoins du Prince[48], il n'est pas évident que le rôle et le statut des uns et des autres aient été identiques. On peut avoir la tentation de

44. *L'âge de l'éloquence, rhétorique et « res litteria » de la Renaissance au seuil de l'époque classique*, Genève, 1980, a renouvelé l'histoire culturelle française du XVIe et du premier XVIIe siècle.

45. Marc Fumaroli, *op. cit.*, p. 24.

46. Marc Fumaroli, *op. cit.*, p. 3, p. 570 et sq.

47. Cf. *Lettres et instructions diplomatiques et papiers d'Etat du Cardinal de Richelieu*, édition d'Avenel, Paris, 1853, t. 8, Table des matières.

48. Orest Ranum : « In the course of the sixteenth century, it became apparent that the sophistication of talents of both doctes and eloquens could serve the needs of the prince... » (*op. cit.*, p. 51).

décrire la conduite de Richelieu à l'égard des historiens littéraires en parallèle avec la politique qu'il mène à l'égard des écrivains. On la verrait alors comme inspirée par la volonté d'un contrôle efficace dont l'esquisse préfigure l'unité classique et les institutions du règne suivant en mettant fin à l'anarchie individualiste qu'avait connue le monde de la culture au début du xviie siècle. La politique du ministre accompagne d'ailleurs jusqu'à leur sortie de scène, au milieu du siècle, la génération dont les idées de gloire personnelle, d'esprit critique ou de souci de soi, exprimées avec tant d'éclat par Corneille, Descartes et Mlle de Scudéry, ont culminé dans les années 1630 (*Le Cid* est de 1636, *Le discours de la méthode* de 1637). Mais en ce qui concerne les érudits le ministre allait-il suivre la même voie ? Les contacts de Richelieu avec les moines allaient-ils s'orienter dans le sens d'une « manutention des esprits », s'organiser pour que l' « histoire se règle au compas de gouvernement de l'Estat », selon les mots respectifs de Mersenne et de La Popelinière ? Cela n'est pas certain. Il faut plutôt situer l'attention du cardinal à l'égard de la Congrégation réformée comme animée par un double souci théologique et institutionnel.

C'est qu'on ne manie pas l'Eglise comme on déplace un bataillon de libellistes, non seulement parce qu'elle est une force constituée, un Etat dans l'Etat, mais aussi parce qu'à cette époque, elle est travaillée par d'immenses souffles de renouvellement, un formidable élan de réforme. Le premier xviie siècle est celui de l'Eglise missionnaire de saint François de Sales, l'évêque de Genève qui se donne pour tâche de ramener tout le Chablais au catholicisme, et de l'Eglise rénovée ; il est celui du retour à la stricte observance par la multiplication des congrégations et de l'irruption ardente d'une nouvelle spiritualité mystique rayonnant dans le siècle qu'anime notamment Barbe Acarie dont le P. Benoît de Canfeld, Berulle, François de Sales, Vincent de Paul, deviennent les familiers. Le milieu qui a joué un si grand rôle dans le renouvellement du catholicisme français en réarmant sa théologie et en renforçant sa pratique, avec les efforts engagés par Vincent de Paul pour mieux former le clergé, avec Berulle pour stimuler avec l'Oratoire son zèle et sa piété par des exercices réguliers, efforts relayés bientôt par l'œuvre de Jean Jacques Olier dans la Congrégation de Saint-Sulpice, spécialisée dans la direction des séminaires, influence toute la vie catholique du « siècle des saints ». Dom Claude Martin, l'un des éditeurs des œuvres de saint Augustin et l'un des mystiques de la Congrégation n'est-il pas le fils d'une Mère Marie de l'Incarnation, moins fameuse que Barbe Acarie, Marie Guyard ? Dom Grégoire Tarrisse ne sera-t-il pas l'un des proches correspondants de saint Vincent de Paul ? Comme homme d'église gallican, Richelieu participe directement à cet effort du catholicisme français : en 1612 il achève une maison située près de la cathédrale de Luçon pour y installer un séminaire. « Richelieu, a souligné Roland Mousnier, est un prêtre, un prêtre qui se rattache à l'humanisme dévot et à la tradition des prélats humanistes, un prêtre qui organise ses nuits comme un moine bénédictin, à cela près qu'il remplace la psalmodie des Matines et des Laudes par le soin des affaires de l'Etat. »[49] Etudiant de son côté les œuvres mal connues de Richelieu théologien[50], Jean de La Viguerie a fait apparaître leur double orientation rationaliste[51] et activiste[52]. L'idée d'une « existence en chaque homme de la lumière naturelle » éloigne sans doute Richelieu de la conception propre à l'école française de spiritualité qui médite l'incommensurable misère de l'homme et l'inaccessibilité de la foi à la raison, à laquelle Pascal donnera son expression incomparable, mais elle commande en revanche une utilisation et une connaissance exacte des Ecritures[53] qui rapproche le cardinal de Grégoire Tarrisse mettant une Bible dans chaque cellule mauriste[54]. Enfin le

49. Roland Mousnier, Conclusion générale de *Richelieu et la culture, op. cit.,* p. 225.

50. *Les Principaux points de la foi catholique défendus contre l'écrit adressé au Roi par les quatre ministres de Charenton,* 1617. *L'Instruction des Chrestiens,* 1621. *Le Traité de la perfection du chrestien,* 1646 et *Le traité qui contient la méthode la plus facile et la plus assurée pour convertir ceux qui se sont séparés de l'Eglise,* 1646. Cf. Jean de La Viguerie, Richelieu théologien, *Richelieu et la culture, op. cit.,* p. 28.

51. J. de La Viguerie : « La raison tient le premier rang parce qu'elle est le fondement du système théologique du Cardinal » (art. cité, p. 31).

52. Richelieu : « La lumière naturelle prouve que si l'Ecriture est la seule règle de foi, l'Eglise ne doit jamais en être séparée, et par conséquent l'avoir toujours possédée » (*Traité qui contient...,* cité par J. de La Viguerie, art. cité, p. 32).

53. *Ibid.*

54. Cf. *supra.*

volontarisme, « le chemin de la vertu active et de la croix », s'il reconduit le cardinal au siècle, fraye aussi une voie aux grandes entreprises érudites des mauristes. Comme homme d'Etat gallican, Richelieu soutient, de la manière la plus active, le mouvement congrégationniste en participant à la réforme des couvents : Fontevrault, Cluny, Saint-Maur, les Carmes. Pour autant, il ne se range pas au parti des dévots qui souhaitent l'union de tous les Etats catholiques contre les Etats protestants. On sait qu'en emprisonnant l'abbé de Saint-Cyran, dédaigneux de l'évêché qu'il lui offrait, il inaugure la politique de répression des jansénistes par la monarchie. Mais dans la réforme des congrégations françaises, Richelieu apparaît plutôt comme un centriste, un modéré. A cette époque de l'*ecclesia triumphans* et de la piété réaffirmée, entre le théocentrisme berullien, sa rigueur et sa spiritualité où déjà le repli intérieur aménage pour la liberté un logis qu'occupera bientôt le jansénisme et, à l'extérieur de nos frontières, le gomarisme sanctifié par le Synode de Dordrecht (1619) avec son idée intransigeante de la prédestination qui règne désormais sur le protestantisme, les études qui s'organisent à Saint-Maur au début du xviie siècle, fraient la place d'une troisième voie, expression réussie du gallicanisme qui mérite d'être remarquée. Ce n'est en effet qu'à partir des années 1640 que les jésuites et les oratoriens qui, pour le même renouveau de la catholicité, occupent les mêmes terrains avec l'enseignement des jeunes et la direction de conscience, commenceront à se déchirer à belles dents et que la compagnie du Saint-Sacrement créée dans les années 1630 avec les chefs de file de la foi renouvelée et quelques-uns des grands animateurs de la robe comme Michel de Marillac, Lamoignon, le président de Mesme, aura commencé d'inquiéter très sérieusement le Cardinal. Entre-temps, il aura eu le temps de rencontrer avec Grégoire Tarrisse, l'homme qui va présider aux destinées de la grande congrégation gallicane des études historiques.

2

Dom Grégoire Tarrisse
et la réforme des études
à Saint-Maur

Les deux grandes innovations qui vont marquer la constitution de Saint-Maur : la possibilité de réélection à vie du Père Abbé et la fréquente substitution du travail intellectuel au travail manuel ont partie liée avec le généralat de Dom Grégoire Tarrisse. L'homme qui a joué un si grand rôle dans le développement de l'érudition ecclésiastique en France est relativement ignoré[1]. Jean-Grégoire Tarrisse est en quelque sorte un autodidacte de la vie séculière. Ce Languedocien d'origine dont l'éducation, faute de ressources, fut plusieurs fois arrêtée, a traversé beaucoup d'épreuves dans une vie divisée : il a partagé la vie des camps, connu le monde des plaideurs, des collèges et des universités, il a été clerc d'avoué, précepteur, administrateur de biens, greffier avant de devenir curé de Cessenon. En 1629, il prend l'habit de la réforme et lorsqu'à cinquante-cinq ans, il devient le

---

1. Il n'y a pas de « papiers Grégoire Tarrisse » dans le fonds Saint-Germain, et sa correspondance, comparée aux grandes séries de lettres de Luc d'Achery, Mabillon, Claude Estiennot, est quasi inexistante. Où sont passés les papiers de Grégoire Tarrisse ? François Rousseau lui a néanmoins consacré un livre utile, *Un promoteur de l'érudition française bénédictine, Dom Grégoire Tarrisse. Premier Supérieur général de la Congrégation de Saint-Maur*, Paris, Lille, 1924. Cf. aussi, outre les notices biographiques dans Tassin, Martène, Berlière, H. Stein, Le premier Supérieur général de la Congrégation : Dom Grégoire Tarrisse, 1575, *Mélanges et documents publiés à l'occasion du 2e centenaire de la mort de Mabillon*, Ligugé, 1908.

supérieur général de la Congrégation de Saint-Maur, il a une très grande expérience des hommes et des affaires[2]. « Sans lui — a dit son biographe[3] — ni Luc d'Achery, ni Mabillon, ni Martène, ni Constant, ni Lobineau, ni Martianay, ni Montfaucon, ni Sainte-Marthe, ni toute cette lignée d'érudits que ces grands hommes ont formée d'après leurs méthodes, n'existerait. » On lui doit en effet l'achèvement des nouvelles constitutions de la Congrégation et l'orientation décisive des mauristes vers la recherche historique.

Au premier chef, Grégoire Tarrisse contribua à l'organisation de la Congrégation et à l'élaboration de son code, qui fut soumis à l'appréciation des intéressés au chapitre général de 1645. Ainsi furent éditées les *Constitutions de Saint-Maur* qui, comme celles d'autres congrégations se divisent en deux parties, pour définir d'un côté la discipline régulière contenue dans la règle de saint Benoît et qu'on appelle *Déclarations*, de l'autre, l'exposé de l'organisation du gouvernement de la Congrégation qui compose les *Constitutions* proprement dites. Ces dernières ne seront véritablement refondues après d'âpres discussions qu'en 1770[4] ; pendant plus de cent trente ans, elles ont cimenté l'unité des mauristes. Au sommet un supérieur général et deux assistants, avec cette nouveauté que le général est indéfiniment rééligible; un visiteur qui gouverne chacune des dix provinces entre lesquelles on a réparti la France ; dans chaque monastère, un prieur. La pièce maîtresse de l'édifice est le chapitre général qui est souverain. Convoqué tri-annuellement, il nomme à toutes les charges et détient tous les pouvoirs. Ses membres, (33), sont désignés par un vote à deux degrés. Chaque communauté choisit un représentant et ces représentants élisent à leur tour, avec les prieurs qui ont droit de vote, quatre délégués. Vingt-quatre députés sont

2. Cf. sa notice en annexe.
3. F. Rousseau, *op. cit.*, p. xi.
4. Les déclarations : *Regula sanctissimi patris benedicti cum declarationibus congregationis Sancti Mauri jussu et auctoritate capituli generalis ejusdem congregationis*, 1646. Cité dans *Albareda* n° 275. Les constitutions : *Constitutiones pro directione regiminis congregationis*, S. Mauri, Paris, 1648. Cf. Roger Gazeau, Les constitutions de la Congrégation de France, *Sous la règle de saint Benoît, op. cit.*, Paris, Genève, 1982. Cf. aussi *Règles communes et particulières de la Congrégation de Saint-Maur. Nouvelle édition corrigée sur les constitutions, déclarations et reglemens des chapitres généraux*, s.l., 1687.

élus qui se réunissent avec le général, ses deux assistants et les six visiteurs. Le prieur de chaque abbaye ne peut rester que six ans en poste et il est assisté d'un Conseil ou seniorat qui prépare les projets de l'abbaye. On fait volontiers voyager les moines de maison en maison. Au chapitre 48 des *Constitutions*, on introduit une place incontournable, mais qui sera beaucoup discutée, pour le travail intellectuel. L'oisiveté est l'ennemie de l'âme ; les frères doivent donc s'occuper au travail des mains à certains moments, mais s'appliquer à la lecture des choses de Dieu à d'autres heures. Une telle organisation, avec des contrôles réciproques et des échanges constants, sera parfaitement adaptée à la programmation d'études collectives, à l'organisation d'une phalange de travailleurs acharnés menant un labeur méthodique et continu qu'elles vont préparer à la recherche par le moyen d'une formation très solide. Tassin rappelle dans l'histoire de la Congrégation que cette initiative vient encore de Grégoire Tarrisse : « Persuadé que l'ignorance avait fait de terribles ravages dans les monastères de l'Ordre, il (il s'agit de Grégoire Tarrisse) mit toute son application à faire fleurir des sciences dans la Congrégation. Il ne se contenta pas d'établir des cours de philosophie et de théologie dans chaque province ; il fit faire une étude particulière de l'Ecriture sainte et des langues orientales. Il députa des religieux pour visiter les bibliothèques de l'Ordre, y examiner les manuscrits, et en tirer des vies des saints bénédictins dont les exemples pouvaient contribuer à la gloire de Dieu, à l'utilité de l'Eglise et au progrès de la Réforme. »[5] Et Mabillon de son côté, rend un vibrant hommage à Grégoire Tarrisse dans la Préface du VIᵉ siècle des *Acta Sanctorum OSB*[6].

Le supérieur général décida en effet de l'avenir de la congrégation

5. Dom Tassin, *Histoire littéraire de la Congrégation de Saint-Maur, op. cit.*, p. 43-44.
6. Mabillon : « Ceterum haec otia nobis omnibus fecerunt Praepositi nostri generales, quibus praeivit reverendissimus Pater Domnus GregoriusTarrissius, qui studia in Congregatione nostra primus excitavit, delectosque a se consodales nostros adhibuit ad ea omnia colligenda quae tum ad Ordinis nostri sanctorum nostrorum historiam, tum ad ecclesiastica documenta pertinent. Ejus studium in rem litterariam hactenus aemulati sunt successores quorum vestigiis utinam subsequentes insistant, sed absque detrimento, quantum fieri poterit, regularis disciplinae, quae ceteris omnibus praeferenda est » (*op. cit.*, t. VI, 1701, p. XXI, XXXII).

par une double action : d'abord par la réforme du système de formation des moines, ensuite par la mise en chantier du programme et
des méthodes des études historiques que devaient accomplir les
mauristes. Il commença par réorganiser le cycle des études accompli
par les jeunes moines. Désireux que les religieux puissent étudier
convenablement l'Ecriture, Grégoire Tarrisse appela en 1642 à Paris,
un professeur d'hébreu, Thomas du Four, non sans avoir éprouvé au
préalable ses compétences avec l'aide d'un professeur du Collège de
France[7]. Il lui confia douze moines et lui fit publier une grammaire
hébraïque puis l'envoya à Villeneuve-lès-Avignon pour se perfectionner avec les rabbins du pays. Il ouvrit également un cours de
droit canon confié à Dartis, alors professeur du Collège de France.
Avant de s'adonner aux recherches historiques qui feront la célébrité
de Saint-Maur, le mauriste était soumis à une longue préparation.
Immédiatement après son noviciat et sa profession, il entamait une
formation de *huit années* : les deux premières étaient consacrées à des
séminaires qui permettaient de réviser les connaissances acquises
pendant la formation aux humanités. On consacrait ensuite deux
années à la philosophie, puis trois à la théologie. La dernière année
de *recollection* se passait en retraite et en exercices d'ascétisme spirituel
très rigoureux. L'organisation des études pour les moines trouva un
prolongement dans l'établissement d'enseignement pour les laïcs[8].

7. Sur l'organisation des études, cf. François Rousseau, *op. cit.*, et F. Vendenbroucke,
L'esprit des études dans la Congrégation de Saint-Maur, *Los monjes y los estudios. IV Semana
de estudio monastico*, Poblet, 1961.
8. Sur ce bilan, cf. Dom Bernard Audebert : « En cette année (1648), les études ont
fleury et depuis le chapître, il y a eu études formelles en dix-sept monastères où pour nos
confrères ou pour les séculiers à savoir : deux cours de théologie, en la province de Toulouse, un à Bordeaux où il y a deux régents et l'autre en Avignon; deux cours de philosophie, un à St-Sevin de Tarbes et l'autre à St. Sauveur d'Aniane. En la province de
Chezal-Benoit, études de théologie à St. Sulpice de Bourges, où il y a deux régents et
à la Chaise-Dieu; philosophie à Noaillé; collège d'humanités ouvert à St. Jehan d'Angély,
où on a enseigné la philosophie aux séculiers... En la province de Bretagne, cours de
théologie à Noirmoutiers... En Bourgogne, théologie à St. Germain d'Auxerre. En la
province de Normandie, cours de théologie à Jumièges, où ils sont vingt ou vingt-cinq
écoliers : philosophie au Bec. Et, les abbayes de Tiron et de Pontleroy, pensionnaires de
maison où on leur enseigne toutes les humanités. En la province de France, cours de
théologie à Corbie; philosophie à St. Germain des Prés... et à Compiègne, cours de philosophie aux séculiers où ils sont vingt-deux écoliers » *(Mémoires, op. cit.)* et sur l'enseignement délivré par les bénédictins, cf. Dominique Julia : Les bénédictins et l'enseignement

A partir de cette formation très soignée on pouvait entreprendre le travail intellectuel dans la Congrégation et notamment le travail érudit. Le projet précis et les modalités de la tâche qui devait être accomplie ont été exposés par Grégoire Tarrisse et par Luc d'Achery dans des lettres circulaires d'autant plus importantes qu'elles forment une véritable constitution des études mauristes[9]. Parmi ces circulaires nous retenons huit d'entre elles dont nous donnons le texte en annexe et que nous nous proposons ici de commenter[10].

La « constitution » des études mauristes

En 1631, dans une lettre à Dom Ambroise Tabourier, prieur de la Daurade à Toulouse, Tarrisse dressait déjà un plan pour une histoire chronologique de l'ordre[11]. Le 13 novembre 1647, il adressait une *lettre circulaire à Dom Germain Morel, prieur du couvent de Sainte-Mélaine* que nous publions ci-joint en première annexe[12] et où il développait le plan de son entreprise. Parmi tous ses religieux, le prieur devait choisir ceux qui étaient les plus aptes à rassembler les documents ou à écrire des mémoires. Il s'agissait de travailler « aux chroniques de notre ordre en ce qui regarde particulièrement ses divers progrès et succès en ce royaume ». Toute la Congrégation

---

aux XVIIe et XVIIIe siècles, *Sous la règle de saint Benoît, op. cit.* D. Julia montre qu'après des débats timides, un tournant s'esquisse au milieu du XVIIIe siècle lorsque l'expulsion des jésuites a été consommée avec l'institution de pensionnats nobiliaires comme celui de Sorèze qui sont très nettement agréés par la monarchie (p. 356). Mais l'hostilité des Parlements à confier l'instruction publique aux réguliers, malgré l'attachement indiscutable que leur manifestent certaines municipalités et quelquefois même les Etats, semble avoir entravé la vocation enseignante de l'ordre. Pourtant, conclut D. Julia, le choix d'anciens mauristes par l'association paternelle des chevaliers de saint Louis comme enseignants aux lendemains de la Révolution montre « que le modèle de l'éducation bénédictine a continuité à jouir d'un prestige inentamé dans les dernières années du XIXe siècle » (p. 391).

9. Comme l'a remarqué Jeanine Fohlen : « L'organisation du labeur de la Congrégation de Saint-Maur reposait sur des bases extrêmement solides : lettres circulaires donnant des conseils pratiques ou exposant les grandes lignes d'un progrès (inventaire des ressources..., constitution de bibliothèques..., centralisation des renseignements...) » (J. Fohlen, Dom Luc d'Achery et les débuts de l'érudition ecclésiastique, *Revue Mabillon*, janvier-mars 1967).

10. Une partie d'entre elles ont été éditées par Dom P. Denis, Documents sur l'organisation des études de la Congrégation de Saint-Maur, *Revue Mabillon*, 1910-1911 (6) et 1911-1912 (7) et François Rousseau, *op. cit.*

11. *Dictionnaire de théologie catholique*, art. cité, p. 419.

12. Cf. p. 140.

était mobilisée et chacun devait pouvoir profiter du travail de tous. Il fallait dresser des recueils et pour que ceux-ci ne fussent point faits avec désordre, Grégoire Tarrisse donna des indications méthodologiques extrêmement précises : on devait en premier lieu, noter — en retrouvant les actes, toutes les fondations, toutes les possessions, tous les bâtiments et équipements des monastères et ce qui leur est advenu, ainsi que toutes les dépendances et richesses (Michel Germain réalisera de façon autonome le projet dans un *Monasticon gallicanum*). Ensuite, s'occuper du gouvernement des abbayes : ses règlements, ses coutumes, toujours avec les documents originaux. Relever les hauts faits et les curiosités naturelles; énumérer la liste des saints, des sanctuaires, des reliques, le nécrologue des « Princes, roys, empereurs, prélats ». Décrire leurs sépultures et leurs épitaphes; la liste des abbés et les particularités de l'exercice de leur gouvernement. Collationner en outre ce que le supérieur général appelait « les anciens monuments de l'Antiquité », c'est-à-dire quelque vie de saint, manuscrite disponible mais encore celée. Faire un catalogue de ces manuscrits ainsi que des autres livres manuscrits. Retrouver le nom des saints auxquels les églises édifiées ont été dédiées. Mentionner les châtiments ou accidents extraordinaires, les merveilles, les prodiges, les miracles, tous les faits édifiants. Rattacher enfin cette histoire de l'ordre à l'histoire plus générale de l'Eglise et s'interroger sur les pouvoirs exacts des abbés, tant à l'égard de l'évêque qu'à l'égard des Etats de la province, ce qui revenait à lier les particularités de l'histoire de l'ordre à un ensemble plus général, d'abord à l'histoire de la noblesse en retrouvant les chartes des nobles bienfaiteurs, sans dédaigner avec leurs sceaux et leurs coutumes, des connaissances sigillographiques et diplomatiques. Retrouver les courriers des abbés qui avaient été employés à de grandes charges inclinait à la prosopographie. Tarrisse précisait la manière d'ordonner et de rédiger ces mémoires, le soin qu'il fallait apporter dans l'exactitude des dates, les notions géographiques et historiques qui devaient encadrer ces nomenclatures, la nécessité d'aller fourrager « partout où l'on croira pouvoir rencontrer quelque chose » sans oublier « la despense pour retirer les manuscrits et pièces nécessaires qui pourroient estre en aultres mains ».

La Congrégation était mobilisée dans son entier et chaque abbaye, chaque maison devait pouvoir utiliser tout ce que l'ensemble des autres moines avait trouvé. L'abbaye de Saint-Germain-des-Prés était préposée à devenir le centre de ces études érudites.

Le *Mémoire des instructions qu'il faut avoir des monastères pour l'Histoire générale de la Congrégation*[13] concerne le détail des témoignages qui doivent être recueillis sur l'histoire des monastères ainsi que quelques indications méthodologiques qui vont être pleinement développées et précisées dans une troisième circulaire. Celle-ci, l'*Instruction du 8 mars 1648*[14], introduit immédiatement la révolution méthodologique qui est accomplie par Luc d'Achery et sera poursuivie sans autre forme de procès par Mabillon dans le *Traité des études monastiques* : ne pas épargner le papier, écrire grand et large, avoir bonne encre et bon papier. Ces recommandations que l'auteur de *La Diplomatique* dispensera à tous les érudits ne sont-elles pas devenues notre bien commun ? Dès 1648, Grégoire Tarrisse établit le protocole de la copie telle qu'elle va être pratiquée par les moines pendant tout le XVIIe siècle, et appliquée encore par les collaborateurs du Cabinet des Chartes : éviter les abréviations, économiser les majuscules, chiffrer les pages et écrire par feuille séparée et pleine, collationner les ensembles, ne pas raturer et ne pas fabriquer de palimpsestes mais rétablir par une correction lisible et en marge, les barbarismes ou les solécismes. Toutes les transcriptions que vont désormais engager les mauristes, les académiciens des Inscriptions et Belles-Lettres et plus tard les employés de Jacob-Nicolas Moreau, se feront selon ces règles impératives. L'invocation de l'exemple de Duchesne, qui faisait coexister la description chronologique avec le classement méthodique des documents, va s'imposer dans les grands travaux collectifs. Vers la même époque, sous le titre de *Méthode pour la recherche des manuscripts*, sont rédigées des instructions qui intéressent cette fois directement l'archivistique et la conservation des vieux manuscrits, ainsi que l'établissement des catalogues[15]. Il ne s'agit pas seulement de retrouver

13. Cf. p. 144.
14. Cf. p. 146.
15. Cf. p. 148.

des pièces inconnues ou rares, il s'agit déjà d'inventorier les fonds existants, de les classer et, si on peut, de les recopier. Et la recommandation : « Surtout ne sommeillez pas quand vous serez dans le travail, car si vous n'estes pas extrêmement vigilants et sur vos gardes, vous passerez asseurément beaucoup de petites pièces sans vous en appercevoir » sent déjà son Mabillon[16]. De son côté le 20 mai 1648, dans une *circulaire qui était adressée au chapitre général réuni à l'abbaye de Vendôme*, Dom Luc d'Achery[17] proposait à son tour un programme plus précis « pour le lustre et l'honneur de l'ordre et de la Congrégation ». Le moine estimait d'abord que les premières recherches devaient concerner l'Ecriture sainte. Luc d'Achery recommandait donc d'étudier l'Ecriture sainte et que, dans ce but « chaque religieux ait une bible en sa cellule, d'apprendre à bien écrire, de s'instruire des humanités, de faire de bonnes lectures, de travailler à l'histoire de l'ordre et de la Congrégation »[18]. Il demandait ensuite la publication de quatre grands ouvrages relatifs à saint

16. Cf. Mabillon, *Avis pour ceux qui travaillent aux histoires des monastères de la Congrégation de Saint-Maur* (octobre 1677) dans *Ouvrages posthumes de Mabillon*, t. II, p. 11-15.

17. Cf., sur Luc d'Achery, Jeannine Millaud-Fohlen, *La vie et l'œuvre de Dom Luc d'Achery*, thèse de l'Ecole des Chartes, 1952, dactylographiée.

18. Cf. p. 150. La lettre se trouve dans la collection Grenier 164, fol. 204. Cette *lettre circulaire* de Dom Luc d'Achery porte au dos : « Cette pièce est d'autant plus importante pour la vie de Dom Luc d'Achery qu'il paraît avoir été le fondateur des études dans la Congrégation de Saint-Maur et par conséquent le restaurateur des études dans l'ordre de Saint-Benoît » (annotation attribuée à D. B. A. Audebert par le *Dictionnaire de théologie catholique*, p. 418). Luc d'Achery propose que dans le cadre de la Réforme, les moines connaissent et fassent connaître les actes de la vie de saint Boniface, saint Anselme, saint Augustin *(sic)* et parmi les réformes proposées : « De faire que les religieux s'adonnent sérieusement à l'étude de la Sainte-Ecriture. Et il fauldroit reprendre l'ancienne coûtume de l'ordre d'enseigner la théologie qui n'est autre que l'interprétation de quelques livres de la Bible. Il n'y a point de danger que les religieux se relaschent en cette estude. Il ne seroit point hors de propos d'ordonner que chaque religieux aye une Bible en sa chambre. » Luc d'Achery réclame encore de leur faire lire le martyrologe bénédictin, les *Annales* de Baronius et propose de remplacer le travail manuel par la lecture et l'histoire générale de l'ordre : « Il seroit à propos de faire travailler à l'histoire générale (dont nous avons quantité de mémoires) et en particulier celle de la congrégation... d'employer quelques religieux pour transcrire et mettre en lumière la vie des saints. » La lettre est datée de Saint-Germain-des-Prés le 10 mars 1648. Il existe un autre extrait de la même lettre mais datée du 24 juillet 1662. Cette lettre dont nous citons ici des extraits a été publiée en extraits par Léopold Delisle dans *Le Cabinet des Manuscrits, op. cit.*, t. II, p. 62. F. Rousseau, *op. cit.*, p. 113 et intégralement par la *Revue Mabillon*, t. VI, année 1910-1911, p. 145-146. Cf. les mémoires de Luc d'Achery sur Dom Grégoire Tarrisse que nous étudions dans la biographie de Mabillon (liv. I), cf. *infra*.

Benoît, une histoire générale de l'ordre, une histoire de la Congrégation de Saint-Maur, un recueil des vies des saints de l'ordre de saint Benoît, et de nouvelles éditions des grands auteurs du Moyen Age. La deuxième partie du *Traité des études monastiques* de Mabillon ne fait que récapituler les éléments de la formation prévue pour les mauristes : l'auteur y classe en appendice le catalogue des meilleures lois avec les meilleures éditions en vue de composer une bibliothèque ecclésiastique qui recense les éléments très complets de la formation; dix chapitres : textes latins, grecs, hébraïques de l'Ecriture avec leurs interprètes, conciles et droit canonique, pères grecs, pères latins, théologie, scolastique et morale, controverse, prédication, ascétisme. Puis huit chapitres sur les jurisconsultes, les philosophes, les mathématiciens, l'histoire sacrée et profane, les grammairiens, les poètes, les orateurs. En 1653, les supérieurs avaient fait dresser une liste des livres destinés à former le fond des bibliothèques monastiques[19].

C'est de ces cinq premières circulaires que sont sortis les *Acta sanctorum ordinis sancti benedicti*, l'*Histoire littéraire de la Congrégation de Saint-Maur*, le *Monasticon Gallicanum*, la *Gallia Christiana*; mais aussi le grand mouvement de révision et d'édition patrologique grecque et latine qui put être mené à bien grâce à l'exhumation des anciens manuscrits conservés dans les monastères et les bibliothèques et enfin, à plus long terme, la participation des mauristes aux histoires provinciales et à l'histoire de France. Ces textes ont déterminé dans un premier temps, les orientations des études mauristes vers l'histoire ecclésiastique et la patrologie et dans un second temps par extension, l'intérêt pour l'histoire de France générale et locale. D'emblée, les recommandations tatillonnes sur les méthodes de transcription destinées à collationner les textes authentiques ont également ouvert la voie au traité par excellence des études monastiques que sera le *De Re Diplomatica* de Mabillon. La méthode pour la recherche des manuscrits dans le souci de vérité qu'elle manifestait, inclinait irréversiblement ceux qui l'appliquaient à réfléchir aux critères d'authentification des

---

19. Nous examinerons l'organisation des bibliothèques un peu plus loin. Sur ce catalogue, cf. *Revue Mabillon*, t. VI, p. 437 et *Dictionnaire de théologie catholique*, art. cit., p. 418.

sources. Entre les circulaires de Grégoire Tarrisse, de Luc d'Achery et les réflexions de Mabillon, la conséquence est bonne : les dernières portent seulement les premières à l'incandescence.

L'intérêt de Dom Grégoire Tarrisse pour cette entreprise historique s'étendit aux bibliothèques sans lesquelles une telle recherche n'eût pas été possible. C'est grâce à lui que la bibliothèque de Saint-Germain-des-Prés fut réparée, enrichie et dotée d'un catalogue[20]. Etablie dans un bâtiment séparé dont le local sera conservé jusqu'en 1713, la bibliothèque était en mauvais état et ses constructions étaient délabrées : « L'eau qui tombait le long des murailles les avait fort endommagées, la voûte semblait s'en vouloir séparer. Cela obligea les religieux de transporter les livres ailleurs qui étaient fort gâtés de la pluie qui tombait journellement dessus. Les pupitres étaient aussi tous pourris. »[21] Le général confia la direction des travaux à Dom Luc d'Achery qui devint le bibliothécaire. Dom Luc d'Achery fit le classement du fonds et entreprit son catalogue, eut à son service un frère convers, relieur de son métier qui répara les livres endommagés dont les couvertures furent renoircies et dorées. Ce fonds fut augmenté en particulier des manuscrits de Corbie[22]. Enfin *un règlement fut édicté pour organiser les bibliothèques des autres monastères*[23]. Luc d'Achery fit dresser les listes d'ouvrages et les adressa aux différents prieurs. Un catalogue général fut édité en 1648. *D'autres circulaires*[24] approfondirent les méthodes de transcription et après Grégoire Tarrisse, Dom Bernard Audebert fit parvenir à tous les supérieurs, *une lettre circulaire sur les occupations des jeunes religieux*[25] afin de sélectionner au cours des deux années de leur recollection, les jeunes mauristes doués pour les études, les suivre ensuite en leur donnant livres et tâches de transcriptions. Des quarante occupations possibles pour les

20. BN, *Ms latin 13082-13084.*
21. BN, *Ms fr. 18816, Abrégé des choses les plus remarquables de l'abbaye de Saint-Germain-des-Prés*, cité par F. Rousseau, p. 85.
22. Cf. Leopold Delisle, *op. cit.*, t. 1.
23. Cf. p. 156.
24. Cf. p. 157 : *Les méthodes que l'on doit garder en transcrivant les commentaires sur la règle.*
25. Cf. p. 159 : *Lettre et avis sur les occupations des jeunes religieux.*

jeunes religieux de la Congrégation énumérées par le supérieur, plus de la moitié était réservée aux études et sur cette moitié, les deux tiers aux études historiques.

Les huit textes que nous avons évoqués[26] tracent donc un programme des études historiques en trois parties : antiquités ecclésiastiques, antiquités nationales, méthodologie historique. Ils dégagent des modalités de réalisation de ce programme : une formation et une organisation (avec ses règlements et ses contraintes), une technologie (copie, catalogues, bibliothèques). S'il est assurément vain d'imaginer que ce programme sera réalisé sans accroc et que la Congrégation atteindra jamais à une harmonie parfaite, il est pertinent d'observer que ces circulaires ont jeté d'emblée et *a priori* le fondement d'un code de coopération qui fera la grandeur des études bénédictines. La Congrégation de Saint-Maur disposait dès lors des moyens de se lancer dans la production de grands travaux d'érudition.

26. A l'exception du texte de Mabillon, *op. cit.*, in *Ouvrages posthumes de Mabillon*, t. 2, et *supra*, p. 58, les sept autres textes sont publiés en annexe.

3

Travaux et méthode
de travail des mauristes

Les moines oubliés des abbayes mauristes ont légué à la postérité une locution devenue proverbiale : « un travail de bénédictin », laquelle fait figurer honorablement et spécifiquement leur entreprise à côté des grandes œuvres qui ont frappé l'imagination des hommes. Des travaux d'Hercule ? Pas exactement. Dans la légende des douze travaux accomplis par le héros grec, il y a une exaltation de la puissance humaine individuelle, une célébration de la capacité à concurrencer les opérations divines qui sont à l'évidence, exclues de l'effort collectif d'une congrégation religieuse et les recherches réalisées par plusieurs générations de moines se relayant et s'épaulant, n'ont rien de mythologique. Un travail de Romain ? Pas non plus. Leur production est fort éloignée du type des constructions, voies, acqueducs, thermes, stades, fortifications qu'avec méthode et orgueil, les Romains ont su tirer de leur civilisation militaire. Pour le dire nettement, un travail de bénédictin n'est pas un travail du type antique et l'expression, aujourd'hui familière, évoque moins, reconnaissons-le, un effort colossal identique à celui qui, pour les siècles des siècles, a édifié les pyramides d'Egypte, selon la volonté démiurgique des grands pharaons qui rêvaient de traverser la mort, qu'elle ne suggère l'image d'un labeur patient et méthodique, menu dans le détail de ses opérations, étiré à la dimension de toute une vie. Le proverbe fait plutôt ressurgir à notre mémoire l'image d'un ouvrage qui exige tout à la fois un immense dévouement empreint de modestie et une continuelle tension d'application : un travail comme on n'en reverra plus, comme on n'en est plus capable; quelque chose d'admirable et de dépassé dont on se souvient dans une mélancolie semée de dérision, dans une envie soudain dénouée, de dépréciation. Quel était cet immense effort ? Quels moyens mettaient-ils en œuvre ? Pour quels enjeux ?

De grands travaux ? Assurément. Nous connaissons la liste des œuvres et des publications accomplies par les mauristes grâce au mémoire de Dom Poirier dans la collection Moreau[1], qui a été rédigé à la demande de Lamoignon, alors garde des Sceaux. Ce mémoire a été commenté avec beaucoup de soin par Madeleine Laurain-Portemer[2]. Les ouvrages des bénédictins y sont divisés en sept rubriques[3]. Les seules publications y forment déjà un ensemble considérable : « un volume in-12, six in-octavo, trente-huit in-quarto, cent treize in-folio »[4]. Si l'on veut avoir une petite idée de ce que leur labeur représente dans le domaine des *seuls manuscrits de l'histoire provinciale et locale*, il n'est que de suivre le parcours auquel Leopold Delisle nous invite lorsque, décrivant les collections rassemblées par les bénédictins qui sont déposées au Cabinet des Manuscrits de la Bibliothèque nationale (hier impériale)[5], il cite par ordre alphabétique : « Le *Berry* (la table seule de ces documents remplissait 3 volumes in-4°. J'ai inutilement cherché cette collection[6]), la *Bourgogne* : 74 volumes à quoi il faut ajouter le supplément formé par D. Aubrée : 21 volumes. *Bretagne :* 50 volumes.

1. CM 307, f° 20 et 104.
2. M. Portemer, Les travaux d'érudition des mauristes ; origine et évolution, *Mémorial du XIVᵉ centenaire de l'abbaye de Saint-Germain-des-Prés*, Paris, 1959. La lettre de Lamoignon (13 oct. 1787) a été éditée par M. Lecomte, *in* Les bénédictins et l'histoire des provinces aux XVIIᵉ et XVIIIᵉ siècles, *Revue Mabillon*, 1928.
3. 1 / Critique diplomatique, antiquités de la Gaule et de la France; 2 / Histoire générale civile et ecclésiastique; 3 / Histoire générale des provinces et particulières des villes et des églises; 4 / Collections imprimées et recueils divers; 5 / Ouvrages imprimés en cours et suivis; 6 / Ouvrages en cours et non imprimés; 7 / Ouvrages commencés non suivis.
4. L. Delisle, *Catalogue des actes de Philippe-Auguste*, Paris, 1856, p. xxxix et sq.
5. *Ibid.*
6. *Ibid.*

Champagne : 143 volumes. *Languedoc* : 131 volumes. *Limousin* : la collection est incomplète. Elle ne comprend que les tomes 1, 3, 4, 5, 7, 8 et 9. *Normandie* : les 25 volumes in-folio rassemblés par Le Noir sont restés une propriété privée. *Picardie* : 179 volumes ! *Touraine, Anjou et Maine* : 29 volumes (dans les 11 premiers sont rangées chronologiquement les copies d'environ 5 000 pièces). »[7]

Il n'est évidemment pas question ici d'énumérer le détail des publications bénédictines[8], mais seulement de dégager quelques grandes orientations. Dans le rythme des études mauristes il y a trois grandes étapes, de chacune environ un demi-siècle, et qui correspondent à la production d'une génération mauriste, celle de Luc d'Achery et de Mabillon (1650-1710), celle de Dom Maur Audren et de Bernard Montfaucon (1710-1760), celle enfin qui clôt l'existence de la Congrégation à la Révolution après des crises et des remises en question (1760-1890)[9].

La première étape est essentiellement marquée par le déploiement de l'histoire de l'ordre bénédictin et les sciences ecclésiastiques : Ecriture sainte, patrologie, théologie dogmatique, morale et droit canonique, ascétisme chrétien et monastique, histoire ecclésiastique, liturgie et vie des saints. Telles sont d'abord des directions essentielles des études bénédictines. Le projet de revenir aux antiquités de l'Eglise chrétienne n'est nullement original : il a ses précédents dans l'effort accompli par l'érudition ecclésiastique du xvie siècle. Il a aussi ses concurrents : l'œuvre des bollandistes, l'œuvre de l'historien de Port-Royal, Sébastien Le Nain de Tillemont qui consacre six volumes

---

7. La collection consacrée au Poitou a été acquise par la ville de Poitiers et comprend 27 volumes de copies de chartes, 2 volumes en supplément, 1 volume de table, 59 volumes de mémoires, notices généalogiques et travaux divers.

8. Sur l'érudition bénédictine, cf., outre M. Laurain-Portemer déjà citée, J. Daoust, Bénédictins (travaux du xviiie siècle), *Dictionnaire des lettres françaises. XVIIIe siècle*, Paris, 1960 ; Pierre Gasnault, Les travaux d'érudition des mauristes au xviiie siècle, *Historische Forschung im 18 Jahrhundert. Organisation, Zielsetzung. Ergebnisse*, Bonn, 1976; Maurice Lecomte, Les bénédictins et l'histoire des provinces aux xviie et xviiie siècles, *Revue Mabillon*, 1928. Sur l'érudition ecclésiastique plus généralement, cf. A. Dupront, L. A. *Muratori et la société européenne des pré-Lumières. Essai d'inventaire et de typologie*, Firenze, 1976 (Biblioteca dell'edizione nazionale del carteggio di L. A. Muratori», IV). Cf. notre bibliographie.

9. Cf. M. Laurain-Portemer, art. cité, p. 232.

in-quarto à *L'histoire des empereurs et autres princes qui ont régné durant les six premiers siècles de l'Eglise...*[10] et seize volumes des *Mémoires pour servir à l'histoire des six premiers siècles...*[11]. Le retour érudit à l'Eglise primitive que, sur la base du programme de Grégoire Tarrisse, les mauristes vont maintenant accomplir en mettant les bouchées doubles pour rattraper le temps perdu pendant la Fronde, a deux finalités : d'abord celle de continuer la polémique inaugurée au XVIe siècle avec les protestants. L'idée soutenue par le parti de la réformation d'une corruption de l'Eglise primitive[12], conduit à faire de la connaissance des antiquités chrétiennes un enjeu de première importance et à relancer l'intérêt de son étude systématique. La nostalgie de la pure Eglise des origines trouve aussi son aliment dans la conviction galli-cane que l'Eglise française est bien l'héritière privilégiée des traditions de l'épiscopat et du couvent des premiers siècles où le Concile l'empor-tait sur le pape. La nouveauté est que la controverse sur les antiquités chrétiennes, et notamment sur l'histoire de l'ordre monastique, n'oppose pas seulement les catholiques et les protestants mais que, tra-versant les lignes, elles croisent aussi les positions des catholiques eux-mêmes[13]. S'engageant à leur tour dans l'étude des antiquités chré-tiennes, les mauristes vont mettre en œuvre des moyens de recherche et d'étude nouveaux : leur succès dépend de cet intense effort métho-dologique. La première grande initiative est de réunir toutes les pièces intéressantes découvertes dans les monastères. C'est là l'origine de la collection des *Spicilegium* publiée par Dom Luc d'Achery de 1655 à 1677 (13 vol. in-f°). L'ensemble des pièces découvertes dans les nombreuses maisons de l'ordre va faciliter les travaux ultérieurs d'ex-ploitation. En 1713, en paraîtra une réédition mieux classée où seront

10. *... de leurs guerres contre les juifs, des écrivains profanes et les personnes illustres de leur temps*, Paris, 1690-1738.
11. *...justifiez par les citations des auteurs originaux*, Paris, 1693-1712. Sur Sébastien Le Nain de Tillemont, cf. Bruno Neveu, *Un historien à l'école de Port-Royal : Sébastien Le Nain de Tillemont, 1637-1638*, La Haye, 1966.
12. Cf. René Voetzel, *Vrai et fausse Eglise selon les théologiens protestants du XVIIe siècle*, Paris, 1956.
13. Bruno Neveu souligne ainsi l'influence de l'anglican Ussher (Usserius) sur Le Nain de Tillemont (*op. cit.*, p. 171). Une utilisation trop « laxiste » des auteurs réformés a aussi été reprochée à Mabillon au moment de la querelle des études.

distribués trois titres : *Traités dogmatiques et polémiques*; *Traités et discours moraux*; *Statuts ecclésiastiques et monastiques*. Puis en 1688, comme nous l'avons vu, Mabillon entame la publication des *Acta Sanctorum Ordinis Sancti Benedictini* qu'avait souhaitée Dom Luc d'Achery dans sa lettre circulaire du 20 mai 1648. Neuf volumes paraissent jusqu'en 1701. Mabillon publia aussi une sorte de supplément de ces *Spicilegia*, un recueil de pièces inédites rassemblées dans ses multiples voyages[14] : les *Vetera analecta*, quatre volumes de 1675 à 1686. Enfin, toujours de Mabillon, les *Annales Ordinis Sancti Benedictini*, six nouveaux volumes in-folio sont publiés de 1703 à 1713 ; vaste synthèse, rappelons-le, méditée à partir des documents authentiques, qui esquisse autour de l'histoire de l'ordre de saint Benoît, une histoire générale de l'Occident chrétien dans la perspective du retour à l'Eglise des origines, encore peu marquée par le pontificat.

Débutant avec des ressources au départ[15] très modestes, Luc d'Achery commença d'organiser le travail en équipe qui allait faire le succès des ateliers mauristes[16]. Les moines se trouvaient répartis dans toute la France, mais c'est de Saint-Germain-des-Prés que fut organisée la campagne de collecte des documents. Dom Luc d'Achery conseille les profès appelés à l'abbaye ou ceux qui se trouvent dans d'autres maisons, tels Dom Claude Estiennot, sous-prieur de Saint-Martin-de-Pontoise ou Georges Bernard Audebert qui met à jour les archives de Saint-Père-en-Vallée à Chartres ou encore des cisterciens[17]. Bientôt, à cette direction, il associe Mabillon et, avec lui, continue d'organiser le travail de la Congrégation à l'aide des lettres circulaires. C'est ainsi qu'en 1667, tous deux font connaître leur projet de recueil des *Actes des saints de l'ordre de saint Benoît*, sous la forme d'un prospectus

---

14. Liv. I, *Mabillon*, chap. : « Les voyages de Mabillon ».

15. Par ses lettres autographes (cf. catalogue *Sepet* à la BN) on connaît les destinataires et le nom de ceux qui l'ont secondé dans son effort dont certains sont bien oubliés (Hugues Renard, Anselme Le Michel, Jean Huynes, Claude Chantelou, François Lesueur, Georges Viole, Victor Cotron, Pommeraye, Bonnefois, Jean-Noël Mars, Guillemot, Gillesmon et du Laura).

16. Texte de cette lettre en latin publié par Dantier, *Rapport sur la correspondance inédite des bénédictins de Saint-Maur*, 1867, p. 66-68.

17. Cf. Dom Besse, Les correspondants cisterciens de Luc d'Achery et de Mabillon, *Revue Mabillon, Archives de la France monastique*, n° 1-2-3-4.

de l'ouvrage qui fait appel à la coopération de tous les savants religieux et laïcs[18]. D'emblée, Mabillon travailla avec des collaborateurs
directs comme Michel Germain, auteur du *Monasticum Gallicanum*, ou
Thierri Ruinart, éditeur de Grégoire de Tours et des *Acta martyrum
sincera*, recueil de textes hagiographiques de l'Eglise primitive ou des
correspondants comme Claude Estiennot[19]. Modèle d'érudit dans le
classement des archives monastiques et la copie, visitant le Vexin, le
Berry, le Poitou, l'Avignonnais, le Languedoc, l'Auvergne, le Péri-
gord, la Gascogne, la Provence, etc., Estiennot ne collectionne pas
moins de quarante volumes in-folio de copies et de notes de 1671
à 1684. Dans le même temps, il forme, dans les monastères où il fait
étape, de nouveaux adeptes du travail érudit. Ce sont ces pérégrina-
tions (nous avons vu celles de Mabillon en Flandres, en Lorraine, en
Bourgogne, en Allemagne, plus tard en Normandie) qui suscitent un
immense élan de réorganisation des archives contenues dans les
monastères, des transcriptions des documents qu'elles comportent, et
qui, par le biais des équipes installées à demeure ou itinérantes, des
informations qu'elles échangent, des correspondances qu'elles organisent, mettent en place la circulation sanguine de l'érudition mauriste dont le cœur bat désormais à l'abbaye de Saint-Germain-des-Prés.
Le code de travail bénédictin s'épaissit avec de nouvelles instructions
et les *Avis pour ceux qui travaillent aux histoires des monastères de la Congrégation de Saint-Maur* rédigés en 1677 par Mabillon, qui constituent un
plan qui sera suivi dans toute la France[20]. La formulation par le bénédictin des règles qui permettent dorénavant à la communauté historique de distinguer les documents authentiques des faux, découle
de la nécessité de clarifier d'abord, pour les mauristes eux-mêmes, les
critères d'authentification des chartes qu'ils rassemblaient et sur lesquelles ils fondaient leurs connaissances.

Après de nombreux travaux exégétiques sur les différentes versions

---

18. Texte de cette lettre en latin publié par Dantier, *Rapport sur la correspondance
inédite des bénédictins de Saint-Maur, op. cit.*, p. 66-68.

19. Cf. M. A. Vidier, Un ami de Mabillon : Dom Claude Estiennot, *Mélanges Mabillon*,
Paris, 1908.

20. Cf. Mabillon, *Ouvrages posthumes, op. cit.*, t. II, p. 91-95.

de la Bible[21], l'apport le plus important concerne la patrologie. Le regain d'intérêt pour les Pères a partie liée avec la revalorisation de l'Eglise primitive qui partage, autant qu'elle les unit, protestants et catholiques. La discussion sur les Pères, la prédilection pour tel ou tel, ici saint Augustin, là les Pères au désert, revêt une importance non moins grande dans les débats à l'intérieur du catholicisme que dans les controverses qui opposent le monde de la Réforme à celui de l'Eglise romaine. Les mauristes se signalent dans ce contexte, par leur impavide méthode de retour aux textes, de collation et de publication. On leur doit notamment la publication sur les textes revisités et corrigés des œuvres de *Lanfranc* (par D. L. d'Achery en 1648), l'édition très discutée en pleine querelle du jansénisme des œuvres de *Saint Augustin* (11 tomes de 8 in-f°, 1681-1700) mais qui sont la base des éditions ultérieures (D. Blampin, D. Coustant avec une préface de Mabillon), *Saint Ambroise* (1686-1690, 2 in-f°), *Cassiodore* (1679, 2 in-f°), *Saint Basile* (1721-1730, 3 vol. in-f°), *Saint Anselme* (1675), *Saint Grégoire de Nazianze* (1er vol. en 1778 in-f°). On doit à Mabillon l'édition des œuvres de *Saint Bernard*, après D. Chantelou (1667, 6 tomes en 2 in-f°). Sont également éditées les œuvres de *Saint Justin* (1742, in f°), *Saint Cyprien* (1726, in-f°), *Saint Irénée* (1720), *Saint Athanase* et *Jean Chrysostome* (par Bernard de Montfaucon, 1689, 3 in-f°), *Origène* (1733-1759, 4 in-f°), *Grégoire le Grand* (par D. de Sainte-Marthe, 1705, 4 in-f°), *Saint Cyrille* (1720, in f°). Comme l'a dit Léopold Delisle : « Un des plus grands services que la Congrégation de Saint-Maur ait rendus à l'Eglise et à la littérature, c'est d'avoir entrepris de donner les meilleurs textes que nous ayions des Pères grecs, des Pères latins et des principaux écrivains ecclésiastiques du Moyen Age. »[22] Ces publications se trouvent au cœur des controverses religieuses du xviie siècle et des disputes sur les origines. Si, comme au xvie siècle, elles demeurent centrées sur les deux grands dogmes de l'Eucharistie

---

21. Cf. *Dictionnaire de théologie catholique*, art. cité.

22. Léopold Delisle : « Cependant la Révolution survint avant que la tâche eût été complètement remplie et l'on trouve dans les papiers des bénédictins beaucoup de notes, de copies et de collations qui auraient servi à publier correctement des ouvrages dont nous n'avons pas encore des textes satisfaisants. Telles sont les lettres des papes des douze premiers siècles que Dom Pierre voulait réunir... » (*Le Cabinet des Manuscrits, op. cit.*, p. 66).

et de l'histoire de l'Eglise, elles renouvellent les méthodes de la discussion par leur utilisation concomitante de la tradition et de l'innovation. Les études bénédictines s'inscrivent très étroitement dans l'héritage de l'humanisme gallican[23]. Mais leur innovation ? Elle ne réside pas seulement dans la continuation au XVIIᵉ siècle de l'ascèse savante ou dans la fidélité à la mystique de la connaissance des antiquités chrétiennes qui s'étaient épanouies un siècle auparavant; elle se trouve dans l'élargissement du chantier de la recherche, dans la multiplication des moyens de production des connaissances et dans la systématisation des procédés, dans l'extension du champs des antiquités ecclésiastiques à celui des Antiquités nationales.

La seconde étape des études bénédictines commence au début du XVIIIᵉ siècle. Elle est dominée par les personnalités de Bernard de Montfaucon et de Dom Maur Audren comme la première avait été illustrée par celles de Grégoire Tarrisse, de Luc d'Achery et de Mabillon : la moisson faite par les religieux érudits y sera la plus abondante et les noms de ceux qui la réalisent se trouveront au premier plan des études historiques de la France : Bernard de Montfaucon pour la paléographie et l'archéologie grecque; Dom Rivet, Taillandier, Clemencet pour l'*Histoire littéraire de la France*; Denis de Sainte-Marthe, Dom Martène, Taschereau pour l'édition de la *Gallia christiana*; Dom Clément pour la chronologie; et puis tous les historiens des provinces : Grenier et Caffiaux en Picardie, Lobineau et Morin en Bretagne, Le Noir en Normandie, Vaissète et Vic en Languedoc, Col en Limousin, Rousseau et Taillandier en Champagne, Pelissier à Paris, Housseau en Touraine, Devienne en Guyenne... La méthode de travail ne change pas : elle s'élargit, bénéficiant du capital primitif déjà accumulé. Tous ces moines ont connu Mabillon ou ses plus proches élèves, suivi sa méthode, appliqué ses principes et l'esprit

23. « L'humanisme érudit gallican s'est avant tout voulu "retour aux sources" écrites du droit romain, des Antiquités nationales, des Antiquités ecclésiastiques, de la *prisca theologia* gréco-romaine de la foi chrétienne. Son encyclopédie n'est pas, comme l'Encyclopédie jésuite, un bilan du savoir moderne finalisé selon les interprètes de l'Eglise tridentine, mais une recherche critique de la vérité à travers les textes oubliés, falsifiés, mal interprétés, qui en portent témoignage. La question de la vérité est au cœur de la philosophie gallicane du XVIᵉ siècle » (Marc Fumaroli, *op. cit.*, p. 686).

d'école donne à l'œuvre bénédictine son incomparable unité. Le rôle joué par Saint-Germain-des-Prés comme capitale de l'érudition, loin de décliner, s'est renforcé et, avec lui, l'habitude de faire venir dans l'enceinte de l'abbaye les savants les plus remarquables. C'est sur la base de travaux accomplis antérieurement que se réalise la deuxième étape des réalisations bénédictines. Tel est le cas par exemple de la *Gallia christiana* dont le premier tome paraîtra en 1715 sur la base de travaux préparatoires longuement accomplis à l'avance. Dès 1708, des religieux sont envoyés dans toutes les provinces pour visiter les archives des églises cathédrales, des abbayes. Dom Martène et Dom Durand parcourent chaque année plusieurs diocèses et publient le compte rendu de leur voyage dans le *Voyage littéraire de deux bénédictins* en 1717. Là encore, il s'agit d'immenses explorations : les mauristes itinérants ont examiné près de cent évêchés, huit cents abbayes. La chasse aux manuscrits est aussi menée de tous côtés par tous les collaborateurs de la *Gallia christiana*, les compilations de Michel Germain, de Claude Estiennot — dont on a vu l'ampleur — sans compter les travaux accomplis par Luc d'Achery et Mabillon qui fournissent des bases extrêmement solides à Denis de Sainte-Marthe, chargé officiellement de l'édition de la *Gallia christiana*. Certains ouvrages se décrochent ou découlent en quelque sorte les uns des autres sur la base des collations antérieurement accomplies. Ainsi la *Bibliotheca bibliothecarum* de Montfaucon n'est qu'un résumé incomplet et défectueux des grands dépouillements accomplis dans les principales bibliothèques de l'Europe et notamment en France et en Italie, par ses prédécesseurs : Dom Anselme Le Michel — dont le rôle est volontiers passé sous silence en raison de la polémique acide qu'il provoqua sur la mémoire de Grégoire Tarrisse —, Mabillon, Estiennot Martène et d'autres[24]. En revanche, les matériaux qui servent à édifier la *Gallia christiana* contiennent aussi le plan d'un autre ouvrage qui ne sera publié qu'au XIXe siècle[25] : le *Monasticon gallicanum* rédigé par Michel Germain avec 168 planches de vues topographiques des monas-

---

24. Cf. L. Delisle, *Le Cabinet des Manuscrits, op. cit.*, p. 66.
25. En 1869 et 1870.

tères mauristes de l'ordre de saint Benoît, deux cartes des établissements bénédictins en France et certaines notices sur les abbayes de Saint-Ouen (Pommeraye), Noirmoutiers (Martène), Saint-Germain-des-Prés (Bouillard), Saint-Denis (Pelissier) sont en soi de véritables ouvrages.

Jean-Maur Audren de Kerdrel et Bernard de Montfaucon sont les symboles de la seconde époque de Saint-Maur parce que l'un et l'autre vont développer les études dans les deux directions préalablement engagées, non sans les infléchir à leur façon : Jean-Maur Audren dans le domaine des études collectives, mais cette fois en apportant une contribution inégalée à l'histoire de France générale et locale. Bernard de Montfaucon en révolutionnant un domaine particulier de l'érudition avec le développement des études grecques. L'influence du premier, Breton né à Landunez, moine profès à dix-huit ans et bientôt supérieur général, peut être comparée à celle de Dom Grégoire Tarrisse. C'est lui en effet qui élargit considérablement le programme tracé par ses devanciers dans le domaine notamment de l'histoire de France et de l'histoire gallicane. Il esquisse le plan des travaux à exécuter dans une lettre adressée à Dom Guillaume Aubrée qui travaillait en Bourgogne pour composer une histoire de la province :

Votre occupation sur l'histoire de Bourgogne me fait plaisir et me donne lieu de croire que vous nous pourrez être d'un grand secours dans les différens projets qu'on se propose ici pour l'illustration et la gloire de l'histoire gallicane. Je vais vous les proposer, affin que vous voïez tout ce qui peut servir à ces différens desseins, et que vous ayez soin de ramasser exactement tout ce qui peut y entrer ou ce qui peut y servir. On voudroit : 1º Réformer la Notice des Gaules de M. de Valois : il faut pour cela s'attacher à la géographie ancienne et nouvelle de Bourgogne; 2º Refondre la compilation des historiens de France de M. du Chesne, et voir les anciennes pièces qui peuvent y entrer; 3º Donner les actes originaux des saints de France; 4º Un martyrologe; 5º Un nécrologe général, avec les sépulcres, épitaphes et les inscriptions anciennes et nouvelles; 6º les conciles de France; 7º La bibliothèque des auteurs de France; 8º Le Monasticon gallicanum; 9º Gallia christiana (on y travaille); 10º La discipline des églises de France; 11º Les histoires particulières des provinces et des villes; 12º L'histoire des terres titrées du royaume; 13º Tout ce qui peut servir au nobiliaire général de France; 14º Tout ce qu'on peut trouver dans les anciens titres pour augmenter le Glossaire de M. du Cange; 15° Pour faire un dictionnaire des anciens mots gaulois; Enfin, tout ce qui peut servir à l'illustration et à la gloire de la France[26].

Comme pour les lettres circulaires de Dom Grégoire Tarrisse, c'est de ce plan que sont donc sortis la *Gallia christiana* (1716), le *Recueil des historiens des Gaules et de la France* (1733)[27], les *Historiens des croisades* de Dom Berthereau (œuvre manuscrite en 1794), *La nouvelle édition du glossaire de Du Cange*, par Dom Charpentier, *Le Nouveau traité de diplomatique* de Toustain et Tassin, *L'art de vérifier les dates* de Dom Clemencet (1750)[28] et surtout l'énorme effort de l'histoire des provinces qui absorbera la Congrégation jusqu'à l'heure de sa suppression.

L'importance prise désormais par les travaux consacrés à l'histoire de France au sein des études mauristes tient à une conjonction de raisons. Après une période exceptionnellement riche pour l'étude des antiquités ecclésiastiques où une histoire religieuse d'inspiration gallicane pouvait s'affirmer sans note discordante, l'explosion des querelles propres aux années 1680 (querelle du spinozisme, querelle de la diplomatique, querelle Mabillon-Rancé, querelle des Anciens et des Modernes) a profondément affecté l'unité de la conscience religieuse[29] et le zèle militant des mauristes. La condamnation des études bollandistes en 1695 n'est pas sans jeter une ombre sur l'idée qu'ils se font du bien-fondé de leurs propres études. Les soupçons de jansénisme qui pèsent sur Saint-Maur alors que la monarchie est maintenant directement engagée dans une lutte frontale pour en finir avec toute

26. *Collection de Bourgogne*, vol. 92, f° 3, lettres publiées par Léopold Delisle, *Cabinet des Manuscrits, op. cit.*, p. 63-64.
27. Date de parution du 1er tome.
28. Denis de Sainte-Marthe, *Gallia christiana in provincias ecclesiasticas distributa, qua series et historia archiepiscoporum, episcoporum et abbatum Franciae vicinarumque ditionum, ab origina ecclesiarum ad nostra tempora deducitus...*, Paris, 1715-1725, 3 vol. Les t. IV à XIII seront édités par d'autres bénédictins.
Dom Charles Clemencet, *L'art de vérifier les dates des faits historiques, des chartes, des chroniques et autres anciens monuments depuis la naissance de Notre Seigneur par le moyen d'une table chronologique avec un calendrier perpétuel, l'histoire abrégée des conciles, des papes, des empereurs... des rois... par des religieux bénédictins de la Congrégation de Saint-Maur (Dom M. Dantine, Dom C. Clemencet et Dom V. Durand)*, Paris, 1750 (une réédition en 1818-1819 comprendra 19 vol. in-f°).
29. Cf. liv. II, dernier chapitre.

influence de Port-Royal (en 1713, Louis XIV contraint le Parlement à enregistrer la bulle *Unigenitus*), entravent l'état premier d'innocence des études d'histoire ecclésiastique, la spontanéité de l'édition patrologique et théologique. Du coup, c'est en conjonction avec l'intérêt de l'opinion publique pour la recherche des origines de la monarchie française[30], que les mauristes se tournent vers les antiquités nationales : la formation et l'élaboration du royaume, les libertés de l'Eglise gallicane, l'histoire provinciale, tandis qu'avec Bernard de Montfaucon, l'étude des antiquités grecques succède à celle des antiquités latines. L'exemple d'André Du Chesne invoqué par Dom Maur Audren montre qu'on fait retour, par-dessus le XVIIe siècle, à certaines orientations de l'histoire parfaite du XVIe siècle. Le « Père de l'histoire de France » (1584-1640) avait en effet inauguré en 1609, par la publication quasi simultanée des *Antiquitez et recherches de la grandeur et majesté des roys de France* et des *Antiquitez et recherches des villes...*, l'histoire générale et l'histoire locale à partir des provinces. Mais le contexte n'est plus tout à fait celui du XVIe siècle où le parallèle de la recherche des libertés de l'Eglise gallicane fondée sur la redécouverte de l'Eglise des origines et de l'établissement des lois fondamentales du royaume établies sur le statut des institutions royales françaises, avait pour finalité la volonté de l'humanisme gallican de desserrer la tutelle du sacerdoce et de l'Empire. Si la recherche conjointe des antiquités chrétiennes et nationales se retrouve dans les œuvres des érudits laïcs, les Pithou et les Dupuy avec lesquels les mauristes de la génération précédente étaient en contact, le problème désormais posé aux historiens n'est plus exclusivement celui de la nature spécifique du droit public du royaume ni de l'originalité de l'Eglise française. D'autres sujets apparaissent : à côté de la généalogie des rois des trois races selon l'appellation consacrée, la généalogie des différents ordres et des différentes maisons; à côté de l'investigation des institutions royales, la recherche des populations; bientôt les questions de la nation, du

---

30. Sur le débat des origines de la société française, cf. François Furet et Mona Ozouf, *Deux légitimations historiques de la société française au XVIIIe siècle : Mably et Boulainvilliers*, *L'histoire au XVIIIe siècle*, Aix-en-Provence, 1975 et, sur la querelle entre jansénistes et mauristes, cf. liv. II.

peuple de France, vont faire une apparition remarquée. L'enquête généalogique se digitalise tandis que l'histoire des populations coexiste avec l'histoire des princes avant de s'y substituer. Malgré la dureté des temps de la fin du règne de Louis XIV, malgré les drames et les défaites de la guerre de succession d'Espagne, le premier XVIIIe siècle continue l'œuvre entreprise au XVIIe siècle, de recension des données et des richesses du territoire national, qui ont été effectuées par les grandes enquêtes du siècle de Louis XIV, demandées par la monarchie à ses intendants. « La première grande enquête est incontestablement celle que Colbert fit entreprendre en 1664 dans la presque totalité des provinces françaises », écrit Bertrand Gilles à qui l'on doit une remarquable présentation de cet effort d'investigation[31]. C'est dans le cadre de cette recension nationale qu'il faut inscrire les grands projets bénédictins. Comme le mettent en évidence leurs préfaces, celle de Dom Bouquet aux *Historiens des Gaules,* ou encore celle de Bernard de Montfaucon aux *Monuments de la monarchie française,* les travaux collectifs de cette deuxième étape réalisent une association de l'Eglise et enrôlent les ateliers de travail mauriste au service de la monarchie.

Après la *Gallia christiana* est alors édité le *Recueil des historiens des Gaules et de la France concernant tout ce qui a été fait par les Gaulois et qui s'est passé dans les Gaules avant l'arrivée des Français et qui regardent les Français depuis leurs origines jusqu'à Clovis* ou *Rerum gallicanum et franciscorum scriptores...* — l'ouvrage est en français et en latin ; treize volumes sortiront de 1738 à 1786. Les tomes I à VIII sont publiés par Dom Bouquet, les tomes IV et X par les deux frères mauristes, Haudiguier, le tome XI par Dom Housseau, Précieux, Poirier. Comme l'atteste la préface[32], le *Recueil des historiens des Gaules* est l'héritier d'un projet déjà ancien. Pierre Pithou (1539-1596), l'élève de Cujas, avait eu l'idée d'entreprendre la publication de vastes recueils d'anciens chroniqueurs français : *Annalium et historiae Francorum... scriptores* (1588-1596). A

---

31. Ces enquêtes ont été étudiées par Bertrand Gilles, *Les sources statistiques de l'histoire de France,* Genève, Paris, 1960. Nous citons d'après la 2e éd., 1980. Cf. liv. IV.

32. Dom Martin Bouquet, *Recueil,* t. I à VIII, Paris, 1738, 1752. Continué, t. IX à XXIV, de 1757-1904 par des bénédictins de Saint-Maur et des membres de l'Académie des Inscriptions et Belles-Lettres.

son tour, André Du Chesne (1584-1640) reprit le projet une génération plus tard. En 1635, il publia le plan d'une nouvelle collection d'historiens français. Les cinq premiers volumes in-folio des *Historiae Francorum scriptores coetanei*, rédigés de 1631 à 1641, ont été achevés et commencés d'être publiés par son fils après sa mort en 1649. On y souligne fortement le rôle de Mabillon et Martène, des bollandistes et de M. Baluze. « Notre premier soin a été de tirer des différents volumes que ces auteurs ont publiés tout ce qui nous a paru appartenir à notre dessein : et bientôt encouragés par le succès de leurs recherches nous avons de notre côté fouillé dans les bibliothèques qu'ils n'avoient pas eu l'occasion de parcourir. »[33] Il s'agit, on le voit, de compléter les pièces réunies par André Du Chesne en utilisant toutes les compilations faites par les générations précédentes d'érudits bénédictins mais aussi d'érudits laïques, et d'élargir, par une fouille plus complète des chartriers, les recherches. Lorsque la collection paraît, dédiée au roi, elle commence par un résumé des extraits empruntés aux Grecs et aux Romains sur les Gaules. Chaque volume est précédé par une préface en latin et en français et par une table chronologique avec des annales anglaises et françaises. L'ensemble contient quatre tables : 1° les noms des villes et des peuples ; 2° les noms français des rois et les noms latins; 3° les noms des personnes; 4° les noms des matières. Mabillon est constamment cité et utilisé et, au tome V, Dom Bouquet précise expressément dans la préface, qu'il utilise les règles de *La Diplomatique* pour distinguer les documents authentiques des faux. Le premier volume du recueil débute par une carte géographique des Gaules cisalpine et transalpine, dressée à partir des descriptions des anciens géographes ou historiens. Elle contient des annales des actions gauloises et une réflexion pleine de mesure sur l'origine des Celtes. Le deuxième volume, qui traite des rois de la première race et des rapports entre Gaulois et Français, participe de plain-pied à la discussion engagée désormais dans l'opinion publique sur les origines de la société française.

L'œuvre des mauristes s'insère ici dans l'une des plus importantes

33. *Recueil...*, *op. cit.*, t. I, p. VI.

querelles historiographiques du xviiie siècle. La dispute qui a opposé les deux partis des *germanistes* et des *romanistes* porte sur les débuts de la nation française et sur la légitimité de ses pouvoirs, regarde les différentes puissances sociopolitiques qui se mesurent alors, le roi, le Parlement, la noblesse, le tiers état. Par extension, elle touche aussi, et c'est à cet aspect que s'intéressera avec prédilection l'historiographie du xixe siècle, au développement de la civilisation en Europe, car elle pose la question de la généalogie de la liberté politique. Pour situer l'intervention des bénédictins dans le domaine de l'histoire de France, il est nécessaire d'évoquer rapidement la querelle et ses protagonistes.

Comme l'a montré en effet Elie Carcassonne, l'étude des origines et la recherche de la légitimité de la constitution politique de la France[34], à travers la recherche des lois fondamentales du royaume, n'a pas attendu la publication en 1748 de *L'esprit des lois*. Elle occupe dès le xviie siècle, l'attention de très bons esprits comme ceux de Du Cange[35], Fénelon[36], le duc de Saint-Simon[37]. La nouveauté à la fin du xviie siècle et au début du xviiie siècle, est l'apparition d'un courant qui fonde la critique de la monarchie absolutiste sur un retour à l'histoire de France depuis les conquérants barbares. Dans ce courant, on compte d'abord des publicistes parlementaires comme Le Laboureur[38] et Le Paige[39]. C'est une commission de pairs qui confie à Le Laboureur le soin de rédiger son *Histoire de la Pairie* qui circule sous forme manuscrite et n'est publiée qu'en 1740. Le Laboureur expose clairement les éléments de la thèse germaniste : caractère décisif de la conquête accomplie par les Francs qui transforme les peuples conquis en serfs en même temps qu'elle octroie aux Germains le rang d'aristocrates ; contemporanéité

34. Elie Carcassonne, *Montesquieu et le problème de la constitution française au XVIIIe siècle*, Paris, 1927, Genève, 1978.
35. Du Cange avait retracé le pouvoir des anciennes assemblées dans la monarchie des origines, in *Mémoire de Joinville avec des dissertations par Du Cange*, Londres et Paris, 1785, t. II, p. 384-404.
36. Fénelon, *Lettres sur les occupations de l'Académie française*, Paris, 1887.
37. Cf. Elie Carcassonne, *op. cit.*, p. 14-15.
38. Le Laboureur, *Histoire du gouvernement de la France, de l'origine et de l'autorité des pairs du Royaume et du Parlement*, 1re éd. 1740. Nous citerons d'après l'édition de 1753, La Haye et Francfort, 2 vol.
39. Louis Adrien Le Paige, *Lettres historiques sur les fonctions essentielles des Parlements sur les droits des Pairs et les lois fondamentales du Royaume*, Amsterdam, 1753.

de la naissance du Parlement et de la royauté, extension de la fonction législative à l'appareil de justice[40]. Le Paige rappelle de son côté que le Parlement est la cour du roi, un tribunal suprême qui s'est perpétué jusqu'à nos jours. A la fin de la seconde race, la cour du roi a réuni deux fonctions, celle des assemblées nationales dont les Francs auraient pris l'habitude dans les champs de mars et de mai. Ainsi cette cour représente-t-elle désormais le peuple et c'est elle qui ratifie les lois. Face à elle, les états généraux ne sont que des réunions transitoires de revendiquants et de plaignants que le roi a le loisir de convoquer et de dissoudre quand il veut. Le Parlement est le seul dépôt des lois fondamentales[41] : « C'est à ces premiers temps eux-même — écrit-il — que remonte presque toutes les lois fondamentales de nostre Etat, la portion la plus précieuse de notre droit public et en particulier l'origine du Parlement... »[42] En ce qui concerne les Germains, Le Paige utilise franchement *le nous* : « Ces tems reculés où nous étions germains. »[43] « De ces tems datent — explique-t-il — les deux lois fondamentales du Royaume, qui sont devenues depuis le principe de la grandeur et de la durée de notre Monarchie. L'une que les Rois ne faisaient mourir personne... l'autre que le Roi ne fit rien, même dans les moindres affaires, sans le Conseil de ces Princes élus par la Nation, pour rendre la justice avec lui. »[44] Belle audace ! Mettre sur le même plan le droit

40. Le Laboureur : « ... le Parlement ne seroit postérieur que d'un instant à la roiauté puisqu'il en est le premier fruit, et que le premier attribut de nos souverains a été d'être les juges de leurs sujets, non pas des juges de rigueur, comme d'un peuple conquis, mais comme de véritables pères de leur peuples, et des juges affectionnsé en tant qu'ils le pouvoient être envers une nation militante qui leur avoit ouvert le passage de l'Allemagne dans les Gaules, qui l'avoit soumis à leur Empire, et qui s'étoit élu même soumise à eux et leur avoit demenoté des loix. Cela est si vrai que les premières lois ne furent que pour les Francs, c'est-à-dire pour ceux qui les accompagnèrent et qui les servirent dans leur conquête ; car les peuples conquis devinrent serfs, et par conséquent personnes incapables de bénéficier des loix. C'est ce qui a constitué la première Noblesse dans la France dont la fonction étoit de servir à la guerre et laquelle n'avoit point de privilège plus particulier que celui de posséder franchement un certain poids lequel fut assigné à chacun de ces francs qui le faisoient valoir par l'industrie de leurs serfs, c'est-à-dire de qui estoit de même peuple gaulois dans le pais conquis ! » (*Histoire du gouvernement de la France, op. cit.*, p. 87-88).

41. Le Paige, *op. cit*, p. 1 et 2.
42. Le Paige, *op. cit.*, p. 5.
43. *Op. cit.*, p. 21.
44. *Op. cit.*, p. 10-11.

à la sûreté garanti par la doctrine de la souveraineté et proclamé par les légistes français, et la doctrine du Conseil, la légitimité des conseillers fondée sur l'élection, l'attribution à ces mêmes conseillers d'une part de la fonction judiciaire.

Diffusées sous le manteau, ces thèses ont contribué à transformer considérablement l'esprit public. Elles n'ont pas seulement catéchisé les prétentions parlementaires, elles ont aussi infléchi l'idée de constitution et modelé l'idée de législation. Les légistes royaux avaient insisté sur l'existence d'une constitution coutumière inscrite dans les lois fondamentales du royaume; les publicistes parlementaires vont s'emparer de l'invocation des lois fondamentales en leur donnant un sens nouveau. Celles-ci ne se résument pas à la loi salique, à la théorie de dévolution légitime du royaume, aux principes d'indépendance et d'indisponibilité de la couronne, etc., à toutes ces lois fondamentales à travers lesquelles, par sédiments étagés, s'était édifié le droit public du royaume. A leurs yeux, les lois fondamentales sont beaucoup plus simples : elles se trouvent dans la *loi de constitution* de la monarchie entendue au sens littéral, c'est-à-dire dans le mode de formation originaire du royaume. La constitution du royaume c'est, et c'est seulement l'événement historique qui lui a donné naissance. La légitimité de la monarchie se trouve dans son origine; sa justification ne saurait résider que dans un retour à cette origine[45]. Au début, c'est-à-dire au lendemain de la conquête, le Parlement est la cour du roi, le tribunal qui à côté de la monarchie s'est perpétué jusqu'à nos jours[46]. Vers la fin de la seconde race, la cour du roi s'est fondue avec les assemblées nationales, dont les Francs avaient apporté l'usage. A ses fonctions judiciaires, elle a donc réuni de plein droit l'autorité qui était celle des champs de mars et de mai. Le Parlement est devenu le véritable repré-

---

45. Le Paige : « C'est à ces premiers temps eux-mêmes (avant Clovis) que remontent presque toutes les lois fondamentales de notre état, la portion la plus précieuse de notre droit public et en particulier l'origine du Parlement » (*op. cit.*, p. 5).

46. Le Paige : « De là, dans ce temps, deux lois fondamentales de notre Etat qui sont devenues depuis le principe de la grandeur et de la durée de notre Monarchie. L'une que les rois ne faisaient mourir personne... l'autre ne fit rien, ni dans les moindres affaires, sans le conseil de ces Princes élus par la nation, pour rendre la justice avec lui » (*op. cit.*, p. 10-11).

sentant du peuple; il ratifie les lois en son nom. Par comparaison avec lui, les états généraux ne sont alors qu'une très modeste réunion qui n'a aucune stabilité et qui est convoquée ou dissoute selon le bon plaisir royal. Seul le Parlement est demeuré ce qu'il était avant Clovis, le dépôt de la liberté primitive, le principe vivant de l'unité, le médiateur. Par ailleurs, les mêmes théoriciens opèrent un amalgame entre les fonctions judiciaires et la fonction législative; ils emploient le terme de judicature pour désigner la législation[47]. Cette confusion entre la fonction judiciaire et la fonction législative permet de doter le Parlement d'une quadruple autorité de cour de justice, d'assemblée nationale, de cour constitutionnelle et de dépôt des lois[48]. Leur conception sera discutée et prolongée dans d'autres écrits[49].

L'autre animateur exceptionnel du courant germaniste, dont l'œuvre exercera un retentissement prolongé, est le comte de Saint-Saire, Henry de Boulainvilliers[50]. Elève de Richard Simon au collège de Juilly, grand lecteur de Spinoza, il devient l'un des membres de l'influent « Clan des ducs » qui, autour du duc de Bourgogne, regroupe notamment le duc de Saint-Simon et Fénelon dans un foyer d'oppo-

---

47. Le Laboureur : « Les nobles étant tous sujets d'un même prince, n'avaient qu'une même loi ou coutume dont je parle au chapitre de la loi Salique par la constitution de laquelle il paroit que nos premiers rois s'étant bien trouvés dans leur fidélité, les rendaient gardiens de cette loi pour conserver par leur conseil ce qu'ils avaient acquis par leur valeur. Cette première loi, coutume ou privilège, ne put entrer sinon qu'ils seroient les uns les autres avec le Prince, et qu'ils decerneroient ensemble les décisions, de l'avenir, selon les occasions qui se présenteroient... » (*op. cit.*, p. 90).

48. Le Laboureur : « Il s'ensuit de là avec une nécessité absolue que les pairs sont naturellement les premières personnes de l'Etat ; et en cette qualité, les juges naturels du Roiaume avec le souverain, lequel n'aiant pas une plus grande dignité que celle d'arbitrer des lois n'a pu faire davantage pour ses enfants et pour ses proches que de la leur communiquer et par conséquent de les rendre pairs de France. Suivant cette même conclusion qui est infaillible, on peut aussi considérer en deux façons, l'Etat des Pairs ou avec le Roi qui est l'âme et l'intelligence qui gouverne l'Etat ou avec le Régent si le Roi est mineur, ils sont naturellement les juges du roiaume » (*op. cit.*, p. 97).

49. Tel est le cas notamment du *Judicium Francorum* anonyme repris d'un pamphlet de la Fronde publié en 1732 dans les *Mémoires historiques et critiques* de François Eudes de Mezeray, Amsterdam, 1752, t. II.

50. Ses deux grands ouvrages, publications posthumes, sont *L'Etat, la France*, Londres, 1727, 1728, 3 vol. ; *L'histoire de l'Ancien gouvernement de la France avec XIV lettres historiques sur les Parlements ou Etats-généraux*, 3 vol., Amsterdam et La Haye, 1727. Sur Henry de Boulainvilliers, cf. Renée Simon, *Henry de Boulainvilliers, historien politique, philosophe, astrologue*, thèse, Lille, 1939, Paris, s.d.

sition à l'absolutisme[51] puis il est le chef de file d'une coterie où se rassemblent les jeunes recrues de l'Académie des Inscriptions et Belles-Lettres, Nicolas Fréret, Boindin, Sevin, Bignon, Levesque de Burigny et d'autres[52]. L'intérêt qu'il suscite est à la mesure de l'originalité de son œuvre. Sa méthode, celle de l'histoire instruite, constitue une synthèse apparemment réussie de l'histoire littéraire, de la philosophie de l'histoire et de l'histoire savante et, pour pratiquer un mélange subtilement dosé d'imposante documentation, de récit brillamment conduit, d'interprétation réflexive, Boulainvilliers n'a pas attendu Gibbon. Savant, il travaille sur les documents qu'il trouve dans les quarante-deux volumes in-folio « qu'il ose retoucher » — explique-t-il des *Mémoires des généralités du Royaume dressées par les Intendans de Province pour l'instruction de Monseigneur le Duc de Bourgogne*, sans se priver de brocarder les habitudes de Mezeray ou du P. Daniel qui dédaignent les documents[53] et de rappeler le rôle éminent que jouent les chartes dans la constitution de l'histoire. Lettré, il souligne la nécessité de « la connaissance des auteurs anciens et de l'usage d'un stile agréable »[54]. Philosophe enfin, il se défend bec et ongle de composer une histoire mercenaire, une historiographie d'Etat et oppose aux mémoires des

51. Lionel Rothkrug, *Opposition to Louis XIV, The political and social origins of the french Enlightenment*, Princeton, 1965.

52. Cf. Paul Vernières, *Spinoza et la pensée française avant la Révolution*, Paris, 1954, 2e éd. 1982, p. 395 et sq., cf. liv. I.

53. Boulainvilliers : « Ce n'est point... en lisant Mezeray ou le Père Daniel avec une telle attention que l'on puisse imaginer que l'on apprendra l'histoire de France d'une façon à la pouvoir mieux écrire qu'ils l'ont fait. Ils l'ont ignorée eux-même en partie, et ils ont de plus travaillé l'un et l'autre avec des préventions nuisibles à l'expression de la vertu de sorte que l'on ne saurait guère apprendre à leur école que les faits les plus communs, qu'il n'est permis à personne d'ignorer » (*Histoire de l'ancien gouvernement*, *op. cit.*, t. 1, p. 184).

54. Boulainvilliers : « Si l'on me demande encore quels seront les talens et les dispositions à désirer dans un nouvel écrivain de nostre histoire, je dirai naturellement qu'après avoir le mérite d'un stile agréable, il faudrait qu'il eut une connaissance suffisante des anciens auteurs aussi bien que des modernes ; qu'il eut consulté deux ou trois mille chartes, pour prendre une juste idée du caractère des mœurs de chaque siècle, de même que pour apprendre une infinité de détails dont les historiens n'ont jamais parlé; qu'il fauldroit encore qu'il eut fait des extraits fidèles des uns et des autres, et qu'en conséquence il eut formé un plan d'histoire après l'avoir contredit et justifié une infinité de fois, sans quoi il est presque impossible de se préserver des méprises, qu'il seroit de plus nécessaire qu'il eut assez de sagacité et de lumière naturelle pour pouvoir pénétrer et découvrir les différens caractères des hommes » (*op. cit.*, t. 1, p. 185).

intendants, qu'il fustige après s'en être servi[55], les mânes des auteurs républicains romains qui, eux, étaient libres[56]. En codifiant les termes de l'interrogation sur l'origine de la nation que vont reprendre, jusqu'à Sieyès, tous les publicistes, ses thèses frappent les imaginations. Germaniste, bien évidemment Boulainvilliers lui l'est qui, d'un revers de plume, rature la légende des origines troyennes de la nation française en rappelant que les Francs étaient des Germains conquérants[57]. Sa grande invention audacieuse et tragique aura été de fonder tout l'ordre politique sur la guerre, d'avoir fait basculer la distinction de la philosophie politique entre état de nature et état civil à l'intérieur de l'histoire elle-même. Le passage à la société devient chez lui l'introduction à la *nation* et cette transition est moins le résultat d'une procédure rationnelle et juridique, d'un calcul de sécurité que la conséquence d'un procès brutal et militaire. « La conquête — écrit-il — est le fondement de l'Etat français dans lequel nous vivons ! »[58] La guerre a fondé l'ordre politique national, elle a instauré « le droit essentiel et primordial ». La situation qui précédait la conquête ? C'était celle de liberté et de l'égalité primitives des Francs[59] qui explique leur fougueuse pugnacité contre les tentatives de soumission aux Romains[60].

55. Boulainvilliers : « Quelques-uns de ces Intendans, qui font profession de ne reconnoitre d'autre principe de gouvernement que celui d'un pur despotisme dans le Prince et dans ses ministres et d'une obéissance aveugle de la part de ses sujets ; suppriment avec cruauté jusqu'au nom de liberté des personnes et des biens » (*op. cit.*, t. I, p. 15).

56. Boulainvilliers : « On a prétendu et c'est une opinion assez générale qu'il est impossible de composer de bonnes histoires d'une monarchie dont on est sujet. Cette proposition est même en quelque façon vérifiée par l'expérience puisque les Romains, de même que les Grecs paraissent avoir cessé d'écrire l'histoire peu de temps après la perte de leur liberté et que depuis le siècle d'Auguste, nous ne comprenons plus d'historiens comparables à ceux du tems de la République où les plumes de même que le courage n'étoient point mercenaires » (*op. cit.*, t. I, p. 69).

57. Boulainvilliers : « On est d'abord surpris en lisant nos anciens auteurs de les trouver prévenus d'une chimère aussi vaine que de chercher l'origine de la Nation française en Phrigie et dans les reines de Troyes, sans que l'on en puisse alléguer aucun fondement » (*op. cit.*, t. I, p. 15).

58. *Op. cit.*, t. I, p. 24.

59. Boulainvilliers : « Dès l'origine, les Français étaient tous libres et parfaitement égaux et indépendants, soit en général, soit en particulier » (*op. cit.*, t. I, p. 26).

60. Boulainvilliers : « ... Il est de la dernière évidence qu'ils n'ont combattu si longtemps contre les romains et contre les barbares qu'ils attaquaient, que pour autant que cette précieuse liberté qu'ils regardaient comme le plus cher de tous leurs biens » (*Essai sur la noblesse de France*, Paris, 1732, *op. cit.*, p. 23).

Egaux entre eux, les Germains choisissaient leurs chefs et l'électivité temporaire des rois était la règle[61]. C'est le succès des armes qui a pérennisé certaines dynasties et leur capacité militaire qui a assuré leur longévité politique. Par la suite, les rois ont acquis des fonctions de magistrats civils destinées à arbitrer les litiges mais celles-ci étaient toujours librement déléguées[62]. Entre leurs capitaines ou rois et les « François », il n'y avait aucun rapport de sujétion ou de soumission, pas de contrat social d'aliénation mais des rapports de compagnonnage et d'égalité[63]. Le lien social qui unissait les Français concernait l'Etat davantage que le roi, sanctifiait la nation plutôt que le monarque. Aussi bien, et ceci explique la consonance des thèses de Boulainvilliers avec l'esprit du temps, défend-il la doctrine d'une souveraineté populaire[64] primitive mais aussi, et le thème est plus nouveau, d'une nation originaire qui est, au temps qui précède la conquête, ce que, chez les théoriciens classiques, l'état de nature est au moment antérieur au contrat social[65]. Dans cette nation originaire, la propriété est commune,

61. « Les Francs regardaient le droit de se choisir des capitaines et des rois comme le plus assuré moyen d'éviter l'oppression, et ils ne leur obéissaient qu'à la guerre. Pendant la paix, les rois ou le capitaine ne conservaient de crédits qu'à proportion de leurs exploits ; ils n'avaient pas plus de part aux délibérations publiques que les particuliers... Mais à mesure que les Francs étendaient leurs conquêtes, la puissance de leur Roi s'éleva à proportion. Le peuple crut devoir à leur bonheur et à leur courage le succès glorieux des grandes entreprises et cela fit qu'il s'attacha à choisir ses capitaines dans la même famille... » (*Essai...*, *op. cit.*, p. 19).
62. « Les Rois français n'étaient à proprement parler que des magistrats civils choisis et nommés par canton pour juger les différends des particuliers ; de sorte qu'encore qu'il y ait lieu de croire que l'emploi en était successif, ou du moins attaché à une certaine famille, on ne laisse pas de voir par les exemples de Menovee et de Childéric son fils, que le peuple jouissait d'une liberté effective dans le choix personnel de ces Rois » (*Histoire...*, *op. cit.*, p. 27).
63. Boulainvilliers : « Tous les françois étaient libres et par conséquent, non sujets à prendre ce terme à la rigueur, c'est le premier principe. Ils étaient tous compagnons et c'est pour cela qu'ils furent appeler lender du mot allemand lenfth dont ils usoient entre eux et qui veut dire compatriotes, gens de même société et condition » (*Essai, op. cit.*, p. 28).
64. « Mais si je crois déterminément du fond de mon cœur le droit de la maison royale incontestable, je n'ai pas une moindre opinion de celui des peuples par rapport à la propriété de leurs biens » (*Histoire...*, *op. cit.*, t. 1, p. 148).
65. « J'ai fait voir qu'une nation entière, libre qui s'est déterminée à changer le pays qu'elle habitait et à faire une conquête... » (*Histoire, op. cit.*, t. 1, p. 148). « Cette vérité se trouve dans les chartes anciennes où l'on voit que la fidélité des lendes n'est pas appliquée au Roi mais à l'Etat *Regni fidelibus*, c'est-à-dire fidèle à la Nation et au gouvernement français » (*Histoire...*, *op. cit.*, t. 1, p. 29).

il n'y a pas de fiefs ; ce sont le fil de l'épée et la puissance du glaive qui ont bouleversé cette situation primitive. La conquête va créer tout à la fois la monarchie, la noblesse, les serfs. La monarchie, dit Boulain-villiers, ne date que du règne de Clovis et de l'année 481. Les Francs vainqueurs ont formé l'aristocratie : « La liberté des françois étant prouvée, il n'est pas difficile de faire voir qu'après la conquête des gaules, ils furent les seuls reconnus pour nobles c'est-à-dire maîtres et seigneurs. »[66] Les Gallo-Romains vaincus sont tombés en sujétion, le couperet de Boulainvilliers s'abat ici sans précaution excessive : « Les gens de main-morte, serfs ou sujets... explique-t-il... n'étoient pas sujets de l'Etat en général, si ce n'est dans la relation que leurs maîtres qui en estoient membres avaient avec le corps entier de la Nation et par conséquent ils n'étoient pas sujets du Roi, qui n'avait d'autorité que dans l'Etat. »[67] Boulainvilliers interprète l'évolution ultérieure de la société française comme un long et ininterrompu processus de décadence. La dégradation du rôle de la noblesse a été causée par la montée en puissance des deux autres ordres : d'abord l'ordre du clergé, entré dans les états généraux sous Charles Martel, puis le tiers état qui commence son ascension sous Philippe le Bel. De cette décadence qui leur a permis de renforcer indûment et illégitimement leur pouvoir, les monarques ont été les acteurs principaux. Successivement, saint Louis en abolissant les justices seigneuriales au profit des justices centrales[68], Philippe le Bel (prince avide, emporté, sans foi, sans justice et sans considérations), en anoblissant des roturiers[69], le cardinal de Richelieu et Louis XIV, en agissant plus vite en trente ans que leurs prédécesseurs en mille deux cents ans[70], ont réalisé, malgré la diversité des monarques, le projet de la monarchie qui était de subjuguer le peuple, d'anéantir les grands seigneurs et d'établir le despotisme[71].

66. *Histoire...*, *op. cit.*, p. 96.
67. *Histoire...*, *op. cit.*, t. 1, p. 34.
68. *Histoire...*, *op. cit.*, t. 2, p. 49.
69. *Histoire...*, *op. cit.*, t. 2, p. 37.
70. *Histoire...*, *op. cit.*, t. 3, p. 135.
71. « Ils (les rois) ont tous été assis sur le même trône, mais ils s'y sont tous conduits d'une manière si différente, qu'à la réserve d'un seul point qui a été l'idée de subjuguer leurs peuples, d'anéantir les grands seigneurs, et de rendre leur autorité despotique, on pourroit dire que leurs maximes de gouvernement n'ont pas eu plus de liaison entre elles

Après celle des publicistes parlementaires, l'œuvre de Henry de Boulainvilliers, en substituant la conquête au pacte social, en échangeant l'histoire militaire contre la politique civile, en préférant la nation à la royauté, en remplaçant les ordres et les corps par le sang devenu race, en inscrivant l'essor de la liberté dans la féodalité, a ouvert un triple débat.

En amont, elle a entamé une discussion avec les théories du pacte social et les théories de la monarchie. Du droit politique des philosophes politiques classiques qui mettaient l'accent sur la constitution du corps politique par la paix civile, Boulainvilliers s'écarte par l'évocation de la guerre. Du droit politique monarchique qui soulignait l'importance de la personne royale, qui portait attention à la généalogie des trois races, qui exaltait la symbolique de saint Louis, saint Denis, saint Michel, des lys et du jardin de France, Boulainvilliers s'éloigne en proposant l'idée de nation. Ce ne sont plus les rois qui ont fait la France, c'est le peuple franc ; ce ne sont pas les dynasties des monarques qui ont construit le royaume, c'est une race conquérante. Boulainvilliers ne défend pas encore, comme bientôt Adam Ferguson, la société civile contre l'Etat et sa problématique, comme l'a souligné Elie Carcassonne, ne s'engage pas dans le libéralisme[72]. Elle introduit plutôt à la doctrine contemporaine de la nation. Non pas celle classique, de l'Etat-nation, grandie par l'expansion du *regnum*, soutenue par l'effort de la couronne, mais celle contemporaine de la nation fondée sur le peuple. Non pas l'idée d'une histoire juridico-politique de la nation mais l'idée d'une nature militaro-ethnique de la nation. Après qu'à la doctrine des lois fondamentales et de la constitution coutumière, les publicistes parlementaires eurent substitué celle des lois constituantes

qu'avec celles de la monarchie chinoise ou tartare. On peut remarquer cependant qu'elles n'ont pas laissé de conduire leur postérité au but qu'ils s'étoient proposé il y a déjà tant de siècles, mais que pour atteindre efficacement ce but, l'administration du Cardinal de Richelieu et le règne de Louis XIV ont fait plus en trente ans que toutes les entreprises des rois précédens n'avoient pu gagner en 1 200 ans. »

72. E. Carcassonne : « Boulainvilliers distingue clairement les dangers de l'égalité dans l'Etat monarchique... idée féconde, d'où pouvait sortir toute une théorie de l'aristocratie libérale ; mais Boulainvilliers laisse à d'autres le soin de la développer... » (*op. cit.*, p. 24).

dans les assemblées nationales, Boulainvilliers a échangé l'idée de royaume de France pour celle du peuple de France. Boulainvilliers ouvre une époque, l'époque des idées révolutionnaires. A l'autre bout du siècle sur le seuil de la réunion des états généraux, retentira la célèbre réponse en forme de question de l'abbé Sieyès : *Qu'est-ce que le Tiers-Etat ?* L'auteur ripostera au parti aristocratique en proposant de retraverser les lignes : « La conquête a dérangé tous les rapports et la noblesse de naissance a passé du côté des conquérants. Et bien ! Il faut la faire repasser de l'autre côté, le tiers redeviendra noble en devenant conquérant à son tour. »[73] Pour se battre, il faut être deux, l'abbé ne sera à ce point l'adversaire du comte que pour autant qu'il a admis sa problématique de la nation. Chez lui la définition classique de la nation[74] sera vite oubliée pour la formulation nouvelle d'un phénomène naturel et originel : « La nation, écrit-il, existe avant tout, elle est l'origine de tout »[75] ajoutant « qu'elle ne forme pas le seul droit naturel et qu'elle ne sort jamais de l'état de nature »[76]. Les idées que les hommes de la Révolution se feront de la nation et de la constitution et qu'ils commenceront d'appliquer à l'assemblée constituante sortent tout droit des théories germanistes : ce que l'origine a fait, une révolution — un retour à une nouvelle origine — fondatrice peut le refaire; une nouvelle assemblée nationale, détenant à la fois le conseil, la justice et la législation, peut donner une constitution nouvelle à la France. Le courant germaniste jouera un très grand rôle dans la naissance de la philosophie sociale contemporaine : au xviiie siècle il influencera encore les œuvres de Montesquieu et de Mably et donnera naissance à l'ouvrage tard publié de Mlle de Lezardière[77]. Il diffusera pendant tout le xixe siècle non seulement dans la pensée romantique allemande mais, comme l'a souligné

---

73. Emmanuel Sieyès, *Qu'est-ce que le Tiers-Etat ?* (la 1re éd. Paris, 1789). Nous citons d'après l'édition de Paris, 1982, préfacée par E. Champion, p. 24.
74. E. Sieyès : « Qu'est-ce qu'une nation ? Un corps d'associés vivant sous la loi commune et représentée par la même législation » (*op. cit.*, p. 31).
75. E. Sieyès, *op. cit.*, p. 67.
76. E. Sieyès, *op. cit.*, p. 68-69.
77. Mlle de Lezardière, *Théorie des lois politiques de la Monarchie françoise*, Paris, 1792, 8 vol.

Fustel de Coulanges, à travers la perspective germaniste du comte de Montlosier, d'Augustin Thierry et à un moindre degré, dans toute l'école conservatrice et libérale[78]. C'est qu'il a ouvert, cette fois en aval, un troisième débat portant sur l'interprétation même de l'histoire du développement politique occidental et de la généalogie de la liberté. Selon l'interprétation germaniste en effet, qui portait en majesté le moment de la conquête franque, la grande fracture de l'histoire occidentale, le moment décisif de rupture entre le monde antique et le monde moderne datait de l'écroulement de l'Empire romain. En un sens, la modernité avait commencé avec la conquête germaine parce que les peuples germains avaient apporté au monde romain énervé et despotique, une régénération fondée sur le sang mais aussi enracinée dans leur esprit de liberté, liberté que la féodalité avait ensuite conservée.

Malgré ce brillant avenir, la triple prise de position du germanisme a suscité une réaction immédiate et la formation d'un autre courant, le mouvement romaniste qui a compté à son tour dans ses rangs, des auteurs comme l'abbé Dubos[79], le marquis d'Argenson[80], Jacob-Nicolas Moreau[81]. C'est dans cette réaction romaniste que s'inscrit l'œuvre des mauristes auteurs du *Recueil des historiens de la Gaule*. Une préface en deux parties est consacrée d'abord à une notice des monuments qui composent le volume suivie d'une réflexion sur les Francs en huit petites dissertations. Bien que l'ensemble de ces dissertations soient écrites avec une certaine modération, l'ouvrage adopte une position tranchée, en s'inspirant explicitement de l'abbé Dubos qui est l'auteur le plus cité. Outre ses fonctions à l'Académie française, l'abbé Dubos avait été l'une des brillantes recrues de l'Académie politique de Torcy. A l'opposé de la doctrine germaniste précédant

78. Dans *Questions historiques,* Fustel de Coulanges note en effet que le redéploiement au XIXᵉ siècle de la thèse germaniste date de 1815 (Paris, 1898, p. 33).

79. Abbé Dubos, *Histoire critique de l'établissement de la Monarchie française,* publiée par l'abbé Dubos, Paris, 1734. Nous citons d'après l'édition de 1735, 3 vol.

80. Marquis d'Argenson, *Considération sur le gouvernement ancien et présent de la France comparé avec celui des autres Etats, suivi d'un nouveau plan d'administration,* 2ᵉ éd., 1784.

81. J.-N. Moreau, *Leçons de morale de Politique et de Droit public,* Paris, 1773. *Exposition et défense de notre constitution monarchique française,* Paris, 1789, 2 vol.

de près d'un siècle et demi les thèses que développera Fustel de Coulanges[82], l'abbé Dubos s'attaque à la pierre maîtresse du raisonnement
de Boulainvilliers en niant le fait de la conquête. Il y a bien eu une
invasion germaine mais pas de conquête[83]. A la place, il décrit l'existence d'une alliance passée entre les Francs et les Romains et changée
en domination par le vœu même des populations gauloises[84]. Du coup,
l'abbé Dubos détruit le fondement des représentations de légitimité
sociales qu'avait imaginées Boulainvilliers. Selon lui, la société romaine
n'a pas été détruite par les Francs et les rois mérovingiens ont hérité
des constitutions entreprises. La royauté n'a pas eu à déposséder les
grands féodaux de pouvoirs qu'ils n'avaient pas. En revanche, elle a
laissé subsister les libertés municipales et leurs magistratures caractéristiques du monde gallo-romain. Ainsi Dubos, qui refuse à la noblesse
des privilèges originels, rattache à la naissance de la France et aux rois
de la première race la tradition de la royauté souveraine et des libertés
municipales[85]. L'histoire de la monarchie se confond avec le destin des
assemblées du peuple. Les causes de l'erreur commise par les germanistes proviennent selon lui d'un défaut de savoir dû à la manie de

82. Cf. Fustel de Coulanges, *Histoire des institutions de l'ancienne France*, Paris, 1911,
4 vol.
83. Abbé Dubos : « On se fait communément une fausse idée de la manière dont la
Monarchie française a été établie dans les Gaules et de sa première constitution. Sur la foy
de nos derniers historiens, on se représente les rois prédécesseurs de Clovis et Clovis
lui-même comme des barbares qui conquièrent à force ouverte les Gaules sous l'Empire
romain, dont ils faisaient gloire d'être destructeurs » (*op. cit.*, t. 1, p. 1).
84. Abbé Dubos : « Loin que ce qui nous est connu de l'Etat ou de la condition des
Romains des Gaules sous la domination de Clovis et sous celle de ses successeurs, nous
les représente comme une nation opprimée sous le joug d'un conquérant; au contraire
tout cela nous les représente comme une nation qui s'est soumise volontairement aux
Princes qui règnent sur elles. En effet, nous croyons que sous nos rois mérovingiens, les
anciens habitans des Gaules, ceux qu'on y appelloient alors les romains, jouissoient en
pleine propriété de tous leurs biens, qu'il leur étoit permis de vivre suivant le droit
romain et qu'ils avoient part à toutes les dignités même aux militaires » (*op. cit.*, t. 1, p. 12).
85. Abbé Dubos : « Suivant ce qu'on peut conjecturer, les Assemblées représentatives
des Gaules n'auront été d'abord composées que des députés nommés par leurs concitoyens et qui n'avoient d'autre vocation que celle qui leur venoit de l'élection faite de leur
personne. Dans la suite, les officiers pourvus de leurs emplois par le Prince, auront été
en cette qualité du nombre de ceux qui avoient séance dans ces assemblées. Elles seront
devenues d'Etats généraux composés de Députés qu'elles étoient, des Assemblées de
notables, composées principalement de gens mandés par le Prince, en conséquence de
leurs emplois » (*op. cit.*, t. I, p. 39).

recopier des annalistes qui ont écrit au temps où l'histoire n'était pas savante[86]. Estimant pour sa part que « tous les matériaux nécessaires au rétablissement de nos Annales ont été rassemblés et dégrossis dans le cours du XVIIᵉ siècle », Dubos se réfère explicitement « aux travaux de Messieurs Pithou et de Valois, de Mrs Jérôme Bignon, Du Cange et Baluze comme à ceux du Père Germon, du Père Petau, du Père Labbé, de Dom Luc d'Achery, de Dom Jean Mabillon, de Dom Thierri Ruinart, des Bollandistes et de plusieurs autres »[87], bref, à l'érudition religieuse et laïque du XVIIᵉ siècle. Tout en reconnaissant les progrès opérés par les historiens de la Renaissance, du Haillan, Paul-Emile, Vignier, Dubos estime que leur premier débroussaillage reste insuffisant comparé à l'œuvre accomplie « depuis cinquante ans »[88]. Or c'est très exactement cette interprétation que fait sienne le second volume du *Recueil des historiens de la Gaule*[89] et qu'approfondit le troisième volume publié en 1741, lequel contient les extraits des vies des gens illustres de 401 jusqu'à Pépin le Bref, et que continue de faire prévaloir le quatrième volume : lettres historiques, lois, formules, diplômes et plusieurs autres monuments qui concernent les Gaules et la France : les lois barbares, les arts et les monuments de la seconde race. Le cinquième volume est consacré aux différents règnes de Pépin jusqu'à la fin du règne de Louis V. Dans la préface du tome 2, Dom Bouquet critique à son tour la légende des origines fabuleuses des Francs et en particulier la légende des origines troyennes[90] mais aussi bien la thèse défendue par le P. Tournemine d'une origine gauloise des Germains,

86. Abbé Dubos, *op. cit.*, t. 1, p. 42.
87. Abbé Dubos, *op. cit.*, Discours préliminaire, p. 117.
88. Abbé Dubos : « On commença vers la fin du XVIᵉ siècle à vouloir publier tous les monumens de nos antiquités, et du Haillan ainsi que plusieurs autres, mirent au jour des histoires de France moins imparfaites à plusieurs égards, que celles qu'on avoit vues jusque là mais qui néanmoins ne rétablissent pas par le commencement de nos années. Cependant, Du Haillan, Vignier et les autres dont j'entends parler ici, ne méritent point là dessus plus de reproches qu'on en peut faire à Jacquin, à Nicolas Gilles et à Paul-Emile. Quand Vignier et ses contemporains ont écrit, les matériaux nécessaires au rétablissement de notre histoire étoient encore... dans les forêts et dans les carrières. Les en tirer, c'étoit un travail qui ne pouvoit être fait que par plusieurs personnes. C'étoit l'ouvrage d'un siècle et à peine avoit-on commencé de mettre la main à l'œuvre » (*op. cit.*, t. 1, p. 46).
89. *Op. cit.*, t. 2.
90. *Recueil...*, préface du t. 2, p. XXIV.

les Francs — réplique Dom Bouquet — « étaient une nation germanique »[91]. Mais il ne s'en efforce pas moins à détruire toute l'argumentation du parti germaniste : il conteste d'abord que les Francs aient
été des barbares : « Quand les francs se sont établis dans les Gaules,
ils n'étaient pas aussi barbares que nous les dépeignent les historiens
modernes », écrit-il[92]. Il nie ensuite qu'ils se soient installés en Gaule
par la conquête militaire : « Le commerce qu'ils avaient depuis longtemps avec les romains les avait civilisés. Les Empereurs avaient toujours à leur solde un corps de troupe de cette nation; et ils élevaient
aux premières dignités les plus distingués d'entre eux. »[93, 94] Après
avoir critiqué la légende qui fait de Pharamond le premier roi de
France : « Mais quel était le premier roi de France ! C'est ici ce que
nous ignorons. Nous ne savons même pas le nom de celui qui a régné
le premier dans la Gaule »[95], Dom Bouquet réfute l'opinion du P. Daniel
selon laquelle Clovis est un nouveau venu et il énumère les membres
des colonies germaines installées en Gaule avec l'accord des Romains,
avant de conclure : « Quoiqu'entre les témoignages que je viens de
citer, il s'en trouve quelques-uns qui prouvent seulement que les francs
étaient venus dans les Gaules, et qu'ils s'y étaient arrêtés, si cependant
on les prend tous ensemble, on en peut certainement conclure que les
Rois des Francs y avaient un établissement fixe et solide bien longtemps avant Clovis. »[96] Si les Francs n'étaient pas de simples guerriers
barbares et que la conquête n'a pas eu lieu, alors la conséquence sociale
tirée par Boulainvilliers d'un asservissement des peuples gaulois n'est
pas non plus bonne. Dans un chapitre intitulé « Les gaulois n'ont pas
été réduits en servitude »[97], Dom Bouquet rétorque : « Bien loin que
nos rois ayent réduit les Romains des Gaules dans une condition appro-
chant de la servitude comme l'ont avancé quelques écrivains modernes,
il est constant que la plupart de leurs généraux et de leurs ministres

---

91. *Op. cit.*, p. xxiv.
92. *Op. cit.*, p. xxiv.
93. *Op. cit.*, *ibid.*
94. Citation de l'abbé Dubos, *op. cit.*, p. xxxv.
95. *Op. cit.*, p. xxvii-xxxviii.
96. *Op. cit.*, p. xliii.
97. *Op. cit.*, p. l.

étaient romains de nation » et, comme le dit encore un autre titre de chapitre : « les gaulois n'ont pu être dépossédés de leurs terres »[98] et il ajoute, excipant de l'autorité de Dubos :

> Tout ce que je viens de dire touchant le gouvernement des francs, je l'ai tiré de l'excellent ouvrage de M. Dubos intitulé *Histoire critique de l'établissement de la monarchie française dans les gaules*. Je n'ai fait qu'effleurer la matière : mais pour se former une idée distincte de la manière dont la monarchie française a été établie dans les gaules, il faut nécessairement lire cet ouvrage où il est prouvé que les francs, avant qu'ils vinssent s'établir dans les gaules, étaient depuis plus de cent ans associés et amis des romains, qu'ils florissaient à la cour des Empereurs, qu'ils possédaient les premières dignités de l'Empire, que lorsqu'ils conquirent les gaules, ils ne traitèrent pas les romains avec inhumanité...

De même que dans le domaine de l'histoire religieuse, la recherche mauriste défendait obstinément l'originalité de son point de vue gallican, de même dans l'histoire des antiquités nationales, elle s'opposait au déferlement conquérant de l'idéologie nationale propre sans doute à flatter le narcissisme des différents ordres sociaux qui, tour à tour s'en emparait en s'éloignant de la route des sciences, et du contenu des diplômes, parce que l'histoire savante bénédictine n'était pas mythologie des origines, mais recueil patient des sédiments du passé.

La conception romaniste des origines du royaume qui se trouve exposée dans l'histoire bénédictine sera loin de l'emporter au XVIIIᵉ siècle. Non seulement les mauristes souffrent de la défaveur de l'érudition mais ils doivent aussi supporter la domination du courant germaniste. Mais le romanisme aura un avenir. Il faudra attendre plus d'un siècle et demi pour qu'un de nos grands historiens, Fustel de Coulanges, renoue à son tour avec la forme et le fond de l'historiographie bénédictine qui, avant lui, avait eu ses admirateurs chez Benjamin Guérard, Ernest Renan et Michelet. A son tour et, avec cette fois des arguments dirimants, Fustel critiquera la théorie de l'invasion par les barbares. « Le mot d'invasion — écrira-t-il — fait songer à une migration d'hommes, à une nation en marche à la conquête d'un Etat par

98. *Op. cit.*, p. LII.

un peuple. On se figure volontiers comme un nombreux débordement de germains, se précipitant sur la Gaule forts et nombreux et unis moins par l'intérêt que par la haine du nom romain. Cette union nationale, cette haine patriotique, cette force d'impulsion de l'ancienne germanie n'apparaissent nulle part... la conquête de la Gaule par les trois grandes bandes germaniques est donc dans l'histoire de l'Etat romain, la fin d'une double transformation qui commence à l'origine même de l'Empire. »[99] Fustel reviendra aux thèses des mauristes, en niant qu'il ait existé des différences proprement économiques entre le Romain du bas Empire et celui de la féodalité parce que la féodalité n'a inventé ni le grand domaine ni le servage ni la tenue servile ou colonaire, ni même les services et les corvées[100].

Nous passerons plus rapidement sur l'*Histoire littéraire de la France...*[101] qui a fait récemment l'objet d'études approfondies de la part de François Fossier et de Bruno Neveu[102] pour en venir à l'histoire des provinces dont le survol des seules collections du Cabinet des Manuscrits de la Bibliothèque nationale, dit assez l'ampleur des documents rassemblée. Le Berry, la Bourgogne, la Bretagne, la Champagne, la Guyenne, le Languedoc, le Limousin, la Normandie, la Picardie, le Poitou, la Touraine, l'Anjou, le Maine. C'est à un ensemble très diversifié et assez également réparti des

99. Fustel de Coulanges, *Histoire des institutions politiques de l'ancienne France*, Paris, 1904, 4 vol., t. II, p. 561.

100. Fustel de Coulanges, *op. cit.*, t. IV, p. 463-464.

101. Le titre complet est *Histoire littéraire de la France, où l'on traite de l'origine et du progrès, de la décadence et du rétablissement des sciences parmi les Gaulois et parmi les François ; du goût et du génie des uns et des autres pour les lettres en chaque siècle ; de leurs anciennes écoles ; de l'établissement des Universités en France, des principaux collèges ; des Académies des sciences et des belles-lettres ; des meilleures bibliothèques anciennes et modernes, des plus célèbres imprimeries et de tout ce qui a un rapport particulier à la littérature. Avec les éloges historiques des Gaulois et des François qui s'y font quelques réputations ; le catalogue et la chronologie de leurs écrits, des remarques historiques et critiques sur les principaux ouvrages ; le dénombrement des différentes éditions ; le tout justifié par les citations des originaux par des religieux bénédictins de la Congrégation de Saint-Maur*, Paris, 1733-1763, in-4°, 12 vol. Dom Rivet auteur des huit premiers volumes, le 9e volume est de Dom Charles Taillandier et Dom Rivet, les 10e et 11e volumes de Dom Charles Clémencet, le 12e volume de Dom François.

102. Cf. François Fossier, L'histoire littéraire de la France au xviiie siècle d'après les études des bénédictins de Saint-Maur, *Journal des Savants*, 1976, et Bruno Neveu, L'histoire littéraire de la France et l'érudition bénédictine au siècle des Lumières, *Journal des Savants*, 1979.

provinces que se sont intéressés les bénédictins. Sous la forme monographique et documentaire qu'elle va prendre dans les études mauristes au xviiie siècle, l'histoire des provinces n'est nullement une innovation. Maurice Lecomte a donné une liste déjà impressionnante de tous les érudits qui travaillaient à l'histoire provinciale avant les bénédictins[103]. Là non plus, notre intention n'est pas de retracer par le menu le travail accompli par les bénédictins sur l'histoire des provinces[104]. Nous essaierons seulement de mettre en évidence les méthodes d'études mises en œuvre par les mauristes sur quelques exemples. D'abord en ce qui concerne des histoires venues à leur terme, c'est-à-dire conduites jusqu'à la publication : la Bretagne et le Languedoc.

La Bretagne : le cas de la Bretagne est particulièrement intéressant parce qu'il illustre parfaitement la rencontre des intérêts de l'Etat et des mauristes, le relais passé entre plusieurs générations et la ligne de travail suivie par les bénédictins. Au moment où Luc d'Achery entretenait une correspondance avec des laïques comme Pierre Louvet, qui travaillait sur la région des Dombes, Colbert avait désiré choisir le plus habile en chaque province pour lui faire écrire une histoire de son

---

103. M. Lecomte : « Justel en Auvergne, Peiresc en Provence, Besly en Poitou, Aubert Le Mire en Hainaut, Jean Bolland en Artois, J. Roger, prévôt de l'échevinage à Reims, François et Nicolas Rumet en Ponthieu, Montval en Picardie, Le Prévost et Jean Bigot en haute Normandie (Rouen), Marca en Béarn, Louvet en Beauvaisis, Dufourny en Lorraine, de Chevanes en Bourgogne, Nicolas Camuzat à Troyes, Palliot en Champagne, Jean Le Lièvre et Mathieu Thomassin en Viennois, Guichenon en Bresse, de La Thaumassière en Berry, Scipion Dupleix et d'Oihénart en Gascogne, N. Chorier en Dauphiné; Pierre d'Hozier, éditeur en 1638 de l'*Histoire de Bretagne* de Pierre Le Baud qui laissa aussi des *Chroniques de Vitré ;* Carreau, élu à Tours, dont le projet d'histoire de Touraine a été fort bien étudié par le comte Boulay de La Meurthe; N. Berlette et M. Bertin à Soissons, le P. Odo de Gissey dans le Lyonnais, Henri Betort en Nivernais, l'avocat Sébastien Roulliard, de Melun, à qui l'on doit des histoires de Chartres, Melun, Lihons-en-Santerre, etc. Tous ces érudits, qui travaillaient aux histoires des provinces françaises dans la première moitié du xviie siècle, durent bientôt céder le pas et souvent se joignirent bénévolement à de nouveaux ouvriers, les religieux de l'ordre de saint Benoît, particulièrement ceux de la Réforme ou Congrégation de Saint-Maur » (Les bénédictins et l'histoire des provinces, *Revue Mabillon*, 1927, p. 238-239).

104. Nous renvoyons à l'article cité ci-dessus de Maurice Lecomte. Les collections manuscrites relatives à l'histoire des provinces ont été en partie cataloguées par Léopold Delisle, Notice sur des collections manuscrites de la Bibliothèque nationale. I : Collections relatives à l'histoire des provinces, *Bibliothèque de l'Ecole des Chartes*, 32 (1871), 23 août 1890 et par Philippe Lauer, *Bibliothèque nationale. Collection manuscrits sur l'histoire des provinces de France*, Paris, 1905, 1911, 2 col.

pays aussi exactement que possible[105] et avait pensé tout d'abord à la Bretagne[106]. C'est vers 1687 que Dom Maur Audren et François de Coëtlogon conçoivent le projet de l'histoire de la Bretagne lorsque les Etats de Bretagne reçoivent en 1687 un nouveau règlement et lorsque l'intendant s'établit à demeure, c'est-à-dire à cette date précise où les liens de la province et de l'Etat central se resserrent. Jean Maur Audren obtient l'approbation de Louis XIV, l'appui des Etats et de l'intendant[107]. En 1689, les Etats votent le 11 novembre une somme de 300 livres pour couvrir les premiers frais. Robert de Gaignières consulté donna un plan : l'histoire de la Bretagne commençait avant la conquête romaine et devait durer jusqu'en 1532. Le travail de recherche et de publication s'étendit sur quinze ans et fut effectué par plusieurs religieux de Saint-Maur : notamment Antoine Le Gallois, Denis Briant, Joseph Rougier et Dom Mathurin Veissière de La Croze bientôt remplacé (en 1693) par Dom Alexis Lobineau[108]. La publication se présente sous une double forme. En 1707, Dom Lobineau publie une *Histoire de la Bretagne* (2 volumes in-folio, l'un de narration, l'autre de documents) et de 1742 à 1756, Dom Morice publie à son tour une autre histoire (5 volumes in-folio dont un volume et demi de narration)[109]. Tout l'effort de préparation des documents de Dom Morice était dû à la génération précédente des disciples discrets de Mabillon. La ligne de travail suivie par les mauristes reposait sur un grand esprit d'ouverture. En 1689, un *Avis au public pour une nouvelle histoire de Bretagne*[110] fit office de prospectus destiné à rassembler les

---

105. Lettre de Colbert du 19 juin 1683 aux intendants. Cité par Pierre Clément, *Histoire de Colbert et de son administration*, Paris, 1892, p. 174. Cf. la suite de la lettre *infra*.

106. Cf. M. Lecomte, art. cité, *Revue Mabillon*, 1928, p. 39.

107. *Lettre à Nosseigneurs des Etats de Bretagne touchant la Nouvelle histoire de la province composée par les soins du R.P. Dom Maur Audren* (publiée par Dom C. A. Lobineau assisté de Dom Denys Briant), s.l., 1703.

108. Cf. *Correspondance historique des Bénédictins bretons et autres documents relatifs à leurs travaux sur l'histoire de Bretagne*, par Arthur de La Borderie, Paris, 1880.

109. *Histoire Bretagne composée sur les titres et les auteurs originaux par Dom Guy Alexis Lobineau*, Paris, 1702, 2 vol. et Dom Pierre Hyacinthe Morice, *Histoire ecclésiastique et civile de Bretagne composée sur les auteurs et les titres originaux...*, Paris, 1750-1756, 2 vol. in-f⁰ et *Mémoires pour servir de preuves à l'histoire ecclésiastique et civile de Bretagne tirées des archives de cette province, de celles de France et d'Angleterre, des recueils de plusieurs scavans antiquaires*, 1742-1746, 3 vol. in-f⁰.

110. *Op. cit., ibid.*, p. 20-25.

bonnes volontés. En dehors des collaborateurs dûment enrôlés, concourent des collaborateurs bénévoles comme de Gaignières déjà cité, ou Dom Guillaume Aubrée. S'impose par-dessus tout un effort exceptionnel de documentation. L'exploration des archives de Bretagne, Anjou, Touraine et Poitou et la collecte des matériaux historiques durent sept années de voyages et de recherches (1689-1695) et Dom Lobineau donne dans sa préface[111] une liste indicative des archives utilisées. Il s'agit de celles du château de Nantes, de la Chambre des comptes, des registres de la Chancellerie, du marché de Penthièvre, du château de Vire, du château de Brissac, du château de Coetmer, du château de Tonguedec, du château de Malestroit, du château de Chastel, du Parlement, des titres du Présidial, de l'hôtel de ville de Rennes, des églises, des abbayes et autres maisons et couvents de la province... sans oublier des portraits, des médaillons et monnaies. Cette ampleur de l'investigation se retrouve dans les autres entreprises bénédictines[112]. Le soutien de l'Etat se manifeste par l'engagement financier des Etats de Bretagne avec un mode de paiement par tour tous les deux ans (1703-1705-1707) et les remerciements solennels à Lobineau le 18 novembre 1707, nommé officiellement historiographe de Bretagne. Il n'entraîne pas pour autant un enrégimentement total des mauristes à l'égard des puissances établies. C'est ainsi que Dom Lobineau reprit les thèses censurées de Bertrand d'Argentré qui, dans une *Histoire de Bretagne de 1582* avait montré qu'il n'y avait pas de suzeraineté de la couronne de France avant l'acte d'union de 1532[113]. C'est

111. Dom Lobineau, *Histoire de Bretagne composée sur des titres et des auteurs originaux*, Paris, 1707, 2 col. préface.
112. Comme le souligne notamment Bruno Neveu à propos de la rédaction de l'*Histoire littéraire de la France* : « On notera l'ampleur de la documentation imprimée utilisée par les auteurs et indiquée en tête de chaque volume de l'*Histoire littéraire* : le meilleur de l'érudition européenne y est représenté : on y voit figurer, en plus de toutes les histoires des différentes provinces, les ouvrages de Baillet, Baluze, Begle, l'abbé Lebeuf, les bollandistes, D. Calmet, Camuzat, Cave, Chifflet, Le Cointe, Labbé, Du Cange, Du Chesne, Du Pin, Fauchet, Goldart, Lelong, Leibniz, Mabillon, Martène, Morin, Muratori, (...), Valois, Ussher, pour ne retenir que les plus grands noms » (art. cité, p. 88).
113. Ces thèses de Dom Lobineau disparues dans la première édition, réapparaissent dans l'édition du Palais-Royal, 1973. Cf. aussi Dom C. A. Lobineau, *Réponse au « traité de la mouvance de la Bretagne ». On fait voir dans cette réponse que la Bretagne n'a point été promise aux roys de France dez le commencement de la monarchie et que la mouvance de cette province n'a point été cédée par Charles le Simple aux ducs de Normandie...*, Nantes, 1712.

ainsi encore qu'il critique la légende de la famille de Rohan-Soubise
qui prétendait descendre d'un fabuleux Conan-Meriadec, premier roi
de Bretagne. Du coup, les Rohan poursuivront le mauriste de leur
vindicte et tenteront d'empêcher l'ordre de la noblesse de payer l'historiographe aux Etats de la province. Leur querelle trouve des zélateurs
dont le redoutable abbé de Vertot que nous retrouverons bientôt
engagé dans une dispute tout aussi contestable contre Nicolas Fréret
et toujours sycophante puisqu'il dénonce le bénédictin au garde des
Sceaux, sous le prétexte qu'il avait parlé avec irrévérence de quelques
rois carolingiens[114]. Mais pour ce coup il n'obtient pas d'envoyer notre
mauriste au cachot. Dom Lobineau se montre aussi sévère à l'égard de
l'apologétique des ordres sociaux que ses prédécesseurs l'avaient été
vis-à-vis de l'hagiographie de l'ordre bénédictin. De même que
Mabillon s'était refusé d'épargner les légendes installées ou les interprétations traditionnelles, qu'il avait volontairement creusé le fossé entre
les fables même flatteuses et l'histoire et développé continûment un
regard critique sur les saints inconnus, ou le merveilleux religieux,
l'historien de la Bretagne critique les inventions généalogiques,
confronte les documents et les récits, tâche d'établir ce qui est certain
et déprécie sans remords ce qui est imaginé. Aucune occasion n'est
perdue pour rétablir la vérité historique au détriment des idées toutes
faites ou des interprétations d'opportunité. La documentation qui
porte sur l'histoire ecclésiastique, l'histoire civile et l'histoire nobiliaire
occupe une grande place; elle repose sur la connaissance des diplômes
acquis par la lecture des originaux ou la transcription qui en a été faite
dans les cartulaires. Dom Lobineau use et abuse imperturbablement de
la méthode des mauristes qui est de copier et recopier sans fin toutes
les pièces relatives à leur sujet, qu'il s'agisse de documents intéressant
des affaires privées (testaments, contrats de mariages) ou des diplômes
publics, arrêts rendus par les cours, procès-verbaux, registres ecclésiastiques, les bénédictins utilisent les blasons, les sceaux, les relevés
architecturaux, la description des monuments, etc., et c'est sur cette
base qu'ils élaborent leur synthèse, adoptant quelquefois sur des sujets

---

114. Cf. M. Lecomte, art. cité, *Revue Mabillon*, 1928, p. 43.

litigieux, les positions courageuses qui valent à Dom Lobineau ses ennuis.

A la suite du succès de l'histoire de Bretagne, parurent en 1730 et 1745 les cinq volumes de l'*Histoire générale du Languedoc* par Dom Vaissète et Dom de Vic[115]. Ceux-ci rencontrèrent des difficultés plus grandes que leurs prédécesseurs, tant à harmoniser leur travail avec leurs collaborateurs Dom Marchand et Dom Auzier, qu'à explorer les dépôts[116]. Néanmoins, la majeure partie des extraits et des transcriptions des documents avait été faite par les membres de l'équipe. Une fois encore en 1720, un prospectus imprimé fut publié qui appelait à l'envoi de documents, et une pension annuelle fut attribuée par les Arrêts qui superviseront la publication. L'investigation est encore étendue : non seulement les dépôts provinciaux, les riches bibliothèques des villes et les châtellenies mais aussi les dépôts centraux s'ouvrent à la quête de Dom de Vic et de Dom Vaissète : Trésor des Chartes du roi, bibliothèque de Colbert, du duc de Coislin, de l'évêque de Metz et du chancelier d'Aguesseau, de M. Chauvelin, garde des Sceaux, de M. Joly de Fleury, procureur général au Parlement de Paris, du cabinet de Denis Godefroy, garde des archives de la Chambre des comptes, des collections de Lancelot, membre de l'Académie des Inscriptions, de la bibliothèque de Colbert de Croissy, évêque de Montpellier, de celle du président du Parlement de Provence, M. de Mazargues, qui avait hérité des manuscrits de Tarrisse. On assiste alors à un double mouvement de recherche : d'abord à une digitalisation : les érudits ne dédaignent plus maintenant les plus petits dépôts; ensuite à une centralisation. Par une impulsion

---

115. Dom Joseph Vaissète et Dom Claude de Vic, *Histoire générale du Languedoc avec des notes et des pièces justificatives composée sur les auteurs et les titres originaux... par deux religieux bénédictins de la Congrégation de Saint-Maur*, Paris, 1730-1745, 5 vol. in-f° (continuée jusqu'en 1790 par Ernest Roschach et publiée à Toulouse en 1872, 1892, 14 vol. in-4°).

116. Cf. M. Lecomte : « Les dépôts ne s'ouvraient pas toujours bénévolement à leur demande. Le président des Etats dut prescrire à tous les archevêques, évêques de la France, aux chapitres métropolitains cathédraux et autres, aux abbés, prieurs et monastères, à tous seigneurs spirituels et temporels, aux maires consules et magistrats des villes, de communiquer aux deux religieux les actes, titres et documents qui étaient en leur possession (15 mars 1782) » (art. cité, *Revue Mabillon*, 1828, p. 10).

venue du haut, les grandes collections se rendent disponibles à la recherche. Mais on constate, dans le même temps, des élans inversés dans l'accès aux dépôts des ordres, ordres religieux, ordres de la noblesse, qui ont tendance à se refermer et aux dépôts de la monarchie qui deviennent plus aisément ouverts, tandis que les bénédictins peuvent toujours puiser dans les archives de Saint-Germain-des-Prés, riche de ressources incomparables[117]. L'histoire locale réplique et généralise donc les méthodes mises en œuvre dans l'histoire générale : utilisation systématique de tous les fonds publics et privés, missions scientifiques, travail de longue haleine qui mobilise plusieurs générations bénédictines, système généralisé de coopération[118]. Ce labeur se continue dans les mêmes conditions pour d'autres provinces, le Berry confié à Dom Turpin[119], la Bourgogne donnée à Urbain Plancher et à Guillaume Aubrée[120], la Guyenne à laquelle travailla Dom Car-

117. L'enquête menée par Marie-Louise Augier sur La collection de Bourgogne à la Bibliothèque nationale, dans *Sous la règle de saint Benoît, structures et sociétés en France du Moyen Age à l'époque moderne*, Genève, Paris, 1982, confirme l'utilisation des méthodes qui ont prévalu dans l'histoire de Bretagne et l'histoire du Languedoc : « Comment nos bénédictins se sont-ils procurés cette documentation ? », demande-t-elle à propos de 74 premiers manuscrits de la collection et de répondre : « Ils ont puisé dans les archives et bibliothèques de la province tant civiles ou ecclésiastiques que privées, et pour ce faire ils se sont livrés à des voyages littéraires » (p. 281-284). Comme d'autres collections provinciales, la collection de Bourgogne rassemble les papiers de plusieurs générations de bénédictins : « La première cherchant à fixer l'histoire des monastères à l'intention de d'Achery et de Mabillon ; la seconde avec Dom Aubrée puis Dom Plancher et Dom Salazard, s'attachant à l'histoire de la Bourgogne ; la troisième avec Dom Villevieille s'occupant de généalogie et pas uniquement bourguignonnes » (p. 289) (art cité).
118. Ce système de coopération n'évitait sans doute pas la compétition et les querelles comme le souligne François Fossier (L'histoire littéraire de la France au XVIIIe siècle d'après les archives des bénédictins de Saint-Maur, *Journal des Savants*, 1976). Mais qui a étudié le programme des études mauristes à travers les lettres circulaires ne peut évidemment conclure comme lui que « l'harmonie... propice à de gigantesques travaux d'équipe est une illusion d'optique contemporaine » ni même que les mauristes « travaillaient avant tout pour eux » (F. Fossier, La place de l'érudition nationale dans l'historiographie de l'âge classique, *Histoire et conscience historique à l'époque moderne*, Paris, 1987, p. 54). Nos propres recherches confirment ici bien plus qu'elles ne les infirment les observations dégagées par Madeleine Laurain-Portemer. On verra d'ailleurs plus loin que cette coopération avec la hiérarchie qu'elle entraîne est si inévitable qu'elle recevra un statut réglementaire.
119. Les papiers des dépouillements de Dom Turpin terminés en 1788 ont été égarés ou détruits.
120. L'*Histoire de Bourgogne, 1731-1781* (4 vol. in-f°) est principalement l'œuvre de Dom Urbain Plancher. Une partie de l'œuvre de Guillaume Aubrée est restée manuscrite, 22 vol. (de 91 à 111) de la collection Bourgogne à la Bibliothèque nationale.

rière[121], le Limousin (Dom Col)[122], la Normandie (Dom Le Noir)[123], la Picardie (Dom Grenier)[124], le Poitou (Dom Fontenau et Dom Dazet)[125], Touraine, Anjou et Maine (Dom Housseau)[126], après qu'une résolution prise à la diète de 1737 eut été énoncée d'étendre le travail à toutes les provinces de France[127]. Un bilan trop rapidement esquissé des histoires provinciales entreprises par les bénédictins pourrait conclure à l'échec puisque la majorité des études est restée à l'état manuscrit et que seule une minorité a donné lieu à des publications. A ce décalage entre les buts proposés et le succès à les atteindre, il y a sans doute plusieurs ordres de raisons. Des raisons chronologiques : inauguré au XVIIe siècle, l'effort bénédictin se déploie véritablement dans la seconde moitié du XVIIIe siècle et, en son point culminant, on le voit buter, achopper, exploser sur la grande crise sociale et politique de la Révolution. Pour être menée à bien dans le cadre du projet mauriste, l'histoire provinciale avait

---

121. Malgré la publication de prospectus par Dom Baubens et Dom Carrière annonçant en 1755 et 1782 l'histoire de Guyenne, celle-ci ne fut pas achevée et les papiers, à l'exception d'un catalogue de chroniques, ont disparu.

122. Le fonds latin de la Bibliothèque nationale (n°s 9193-9199) garde les tomes I-III-V-VII-IX de la collection réunie par Dom Col sur l'histoire et la topographie du Limousin.

123. Dom Le Noir (cf. *supra*) a travaillé trente années à l'histoire de la Normandie et devait constituer un ouvrage, *Collection chronologique des actes et des titres de Normandie* (25 vol. in-f°) dont seul le prospectus a paru en 1788. Mort en 1792, ses papiers sont devenus propriété privée de la famille de Mather.

124. La collection de Picardie est l'une des plus riches et des plus imposantes qui soit : elle a été réunie par Dom Grenier, moine de l'abbaye de Corbie, grâce au concours « des naturalistes et antiquaires » de Normandie auxquels il avait adressé un appel circulaire en 1767. Seul parut en 1786 *Le prospectus de l'histoire de Picardie* qui annonçait cinq ou six volumes in-quarto.

125. Ne subsistent que les matériaux accumulés pour l'histoire du Poitou par Dom Fonteneau et passés à Dom Mazenet, détenus par la bibliothèque municipale de Poitiers (29 vol. de chartes, 1 vol. de tables, 59 vol. de mémoires et documents). La BN possède une transcription de 29 vol. de copies, *Ms. lat. 18376* et sq.

126. L'histoire de ces provinces a été préparée par un concours d'efforts des mauristes et d'érudits laïques comme les *membres de la société littéraire d'Orléans*, la direction de l'entreprise confiée à Dom Housseau installé à Saint-Germain-des-Prés. Les collections sont au Cabinet des Manuscrits de la BN.

127. Cf. M. Lecomte, art. cité, *Revue Mabillon*, 1928, p. 118. D'autres projets furent ainsi imaginés qui n'ont pas abouti. Tel est le cas par exemple de l'histoire de Champagne et Brie, malgré l'appui du gouvernement de Louis XV. Mais au XIXe siècle, d'Arbois de Jubainville a utilisé les travaux antérieurs pour son histoire régionale.

besoin de plusieurs décennies d'effort continu et du concours de deux ou trois générations d'érudits ; il aura manqué à la dernière génération, qui s'y engage dans les années 1760-1770, dix années pour terminer ce qu'elle avait commencé.

Il y a aussi des raisons logiques qui tiennent à la nature de l'œuvre elle-même. On a souligné, et les quelques chercheurs qui se sont résignés à consulter ces fonds le répètent à l'envi, la richesse étonnante et insoupçonnée des grandes collections provinciales[128]. Mais comment qualifier la nature des sources qu'elles renferment et le type d'histoire qu'elles ont permis d'élaborer ? On constatera d'abord que l'importance quantitative des manuscrits rassemblés excède considérablement le volume des publications générales auxquelles ils donnent lieu, quand ces publications sont effectivement menées à leur terme. Dans la documentation rassemblée, il y a une volonté visible d'exhaustivité et de centralisation des sources qui relève d'un effort technologique, lequel finit quelquefois par absorber le principal de l'attention des exécutants, compte tenu de l'extrême diversité des dépôts dans lesquels ils travaillent et de l'incroyable multiplicité des sources qu'ils rassemblent : sources ecclésiastiques qui leur permettent d'édifier de meilleures chronologies : nécrologes, martyrologes, calendriers ; ou de mieux connaître la vie des anciens monastères : statuts, rituels, fouilles, terriers, censiers, etc. ; sources nobiliaires qui leur ouvrent l'histoire des différentes maisons : blasons, sceaux, recueils généalogiques, titres, lettres patentes ; sources civiles qui leur donnent accès à l'histoire des villes et des Etats : dépôts des chambres des comptes, archives de bailliage, des hôtels de ville, registres des parlements et qui viennent coexister par l'opération de la transcription dans un désordre laborieux qui se retrouve par ailleurs dans le fonds de Saint-Germain-des-Prés[129].

---

128. Cf. M. L. Auger : « Outre les travaux des bénédictins des XVIIe et XVIIIe siècles, la collection de Bourgogne renferme aussi des documents contemporains ou plus anciens tirés des chartiers et que l'on rechercherait spontanément aujourd'hui dans les dépôts d'archives » (art. cité, p. 230).

129. Cf. notre orientation bibliographique.

Le regard moderne qui se pose sur cet effort archivistique, moins sollicité par la volonté de connaissance que par le désordre qu'il y perçoit, est souvent choqué par le passage direct de la collation à la publication. Le dérangement où l'ancien côtoie le contemporain, où l'inutile coexiste avec l'usager, où toutes les traces, monuments, épitaphes, inscriptions voisinent avec des diplômes, nous l'avons vu et nous le retrouvons ici dans la production des antiquaires de l'âge classique qui se distribue entre les spécilèges, les analectes et le musée. De Luc d'Achery à Dom Lobineau ou à Dom Plancher, en passant par Mabillon, la conséquence est bonne et elle s'appliquera encore à Mabillon. Mais ce bric-à-brac a son revers exigeant et qui l'honore : la prise de conscience de l'incroyable complexité des traces dans la très sophistiquée société d'ordres de l'Ancien Régime. Sans doute, la méthode de transcription des chartes, malgré sa rigoureuse soumission aux protocoles de Grégoire Tarrisse, de Luc d'Achery, et de Mabillon, peut-elle nous heurter, elle qui reproduit quelquefois avec le même entrain, un diplôme original et une pièce douteuse glissée dans un cartulaire. Davantage, l'idée d'une extorsion des archives hors de leurs dépôts originels, sans respecter l'intégrité des fonds, nous scandalise. Mais dans une société dont les cloisonnements sociaux ont autant de facettes qu'une ruche, est-il possible de conduire autrement la connaissance des documents ? La transcription est une méthode de centralisation et d'unification susceptible de produire un savoir dans une société où l'unité administrative est inversement proportionnelle à la hiérarchie des ordres sociaux. Dom Le Noir, l'historien de la Normandie, a exposé avec une grande clarté l'essentiel de l'orientation des histoires provinciales dans le prospectus de son propre travail publié en 1788[130]. Il y explique que si son projet a dérivé d'une histoire générale de la Normandie prévue initialement vers un catalogue de titres, c'est assurément parce que l'histoire générale de cette province avait déjà été très avancée par André

---

130. Dom Le Noir, *Collection chronologique des Actes et des titres de Normandie*, Paris, 1788, le prospectus se trouve dans la *Collection Moreau*, n° 307, f° 110, probablement en raison du projet de catalogue national des chartes qui y est contenu.

Duchesne et Dumoulin, mais plus fondamentalement parce qu'il y était orienté par la demande sociale. Laissons-le parler :

> D'ailleurs, me dis-je à moi-même, qui sont ceux qui désirent le plus ardemment de voir paroître une nouvelle histoire de Normandie ? Ce sont principalement des gentilshommes qui sont dans le cas de faire leurs preuves ou des propriétaires qui ont des droits à constater, des héritages à conserver et à défendre. Les uns et les autres se persuadent que s'il existoit une bonne histoire de Normandie, ils y trouveroient tous les renseignements dont ils ont besoin. Ils ne font pas réflexion qu'une histoire générale ne comporte point ces sortes de détail. Ce n'est donc point l'histoire qu'ils demandent, ce sont les titres et particulièrement ceux qui peuvent servir à prouver leurs généalogies et à constater leurs propriétés. Donnons leur ces titres. Donnons aussi tous ceux que nous pouvons recueillir concernant l'histoire générale et particulière de la province. Son commerce, ses monnoies, ses poids et mesures, foisons-les imprimer avec des tables sous tous les rapports possibles à la fin de chaque volume et ne doutons pas alors que nous n'ayons fait un bon ouvrage, un ouvrage vraiment utile et plus utile que l'histoire-même[131].

Sans doute cette pétition de principe de Dom Le Noir n'épuise-t-elle pas la variété de l'inspiration de tous les bénédictins engagés dans l'histoire provinciale. Mais elle met l'accent sur le facteur déterminant qui donne aux travaux régionaux des mauristes sa coloration originale et son cachet désuet : les monographies procèdent de l'histoire sociale des ordres et en premier lieu des ordres du clergé et de la noblesse[132]. D'une histoire sociale qui est tout à la fois une histoire économique et, c'est là son originalité, une histoire juridico-politique. Histoire économique en effet, centrée sur la propriété foncière, ses

---

131. *Op. cit.*, p. 2.
132. Dom Le Noir : « Les évêques et leurs chapîtres, les abbés, prieurs et religieux, tous les bénéfices y trouvent leurs chartes de fondation et de dotation ; les confirmations qui leur ont été faites postérieurement de toutes leurs possessions, de leurs droits utiles et honorifiques ; les serments de fidélité qu'ils ont faits au Roi, les aveux et les dénombrements qu'ils lui ont rendu de leur temporel. Le gentilhomme d'ancienne extraction y trouvera des renseignements précieux, qu'il chercheroit inutilement ailleurs, sur l'antiquité et les services de sa maison. Souvent même, il trouvera lorsque le recueil sera complet un nombre suffisant de titres pour faire sa généalogie » (*op. cit.*, p. 5).

acquisitions et ses transferts[133]. Histoire juridico-politique parce que l'économie de la puissance en propriété ne se sépare pas toujours de la rente des « justices »[134]. Pêle-mêle, coexistent chartes et lettres patentes portant concession ou conformation de privilèges, franchises et libertés de la province en général, de ses villes principales ; les dons faits par les ducs et les rois aux corps ecclésiastiques, à des seigneurs, voire à des particuliers ; une infinité d'actes de foi et d'hommages, d'aveux et de dénombrements faits et rendus au roi ; des informations de garde noble sur l'âge, la famille et les biens des mineurs ; des provisions d'offices, des quittances d'appointement, des lettres d'ano-blissement, des comptes de ban et d'arrière-ban ; des érections de roture en fiefs nobles, de simples fiefs en châtellenies, baronnies, comtés, marquisats, duchés et duchés-pairies ; des aliénations du domaine de la couronne ; des concessions de fief et héritage à titre de fiefs-fermes, ou autrement ; des appels de sentences à une juridiction supérieure ; des rôles d'amendes, des enquêtes juridiques sur le commerce qui se faisait anciennement dans la province, sur la valeur et le prix des terres et des denrées, sur les salaires et les gages des ouvriers et mercenaires, sur les poids et mesures, sur l'état de la province après les guerres ; enfin des titres royaux : titres des rois anglais, ducs de Normandie de 1417 à 1450, etc.[135]. Au moment même où le dernier des légistes, Jacob-Nicolas Moreau, dressait la

133. Dom Le Noir : « Le propriétaire des fiefs, terres et seigneuries apprendra quelle fut l'origine de son fief, par quelles mains il a passé depuis les premiers temps jusqu'à nos jours ; pourquoi et comment il est passé d'une main dans une autre, si c'est par succession, donation, acquisition ou autrement ; quelle est son étendue, ses droits honorifiques et utiles ; quels changements il a subis dans la succession des temps, quels fiefs y ont été réunis ; comment il est passé de la qualité de roture à celles de fiefs, de celle de simple fief à la dignité de châtellenie, de baronnie, de comté, de marquisat, etc., ou s'il a été fief de dignité dès son origine. Tous les propriétaires puiseront dans cet ouvrage mille connaissances qui les mettront en état de répondre aux subtilités de la chicane et de se maintenir dans leurs droits et propriétés » *(op. cit., ibid.)*.

134. Dom Le Noir : « Les magistrats et tous les officiers de justice s'en serviront avec utilité pour se guider dans leur jugement et rendre à chacun ce qui lui appartient... Enfin cette collection sera un trésor, même pour les Chambres des comptes de Paris et de Rouen. Elle fera connoître à Paris environ cent cinquante mille titres concernant la Normandie dont elle n'a aucun inventaire et qui lui sont totalement inconnus, et à celle de Rouen, plus de cent-mille qui la regardent spécialement qui ne sont point en sa posses-sion » *(op. cit.,* p. 5-6).

135. Cf. Dom Le Noir, *op. cit.,* p. 4.

fin de l'acte d'accusation du régime féodal, sous le chef d'inculpation de puissance en propriété, autrement dit de mauvaise séparation de la politique et de l'économie, les bénédictins mauristes exposaient au public que, dans les profondeurs des ordres du royaume, la rente et la puissance, le pouvoir et la propriété demeuraient indissolublement mêlés.

Nous abordons ici les causes majeures de l'obsolescence de l'œuvre mauriste en matière d'histoire de France. L'historiographie qu'elle a contribué à élaborer est celle de la France d'Ancien Régime qui nous est devenue très éloignée, et comme étrangère parce qu'elle est centrée sur des acteurs sociaux considérables mais que la Révolution française a pulvérisés : l'aristocratie et l'Eglise. Il s'agit bien d'une histoire sociale, mais de l'histoire d'une société que nous ne connaissons plus parce qu'elle a été balayée et que ses traits sont pour nous d'autant plus effacés que le crayon qui les dessina, emprunte à l'histoire des actes et des droits de la monarchie. La grande décision de la nuit du 4 août 1789, d'abolir les privilèges pour faire valoir le droit, de séparer la loi des franchises, a invalidé l'histoire provinciale bénédictine qui semble s'être endormie sur les belles étagères du Cabinet des Manuscrits quand elle n'a pas été volatilisée en poussière. Le jour où les ordres seront renversés, tous ces titres recherchés avec tant de soin, toutes ces chartes copiées avec tant de minutie, seront rangés par les archivistes de la Révolution dans la catégorie promise à la destruction. Il faudrait cependant relativiser l'échec et minimiser la déshérence de l'histoire bénédictine. Dans la mesure où la société française a changé, l'histoire sociale d'Ancien Régime qui était nécessairement une histoire des ordres n'a plus qu'un intérêt documentaire mais l'archaïsme du contenu de l'érudition bénédictine n'entraîne pas *ipso facto* la péremption de ses méthodes de travail et de sa modalité principale qui était la réunion des sources opérée au sein des ateliers bénédictins[136]. Elle ne détruit pas le mérite des *ateliers de travail scientifique*, elle n'anéantit pas l'accu-

---

136. Valeur scientifique dont les érudits bénédictins étaient les premiers persuadés. Cf. Dom Le Noir : « Demandez aux vrais savans quels sont les histoires dont ils font le plus grand cas. Ils vous répondront que ce sont celles qui sont appuyées sur plus grand nombre de titres authentiques et originaux » (*op. cit.*, p. 6).

mulation primitive du capital de connaissance historique ainsi réalisé.

Ateliers ? Assurément. Dans la recherche historique, la Congrégation met en œuvre une coopération de travail qui rompt avec les habitudes artisanales et qui pousse les différents observateurs de l'œuvre mauriste à employer spontanément le mot d'ouvriers lorsqu'ils veulent désigner les collaborateurs des responsables des grandes publications. Cette coopération simple peut être comparée à celle que Marx a mise en valeur dans son analyse de la manufacture comme transition entre les métiers et la grande industrie[137]. Reprenant des considérations d'Edmund Burke et de Quételet, l'auteur du *Capital* a observé que le progrès réalisé par la coopération de plusieurs travailleurs, si on mesure les résultats accomplis par rapport à ceux du travailleur isolé, n'est pas seulement d'ordre quantitatif, mais qu'il a surtout pour effet de normaliser et d'homogénéiser la nature du travail. Dans la coopération, explique Marx, « il s'agit non seulement d'augmenter les forces productives individuelles mais de créer par le moyen de la coopération une force nouvelle ne fonctionnant que comme force collective »[138]. C'est en ce sens que l'existence de la Congrégation de Saint-Maur, avec ses chapitres généraux mobilisant une collectivité engagée dans une activité destinée à se poursuivre pendant plusieurs générations, a été décisive. L'érudition a besoin de maîtriser le temps; la reconquête du passé exige la planification de l'avenir. L'ampleur de l'œuvre engagée, supposant des entrées multiples, oblige à attaquer l'objet — ici l'histoire des provinces françaises — de plusieurs côtés à la fois, Saint-Maur qui disposait de maisons dans toute la France et qui, dans ses divers projets, pouvait maintenir, malgré leur séparation dans l'espace et leur distribution sur un territoire très vaste, la remarquable unité qui est celle d'une histoire diplomatique et juridico-sociale, en était capable. La raison pour laquelle, malgré la connotation passéiste attachée à la sémantique de l'expression, « un travail de bénédictin », celui-ci ne relève pas des œuvres gigantesques produites par le monde antique,

137. Marx, *Le Capital*, trad. franç. Joseph Roy, Paris, 1954, liv. I, t. 2, chap. XIII, p. 16 et sq.
138. *Op. cit.*, p. 17.

c'est qu'il présuppose, comme toute coopération moderne, la liberté et la spécialisation de métier de ceux qui y participent. Ici, « le nombre des travailleurs et la concentration de leurs efforts »[139] ne suffisent plus. L'érudition historique ne demande pas seulement un immense labeur collectif, elle requiert aussi des opérations spécialisées et normalisées, c'est-à-dire une formation assurée, précisément, en partie par l'enseignement long prévu par le cycle des études mauristes. La spécialisation et la normalisation sont inséparables à leur tour de la formalisation et de l'édiction de règles de méthodes de travail. Ces règles, produites dans les lettres circulaires que nous avons examinées, jettent, dans la perspective de la collecte des manuscrits et de l'édification des catalogues, les bases d'une archivistique centrée sur la recension et la transcription. Là encore, on peut rapprocher les caractéristiques de l'atelier bénédictin de celles de la manufacture car la coopération érudite produit de la technologie de la même façon que la division manufacturière enfante à son tour les machines[140]. Mais l'analogie entre la coopération simple pratiquée par l'atelier mauriste et la manufacture doit s'arrêter à ce point, car poursuivie plus loin, elle se dégraderait en métaphore. Comparant la coopération sporadique du travail antique à la coopération fonctionnelle du travail moderne, Marx a exposé, qu'en face des métiers : « La coopération capitaliste n'apparaît point comme une forme particulière de la coopération mais, au contraire, la coopération elle-même comme la forme particulière de la production capitaliste. »[141] Or cette transformation du procès du travail par la coopération qui aboutit à la coopération capitaliste, l'auteur du *Capital* en fait un procès

139. Marx observe que dans les sociétés antiques « pour mettre en mouvement les statues colossales et les masses énormes dont le transport excite l'étonnement on n'employait presque que du travail humain mais avec la plus excessive prodigalité. Le nombre de travailleurs et la concentration de leurs efforts suffisaient » (*op. cit.*, p. 26).

140. Marx : « Il faut ajouter que la manufacture ne pouvait ni s'emparer de la production sociale dans toute son étendue, ni la bouleverser dans sa profondeur. Comme œuvre d'art économique, elle s'élevait sur la large base des corps de métiers des villes et de leur corollaire, l'industrie domestique des campagnes. Mais dès qu'elle eut atteint un certain degré de développement, sa base technique étroite entra en conflit avec les besoins de production qu'elle avait elle-même créés... Cet atelier, ce produit de la division manufacturière du travail enfanta à son tour les machines... » (*op. cit.*, p. 57).

141. Marx, *op. cit.*, p. 27.

spontané[142] que Louis Althusser définira à son tour comme procès sans sujet. Procès spontané ? C'est toute la question. L'érudition collective ne s'est pas développée sans l'institutionnalisation mauriste et sans la direction organisée en son sein par ses entrepreneurs qu'ont été les chefs de file de la recherche, Grégoire Tarrisse, Luc d'Achery, Jean Mabillon, mais aussi, la supportant financièrement et la soutenant, sans les ministres qui s'y sont intéressés : Richelieu, Colbert, plus tard Bertin. La politique de recherche historique engagée ou soutenue par la monarchie politique de recension et de publication des titres, des droits, trouve son fondement dans des besoins de la monarchie qui restent à étudier. L'observateur de cette entreprise collective de recherche pilotée par l'administration royale se heurte en effet à l'existence d'une entropie qui, tout au long du xviiie siècle, vient déprogrammer l'organisation bénédictine. Cette désagrégation lente du mouvement des études à la fin du xviiie siècle a sans doute ses causes endogènes dans l'évolution tourmentée de Saint-Maur à partir de la dispute janséniste, et dans les incertitudes qu'a fait peser sur tel ou tel acteur, comme ce fut le cas des historiens du Languedoc, leur situation d'appelants. Elle dépend également de l'écologie générale de la recherche historique au xviiie siècle et de la politique de collation et de publication des sources entreprise par la monarchie qui demeure à comprendre avant d'en décider la caducité. La question peut être formulée de la sorte : si la Congrégation a assurément réussi dans l'entreprise qu'elle avait décidé de réunir tous « les établissements », de collationner tous les titres de la société d'ordre dans une gigantesque archivistique royale, pourquoi un beau jour, ce projet a-t-il lui-même cessé d'avoir un sens ? Nous sommes alors reconduits au destin de la monarchie.

---

142. Marx : « Si la puissance collective du travail, développée par la coopération, apparaît comme force productive du capital, la coopération apparaît comme mode spécifique de la production capitaliste. C'est là la première phase de transformation que parcourt le procès du travail par suite de la subordination au capital. Cette transformation se développe spontanément. Sa base, l'emploi simultané d'un certain nombre de salaires dans le même atelier, est donnée avec l'existence même du capital, et se trouve là comme résultat historique des circonstances et des mouvements qui ont concouru à décomposer l'organisation de la production féodale » (*op. cit.*, p. 27).

Un tableau, même indicatif comme celui que nous esquissons de la seconde étape des études mauristes ne serait pas significatif si nous omettions de rappeler les progrès accomplis dans le domaine de l'érudition par l'œuvre personnelle de Bernard de Montfaucon[143]. Personne n'a été plus différent de Mabillon que Bernard de Mont-faucon. Le premier, laboureur champenois, était sec au physique, réservé au moral, perfectionniste dans son art, sorte de Chardin ou de Vermeer de l'érudition; le second, noble méridional, replet, impétueux, féru de controverse comme ses ancêtres, les seigneurs de Roquetaillade aimant le duel au point qu'on disait d'eux « qu'ils mangeaient les pointes d'épée en salade et se faisaient la barbe à coups de pistolet ». Bernard de Montfaucon est un Gargantua de la recherche. Après des études classiques à Limoux, il se livre à d'im-menses lectures de sciences mathématiques et physiques avant d'en-gloutir des récits de voyage et des histoires de France, d'Espagne, d'Allemagne, etc., où il commence d'exercer une mémoire qui sera prodigieuse. Officier dans l'armée de Turenne, il combat en Allemagne avant de se faire bénédictin mauriste après la mort de sa mère. Profès à vingt et un ans le 13 mai 1676, il suit le séminaire de Sorrèze où il reprend l'étude du grec et de l'histoire. En 1687, il rallie Saint-Germain-des-Prés et publie en 1680 des *Analecta graeca* avant de donner en 1691 l'édition des *Œuvres de saint Athanase* (3 vol. in-f°). Ses grands livres résultent de son voyage en Italie (1698-1701) où il écume les monastères et les bibliothèques avec l'appui de Claude Estiennot auquel il succède comme procureur général jusqu'à son retour à Saint-Germain-des-Prés. Montfaucon a connu le succès avec une œuvre typique de la manière de l'antiquaire classique : *L'Antiquité expliquée et représentée en figures.* Parue en 1719, la première édition (1 800 exemplaires) est épuisée en deux mois et rééditée. La nouvelle édition en 1724, augmentée d'un supplément, comptera quinze volumes. « Par ce terme d'antiquité j'entens seulement ce qui peut tomber sous les yeux, et ce qui se peut représenter dans des

---

143. Sur Bernard de Montfaucon (1655-1741), cf. les ouvrages de D. Martène, D. Tassin, Emmanuel de Broglie, *op. cit.*

images; cela ne laisse pas d'être d'une vaste étendue. Si ce que regarde
les lois, le gouvernement et la police des villes et des républiques y
entre quelquefois, ce n'est que par occasion. J'en dis de même de la
chronologie et de la géographie. »[144] Ce qui comptait dans cet ouvrage
c'étaient réellement les images : Montfaucon avait recueilli dans les
innombrables bibliothèques, musées et cabinets qu'il avait parcourus
et visités, assez de dessins de déités grecques et romaines, de divinités
égyptiennes et gauloises, de sceaux, de mesures, d'urnes, pour donner
à voir en raccourci la collection du Cabinet des Antiques que possédait l'abbaye de Saint-Germain, mais aussi pour composer une
représentation de l'Antiquité *ad usum delphini*. Présentation des
matériaux en vrac et à l'état brut où une statuette voisine avec une
médaille et un vase. On a daubé sur son incohérence et critiqué sa
conception enfantine qui précède dans un désordre encore inextricable,
le *Recueil d'antiquités* (7 vol.) du comte de Caylus qui paraîtra de 1710-
1727, mieux classé et mieux décrit[145] et surtout l'*Histoire de l'art
antique* (1764) de l'Allemand Winkelmann qui marque les réépousailles
de la conscience européenne avec la civilisation antique[146]. Pourtant
les *Antiquités expliquées...* de Bernard de Montfaucon anticipent avec
leur succès, le triomphe que remportera à la fin du siècle (1788)
l'abbé Barthélemy de l'Académie des Inscriptions avec *Le voyage du
jeune Anarcharsis en Grèce* et surtout, moins que l'abandon de la méthode
savante, elles traduisent une préoccupation démesurée d'influencer une
opinion publique devenue hostile à l'érudition mais de plus en plus
friande de curiosités. Aussi bien, et c'est là le plus important, Bernard
de Montfaucon ne s'est-il pas limité à la divulgation. De même que
l'abbé Barthélemy est aussi celui dont les travaux d'épigraphiste et
d'analyste de l'alphabet phénicien ouvrent la voie aux découvertes
de Champollion[147], de même Bernard de Montfaucon est l'incontes-

144. B. de Montfaucon, *L'Antiquité expliquée et représentée en figures*, Paris, 1719,
t. I, préface.
145. Cf. Samuel Rocheblave, *Essai sur le comte de Caylus*, Paris, 1889.
146. Cf. Maurice Badolle, *L'abbé J. J. Barthélemy (1716-1795) et L'hellénisme en
France dans la seconde moitié du XVIIIe siècle*, Paris, 1927, cf. liv. I et II. Cf. Notice sur
Nicolas Fréret.
147. *Ibid.*

table fondateur de la paléographie grecque. Moins retentissante, l'influence de la *Paleographia graeca* parue en 1708 est sans doute plus durable, comme en témoigne l'appréciation d'Alphonse Dain : « C'est en 1708 que Bernard de Montfaucon publia sa *Paleographia graeca* donnant du premier coup à cette discipline une forme presque définitive. Ce monument d'érudition dû à l'illustre bénédictin garde sa valeur aujourd'hui. »[148] La paléographie grecque, traité sur la manière d'écrire des anciens Grecs, est issue comme nous l'avons vu des travaux diplomatiques de Mabillon et approfondit à son tour ce qui a trait à la nature et au développement de l'écriture grecque. Si elle ne fait encore qu'une petite place aux inscriptions et aux papyrii qui étaient assez peu répandus dans les bibliothèques et les collections occidentales, elle est incomparable en ce qui concerne les manuscrits écrits en minuscules[149]. Montfaucon dresse un catalogue de plus de 11 636 manuscrits grecs et donne une série de fac-similés des formes d'écritures. Il codifie les premiers éléments de paléographie grecque qu'il accompagne de notices sur les bibliothèques anciennes et modernes et les habitudes des copistes. Bernard de Montfaucon a également publié en 1729 *Les Monumens de la Monarchie française avec les figures de chaque règne que l'injure du temps a épargnées*[150]. Nouveau travail de divulgation qui reprend les orientations romanistes que nous avons vues dans les *Recueils des historiens des Gaules et de la France*, étayées sur des documents et de fort belles gravures. Là encore, l'érudit tente de tirer parti du dessin et de l'image. Pour accomplir une œuvre considérable, Montfaucon y ajoutera encore des publications patrologiques importantes — œuvres d'Origène, de saint Jean Chrysostome, etc. Conformément à la tradition mauriste, il a travaillé avec des collaborateurs et a groupé autour de lui une « académie de ses amis » auxquels on a donné le nom de Bernardins[151]. Des religieux tels que Dom Martène, Dom Ursin Durand, Dom Le Nourry, Dom

---

148. Alphonse Dain, La paléographie grecque, *L'Histoire et ses méthodes*, Paris, 1961, p. 532.
149. A. Dain, *op. cit.*, p. 532.
150. 1729-1732, 4 vol.
151. Cf. E. de Broglie, *op. cit.*

Coustant, Dom Martianay, Dom Simon Mopinot, Dom René Massuet, Dom Denys de Sainte-Marthe, Dom Augustin Toutée, Dom Pierre Guarin, Dom Jacques Bouillart, Dom Edmond Duret, Dom Julien Garnier, Dom Lobineau, Dom Vincent Thuillier, Dom Jacques Martin, Dom Prudent Maran, Dom Toussaint Duplessis, Dom Claude de Vic, Dom Charles de La Rue, Dom Maur Dantine, Dom Urbain Plancher, Dom Hyacinthe Morice, Dom Audren de Kerdel, auxquels succéderont des érudits tels que Dom Vaissette, Dom Rivet, Dom Martin Bouquet, Dom Fonteneau, Dom Prosper Tassin, Dom Nicolas Bourotte, pour ne citer que les plus marquants[152]. L'Académie des « bernardins » était ouverte aux visiteurs du siècle, à Rollin, à l'orientaliste Guillaume de Villefroy, à Nicolas Fréret, à Lacurne de Sainte-Palaye, Gros de Boze, Vertot et d'autres qui apportent à Saint-Germain-des-Prés les bruits de la ville. Ce qui nous permet de marquer une pause pour évoquer maintenant la vie à Saint-Maur.

---

152. Cité par Dom Martène, *Histoire de la Congrégation de Saint-Maur, op. cit.*, t. 9, p. 11.

4

La vie à Saint-Maur

La vie de Saint-Maur a été déterminée par l'organisation de la Congrégation fondée en 1618 au chapitre de Saint-Mansuy à Toul. Ses caractéristiques qui allaient la rendre célèbre concernent d'abord son gouvernement. Les supérieurs de Saint-Maur renouvelés tous les trois ans se sont appelés, jusqu'en 1629, présidents de régimes. Ils résidaient primitivement au couvent des Blancs-Manteaux dont ils étaient prieurs[1]. Lorsque Grégoire Tarrisse est élu en 1630 pour succéder à Dom Maur Dupont, il prend le titre de supérieur général,

---

1. *Liste des présidents de régime et supérieurs généraux de la Congrégation de Saint-Maur :* de 1618 à 1629, les présidents de régime renouvelés tous les trois ans sont Dom Martin Tesnière : 1618-1621, 1624-1627, Dom Colomban Regnier : 1621-1624, Dom Maur Dupont : 1627-1630. *Supérieurs généraux :* Dom Grégoire Tarrisse : 1630-1648, Dom Jean Harel : 1648-1660, Dom Bernard Audebert : 1660-1672, Dom Vincent Marsolle : 1672-1681, Dom Michel Brachet : 1681-1687, Dom Claude Boitard : 1687-1702, Dom Simon Bougis : 1702 (ou 1705 ?)-1711, Dom Arnoul de Loo : 1711-1714, Dom Charles de L'Hostellerie : 1714-1720, Denis de Sainte-Marthe : 1720-1725, Dom Pierre Thibault : 1725-1729, Dom Jean-Baptiste Alaydon : 1729-1733, Dom Hervé Ménard : 1733-1736, Dom Claude Dupré : 1736-1737, Dom René Laneau : 1737-1754, Dom Jacques : 1754-1756, Dom Marie-Joseph Melrue : 1756-1766, Dom Pierre-François Boudier : 1766-1772, Dom René Gillot : 1771-1778, Dom Charles Lacroix : 1778-1781, Dom Mousso : 1781-1783, Dom Ambroise Chevreux : 1783-1792. Cf. G. Mommole, *Relation des actions mémorables des quatre premiers supérieurs généraux de la Congrégation de Saint-Maur et quelques autres supérieurs de la même Congrégation, Ms. Fr. 19622,* et art. « Mauriste », *Dictionnaire de théologie catholique, op. cit.*

s'établit en 1631 à l'abbaye de Saint-Germain-des-Prés après le retrait des moines de Chézal-Benoît, et l'abbaye parisienne devient le centre de la Congrégation. Une vingtaine de supérieurs allait lui succéder dont nous donnons ci-joint la liste[2]. La période la plus brillante de la Congrégation se situe entre 1690 et 1710. Les supérieurs généraux avaient pour correspondants à Rome des procureurs généraux dont plusieurs comme Claude Estiennot ou Dom Barbeau jouèrent un rôle important[3]. L'implantation de la Congrégation s'est étendue à partir de 1668 à toutes les provinces de France. En 1754 il y avait 132 monastères sous son égide et les mauristes à leur apogée ont rassemblé en moyenne près de 2 000 religieux. On peut suivre la propagation de la réforme qui compte en :

1628 :	30	monastères
1639 :	81	—
1657 :	110	—
1663 :	144	—
1677 :	171	—
1763 :	193	—[4]

Dom Martène souligne de son côté l'importance charnière des années 1630 dans le progrès de la Congrégation[5]. Après être entré en 1631 à Saint-Germain-des-Prés, Saint-Maur s'établit en 1633 à Saint-Denis, prestigieuse abbaye du royaume. En province, ils prennent possession des abbayes d'Aniane, de La Chaise-Dieu, de

2. *Ibid.*

3. *Liste des procureurs généraux de la Congrégation de 1623 à 1733* : Dom Claude Le Simon : 1623-1661 (interruption de 4 années), Dom Gabriel Flambert : 1665-1672, Dom Antoine Durban : 1672-1681, Dom Gabriel Flambert (pour la 2e fois) : 1681-1684, Dom Claude Estiennot : 1684-1699, Dom Bernard de Montfaucon : 1699-1701, Dom Guillaume Laparre : 1701-1711, Dom Philippe Raffier : 1711-1716, Dom Charles Conrade : 1716-1725, Dom Pierre Maloet : 1725-1733, Dom Claude de Vic : 1701-1715 (socius). Cf. art. « Mauriste », *Dictionnaire de théologie catholique, op. cit.*

4. Le nombre et le nom des moines peuvent être établis grâce au *Matricula monachorum professerorum congregationis S. Maurui in Gallia ordinis sancti. Patris Benedicti ab initio ejusdem congregationis usque ad annum 1789.* Cf. Odette Helie d'Allerit, *op. cit.*, t. 1, p. 118. Des chiffres sont aussi donnés pour 1786, lors de la Commission des Réguliers. Cf. L. Lecestre, *Abbayes, prieurés et couvents d'hommes en France. Liste générale d'après les papiers de la Commission des Réguliers en 1768*, Paris, 1902.

5. Dom Martène, *Histoire de la Congrégation de Saint-Maur, op. cit.*, t. 2, 1929, p. 11.

Noirmoutiers, de Montmajour, de Saint-Maixent, de Saint-Wandrille, par ailleurs les abbayes de Pontlevoye et Sorrèze, annexées, et dont dépendent des collèges, ajoutent une activité d'enseignement à la vie mauriste[6]. La nature et l'évolution du recrutement de la Congrégation ont été étudiées par D. Julia et L. Bonnet[7].

Pour situer l'apogée de la Congrégation, deux dates importantes : *1681* : la Congrégation est représentée par 179 monastères comprenant 3 000 religieux dont la moyenne de recrutement s'élève à 70 professions annuelles[8], à la date exacte de la publication de *De re diplomatica* par Mabillon, et *1718*, où elle a un siècle d'existence. Elle est alors le groupement le plus important de l'ordre bénédictin avec 2 300 religieux et 190 monastères. Depuis son érection, souligne Dom Martène, elle a donné à l'ordre monastique en un siècle 5 200 religieux, il y en aura eu 7 200 en 1750 et le chiffre de 9 000 profès ayant compté dans ses rangs sera dépassé à la veille de la Révolution[9].

Dans les limites de cette recherche, il est impossible de décrire l'ensemble des monastères mais on peut évoquer, une fois de plus, l'abbaye de Saint-Germain-des-Prés où résideront Mabillon, Luc d'Achery et Bernard de Montfaucon. Riche et prestigieuse, on connaît le détail de sa grande puissance terrienne et de ses richesses dès le IXe siècle, grâce à la publication du célèbre polyptique de l'abbé Irminon[10], recensement des biens de l'abbaye dressé entre 800 et 825. L'abbaye plusieurs fois détruite était installée entre la rue de Buci et la rue du Four (du nom du four banal de l'abbaye) et ses dépendances s'étendaient jusqu'à la Seine : un ensemble de bâtiments

---

6. Cf. D. Julia, Les bénédictins et l'enseignement aux XVIIe et XVIIIe siècles, art. cité.

7. D. Julia et L. Bonnet, Le recrutement d'une congrégation monastique à l'époque moderne : les bénédictins de Saint-Maur. Esquisse d'histoire quantitative. Saint-Thierry, une abbaye du VIe au XXe siècle, *Actes du Colloque international d'histoire monastique de Reims Saint-Thierry, 11 au 14 oct. 1976 réuni par Michel Bur, Saint-Thierry, 1979.*

8. Cité par Dom Martène, *Histoire de la Congrégation de Saint-Maur, op. cit.*, t. VI, p. v.

9. Dom Martène, *op. cit.*, t. 9, avant-propos, non paginé.

10. *Polyptique de l'abbé Irminon*, Paris, 1844, publié par Benjamin Guerard. Dans les prolégomènes du polyptique, Guerard rend un hommage appuyé aux méthodes des mauristes. Cf. t. I, p. 7. Au début du IXe siècle, l'abbaye possédait 10 922 ha de bois et forêts, 6 425 ha de terres cultivables de la Bretagne à la Moselle où vivaient peut-être 20 000 personnes.

imposants, l'église, le palais abbatial édifié par le cardinal de Bourbon au xvie siècle à partir de 1580[11]. Avant d'appartenir à Saint-Maur, l'abbaye a été réformée par la Congrégation de Chézal-Benoît sur l'impulsion d'un abbé dynamique, Guillaume Briçonnet fils[12] : de là date sa première aura intellectuelle : car l'abbé fait entrer Lefèvre d'Etaples à Saint-Germain. L'humaniste profite du fonds déjà imposant de la bibliothèque, enrichi par Guillaume Briçonnet, pour composer son *Psautier biblique* paru en 1559, son *Commentaire des épîtres de saint Paul*, en 1511[13]. Le palais abbatial édifié à la fin du xvie siècle entraîne une modification du quartier, notamment par l'édification de ses communs installés sur les côtés est et ouest de l'actuelle place Furstenberg et où, en 1631, vont habiter les mauristes jusqu'à la Révolution française. L'Eglise connaîtra plusieurs retouches au xviie siècle, de même que le palais abbatial, mais le cadre essentiel restera fixe. La particularité et la fierté du centre est indiscutablement la bibliothèque réorganisée, on l'a vu, par les instructions de Grégoire Tarrisse, et aménagée par Luc d'Achery. A partir du fonds déjà enrichi par Guillaume Briçonnet et amplifié par Jacques du Breuil, des achats augmentent le dépôt initial. Un moment important est l'acquisition des manuscrits de la bibliothèque de Corbie dont l'occupation de la ville en 1636 par les troupes espagnoles avait terrorisé Paris. Malgré le désir des jésuites, voire de celui de Richelieu lui-même, d'acquérir les précieux papiers, ceux-ci revinrent aux bénédictins qui firent valoir leur droit de préemption. La bibliothèque s'organise sur l'aile méridionale du cloître avec un Cabinet des Antiques (médailles, manuscrits et trésors) et dans d'innombrables armoires, des milliers de

---

11. Sur l'histoire de l'abbaye, cf. Jacques Bouillart, *Histoire de l'abbaye royale de Saint-Germain-des-Prés*, Paris, 1724; et l'abbé Marchasson, Quelques moments d'une longue et riche histoire, in *Le palais abbatial de Saint-Germain-des-Prés, Nouvelles de l'Institut catholique de Paris*, 1978-1979, n° 3.

12. Cf. Michel Vaissière, Guillaume Briçonnet, abbé rénovateur de Saint-Germain-des-Prés (1507-1534), *Revue d'Histoire de l'Eglise de France*, 1974.

13. Abbé Marchasson, art. cité, p. 30. Il faut ajouter que les luttes religieuses du temps des réformes font de cet événement un épisode sans lendemain, et que les luttes religieuses du xvie siècle entraînent une décadence monastique sans précédent et notamment un arrêt des études.

documents. On compte, en 1789, 49 387 livres imprimés et 7 072 manuscrits de toutes langues[14].

Selon l'emploi du temps très rythmé des bénédictins, les constitutions de Saint-Maur organisent une observance rigoureuse qui laisse une large place aux études tout en organisant une vie austère par la simplicité des mœurs et la frugalité des repas. Comme toute réforme vers une plus stricte observance, après des siècles de compromissions et d'abandons successifs, les constitutions font retour aux principes essentiels qui règlent la vie des moines : communauté des biens, jeûne, abstinence de viande, silence, veille de nuit. Le mobilier des cellules est élémentaire : une couchette, une table, une chaise de bois, un broc d'eau, un bénitier d'étain ou de terre, un chandelier de fer, une lampe en cuivre ou de fer-blanc, quelques images de dévotion. Les religieux sont invités à pratiquer un maigre perpétuel et la viande est essentiellement réservée à l'infirmerie. Aussi, dit E. de Broglie, « d'après le rapport du célèbre lieutenant de police La Reynie, chaque bénédictin coûtait pour son entretien annuel environ 437 livres et quelques sols, ce n'était pas beaucoup et la France avait là une école d'érudition qui ne lui coûtait pas fort cher »[15]. La pauvreté est peut-être encore plus marquée que dans les autres couvents[16]. Cette vie monacale ne débouche sur aucun renouveau liturgique notable. En adoptant la liturgie romano-monastique de Paul V qui exclut la polyphonie et la musique instrumentale, Saint-Germain-des-Prés tolère peu d'orgue au moment même où, pourtant, la musique se renouvelle avec Lulli, Gluck, Couperin et Rameau et peu à peu les mauristes perdent le goût du chant[17].

---

14. *Déclaration des biens mobiliers de l'abbaye royale de Saint-Germain dressée pour satisfaire au décret de l'Assemblée nationale, le 13 novembre 1781.* Cité par Jules Leroy, *Saint-Germain-des-Prés, capitale des lettres*, Paris, 1973, p. 43.

15. E. de Broglie, *Mabillon et la société de Saint-Germain-des-Prés*, Paris, 1888, t. 1, p. 171.

16. Les premiers monastères touchés par la réforme mauriste n'étaient pas toujours en état et les anciens religieux vivaient comme des chanoines repliés sur leur logis ne se retrouvant qu'à la salle capitulaire ou à l'Eglise. Il a fallu édifier des dortoirs mauristes dans le but de renouer avec l'observance de la règle, séparation du monde et vie communautaire. Cela a pris du temps. Cf. Monique Bagues, Les bâtiments de la Congrégation de Saint-Maur, *Sous la règle de saint Benoît, op. cit.*, p. 540-541.

17. Cf. abbé Marchasson, art. cité, p. 48.

La règle prescrit d'observer le silence, l'abstinence et l'obéissance, mais surtout, nous l'avons vu, elle permet d'aménager, au sein de l'ascèse bénédictine, une place pour les études qui prennent une impulsion décisive sous le généralat de Dom Bernard Audebert élu en 1660; c'est lui qui engage les mauristes dans la publication des *Acta sanctorum* et des œuvres des Pères. En 1664, lorsque Mabillon arrive à Saint-Germain, l'abbaye compte 42 moines. A cette date, les mauristes qui se consacrent à l'érudition sont minoritaires mais ils vont jouer un rôle de plus en plus important. Pour imaginer l'appel d'air que les études provoquent dans la vie monastique, revenons à la bibliothèque.

Selon un vœu exprimé par Luc d'Achery, les mardi et jeudi elle était ouverte au public. Cette initiative permet à Saint-Germain-des-Prés d'être le centre d'une réunion de doctes qui, sans être la République des Lettres, n'en constitue pas moins un important foyer de la vie intellectuelle où des savants laïques sont associés à la composition des œuvres d'érudition rédigées par les ecclésiastiques comme c'est le cas pour *La Diplomatique* de Mabillon. Au nombre des hôtes assidus de Saint-Germain-des-Prés et des visiteurs réguliers des assemblées bi-hebdomadaires, on compte Du Cange, Etienne Baluze, les deux Valois, Cotelier, le plus célèbre hébraïsant de l'époque, d'origine protestante, Vion d'Hérouval, l'abbé de Longuerue, l'abbé Renaudot, l'abbé Bignon, Robert de Gaignières, le numismate Vaillant, Nicolas Toynard, le P. Menestrier, les deux Boivin, membres de l'Académie des Inscriptions, Chamillard, les frères Dupuy, d'Herbelot, professeur de syriaque au Collège de France, quelques prélats et autres personnes de première considération se joignaient quelquefois à ces réunions, comme Bossuet, l'abbé de Fleury, Fénelon. Mais ce milieu s'augmente de celui beaucoup plus large des correspondants et de leurs appuis. On connaît par l'étude de Henri-Jean Martin[18], les modalités de l'aide de l'Etat aux publications des mau-

---

18. Henri-Jean Martin, Les bénédictins, leurs libraires et le pouvoir. Notes sur le financement de la recherche au temps de Mabillon et de Montfaucon, in *Mémorial du XIVe centenaire de l'abbaye de Saint-Germain-des-Prés*, Paris, 1959.

ristes. Les bénédictins avaient recours à plusieurs maisons d'édition :
celle de Jean Billaine, puis son fils Louis Billaine, celle de François
Muguet et de sa veuve, celle de Jean-Baptiste Coignard et de Jean
Anisson. Leurs productions furent, dans la seconde moitié du
XVIIe siècle, fort profitables à ces maisons. D'abord parce que le succès
des uns favorisait l'enrichissement des autres; mais aussi parce qu'elles
s'accompagnaient de l'acquisition de monopoles lucratifs. Ainsi
François Muguet fut nommé imprimeur du roi en 1661 puis imprimeur de l'archevêque de Paris en 1664, huissier et imprimeur du
clergé de France en 1690[19] et c'est sans doute grâce à l'intermédiaire
des bénédictins que Jean Anisson fut nommé en 1691 directeur de
l'Imprimerie royale[20]. Mais davantage « Colbert puis surtout le
chancelier Pontchartrain n'hésiteront pas à accorder aux libraires qui
acceptaient d'éditer les grands ouvrages des mauristes des privilèges
parfois fort exorbitants »[21]. Pour faciliter par exemple les éditions
patristiques des bénédictins, le gouvernement n'hésita pas à interdire
purement et simplement la réimpression des éditions anciennes qui
pouvaient s'avérer concurrentes. Ainsi en 1672, un privilège de
cinquante ans empêche toute ancienne édition de l'œuvre de saint
Augustin au profit de l'édition mauriste. De même, en 1690, les
mauristes obtiennent des privilèges pour publier les œuvres d'Athanase, de saint Basile, de Grégoire de Nazianze, de saint Jean Chrysostome, privilèges assortis d'interdiction de réimprimer les anciennes
éditions. Par ailleurs, un appui financier est apporté aux mauristes
rédacteurs de l'histoire des provinces par les Etats. Ainsi les Etats
de Bretagne[22], les Etats de Languedoc, et même dans le cas de l'histoire
de Paris par Dom Felibien; celle-ci fut rédigée à la requête des éche-
vins de Paris qui la payèrent[23]. La Congrégation jouissait de protec-
tions politiques de premier ordre. Au premier rang, Colbert occupé

---

19. H.-J. Martin, art. cité, p. 275.
20. Art. cité, p. 278.
21. Art. cité, p. 281. Les privilèges sont énoncés explicitement dans les préfaces des
grandes œuvres bénédictines.
22. M. Laurain-Portemer, Les travaux d'érudition des mauristes, in *Mémorial du
XIVe centenaire de l'abbaye de Saint-Germain-des-Prés, op. cit.*, p. 240.
23. Art. cité, p. 243.

d'une manière spéciale des moines de Saint-Germain-des-Prés. Le dédicataire de *La Diplomatique* qui envoya Mabillon en Allemagne et en Italie ne démentit pas son soutien. Mabillon, élu à l'Académie des Inscriptions et Belles-Lettres, protégé par Pussort, l'oncle du ministre, à l'instant décisif de la querelle avec Rancé, eut toujours à se louer de sa bienveillance. Ensuite, Le Tellier, chancelier de France, Rémois comme Colbert, protège Saint-Maur. Le fils du chancelier, devenu très jeune archevêque de Reims et amateur d'antiquités, étend ses bienfaits sur la Congrégation en défendant les jansénistes. Le fils de Louvois, l'abbé Louvois amateur d'antiquités, le cardinal de Bouillon, le cardinal de Coislin, évêque de Metz, qui léguera à l'abbaye une précieuse collection de 400 manuscrits grecs dont il avait hérité du président Séguier, le duc d'Aumont, le duc de Chevreuse, le duc de Beauvilliers correspondaient avec les mauristes et comptaient au nombre de leurs puissants appuis. Bien que, à l'exception des voyages savants qui font grand bruit, les moines sortent peu, confinés dans les exercices de la vie claustrale, se crée, grâce aux études dès la fin du xviie siècle, une société de Saint-Germain-des-Prés, selon l'expression justifiée d'Emmanuel de Broglie, où les mauristes puiseront les appuis indispensables dont ils auront besoin lorsqu'ils seront confrontés à des difficultés ou à des attaques comme les publications de Rancé.

Quel est le lien de cette société avec l'érudition laïque antérieure et contemporaine ? Les historiens humanistes du xvie siècle, nous l'avons vu[24], s'occupaient de l'histoire du royaume de France dans son opposition au Saint-Empire romain germanique et l'affirmation de l'autonomie de la monarchie. Ils s'étaient engagés dans l'étude des lois fondamentales du royaume et des libertés de l'église gallicane qui supposait un retour conjoint aux antiquités chrétiennes et aux antiquités nationales. Si les œuvres historiques de la Congrégation de Saint-Maur finissent par retrouver le double déploiement qui avait été originellement celui du gallicanisme du xvie siècle, à travers l'histoire religieuse et monarchique, n'est-ce pas que des fragments

24. Cf. liv. 2.

entiers de l'héritage humaniste lui ont été directement transmis !
Une telle question à propos de la vie de Saint-Maur touche à la nature
de l'influence que la Congrégation subit de la part de la République
des Lettres. La Congrégation mauriste ne vivait pas en vase clos,
elle n'était pas refermée sur son milieu, les moines recevaient, dis-
cutaient, correspondaient. A l'évidence, les échanges étaient souvent
latéraux, indirects. Dans le cas de Du Cange, de Vaillant, de Baluze,
le vase communicant avec les bénédictins s'établit souvent dans les
institutions royales elles-mêmes : la Bibliothèque de Colbert, le
Cabinet des Médailles. Où chercher le chaînon manquant qui relie le
gallicanisme du xviiᵉ siècle à celui du xviᵉ siècle ? On le trouve sans
doute à suivre les activités individuelles de tel ou tel antiquaire et ici,
pour des raisons de génération on préférera volontiers Robert de
Gaignières à Isaac Pereisc ou Etienne Baluze à Pierre de Marca[25].

25. Robert de Gaignières (1644-1715) est le fils du secrétaire du duc de Bellegarde,
gouverneur de Bourgogne, écuyer du duc de Guise. Il conçoit l'idée d'une collection qui
rassemble des textes, écrits, dessins, des médailles, des sceaux (bref plusieurs catégories
de monuments). Gaignières fut puissamment secondé dans ses travaux par les bénédictins
de Saint-Maur. Ils comprirent, mieux que la plupart des contemporains, les projets de cet
amateur éclairé et les services que devaient en retirer l'histoire et l'archéologie religieuse
et nationale. Ils le tenaient au courant de leurs travaux comme Michel Germain qui lui
envoya le plan de son *Monasticon Gallicanum* (*Coll. Gaignières*, vol. 1035, fᵒ 9), on l'accueillait
avec des cris de joie comme Dom Lobineau en Bretagne (*Coll. Gaignières* 4930, fᵒ 127),
on s'associait à lui comme Dom Audren pour l'histoire de la Bretagne (*Coll. Gaignières* 493,
fᵒ 177). Par une lettre à Pontchartrain du 29 septembre 1703 (*Mélanges Clairambault* 436,
p. 731) Gaignières expose un projet de conservation publique des manuscrits historiques.
Enfin pour son propre compte et à l'aide de son secrétaire Barthélemy Remi, R. de Gaignières commence à copier toutes les chartes de France intéressant l'histoire politique et
religieuse du royaume, anticipant le projet de Moreau. En fouillant de nombreux chartriers publics et privés, il constitue ainsi une collection considérable de plusieurs centaines
de portefeuilles in-folio. Après quelques tribulations et notamment les indélicatesses
commises par Clairambault, ses collections se retrouvèrent à la Bibliothèque du Roi. Les
travaux de Gaignières ont largement servi à la *Gallia Christiana* et aux *Monumens de la
Monarchie française* de Bernard de Montfaucon. Cf. L. Delisle, *Le Cabinet des Manuscrits*,
t. 1, *op. cit.*, p. 335-336.
    Nicolas-Claude Fabre de Pereisc (1580-1637) est le type même du savant à l'ancienne,
la figure par excellence de l'antiquaire du premier xviiᵉ siècle. Né à Baugencier dans le
Var de famille pisane. Très précoce dans le goût des antiquités, il a voyagé en Italie
de 1599 à 1601 où il s'est lié avec le haut clergé de l'entourage pontifical et notamment
avec le cardinal Maffeo Barberini, futur Urbain VIII. Après des études juridiques et
scientifiques à Montpellier, il devient magistrat à Aix-en-Provence. Rallié aux thèses de
Galilée, il se fait son ardent défenseur et noue des relations d'amitié avec Joseph Scaliger
et Jacques Sirmond. Il s'intéresse avec Gassendi à l'astronomie et se passionne autant

Mais il se situe davantage dans l'histoire des dynasties des grands érudits sur laquelle on nous permettra de nous arrêter un moment. A étudier en effet les dynasties des Dupuy, des Pithou, des de Thou, on a la surprise de taille de découvrir à une ou deux générations de distance des élèves directs de Jacques Cujas[26].

Voyons les choses de plus près. D'abord à tout seigneur, tout honneur, la dynastie des Dupuy[27]. Le fondateur est Claude Dupuy (1545-1594), jurisconsulte, *élève de Cujas*, parent et ami de Jacques de Thou (il a épousé la fille de Christophe de Thou). Il devient conseiller au Parlement de Paris et il a trois fils, Christophe (théologien), Pierre (1582-1651) et Jacques (1586-1656) les deux derniers, animateurs de l'Académie putéane, se consacrent aux recherches historiques. Pierre accompagne l'ambassade de Hollande à la fin de ses études. C'est à lui qu'on doit le célèbre inventaire du Trésor des Chartes. Il est nommé, avec Le Bret et de L'Orme, membre de la commission chargée de faire valoir les droits du roi sur Metz, Toul et Verdun. Il publie notamment le *Traité des droits et libertés de l'Eglise gallicane*, Paris, 1639 (3 vol. in-f°), *L'histoire du différend entre le Pape Boniface VIII et le Roi Philippe le Bel*, Paris, 1655, in-f°, le *Traité de Reynes et majorité des rois de France*, Paris, 1655, et il

pour la numismatique que pour les civilisations hébraïque, copte, abyssine, syriaque, égyptienne que pour l'histoire naturelle ou la médecine. Il fréquente le rabbin Alprum et accumule dans sa bibliothèque livres et manuscrits. Devenu secrétaire de Guillaume de Vair, il l'accompagne à Paris et est introduit par lui au Cabinet de Thou où il rencontre Guez de Balzac, Jean Chapelain, Gabriel Naudé, La Mothe Le Vayer, le P. Mersenne, Claude de Saumaise, les frères Pithou. Sur Pereisc, cf. Georges Salvador, *Un grand humaniste, Pereisc, 1580-1637*, Paris, 1981.

Pierre de Marca (1594-1662), érudit gascon auquel on doit l'*Histoire du Béarn* et auparavant un traité d'inspiration gallicane et monarchique *De concordia sacerdotii et imperii*. Archevêque de Paris et de Toulouse, il eut pour secrétaire Etienne Baluze (1630-1718) qui édita son traité de théologie en 1663 avant de prendre la direction de la Bibliothèque de Colbert à l'intérieur de laquelle il composa sa propre collection de manuscrits. La carrière de Baluze a été gâchée par son expertise malheureuse sur la généalogie du cardinal de Bouillon. Cf. V. Dubarat, Notice biographique sur Pierre de Marca, in *Pierre de Marca. Histoire de Béarn, 1640*, Laffitte, reprints, Marseille, 1977, et Maximin Deloche, *Etienne Baluze, sa vie et ses œuvres*, Paris, 1856.

26. Le catalogue de la bibliothèque des œuvres de Jacques Cujas porte d'ailleurs pour certains exemplaires « avec des notes manuscrites de Claude Dupuy » ou « avec des notes manuscrites de Pierre Pithou ».

27. Les renseignements qui suivent sont puisés dans les biographies Michaud, Haureau, Haag, *La France protestante, Dictionnaire historique* de Moreri.

édite les œuvres de Jacques de Thou. Jacques, frère du précédent (1586-1656) sera le garde de la Bibliothèque du Roi. Il léguera à la Bibliothèque du Roi une collection de 9 000 volumes imprimés et de 300 volumes manuscrits. Leur célèbre académie, installée à l'hôtel de Thou, puis rue de La Harpe à la Bibliothèque du Roi est l'un des grands centres de l'Europe savante et de la République des Lettres laïques[28]. De nombreux amis de Saint-Germain-des-Prés en sont les fervents piliers.

La dynastie des de Thou, famille originaire de l'Orléanais qui possédait au xive siècle la seigneurie du Bignon, compte d'abord deux membres de la robe, Jacques de Thou, mort en 1504, Auguste de Thou, mort en 1544, qui devient président, et ses fils Christophe de Thou (1508-1582) et Nicolas de Thou (1528-1578). Nicolas, prélat, et Christophe, qui devient premier président au Parlement de Paris, soutiennent tous deux Henri III contre les Guises, et Christophe se range au nombre des « politiques ». Le fils de Christophe de Thou, Jacques-Auguste de Thou (1553-1617), est le grand magistrat et historien de la famille. Elevé à l'école de Bourges de Doneau et d'Hotman, il devient, lui aussi, l'étudiant de Jacques Cujas dont il suit les cours à Valence. Ami de Joseph Scaliger, après avoir été secrétaire d'ambassade en Italie, il se lie également d'amitié avec les frères Pithou, Claude Dupuy, Loisel et Jean de Harlay. Fidèle du roi, il est nommé grand-maître de la Bibliothèque du Roi. Dans l'enregistrement de l'édit de Saint-Germain en faveur des protestants (1595), il joue un rôle éminent qui prélude à l'œuvre capitale de sa carrière politique, l'*Edit de Nantes*. Opposé à la réception en France du Concile de Trente, il s'occupe de la réforme des statuts de l'Université en 1600. Il a encore le temps de constituer une magnifique bibliothèque et d'écrire l'histoire de son temps, *A Thuani historiarum sui temporis*, Pars I, Paris, 1604, in-f° et 2 vol. in-8°, 1607-1608, 3e et 4e parties. L'ouvrage sera traduit et réédité par Pierre Dupuy en 1659 (3 vol. in-f°). Le fils de Jacques de Thou, François-Auguste (1607-1642) sera tragiquement décapité pour sa participation à la conjura-

---

28. Sur l'importance de « l'académie putéane », cf. R. Pintard, *op. cit.*

tion de Cinq-Mars et c'est la fin de la dynastie. Leurs héritiers spirituels sont les frères Dupuy.

La dynastie des Godefroy qu'on suit jusqu'au xixe siècle aura, elle, la vie beaucoup plus longue. Cette famille de la région de Noyon, qui s'alliera aux de Thou, aux Harlay, aux Cheverny, voit, dans ses rangs, poindre d'abord Denis Godefroy (1549-1621). Celui-ci, après des études de droit à Louvain avec Jean Ramus, réside à Cologne puis à Heidelberg. Il embrasse la Réforme en 1579 et devient docteur en droit à l'Université d'Orléans, après quoi, il enseigne comme professeur de droit à Genève, à Strasbourg et à Heidelberg. Il est envoyé en ambassade à Paris auprès de Louis XIII par l'Electeur palatin. La grande publication de Denis Godefroy est celle du *Corpus juris civilis...*, en 1583. Il a deux fils; l'un, Théodore Godefroy (1580-1649) après des études à Genève et à Strasbourg, abjure le calvinisme. En 1617 il devient historiographe de France et sera envoyé, conformément à la politique de Richelieu, pour faire l'inventaire des titres, en Lorraine, puis à Cologne en 1636, à Munster en 1643, comme adjoint au plénipotentiaire chargé des traités de paix, beau témoignage de la participation des érudits à la guerre diplomatique[29]. L'autre, Jacques Godefroy (1587-1652) frère de Théodore, demeure calviniste et devient syndic de la ville à Genève, c'est-à-dire titulaire de la plus haute charge. Lui aussi sera chargé de discussions diplomatiques mais de l'autre côté. Il est l'éditeur du Code théodosien. Le fils de Théodore, Denis II Godefroy (1615-1681), sera historiographe de France, envoyé en 1658 à Lille pour la recherche et la garde des titres et archives de la Chambre des comptes, puis en 1678, pour une mission similaire à Gand. La famille comptera encore Denis III Godefroy, fils de Denis II (1653-1729), garde des livres et registres de la Chambre des comptes, qui donne une nouvelle édition des *Traités concernant l'his-*

---

29. Théodore Godefroy publie le *Cérémonial de France ou description des cérémonies, rangs et séances observés aux couronnements et enterremens des roys et roynes de France*, Paris, 1619. Mais rédige aussi un livre de recherche érudite qui sera édité par Jacques Dupuy en 1665 : « *Traitez touchant les droicts du roy très chrestien sur plusieurs estats et seigneuries possédés par divers princes voisins et pour prouver qu'il tient à juste titre plusieurs provinces et villes du royaume sont du domaine du roy. Occupations faites sur les trois eveschez Metz, Toul, Verdun et quelques autres traitez concernant les métiers publiques.*

toire de France (1713), lesquels avaient été recueillis par Pierre Dupuy. Lui succéderont Jean Godefroy, fils de Denis II, érudit, J.-B. Achille Godefroy, fils du précédent, garde des archives de la Chambre des comptes à Lille, Denis-Josep Godefroy enfin (1740-1821) qui sera encore membre du Cabinet des Chartes et qui réalisera pour J.-N. Moreau l'inventaire des chartes de Flandre et d'Artois. On peut terminer ce bref survol de l'érudition laïque par la dynastie des Pithou. Elle sera illustrée par les frères Pithou : Pierre Pithou (1539-1596) « le Varron du XVIe siècle », fils d'un protestant qui s'est converti au catholicisme après la Saint-Barthélemy. Lui aussi élève de Cujas, à Bourges et à Valence, ami de Loisel, Casaubon, Scaliger, Théodore de Bèze et qui publie notamment le *Corpus juris canonici* (1687, 2 vol. in-f°), la *Satire Menippée*, *Les libertés de l'Eglise gallicane*, en 1594, rééditée en 1639 par Pierre Dupuy, puis en 1652, le *Parallèle sur les lois de Moïse avec les lois romaines*[30]. Puis François Pithou, frère du précédent (1543-1621), élève lui encore de Cujas, calviniste hébraïsant qui se convertit au catholicisme. Il écrit contre l'Espagne, en 1587, le *Traité de la grandeur, droicts, prééminence et prérogatives du royaume de France* (s.l., 1582).

En dehors du lien avec l'humanisme juridique de la Renaissance qui se noue dans la formation de ces érudits, par Cujas ou Ramus interposé, on observera la fréquence — seuls les de Thou y font exception — de l'origine protestante. Le destin de François-Auguste de Thou, en sa moisson prématurée et sanguinaire, résume-t-il l'issue française de l'humanisme gallican ? Pas complètement puisque les Dupuy, les Godefroy, les Pithou trouvent repli, asile, charge dans les institutions de l'Etat. Pourtant entre les dynasties d'érudits laïques et la Congrégation bénédictine, la filiation n'est pas entière, l'héritage n'est pas intègre. Les visiteurs les plus assidus de la bibliothèque de Saint-Germain-des-Prés ne se trouvent pas directement chez les dynastes lettrés qui tiennent encore leurs cabinets indépendants, les liaisons se font plutôt par un cercle de visiteurs extérieurs qui circulent des uns aux autres et davantage

30. *Mosaycarum et romanum legum collatio basilea*, 1674.

encore, par la lecture des livres et le commerce des papiers dont témoigne le fonds Saint-Germain[31]. Entre les magistrats antiquaires et les mauristes, il y a aussi bien des écarts : les premiers sont des laïques, les seconds, des clercs. Les uns entrent directement au service du roi et de ses ministres à partir de leurs attaches familiales, en tant que dynastes attachés à la personne du monarque et qui ont su gagner sa faveur en témoignant sa fidélité à des moments troubles; venus des appareils de justice, les robins lettrés sont individuellement prélevés dans un corps qui fait encore partie de la monarchie. Les autres, souvent d'origine plus modeste, travaillent d'abord pour l'ordre bénédictin et la Congrégation réformée et les rapports qu'ils entretiennent avec le monarque et ses ministres passent obligatoirement par le relais de leur institution. Ceux-ci sont utilisés par le service du roi pour des tâches ponctuelles, missions scientifiques, ambassades ou nommés à des charges plus durables, mais liées directement à l'administration royale — historiographe, garde du Trésor des Chartes, de la Chambre des comptes — et l'activité savante proprement dite reste dans une large mesure l'affirmation de leur choix personnel ou de leur volonté individuelle. Ceux-là sont enrôlés pour des entreprises savantes collectives, programmées *a priori*, contrôlées *a posteriori*, par une double action des institutions religieuses et royales et c'est le service ponctuel du roi ou la nomination à une charge qui devient une activité individuelle. Enfin la hiérarchie réciproque de la place donnée aux antiquités religieuses et aux antiquités nationales n'est pas tout à fait la même chez les érudits laïques et chez les clercs. Pour les uns, à la suite de l'enseignement reçu de l'humanisme juridique, l'élaboration du droit public du royaume est le but de l'expression des libertés de l'Eglise gallicane. Pour les autres, dans la tradition de la controverse religieuse du XVIe siècle, l'histoire de l'Eglise est l'instrument privilégié pour desserrer la tutelle de la royauté. Ajoutons que la référence protestante même diluée, si perceptible dans les œuvres des dynasties d'érudits laïques, est absente chez les mauristes attachés à l'eucharistie

31. Cf. *Fonds Saint-Germain* au Cabinet des Manuscrits de la BN.

et même prêts à défendre, s'il le faut, la légende du sacre. Il ne faudrait cependant pas conclure à une entropie totale de l'historiographie humaniste même si l'on doit convenir d'une perte indiscutable. Le lien qui unissait des individus issus de familles de la robe aux rois, dans l'élaboration du droit politique autonome de la monarchie contre les puissances extérieures et les féodalités intérieures, s'est rompu. Avec cette déchirure, la *gentry* chère à Georges Huppert a sans doute volé en éclats. Mais la connexion entre l'Etat et des missions savantes qui rassemblent ses titres et collationnent ses droits dans le but de négocier pour le roi les conflits auxquels il est affronté a été conservée. L'écart, et c'est tout le paradoxe quand l'institution qui joue le rôle charnière est une institution religieuse, est que la modernisation mauriste ne se fait plus par le jeu actif d'individus libres, par la confrontation réglée de forces civiles, par l'équilibre du social, mais par l'ajustement resserré, partitif d'organismes et de services collectifs, par la collaboration organisée d'organismes publics, par l'institution administrative.

De l'humanisme juridique qui avait produit le double déploiement des antiquités ecclésiastiques et des antiquités nationales, la Congrégation de Saint-Maur a gardé le savoir mais a perdu les individus. C'est peu de dire que l'historiographie mauriste manque de subjectivité. La véritable union des érudits que tissent les fils croisés des différents Cabinets des Antiques du XVIIe siècle s'opérera finalement dans les institutions monarchiques. Etudiant par exemple la liste des lecteurs d'une bibliothèque de Paris, à travers les papiers du bibliothécaire[32], Bruno Neveu trouve les mêmes fidèles : Vion d'Herouval, Fourmy, Mabillon, les frères de Valois, Bigot, Vaillant, Hardoin, Jacob Spon, Nicolas Toynard, Antonin Galland, Denis de Sainte-Marthe. C'est dans cette étroite équipe que sont également recrutés, on l'a vu, les membres de la société de Saint-Germain-des-Prés. Mais le plus important pour la suite, est que c'est encore eux que l'on retrouvera à l'Académie des Inscriptions et Belles-Lettres ou au

32. Bruno Neveu, La vie érudite à Paris à la fin du XVIIe siècle d'après les papiers du Père Léonard Sainte-Catherine, *Bibliothèque de l'Ecole des Chartes*, t. LXXIV, 1760.

Cabinet des Manuscrits de la Bibliothèque du Roi. Ainsi d'Herbelot sera chargé de l'inventaire des manuscrits arabes, Petit de la Croix, des manuscrits persans et turcs, Mabillon et ses amis bénédictins, des manuscrits français.

Le jansénisme à Saint-Maur

Il est difficile de se représenter la vie à Saint-Germain-des-Prés et l'évolution qui conduira aux malaises de la Congrégation à la fin du XVIIIe siècle si l'on n'évoque pas le poids du jansénisme. Il n'est pas dans notre intention de traiter ce très difficile problème à fond[33]. René Taveneaux a souligné le caractère diversifié et évolutif du mouvement janséniste en France qui, parti de la lecture des thèses de l'*Augustinus* de l'évêque d'Ypres, devait adopter des colorations diverses où dominèrent successivement les nuances tragiques du Dieu caché de Port-Royal, le régalisme gallican de Pasquier Quesnel pour se teinter plus tard de la vision plus démocratique d'Edmond Richer, ou plus libérale de l'abbé Barral. Certains historiens du XIXe siècle (Michelet, Louis Blanc, Henri Martin) ont même, rappelle R. Taveneaux, voulu établir une filiation entre le jansénisme de la

[33]. Sur le jansénisme citons dans une bibliothèque immense : Jean Orcibal, *Les origines du jansénisme*, Louvain, Paris, 1947-1948, 3 vol. ; Paul Benichou, *Morales du grand siècle*, Paris, 1948 ; Lucien Goldman, *Le Dieu caché...*, Paris, 1955 ; René Taveneaux, *Le jansénisme en Lorraine, 1640-1789*, Paris, 1960; *Jansénisme et politique*, Paris, 1965; Pierre Chaunu, Jansénisme et frontière de catholicité (XVIIe et XVIIIe siècles), *Revue historique*, 1962, p. 227; Dale Van Kley, *The Jansenists and the Expulsion of the Jesuits from France, 1707-1765*, New Haven and London, 1975. Ajoutons que l'histoire du jansénisme à Saint-Germain-des-Prés, presque un siècle après la remarque de Vanel (*Les bénédictins de Saint-Germains-des-Prés et les savants lyonnais*, Paris, 1894, p. 234) qui déclarait qu'elle restait à écrire, n'a pas beaucoup progressé. Malgré la défense présentée par D. Paul Denis (*op. cit.*, et *Revue Mabillon*, 1901-1960, t. V en 1910-1911, t. VI), qui récuse l'accusation de jansénisme portée contre toute la Congrégation et insiste sur la responsabilité des jésuites et le livre de Dom Jean-Philippe Le Cerf de La Viéville, *Histoire de la constitution Unigenitus en ce qui regarde la Congrégation de Saint-Maur*, Utrecht, 1736, il reste que le pape au XIXe siècle ne voulut pas rétablir la Congrégation de Saint-Maur trop marquée par le jansénisme et qu'il édifia en 1837 une nouvelle famille bénédictine française : *la Congrégation de l'ordre de saint Benoît* (cf. Roger Gazeau, Les constitutions de la Congrégation de France, *Sous la règle de saint Benoît, op. cit.*, p. 161; l'article « Mauriste », dans le *Dictionnaire de théologie catholique*, fait une présentation équilibrée de la question).

fin du XVIIIe siècle et la constitution civile du clergé[34]. Dans une première étape qui se termine à la paix de Clément IX en 1669 et qui est marquée par la condamnation énoncée par Innocent X des cinq propositions attribuées à Jansénius, et par la bulle d'Alexandre VIII prescrivant la signature par tous les clercs d'un formulaire condamnant l'*Augustinus* en 1653, on peut sans doute dire de Saint-Maur, en paraphrasant et en modifiant la formule utilisée par René Taveneaux à propos de Saint-Vannes qu'il fut essentiellement : « un foyer d'érudition positive et d'augustinisme »[35]. Brandie par les jésuites, l'accusation de jansénisme prend corps au moment de la publication des œuvres de saint Augustin par Dom Blampin, Dom Coustand, Dom Guesnie, Dom Vaillant, Dom Du Frische[36] malgré la préface générale composée par Mabillon en 1700 assez « juste-milieu » et adornée d'une épître dédicatoire au roi également rédigée par Mabillon[37]. Il est indiscutable que l'édition des œuvres de saint Augustin confiée aux mauristes fut encouragée par les auteurs jansénistes et qu'Antoine Arnauld puis Dom Gerberon jouèrent un rôle non négligeable dans l'initiative et la mise en chantier du travail[38]. La direction en fut confiée à Dom Claude Martin dont les tendances mystiques étaient connues. Il est également vrai que l'un des animateurs de l'entreprise, Dom Thomas Blampin, ne laissa pas de se permettre quelques privautés qui devaient coûter cher à la Congrégation, comme celle d'introduire à la tête du livre dans certains exemplaires, une œuvre d'Antoine Arnauld *De correptione et gratia* imprimée en 1674 qu'il fallut retirer précipitamment. Quant à Dom Blampin lui-même, protégé par sa condition de cellérier à Saint-

34. Cf. *Jansénisme et politique, op. cit.*
35. René Taveneaux dit de Saint-Vannes qu'il fut à la même période : « un foyer de théologie positive et d'augustinisme » (La vie intellectuelle dans la Congrégation bénédictine de Saint-Vannes au XVIIe siècle, *Sous la règle de saint Benoît, op. cit.*, p. 307).
36. *S. Aurelii Augustini opera emendata studio monachorum OSB Congregationis S. Mauri*, 11 tomes, Paris, 1681-1700.
37. L'épître dédicatoire est de 1679, la préface générale de 1700.
38. L'histoire de l'édition des œuvres de saint Augustin a été faite par Dom Vincent Thuillier, *Histoire de la nouvelle édition de saint Augustin donnée par les Pères bénédictins de la Congrégation de Saint-Maur*, Paris, 1736; par Dom Tassin, *Histoire littéraire de la Congrégation de Saint-Maur, op. cit.*, et par A. R. P. Ingold, *Histoire de l'édition bénédictine de saint Augustin avec le journal inédit de Dom Ruinard*, Paris, 1903.

Germain-des-Prés, on crut néanmoins expédient de l'envoyer loin de Paris et on le fit prieur de l'abbaye de Saint-Nicaise de Reims[39]. On ne put cependant pas éviter l'orage qui éclata avec la publication en 1698 du libellé que les mauristes attribuèrent aux jésuites : *Lettre de l'abbé X aux RP. PP. Bénédictins de la Congrégation de Saint-Maur sur le dernier tome de leur édition de Saint-Augustin* et dont le nom de l'auteur a été révélé ensuite (il s'agit du R. P. Langlois)[40]. Pourtant la préface générale composée par Mabillon en 1700 était assez modérée pour lui attirer de vifs reproches de la part des défenseurs de l'*Augustinus*[41]. Successivement François Lami, Denis de Sainte-Marthe, Bernard de Montfaucon volent au secours de l'édition incriminée de saint Augustin. La fuite et l'arrestation de Dom Gerberon faillirent très mal se terminer pour la Congrégation de Saint-Maur. Le récit contourné et amusé qu'en fait Dom Tassin[42], montre combien la hiérarchie mauriste était solidaire des appelants persécutés. Réfugié à Corbie en janvier 1682, Gerberon est prévenu par le prieur de l'abbaye qu'un exempt du roi va venir l'arrêter et lui permet la fuite. Le ministre De Seignelay prit très mal la chose et une accusation anonyme ayant été par ailleurs portée sur le mauvais esprit de la Congrégation contre le gouvernement, c'est une enquête générale sur les richesses de Saint-Maur qui est ordonnée par la monarchie. Elle se termine à l'avantage des mauristes mais on sent bien que l'épisode a infesté les rapports qu'ils entretiennent avec l'administration royale. Dans une seconde étape lorsque, par la bulle *Unigenitus* du 8 septembre 1713, Clément XI eut condamné cent et une propositions extraites des *Réflexions morales* de Pasquier Quesnel[43], la

---

39. Cf. Dom Tassin, *Histoire littéraire de la Congrégation de Saint-Maur, op. cit.*, p. 289-290.

40. Cf. *Dictionnaire de théologie catholique*, art. « Mauriste ».

41. Même si par ailleurs Mabillon cite Pascal sans complexe et se réfère volontiers dans le programme des études à l'*Augustinus*. Cf. Mabillon, liv. I.

42. *Op. cit.*, p. 316 et sq.

43. Sur Quesnel, cf. Quesnel et le quesnellisme, in *Dictionnaire de théologie catholique, op. cit.* L'ouvrage le plus important de l'oratorien qui dut se réfugier en Belgique puis en Hollande est *Le nouveau testament en français avec des réflexions morales pour en rendre la lecture plus utile et la méditation plus aisée* selon le titre de 1692 et dont la première version était de 1668.

Congrégation de Saint-Maur va se mobiliser réellement. Le régalisme gallican soutenu par l'oratorien n'entrait pas seulement en résonance avec les convictions des légistes et des magistrats gardiens de l'indépendance de l'Etat, mais aussi avec les orientations des études mauristes engagées dans l'histoire de France. En contestant l'autonomie du pouvoir temporel et en menaçant indirectement les libertés de l'Eglise gallicane, la bulle *Unigenitus* soulevait, avec celle des parlementaires, l'opposition d'une partie du clergé français. Alors que la première étape avait été marquée par une réserve certaine — le chapitre général de 1651 avait défendu à tous les supérieurs et aux religieux de la Congrégation de lire sans permission expresse et par écrit du R. P. général, le livre de Jansénius[44]; les supérieurs généraux, tel Dom Jean Harel avait arrêté les disputes sur la grâce, ou tel Dom Bernard Audebert avait fait envoyer à tous les monastères des copies de la bulle d'Innocent X contre les cinq propositions[45], la seconde étape se caractérise par la jonction ouverte de nombre des membres de la Congrégation, au camp des Appelants qui, évêques, moines, prêtres ou même simples laïques, en appellent du pape mal informé, fulminateur de la bulle, au concile. 1713 est une date charnière et un tournant : c'est à ce moment, sous le généralat de Dom de L'Hostellerie suspecté de jansénisme et vu d'un mauvais œil dans l'entourage du pape, que le P. Timothée de La Flèche remet un mémoire à Louis XIV où, lui annonçant la prochaine constitution *Unigenitus*, il ajoute que le meilleur moyen de la faire recevoir en France est de commencer par supprimer la Congrégation de Saint-Maur[46]. Non content d'empoisonner les rapports de la Congrégation avec l'administration de la monarchie, le jansénisme va aussi très sérieusement détériorer ses rapports avec Rome. Clément XI, Innocent XIII, Benoît XIII avaient multiplié les avertissements, mais les mauristes, Saint-Germain-des-Prés à leur tête, ne se soumettaient pas et, malgré la présence du cardinal Bissy, abbé commendataire

---

44. Cf. Dom E. Martène, *Histoire de la Congrégation de Saint-Maur*, t. III, Paris, 1929, p. 177.

45. Cf. art. « Mauriste », *Dictionnaire de théologie catholique, op. cit.*, p. 413.

46. Cf. art. « Mauriste », *Dictionnaire de théologie catholique, op. cit.*, p. 414.

depuis 1795, constitutionnaire des plus résolus, la Congrégation faisait front et tenait tête, et, en 1717-1718, une majorité se déclarait ouvertement pour les Appelants en s'engageant par trois fois, « trois appels contre la bulle avaient successivement réuni, dans un effort commun de résistance, la presque totalité des membres de la Congrégation. Le 22 avril 1717, trente religieux sur quarante-quatre envoyaient leur adhésion aux évêques de Mirepoix, de Montpellier, de Boulogne et de Sens; le 27 décembre 1718, en séance capitulaire, trente-six moines, le prieur et le sous-prieur en tête renouvellent solennellement leur appel au Concile général et, le 9 octobre suivant, jugent à propos de manifester de nouveau en adhérant à la déclaration du cardinal de Noailles et de onze autres évêques contre le concile d'Embrun »[47]. Dès lors, les choses se gâtent. Dom Jean Varoqueaux des Blancs-Manteaux est arrêté et embastillé, Dom Georges Poulet prend la fuite vers les Pays-Bas et le Canada. La bataille fait rage avec les jésuites. En 1706 paraît un libelle anonyme contre l'édition de saint Augustin : *Lettre de l'Abbé X au R. P. bénédictin de la Congrégation de Saint-Maur sur le dernier tome de leur édition de saint Augustin.* Dom Paul Denis qui plaide l'orthodoxie de la Congrégation soutient qu'ils étaient en état de légitime défense. Des prieurés sont confisqués aux bénédictins et donnés aux jésuites[48]. Le 9 octobre 1718, profitant des sympathies jansénistes du cardinal de Noailles, archevêque de Paris, l'assemblée capitulaire de la Congrégation signe à la majorité deux appels qui font cause commune avec la résistance du cardinal. Dom Denis de Sainte-Marthe, supérieur général de 1720 à 1725, est encore suspect à Rome et une inflexion ne se produit qu'avec la soumission arrachée non par la contrainte mais par la persuasion exercée par Dom Vincent Thuillier de Dom Alaydon qui, sur l'ordre

47. Dom Denis, Les bénédictins de Saint-Germain-des-Prés et la cour de Rome en 1735, 1908, n° 15 ; *Archives de la France monastique*, n° 4, p. 324-325.
48. La lutte entre les jésuites et la Congrégation avait déjà commencé dans les années 1670-1680, à travers notamment le combat engagé par le P. de La Chaise contre le procureur général de la Congrégation Dom Durban. Le P. de La Chaise avait obtenu son rappel. Le prieuré de Madiran, le prieuré d'Angoulême, le prieuré de Saint-Germain de La Rey qui dépendaient de possessions mauristes sont rattachés à la Compagnie. Cf. Dom Paul Denis, La correspondance de Dom Antoine Durban, *Revue Mabillon*, t. VI, 1910, et Dom H. Leclercq, *Dom Mabillon*, Paris, 1953, 2 vol., t. I, p. 260.

de la cour sera encore arrêté à Orléans. Dès lors, « durant la deuxième moitié du xviiie siècle, les bénédictins se trouveront à l'écart » souligne le *Dictionnaire de théologie catholique*[49]. Mais l'alerte avait été chaude : le pape avait menacé de dissoudre la Congrégation qui comptait des Appelants. En 1735, ceux-ci signeront finalement, grâce à l'activité du cardinal Bissy, une lettre de soumission au Saint-Siège. Au-delà du décalage chronologique qui diffère sa période de virulence, si on le compare aux séquences de Port-Royal, le jansénisme des mauristes est bien différent dans son contenu de celui des grandes figures du haut lieu du jansénisme français[50]. Il est différent du jansénisme de Pascal. L'auteur des *Pensées* a condamné l'idée d'une rationalité de la politique qu'il comparait à un « hôpital de fous »; si la hiérarchie sociale devait être respectée, c'est en considération des grandeurs d'établissements, indépendantes des grandeurs naturelles, si la justice devait être appliquée c'est en raison des habitudes acquises et des coutumes suivies, bien éloignées de la justice universelle. En histoire et en politique, il était impossible de se réclamer de la loi naturelle : « Il y a sans doute des lois naturelles mais cette belle raison a tout corrompu. » A l'opposé, Dom Gerberon estime que : « La loi naturelle et la raison ont de si grands rapports avec la cons- cience qu'il est difficile de ne les pas confondre. » Avant Rousseau, avant Kant, il énonce calmement que la loi naturelle est un ordre que Dieu a gravé dans le cœur de tous les hommes et, en suivant une déduction distincte de celle du raisonnement cartésien, il subordonne la lumière naturelle à la loi naturelle[51]. Différent d'Antoine Arnauld, le théoricien le plus systématique de Port-Royal « soumet finalement

49. Art. cité, p. 416.
50. Comme les textes cités par R. Taveneaux le font clairement apparaître. Cf. Pascal, *Les Pensées*, éd. Chevalier; A. Arnauld, *Apologie pour les catholiques et l'innocence opprimée*; Dom G. Gerberon, *La règle des mœurs contre les fausses maximes de la morale corrompue*, prologue, 1688, cf. *Jansénisme et politique*, p. 61-66 et 87-91.
51. Dom Gerberon : « On trouvera que la loi naturelle est un ordre que Dieu a gravé dans le cœur de tous les hommes et que nous sommes indispensablement obligés de suivre; que la raison est celle qui nous fait connaître cet ordre; et que c'est la conscience qui juge que nous le devons suivre, ou en général par des principes communs et assurés, ou en particulier par les conséquences qu'elle tire de ces principes » (*Règle des mœurs*, Cologne, 1688, p. 163, cité par R. Taveneaux, *op. cit.*, p. 90).

toute règle d'action aux impératifs de la conscience »[52], justifiant
ainsi le droit de remontrances mais sans détruire complètement le
principe d'obéissance. Dom Gerberon est plus radical, qui limite
l'obéissance par la liberté de conscience et ancre la loi positive dans
la loi naturelle[53]. Le principe de l'originalité des positions jansénistes
de Dom Gerberon est intéressant parce qu'il se trouve dans le droit
fil du rationalisme mabillonien. Nulle opposition chez lui entre la loi
naturelle et les lumières naturelles, aucun hiatus entre la nature et
la raison, pas de césure entre la loi divine et la règle d'action positive,
pas de rupture entre la loi éternelle et la justice humaine mais, à la
place, la volonté de trouver une légitimité à l'action et à la politique.
La doctrine du mauriste, singulière si on la compare à celle de Pascal
et à celle d'Arnauld, est éloignée du cartésianisme. Du coup, si elle
menace la simple obéissance aux grandeurs d'établissements, donnant
une odeur de soufre aux entreprises mauristes, elle permet aussi de
comprendre comment le jansénisme a pu imprégner la Congrégation.
On voit, dans le développement des études patristiques et la production
d'une théologie positive antiscolastique promise à un bel avenir
dans la Congrégation de Saint-Vannes, le lien des mauristes avec
l'Ecole française de spiritualité[54]. Fondamentalement, ce qui définit

52. R. Taveneaux, *op. cit.*, p. 87.
53. Dom Gabriel Gerberon, 1628-1711, janséniste mauriste qui rejoint Quesnel
aux Pays-Bas, est arrêté en 1703 et incarcéré. Il sera finalement gracié sur l'intervention de
Le Tellier, archevêque de Reims. Signe le formulaire en 1720. Cf. *Ms. Fr. 17675*, « Le
ramast des délices monastiques » et notamment f° 704-723 « Relation fidèle de ce qui s'est
passé au monastère de Saint-Pierre de Corbie au sujet de Dom Gabriel Gerberon, religieux et souprieur »; et la notice de R. Taveneaux, *op. cit.*, p. 233.
54. Sur le rapport entre la loi naturelle et la politique positive, Dom Gerberon écrit :
« Ce n'est pas assez que, selon saint Augustin, non seulement ce ne sont pas manques à
l'obéissance qu'on doit aux puissances de la terre de ne pas faire toujours ce qu'elles
commandent, mais que ce soit même quelquefois un crime que de leur obéir; et qu'on
peut mériter des couronnes en ne leur obéissant pas; c'est assez, dis-je, que conclure que
les commandements et les volontés des souverains, des juges ou des magistrats, ne sont
pas absolument une règle de nos mœurs, et n'excuseraient pas devant Dieu ceux qui leur
obéiraient sans aucun discernement. La vérité de cette maxime est encore appuyée sur ce
raisonnement. Ce qui n'est point conforme à la loi éternelle ne saurait être juste... » (*La
règle des mœurs, op. cit.*, p. 108-109, cité par R. Taveneaux, *op. cit.*, p. 90-91).
Cf. Odette Hélie d'Allerit : « Précisément, c'est par l'intermédiaire de sa théologie
positive et par cette importance donnée aux études patristiques que Saint-Maur a sa
place dans l'Ecole française de spiritualité et que certains de ses membres sont parfaitement à l'unisson de saint François de Sales et du cardinal de Berulle » (*op. cit.*, t. 2, p. 521).

l'originalité de la Congrégation et ce qui explique qu'elle a peut-être davantage donné au jansénisme qu'elle ne lui a emprunté, c'est d'abord et encore les études, le mouvement érudit vers une tradition originaire : « La critique gallicane voit donc en aval du présent de l'Eglise une tradition plus pure, plus fidèle au dépôt originel de la foi dont le royaume très chrétien et son Eglise sont le lieu privilégié par la Nature et la Providence où cette tradition doit se réaffirmer et se réactualiser. Pour l'humanisme gallican, le retour érudit à l'Antiquité chrétienne et en particulier à celle de l'Eglise des Gaules se trouvait lié à une régénération moderne de la foi, de la discipline ecclésiastique et des mœurs dont la France chrétienne était appelée à donner l'exemple à l'Eglise universelle. C'est sur ce terrain gallican que l'augustinisme janséniste va pousser au XVIIe siècle ses plus profondes racines. »[55] Si cette profonde observation de Marc Fumaroli est vérifiée et si, comme l'a suggéré Pierre Chaunu[56], le mouvement janséniste est inséparable des problèmes d'un catholicisme de la frontière, l'élan augustinien qui a parcouru la Congrégation mauriste se situe moins dans les limites spatiales que dans des repères de temps, puisque c'est à l'histoire que s'intéressait la Congrégation. Sa frontière à elle se trouvait au cœur des antiquités chrétiennes et nationales, la couleur propre, la tonalité inimitable de son décor, dussent-elles s'inscrire dans le contexte de la querelle du jansénisme, demeuraient gallicanes.

La fin de la Congrégation de Saint-Maur

On trouve une description saisissante des difficultés rencontrées par la Congrégation à la dernière étape de son existence dans un mémoire manuscrit de Dom Jamin[57]. Celui-ci fait remonter la crise qui affecte

55. Marc Fumaroli, *Temps de croissance et temps de conception, les deux antiquités dans l'érudition jésuite française au XVIIe siècle*, *XVIIe siècle*, avril-juin 1981, n° 133. Il faut signaler l'importance de cette étude qui donne de profonds repères d'interprétation des différences qui ont séparé les érudits gallicans des éducateurs jésuites dans leurs rapports respectifs à l'histoire et à la société.
56. Cf. Pierre Chaunu, *Jansénisme et frontière de la catholicité*, *XVIIe et XVIIIe siècles*, art. cité.
57. Dom Jamin, *Mémoire pour servir à l'histoire du chapitre... de la Congrégation de Saint-Maur tenu dans l'abbaye royale de Saint-Denis en France le 24 avril 1766*, *Ms. Fr. 15785*.

la compagnie à 1702, c'est-à-dire aux débuts de la querelle du jansénisme. C'est de là, dit-il, que datent les habitudes de mauvaise gestion, l'autoritarisme des supérieurs, l'exclusion imposée par le roi contre les appelants, l'appauvrissement général qui a miné la Congrégation. Les chapitres généraux deviennent houleux. Le *Mémoire sur les services que la Congrégation de Saint-Maur peut rendre à l'État* qui se trouve dans les papiers de D. Vincent Thuillier[58] et qui est daté de 1735 attribue clairement lui aussi au jansénisme la démobilisation des études que connaît la Congrégation à cette époque, mais ajoute qu'il est possible d'y apporter des corrections en faisant venir des professeurs dans les séminaires qui soient moins dévoués au jansénisme et en reprenant les études sur l'histoire de France. D. Vincent Thuillier trace le plan qui sera celui de la dernière production bénédictine en prévoyant un développement de l'histoire des provinces et de l'histoire de France : « La discipline de l'Eglise de France, le Droit public de France, l'histoire des prieurés, les usages et les coutumes du Royaume, le dictionnaire géographique de la France, son histoire nationale, la suite des monnoies, un pouillé exact des bénéfices; le progrès des sciences et arts, la légende de l'Eglise en France. »[59] A partir de 1720, circulent dans les monastères des lettres imprimées de doléances qui déplorent une politique anarchique à l'égard des bâtiments, ici l'abandon prématuré, là des constructions excessives, ou qui critiquent l'éparpillement des monastères. Voici le résumé de la situation que propose Dom Anger : « Depuis longtemps on se plaignait à Saint-Maur que les supérieurs voulaient se perpétuer au pouvoir et écarter des assemblées capitulaires les conventuels, ou les simples moines députés par les divers monastères. Si l'entente ne régnait pas dans l'ordre, le relâchement s'y était introduit. L'abstinence était presque abandonnée dans la plupart des petites communautés, et les nombreuses exemptions faisaient déserter les mâtines. Etaient dispensés de cet office nocturne ceux qui faisaient gras, les professeurs, les religieux occupés aux grandes études, les supérieurs et les hôteliers ne pouvant se retirer dans leur chambre avant

58. *Ms. Fr. 17714*, f° 158 et sq.
59. *Op. cit.*, f° 162.

huit heures et demie, et les étudiants, de deux jours, l'un. En certains endroits l'on voyait, la nuit un ou deux moines, au chœur. Ailleurs, on se contentait de sonner les mâtines à l'heure exacte mais personne ne s'y rendait. Les plus sages célébraient le soir ou le matin. S'agissait-il d'un irrépressible mouvement de laïcisation comme certains l'ont pensé ? En tout cas cette grave situation demandait un prompt et salutaire remède. »[60] Le supérieur général de la Congrégation est mis en cause en 1754 pour avoir reçu des visites dans sa maison de campagne au moment même où la Congrégation est très appauvrie[61]. Lorsque les réformes lui sont demandées en 1754 et 1763, il traite les plaignants de brouillons et d'inquiets. Les Parlements de Toulouse, de Bordeaux, et de Paris sont saisis et le tumulte est porté à son comble lorsque, le 15 juin 1768, vingt-huit profès déposent une requête demandant des adoucissements à la règle[62]. Dans la liste des requérants figure la fine fleur de la Congrégation[63]. Que veulent-ils ? Une meilleure répartition des talents, l'érection officielle de Saint-Germain-des-Prés en centre de littérature, une dotation régulière effectuée par un comité de gens de lettres des travaux entrepris et enfin des adoucissements, voire des exemptions des obligations de la règle.

Le plan d'études pour la Congrégation de Saint-Maur, composé par Dom Grenier et présenté aux commissaires du roi en 1766, est particulièrement éclairant pour comprendre la crise dans laquelle se débat

60. Cf. Léon Déries : « Ils (les mauristes) n'ont cessé de se laïciser progressivement dans leurs travaux et la laïcisation de leurs travaux a entraîné chez plus d'un une laïcisation parallèle continue et parfois à peu près complète de leur esprit. Au lieu de rester soumis à la règle et de vivre dans la dépendance de leurs chefs, ils s'affranchissent de cette règle et n'obéiront pas toujours à leurs supérieurs. L'Etat se substituera à l'Eglise. Ils deviendront de véritables fonctionnaires de sa Majesté, seront payés par ces Etats provinciaux et souvent même rétribués par des particuliers pour le classement des chartriers et l'établissement des généalogies » et Léon Déries conclut cette philippique : « On en verra plus d'un à ses heures de loisir lire l'*Encyclopédie* à la place des saintes Ecritures » (*Un moine et un savant Dom Jean Mabillon*, Paris, 1932, p. 7).
61. Les mitigations demandées par les moines de Saint-Germain-des-Prés en 1768, *Revue Mabillon*, 1908 ; *Archives de la France monastique*, n° 4, p. 196.
62. Cf. Dom Anger, Les mitigations demandées..., *Revue Mabillon*, 1908, et M. Laurain-Portemer, Les travaux d'érudition des mauristes, art. cité. Cf. aussi Edme Perreau, *Histoire des derniers chapitres généraux de la Congrégation de Saint-Maur*, s.l., 1736.
63. Dom Poirier (*Recueil des Historiens de France*), D. Berthereau (*Histoire des croisades*), D. Turpin (*Histoire du Berry*), D. Dedieu (*Histoire d'Anjou-Touraine*) et al. Cf. M. Laurain-Portemer, art. cité, p. 262.

la Congrégation[64]. Rédigé dans un style percutant, il rappelle d'abord les causes de la démoralisation du parti des études dans l'Eglise de France en désignant clairement les mystiques comme ses ennemis. Allusion transparente à la querelle Mabillon-Rancé et à la querelle de *La Diplomatique* : « Le premier plan a mis en question, si un moine pouvait ou ne devait pas étudier et par suite de ce problème, fait un double affront à l'humanité et à la Patrie, il a supposé que l'étude gâtait les mœurs. Il a pensé qu'un moine ne devait prendre aucun intérêt à la patrie, quoique ce soit aux lois qu'il est redevable de son existence politique. On n'arrachera pas les vignes d'une Province, parce qu'il y a des ivrognes ; et l'on ne dispensera pas un moine des obligations du serment qui l'attache au Prince et à l'Etat quoiqu'il veuille se sanctifier. »[65] Mais l'accusation est aussi portée contre les effets destructeurs du jansénisme : « Les mystiques ont renversé toutes les idées de l'ordre. Les devoirs primitifs et imprescriptibles ont disparu sous l'amas énorme et allégorique des obligations secondaires, ils ont imaginé qu'un religieux avait rompu tous les liens qui l'attachent essentiellement à la société. »[66] L'auteur se saisit ensuite de la contradiction majeure à laquelle se sont trouvés affrontés les mauristes : leur double qualité de religieux et d'érudits, leur double institutionnalisation dans l'Eglise et dans l'Etat pour proposer une solution de conciliation. Contradiction réelle, souligne-t-il, et entérinée par « l'adresse des jurisconsultes » : « Un moine est et n'est pas sujet de l'Etat ; il a et n'a point droit à la protection des loix ; il est citoyen et ne l'est pas. »[67] Le projet s'oppose énergiquement au principe juridique selon lequel un moine est mort civilement en excipant de l'utilité publique... de la Congrégation[68]. « Nous voulons — dit-il — et nous devons être utiles

64. Le titre complet est *Plan d'études pour la Congrégation de Saint-Maur présenté à Nosseigneurs les commissaires nommés par sa Majesté pour assister au chapitre général de la dite Congrégation, assemblé en l'abbaye de Saint-Germain des Prez le vingt huit de septembre mil sept cent soixante-six.* Il en existe plusieurs versions manuscrites. Celle à laquelle nous nous référons se trouve dans la *Coll. Moreau*, n° 305, f° 48 et sq. Ce plan fait 41 folios. Des extraits en ont été publiés par A. Dantier, *Correspondances bénédictines, op. cit.,* p. 129.

65. *Plan, op. cit.,* p. 1.
66. *Plan, op. cit., ibid.*
67. *Plan, op. cit., ibid.*
68. *Op. cit.,* p. 2.

à l'Etat »[69] et il manifeste un patriotisme dénué de toute ambiguïté :
« Il faut que la Congrégation montre à l'Etat des hommes utiles dans
tous les genres. Ces occupations marquées en coin de l'amour de la
patrie apprendront aux français qu'il est dans nos cloîtres d'autres
français estimables qui, contens de peu, s'efforcent de servir la patrie
par des travaux utiles à la nation. »[70] Il n'est pas question pour autant
d'oublier « l'amour des devoirs de notre état » mais de l'harmoniser
avec les études d'intérêt public. L'orientation qui se trouve au principe du *Plan de réforme de la Congrégation* concerne d'abord la consoli-
dation de l'organisation des huit années d'études indispensables à la
formation d'un mauriste où est rappelée l'importance de la philosophie, de la théologie, des cours de droit civil et canonique qui ne
doivent pas omettre « un traité des libertés de l'Eglise gallicane »[71],
enfin des langues savantes inscrites dans les études libres ou d'inclination. Elle touche ensuite à la réorganisation de la structure de l'entreprise intellectuelle de Saint-Maur, avec la suggestion d'instituer un
archiviste, un bibliothécaire, un historiographe ou chroniqueur, un
écolâtre dans chaque maison, mais surtout avec la proposition de
diviser très nettement désormais les fonctions de *littérateurs* de plein
droit, et de *correspondants*[72]. Le *Plan d'études*[73] qui étaye ses propositions d'une vision récurrente de l'organisation des études dans
Saint-Maur fait clairement apparaître que les grands érudits étaient
dispensés d'offices, « D. Mabillon, homme savant, littérateur estimé
dans toute l'Europe de fait n'assistoit point aux offices et ne pouvoit y assister »[74]. Qu'il existait une division du travail entre ceux
qui dirigeaient, organisaient, étaient en quelque sorte la force
motrice des entreprises érudites et ceux à qui était confié un travail purement parcellaire : « C'est se tromper fortement — dit le

69. *Ibid.*
70. *Ibid.*
71. *Plan, op. cit.*, p. 19.
72. *Plan, op. cit.*, p. 28-30.
73. Cf. *Coll. Moreau*, n° 305, f° 48 et sq. Le plan se compose de 41 pages. Cf. *supra*.
74. P. 30 du *Plan, op. cit.* Il est ajouté : « Il est prouvé d'ailleurs que les rédacteurs des Déclarations et Constitutions ne se sont pas occupés de cet objet : d'où il suit qu'inutile-ment on renvoyerait à l'un ou l'autre code la solution des difficultés proposées de part et d'autre. »

Plan d'études — que d'imaginer que D. Mabillon eût jamais pu donner
au public ces ouvrages d'érudition qui ont fait sa gloire et la nôtre si
deux cents religieux n'eussent travaillé sous ses ordres. »[75] Pour sortir
du dilemme posé par le trop grand nombre de mitigations de la règle
occasionnées par les travaux d'érudition des mauristes et le relâchement de l'ordre auquel elles avaient conduit, le *Plan* propose finalement d'adopter une division hiérarchique des attributions qui codifie
les habitudes passées. « En distinguant une bonne fois le compilateur
de l'écrivain, l'historien de l'annaliste, l'ouvrier en un mot de l'architecte, nous parviendrons peut-être à trouver l'accord des devoirs du
religieux avec les privilèges indispensables des vrais littérateurs. »[76]
D'un côté, douze littérateurs résidant à l'abbaye de Saint-Germain-
des-Prés. « Il sera réservé six de ces places aux Blancs-Manteaux »[77]
chargés de travailler à des ouvrages déterminés ou en cours d'impression ou projetés publiquement; ceux-ci auront des chambres à feu,
seront dégagés des offices de nuit, de toutes charges de communautés
et pourront avoir un certain nombre de dispenses pour les autres
offices[78]. De l'autre, de simples correspondants de littérateurs qui
s'assemblent deux fois par semaine pour leurs recherches[79]. Enfin les
associés des littérateurs « qui n'auront de dispenses que celles que le
supérieur local aura permises pour de justes raisons »[80]; l'ensemble sera
chapeauté par les supérieurs généraux de l'ordre. Après que ce projet
eut été révisé par les supérieurs, le roi ordonna la tenue d'un chapitre
général en présence de deux commissaires royaux Joly de Fleury et
Bourgeois de Boynes, le 28 septembre 1766. Une partie, une petite
partie seulement des réformes projetées et des mitigations proposées
fut adoptée : on admit des dispenses pour les religieux chargés d'un
ouvrage public et on créa à Saint-Germain-des-Prés un bureau de littérature destiné à se réunir une fois par semaine.

75. *Plan, op. cit.*, p. 32.
76. *Ibid.*, p. 30.
77. *Ibid.*, p. 32.
78. *Ibid.*, p. 31.
79. *Op. cit.*, p. 29.
80. *Op. cit.*, p. 32.

Comment comprendre cette crise ? Avec Léon Déries[81], on peut l'analyser comme un rebondissement provoqué par le développement de l'opposition entre les partisans de l'étroite observance « avec sa prohibition plus ou moins complète de la viande, son rigorisme en matière de peine et d'abstinence, son inflexibilité pour ce qui touche l'assistance aux offices, son respect du costume traditionnel »[82], et les partisans de la commune observance qui acceptent l'usage de la chair, adoucissent les pénitences, autorisent l'absence aux mâtines. Ou y observer la manifestation d'une rivalité entre Saint-Germain-des-Prés et les Blancs-Manteaux telle que les Blancs-Manteaux finissent par l'emporter. La requête adressée au roi à la suite du chapitre général du 17 juin 1765 est en effet rédigée par les moines de Saint-Germain-des-Prés[83], tandis que la pétition contre-réformiste est lancée à l'instigation du supérieur des Blancs-Manteaux qui veut maintenir les constitutions. Le plan d'un bureau d'étude est accepté au chapitre général de 1766 et y sont désignés comme membres, Dom Clément, Turpin, Labbat, Berthereau, Grenier, Lieble[84]. Pourtant, de l'avis général, la réforme n'obtient pas de résultats absolument nets. De 1769 à 1772, Dom Poirier et Dom Précieux qui étaient à la pointe de la demande des mitigations sont persécutés et doivent quitter la Congrégation. Alors qu'ils avaient obtenu de Rome la fonction d'abbés *in partibus* qui leur permettait de mener leur vie scientifique à leur guise, le supérieur général Dom Boudier persuade l'archevêché de Paris de les faire rentrer à l'abbaye : « La révolution des mitigations s'était terminée par la défaite des mitigés et cette défaite avait été suivie de toute une série de mesures de répression à l'égard de ses principaux instigateurs. Tous ceux d'entre eux qui exerçaient les supériorités en avaient été dépouillés et avaient dû rentrer dans le rang comme simples moines. On était allé plus loin encore. On les avait exilés loin des monastères auxquels les attachaient depuis longtemps leurs études »,

81. Léon Déries, Un grand sauveteur de documents historiques, l'ancien bénédictin Germain Poirier, *Revue Mabillon*, 1930.

82. Art. cité, p. 55.

83. Cf. Dom Anger, Les mitigations demandées par les moines de Saint-Germain-des-Prés en 1765, *Revue Mabillon*, 1908-1909.

84. Léon Déries, art. cité, p. 62.

conclut Léon Déries[85]. Dom Poirier et Dom Précieux, chargés du *Recueil des historiens de France*, sont exilés et obligés de vendre leurs archives[86]. La réforme qui aurait permis à la Congrégation de demeurer un grand centre d'études autonome avait échoué; restait alors la « solution Moreau ».

Le dernier souffle donné aux études historiques de la Congrégation vient de l'enrôlement des bénédictins au sein du Cabinet des Chartes, l'organisme créé par Jacob-Nicolas Moreau en 1762 et soutenu par Bertin. Le résultat de la crise de 1765 s'apparente-t-il à une conclusion négative de leur entreprise, est-ce la fin de leur indépendance d'esprit et de leur autonomie de gouvernement en matière d'érudition ? Est-ce que, dans la dernière époque, « les derniers mauristes entravés par leurs difficultés internes qui ont peine à poursuivre les travaux commencés sont trop heureux d'offrir leur collaboration scientifique à la vaste enquête suscitée par Moreau au Cabinet des Chartes », comme l'écrit M. Laurain[87], parce qu'une partie de l'appui, et en particulier de l'appui financier dont il bénéficiait de la part de la monarchie, s'est détournée d'eux et que, désormais, leurs travaux devront s'effectuer sous la tutelle du Cabinet des Chartes qui leur a succédé dans la politique de recherche historique de la monarchie ? Peut-être faudrait-il nuancer une réponse seulement affirmative. Dès 1762 Bertin, contrôleur général et ministre en charge du Cabinet des Chartes, établit la liste des dix-huit mauristes qui travailleront au dépôt des chartes[88]. Dès 1763, Louis XV alloue une somme de 4 000 livres au dépôt pour couvrir précisément les frais des bénédictins, comme le met en évidence l'état du département de Moreau du 17 septembre 1788[89]. A cette date, le Cabinet des Chartes a sous sa responsabilité tous les grands travaux engagés par les mauristes : le *Recueil des historiens de France*, la *Nouvelle collection des conciles*, « toutes les histoires des provinces dont sont chargés les bénédictins

85. Léon Déries, art. cité, p. 60.
86. *Ibid.*
87. M. Laurain-Portemer, Les travaux d'érudition des mauristes, *op. cit.*, p. 23.
88. Bertin, lettre du 14 décembre 1762, publiée par Xavier Charmes, *Le Comité des travaux historiques*, Paris, 1886, 3 vol., t. I, I, p. 54.
89. Bon du Roi, janvier 1764, publié par X. Charmes, *op. cit.*, t. I, p. 62.

des deux congrégations de Saint-Vannes et Saint-Maur »[90], *L'Art de vérifier les dates*. Malgré la présentation décalée faite par Xavier Charmes par rapport à l'ordre dans lequel ils figurent dans le fonds Moreau[91] de la lettre des religieux de la Congrégation de Saint-Maur à Bertin[92] et de l'appel du roi, le contenu des deux documents fait nettement apparaître que les mauristes sont demandeurs en 1762 et qu'ils expriment clairement la requête de se joindre aux académiciens des Belles-Lettres, Secousse, Lacurne de Sainte-Palaye et Bréquigny, déjà nommés pour se consacrer à la formation d'un dépôt des chartes comme il leur est demandé par l'appel du roi[93]. C'est de leur propre gré que les bénédictins se sont associés au Cabinet des Chartes et leur participation ne signale pas la disparition de l'esprit mauriste. Dans le projet archivistique général que constitue le dépôt des chartes et que nous étudierons plus loin, la distinction entre les dépôts publics et les dépôts privés, les méthodes de travail diversifiées qui devaient s'appliquer à chacune des deux catégories, avait été nettement faite par Bertin le secrétaire d'Etat; dans les dépôts publics, il suffisait de rédiger des notices puisqu'on pouvait toujours facilement se procurer les chartes, dans les dépôts privés, en revanche, il était nécessaire de faire des copies complètes puisqu'on ignorait jusqu'à quel point les pièces pouvaient ne plus être jamais retrouvées[94]. Les dépôts publics où « les officiers royaux qui sont

90. *Coll. Moreau*, n° 1097, f° 112, publié par Xavier Charmes, *op. cit.*, p. 230.
91. Dans la *Coll. Moreau*, les deux textes sont respectivement n° 285, f° 166, et n° 285, f° 105, Xavier Charmes inverse les pièces en présentant le f° 166 en premier.
92. Lettre des religieux de la Congrégation de Saint-Maur à Bertin, 27 juillet 1762 : « ... Il est donc certain, Monseigneur, que, pour suppléer les secours qui manquent aux savans qui peuvent s'occuper de cet objet, il paraitroit nécessaire d'avoir recours à une société littéraire répandue par tout le Royaume et qui ne demandât point d'autre prix de ses travaux que l'honneur de les entreprendre et l'avantage de les conduire à leur perfection. Nous nous flattons que la Congrégation de Saint-Maur peut être cette société...» (X. Charmes, *op. cit.*, t. 1, p. 35-36). Après la lettre de juillet 1762 (qui se trouve également dans *Ms Fr. Coll. Moreau*, t. 285, f° 105) proposant les services des mauristes, la proposition est acceptée par le ministre d'Etat Bertin... Ceux-ci prendront à leur charge la plus grosse partie des frais des recherches. Le gouvernement leur versera seulement une contribution. A chacun d'eux 1 200 livres suffiront (*Coll. Moreau*, n° 305, f° 2).
93. Cf. X. Charmes, *op. cit.*, p. 33-34.
94. Lettre de Bertin aux religieux de la Congrégation de Saint-Maur, 30 septembre 1762 (X. Charmes, *op. cit.*, t. 1, p. 52-53). Cf. le Cabinet des Chartes où nous étudierons le détail.

commis à leur garde écartent tout danger et de spoliation et d'altération même... sont les greffes des Parlements, Chambres des comptes et
autres cours souveraines, ainsi que ceux des juridictions royales,
bureaux des villes et autres de cette nature; les autres sont pour ainsi
dire des dépôts particuliers dont la garde n'est confiée qu'au propriétaire et sur lesquels l'administration, quelque attentive qu'elle soit, ne
peut que difficilement porter ses regards; tels sont les chartriers des
maisons religieuses, églises et même des grandes terres et seigneuries »[95].
Les bénédictins, parties prenantes du projet, font alors valoir une
ambition et proposent des corrections sur les méthodes envisagées :
l'ambition était qu'on puisse « leur faire expédier des brevets d'archiviste du Roy » afin de pénétrer librement dans tous les chartriers[96] et ils souhaitèrent simplifier la procédure complexe imaginée
par Moreau en suggérant de recopier purement et simplement toutes
les chartes intéressantes. Le général de la Congrégation, Dom Delrue,
adressa en 1762 à Bertin la liste d'une vingtaine de membres de la
Congrégation qui devaient contribuer aux travaux de dépôt des
chartes[97]. Comme les bonnes volontés marquaient une certaine réti-
cence, une réorganisation des études dans la Congrégation s'imposait
et l'initiative en revint à Bertin qui a l'idée de créer, en 1766, un
bureau de littérature chargé dans chaque monastère de stimuler et de
surveiller le goût des bénédictins pour les études. Composé de quatre
religieux nommés par les dignitaires, le bureau fut prié, à Saint-
Germain-des-Prés où il résidait, d'inspecter et de contrôler toutes les
études[98]. De même des archivistes furent installés dans chaque biblio-

95. *Ibid.*

96. *Observation des religieux de la Congrégation de Saint-Maur sur le projet de collection des chartes*, Coll. Moreau, n° 288, f° 2, publié par Xavier Charmes, t. 1, p. 68-70.

97. Il s'agit de Dom Durand, Dom Tassin, Dom Précieux, Dom Housseau, Dom Grenier, Dom Caffiaux, Dom Pardessus, Dom Rousseau, Dom Le Noir, Dom Maheut, Dom Blanchard, Dom Géron, Dom Salazard, Dom Fonteneau, Dom Col, Dom Beaubens, Dom Soubira, Dom Dupré. En fait, ni Durand, Précieux, Pardessus, Rousseau, Beaubens, Maheut, Soubira, Blanchard, Dupré ne paraissent y avoir véritablement travaillé. Lettre du 14 décembre 1762. Cf. Xavier Charmes, t. 1, p. 54-55.

98. Cf. Lettre de Bertin au P. général de la Congrégation de Saint-Maur du 14 décembre 1766 et Lettre du P. général de la Congrégation de Saint-Maur à Bertin du 18 décembre 1766, citées par Xavier Charmes, *op. cit.*, p. 102-104.

thèque des monastères de la Congrégation pour les mettre en ordre. En 1765, une instruction précisait clairement aux bénédictins que leur but devait être « de former chacun dans leur département une liste de nomenclature exacte de tous les dépôts qui peuvent renfermer des monumens utiles à l'histoire et au droit public »[99]. S'il n'était pas fait suite à leur demande d'obtenir un brevet d'archiviste, on exhortait en revanche les intendants par une circulaire du 25 janvier 1765[100] à les aider de toutes les manières. Pourtant, dans un rapport de mars 1774, Moreau signala un ralentissement presque général du travail de la Congrégation de Saint-Maur. L'administration, sollicitée pour appuyer la requête des bénédictins qui désiraient se dérober à une décision de leurs supérieurs afin de continuer plus commodément leurs travaux, se défendit obstinément de prendre parti[101]. Le travail confié de constituer une nomenclature générale des dépôts existants, donc d'établir une liste des archives privées et publiques de tout le royaume, était en quelque sorte le couronnement de l'activité archivistique des mauristes. Bien que les effectifs aient été extrêmement réduits et que les bénédictins n'aient jamais pu obtenir ni d'être pensionnés ni d'être nommés officiellement archivistes du roi, ils constituaient néanmoins des recrues de premier ordre pour les travaux du Cabinet des Chartes que nous étudierons plus loin : parmi eux Dom Géron, Dom Joseph Col et surtout Dom Nicolas Grenier, l'historien de la Picardie, et Dom Le Noir, l'historien de la Normandie. Rendues pénibles par l'étroitesse, voire la mesquinerie des ressources, les conditions de travail des érudits se dégradaient. Les fonds alloués étaient insuffisants pour payer les travaux dans toutes les parties de la France. « Il est triste de se voir dans une position où il semble que l'on demande l'aumône », écrivait Dom Géron à Bré-

99. 11 janvier 1765. Instruction pour les bénédictins de la Congrégation de Saint-Maur occupés aux différentes histoires des provinces, X. Charmes, *op. cit.*, t. I, p. 87-88.
100. *Circulaire aux intendants des provinces pour leur demander de favoriser le développement du dépôt des chartes, op. cit.*, p. 91-92.
101. Ainsi Moreau, en réponse à Dom Fonteneau, transfère loin des précieuses collections qui lui permettent d'écrire l'histoire du Poitou « le ministre ne veut ny ne peut être jugé entre vous et vos supérieurs ». 10 mars 1772, *Fonds Moreau*, n° 295, f° 243, cité par Didier Gembicki, *Histoire et politique à la fin de l'Ancien Régime, Jacob-Nicolas Moreau, 1717-1803*, Paris, 1767.

quigny[102]. Les obstacles se multipliaient pour accéder aux sources. Dans les archives existantes, Moreau avait distingué les archives seigneuriales, parlementaires, municipales et ecclésiastiques. Si les deux dernières catégories s'ouvraient assez facilement à la curiosité des mauristes, les propriétaires des deux premières qui craignaient que, derrière l'investigation scientifique invoquée, ne se cachât une vérification de leurs titres étaient beaucoup moins prompts à laisser découvrir leurs trésors. En fin de course, le malaise à unir l'attelage de la vie religieuse et de la recherche érudite transpirait ouvertement.

Ce qui sans doute s'était déchiré, c'est l'équilibre qu'espéraient encore retrouver les supérieurs généraux dans les années 1750, d'un même attachement à la règle de foi et aux préoccupations critiques, d'une union du recueillement contemplatif et de la curiosité intellectuelle, d'une même association du goût de la solitude et de l'élan collectif, cet équilibre de la piété et de l'érudition qui avait caractérisé la première partie de l'histoire de la Congrégation[103]. En revanche, la participation à des travaux de recherche historique conduits par la monarchie sur laquelle se clôt, à partir de 1760, l'activité de la Congrégation est moins une inflexion qu'un approfondissement de la démarche entamée. Le Cabinet des Chartes, après l'Académie des Inscriptions, hérite de la responsabilité d'un certain nombre de travaux des mauristes ; sous l'autorité de Moreau et de Bertin se poursuit, confié à Dom Clément, le *Recueil des historiens de France* commencé par Dom Bouquet, ou encore paraît en 1783 avec Dom Labbat le premier volume des *Conciles de France*, un vieux projet de Dom Maur Audren. La partie savante de la Congrégation de Saint-Maur termine donc sa vie, absorbée par le Cabinet des Chartes. En 1788, Jacob-Nicolas Moreau était non seulement chargé de la direction de toutes les prin-

102. Dom Géron à Bréquigny, 13 janvier 1765. *Coll. Moreau*, n° 349, f° 18, cité par D. Gembicki, *op. cit.*, p. 103. Plusieurs états de la *Coll. Moreau* (n°s 305 et 307) ne donnent le nom que d'une dizaine de mauristes travaillant au Cabinet des Chartes. On note (*Coll. Moreau*, n° 306) des lettres tardives (1787-1789) de recrutement adressées aux vannistes et quelquefois l'expression de remerciements pour les gratifications. Ainsi Dom Le Noir qui reçoit une gratification de trois cents livres, *Coll. Moreau*, n° 367, f° 108.

103. Cf. Georges Tessier, Saint-Germain et les mauristes, *Revue d'Histoire de l'Eglise de France*, t. XLIII, 1957.

cipales publications savantes (*Journal des Savants*, *Recueil des ordonnances*, *Recueil des historiens de France*, *Collection des conciles*, *Rymer français*, *Lettres d'Innocent III*, *Art de vérifier les dates*, etc.), mais il était aussi l'héritier du grand projet de constituer l'archivistique centrale de tous les titres du royaume que les bénédictins avaient, dans leurs histoires générales et provinciales, entamé[104]. En l'impossibilité de rassembler tous les fonds au même endroit comme la Révolution le réalisera, une seule solution en trois opérations s'imposait au directeur du Cabinet des Chartes. D'abord établir une nomenclature de tous les dépôts d'actes de la France; ensuite, à l'intérieur de ces dépôts, rédiger une notice des contenus dans les dépôts publics; enfin copier intégralement toutes les chartes des dépôts privés. Jacob-Nicolas Moreau n'a pu mener à bien son projet, mais il a quand même rassemblé quelque trois cent mille pièces, avant de passer à la publication des recueils déjà constitués. Pour cette entreprise, il constitua un office central chargé de recueillir les diplômes, bulles et autres pièces concernant l'histoire du droit public de la France, dont les bénédictins formaient en quelque sorte l'état-major. Tous les mois, dans le Cabinet du garde des Sceaux, souvent sous sa présidence, ils tenaient conférence et, à côté de Moreau et de Bréquigny, étaient présents Dom Poirier, Dom Clément, Dom Grenier, Dom Labbat, Dom Lieble et Dom Turpin. En mars 1787, après son rapport d'avril 1786 au garde des Sceaux, Moreau réussit à mettre sur pied une société de l'histoire de France dont la mission était de donner une place de choix aux Annales de la France. A côté de Bertin et Moreau, du marquis de Paulmy, ministre d'Etat de Bréquigny, la société comptait dans ses rangs Dom Clément, Dom Labbat, Dom Turpin, Dom Merle, Dom Lieble, Dom Poirier[105].

Ainsi agonisante et lassée, ses avoirs légués pour l'essentiel à l'héritage du Cabinet des Chartes, la Congrégation de Saint-Maur présente à son dernier souffle dans la société de l'histoire de France, surveillait-elle le destin de ses derniers actifs, avant de mourir en beauté,

---

104. Nous reprendrons plus à fond ce dossier dans le chapitre consacré au Cabinet des Chartes.

105. L. Déries, art. cité, p. 65, cf. ci-après.

emportée avec les ordres religieux et les sociétés savantes dans la tourmente révolutionnaire. Elle avait bien servi la constitution de l'histoire savante : par la codification tôt jetée des méthodes de centralisation des sources, par l'organisation solidement établie de l'atelier de coopération, une immense histoire des antiquités ecclésiastiques nationales et provinciales, une immense révolution méthodologique étaient issues de son effort. Elle avait inauguré l'histoire savante de l'Eglise et de la société, elle avait commencé l'investigation systématique des archives. Mais elle n'avait pas achevé son entreprise. Au cœur même de sa matrice, une double usure s'était faite sentir : méfiance de l'administration royale, incertitude de la Congrégation. Entre le projet de Richelieu, d'un déploiement des antiquités ecclésiastiques faisant une large place à l'histoire des Gaules et la contradiction qui séparait désormais le monarque des jansénistes, les intérêts de l'époque avaient basculé. Entre la progression de l'érudition d'une recherche patiente des documents et les choix de l'opinion en faveur de la mytho-histoire de la raison ou de la proto-histoire de la nation, les courants s'étaient inversés. A quoi bon rechercher la singularité de notre Eglise des temps primitifs lorsque le gallicanisme avait cessé de dessiner le trait d'union de la royauté et de la société ? A quoi bon entreprendre le relevé interminable et patient des antiquités nationales, lorsque la nation avait taxé l'Antiquité de déraison ? Ce que l'histoire de Saint-Maur donne soudain à voir, c'est la précocité de la félure qui a creusé la porcelaine manufacturée de la société royale française avant qu'elle ne se brise dans les années 1790. Tout est joué vers 1720 pour le projet mauriste. Tout est joué si rien n'est consommé et si la majeure partie des œuvres, qui est encore à venir, se réalise essentiellement par la force de l'élan acquis et se poursuivra malgré les résistances et les frottements. Tout est joué et rien ne va plus : aucune nouvelle mise n'est plus imaginable. L'aggiornamento des années 1700 qui ouvre à l'intérieur de la congrégation, la voie aux recherches sur l'histoire de France n'est en effet qu'un ressaisissement du projet de l'administration royale tel que l'avait en partie imaginé Colbert et il se heurte au double écueil de ne pouvoir, ni être totalement effectué à l'intérieur de la Congrégation, ni totalement réalisé en dehors d'elle. Que les bénédictins n'aient pu se consacrer tout entiers à l'histoire de France, c'est Dom Grenier qui, avec lucidité, en a exposé les raisons sociologiques, dans son plan de réforme, lorsqu'il observait le caractère ambivalent de la condition mauriste : clerc et savant, le moine est aussi un citoyen diminué. Dès lors la monarchie ne pouvait investir toutes ses réserves dans la Congrégation de Saint-Maur. La colère de Seignelay, l'exil de Dom Gerberon, la fuite de Dom Poulet, l'embastillement de Dom Varoqueaux ne laissaient-ils pas pressentir que le projet de Richelieu et de Grégoire Tarrisse avait en partie échoué et que sa défaite avait emporté les raisons qui conduisaient le roi très chrétien à confier à une congrégation bénédictine, le rassemblement des antiquités par lequel apparaîtrait la différence spécifique du royaume en fortifiant l'unité de la nation ? La confiance — dira Bismarck — est une herbe qui ne repousse pas. L'habitude de la monarchie d'Ancien Régime n'était pas de détruire une institution devenue rétive à ses manœuvres mais d'en créer une autre, à ses côtés. Aussi la poursuite de la recherche des antiquités nationales et de la collation des archives sous la forme d'une centralisation des titres, préalable à toute réforme du droit civil de l'Ancien Régime, devait-elle nécessairement s'opérer dans de nouveaux organismes. Là, gisait un second écueil qui obligerait l'administration à agir au plus près, avec une marge d'action fort étroite : il tenait à ce que les grandes forces de la société civile susceptibles de supporter ce projet étaient déjà entrées en dissidence, dans l'opposition à Louis XIV ou dans la renaissante République des Lettres. S'est alors mise en place une ambivalente association : ni tout à fait suffisante, ni tout à fait remplaçable, la Congrégation a continué sa coopération à la constitution de l'histoire de France désormais relayée par l'Académie des Inscriptions avant d'être enrégimentée dans le Cabinet des Chartes. Elle vivait et elle ne vivait plus. Somnambule, à la poursuite d'un rêve que la réalité venait toutes les aubes déchirer, elle continuait d'entreprendre sans toujours espérer, et poursuivait sans avoir rencontré le succès. Qui pouvait pressentir qu'avec la très lente asphyxie de la Congrégation, la politique de recherche historique de la monarchie avait commencé de s'empoisonner ?

ANNEXES

CIRCULAIRE DE DOM GRÉGOIRE TARISSE[1]
AU R. P. DOM GERMAIN MOREL,
PRIEUR DES BÉNÉDICTINS DE ST-MÉLAINE A RENNES

*Lettre circulaire au sujet des mémoires qu'on demande
pour composer l'*Histoire de l'Ordre; *13 novembre 1647*

Pax Christi.

Mon Révérend Père,

Ayant dessein, depuis longtemps, de faire travailler aux chroniques de notre Ordre, en ce qui regarde particulièrement ses divers progrès et succès en ce royaume : comme c'est une entreprise à laquelle nous avons tous égal intérest, il est aussi nécessaire que chacun y coopère selon son pouvoir et capacité; ce qui sera fort aise et facile y procédant avec ordre et méthode, suivant les mémoires cy joints que vous envoye, pour appliquer ceux de nos confrères que vous jugeres capables de cet emploi, à faire des recueils et remarques des choses advenues en vostre monastère et ès lieux circonvoisins, appartenans à l'Histoire de l'Ordre et autres abbayes dont vous pourrez, ou eux, avoir cognoissance. Or ce qu'il fault remarquer en chaque monastère est :

1° La fondation, par qui faicte, à quel sujet, avec acte d'icelle, ceux qui ont faict des donations aucunement considérables, avec les lettres d'icelles; d'où les premiers religieux ont été tirez, pour y establir la discipline régulière;

2° La situation du monastère et la description, brièvement, dedans ou proche quelle ville, ou rivière elle est etc., en quel diocèse;

3° Si le monastère est toujours demeuré en son entier, si destruit ou ruisné, par qui, comment et quand; et par qui remis et en quel temp;

4° Combien il y a de prieurés, les actes des fondations d'iceux, quels iceux ont esté conventuels, en quel diocèse, près quelle ville ou rivière etc., ils sont situéz jusques à quand il y a eu des religieux; quels distraits de l'Ordre, ce qu'ils sont devenus;

5° Combien il y a d'autres bénéfices, soit cures, prébendes etc., à la collation ou présentation de qui;

---

1. BN, *Fonds Fr. 22313*, f° 245, publié par François Rousseau, *Dom Grégoire Tarisse...*, Paris, Lille, 1964.

6º S'il y a eu des insignes bienfacteurs par succession de tems et quels ils ont esté;

7º Les changemens et accidens notables, soit en bien ou en mal, qui sont jadis arrivez aux monastères ou aux moines;

8º Quels réglemens y ont esté faits autrefois et observez : quelle saincte coustume a estée la plus suivie et gardée là dedans; quels actes insignes ont esté faits par les religieux de ce lieu là;

9º Quelle chose il y a de rare là, ou au voisinage, tant en l'art qu'en la nature;

10º Quels grands personnages soit en saincteté, soit en doctrine y ont fleury : ce qu'ils ont fait ou escrit : quels sanctuaires de dévotion y sont ou ont esté jadis, ou là auprès : quelles sainctes reliques plus remarquables, quand et comment y apportées et quelles y restent. Quels Princes, Roys, Empereurs, Prélats y sont ensevelis, quand ils sont morts, pourquoy y ont choisi leur sépulture, leurs épitaphes;

11º La suite des Abbez, avec le tems que chascun d'eux a gouverné et ceux qui ont esté vertueux ou autrement, de ce que chacun a géré digne de louange et le jour de leur mort;

12º S'il y a quelques anciens monumens de l'antiquité qui ne soient pas encore publiez, quelles vies de saincts du monastère, notamment des saincts moines de nostre Ordre et en envoyer au moins un catalogue avec les deux ou trois premières lignes tant du commencement de la préface que de la vie et les derniers lignes d'icelle et ainsi des antiens livres manuscrits dont on n'auroit point évidence cognoissance qu'ils fussent imprimez : à l'honneur de quels saincts les églises sont dédiées, qui a ou sont leurs sainctes reliques (En marge : Il faut exécuter au plus tôt cet article, en ce qui regarde les vies des saincts);

13º S'il y avoit quelques autres choses quoy qu'elles ne se rapportassent point à aucuns des chefs cy mentionnez, néantmoins rapportant en quelque sorte à l'Histoire de l'Ordre, il faudroit aussi la remarquer : comme, par exemple, quelques chastimens ou accidens extraordinaires de quelques mal vivans religieux ou persécuteurs des moines, pour l'instruction de la postérité et autres choses semblables, voire mesme quelque peinture antienne, raretez, chose merveilleuse, prodiges, miracles qui s'y font ou s'y sont faicts autrefois etc. pourveu qu'on ne s'arreste pas trop à ces recherches;

14º Si le monastère est exempt de l'évesque, a eu ou a droict épiscopal, ou d'officialité, comment s'exerce-t-il, quand commencé ou perdu;

15º Si l'Abbé a eu droict de donné les ordres mineurs, de porté mitre, depuis quand; quel rang lui appartenoit aux assemblées du diocèse ou aux Estats de la Province; quels autres droicts considérables non communs, quels tiltres a le monastère, soit de baronnie ou comté etc.;

16º Il fault aussi pour recognoistre la noblesse dont les ancestres ont jadis bien faict aux monastères remarquer les noms de ceux qui se trouveront dans les chartres ou tiltres, comme ceulx des Roys, Princes, des Evesques et Abbez et autres personnes illustres, et leurs sceaux ou armes. On peut aussi remarquer, dans les anciens tiltres, les coutumes, la manière de parler propre des tems et pays qui peut servir à orner l'histoire;

17° Il fault aussi remarquer exactement et fidèlement les années et les mois mesme (à cause qu'anciennement les ans commençoient à Pasques) avec les indications ausquelles sont arrivées ou ont été faictes les choses susdites, comme aussi les livres, tiltres ou chartres et les lieux d'où on aura tiré ce qu'on dira afin qu'en cas qu'il en fust besoin, on y puisse avoir recours. Néantmoins fault prendre garde qu'on ne die rien qui puisse apporter préjudice à personne et principalement au monastère duquel on escrit;

18° Si quelques religieux ont été tirez desdites abbayes pour estre faicts Evesques, Abbez, Prieurs et d'où, ou pour en fonder d'autres ou reformer les antiennes, quand, comment, par qui, et quel le succez et quels personnages ont esté tirez, pour estre employez en de grandes charges, comme ministres d'Estat, chanceliers, régens des Royaumes et semblables emplois auprès des Roys et Princes souverains;

19° Que le tout soit fidèlement rapporté, notamment, s'il est réduit en épitome et par extraict et non tout au long, et sur tout que les dattes soient bien correctes;

20° Qu'en marge ou en tiltre on mette le sommaire et les années que les choses sont arrivées et le livre ou pancharte d'où chaque remarque a esté tirée, afin qu'il soit plus facile de réduire tout en corps d'histoire;

21° Il fault aussi faire faire des recherches par les lieux circonvoisins où on jugera pouvoir rencontrer quelque chose pour ce dessein, comme dans les églises cathédrales et chambres des comptes, par le moyen des amis ou autrement;

22° Pour les abbayes sécularisées, il faudroit rechercher les bulles de la sécularisation ou scavoir en quel tems la chose est arrivée, à la poursuite de qui;

23° Faudra aussi remarquer, bien particulièrement, les diverses réformes qui se sont faictes en chaque abbaye, par qui, comment et quand, combien elles ont subsisté, quel fruict en a réussi, si le monastère en estoit le chef; la cause de la décadence d'icelle, ce qu'en disent les autheurs de ce tems et en quel tems la Congrégation de Sainct Maur y a esté establie, sans qu'il soit besoin de passer plus outre, cela regardant l'histoire de la Congrégation;

24° Tout ce qu'on trouvera estre escrit de quelque monastère ou moine particulier, encore qu'il ne soit spécifié de quel ordre il estoit, il ne fault laisser de s'en servir;

25⁰ L'Œuvre estant de telle importance, il ne faudra épargner la peine de faire des recherches partout où l'on croira pouvoir rencontrer quelque chose qui puisse servir à ce dessein, ny la despense pour retirer les manuscrits et pièces nécessaires qui pourroient estre en aultres mains. Cet amploy estant très utile et profitable, tant pour le bien de l'Ordre en général que pour la consolation de chaque religieux en particulier, et d'ailleurs très propre pour occuper le tems que plusieurs employent souvent inutilement, en un sujet très digne de nostre profession, délectable et très utile à ceux qui s'y employeront. Je vous prie donc d'y employer ceux de vostre monastère qu'en jugerez capables, tout le tems qui reste après les exercices et fonctions régulières. Je seray bien aise de scavoir si avez receu et si avez de quoi occuper quelques-uns, faisant prier Dieu qu'il daigne bénir et dresser ce petit dessein à sa gloire, à l'honneur de l'Ordre et du bien et advancement de la Congrégation. Je me recommande à vos saincts sacrifices et suis,

Mon Révérend Père
Vostre très humble et affectionné confrère et serviteur en N.S.

f. Grégoire Tarrisse.

On peut faire, à proportion, les mesmes remarques que dessus pour les monastères de religieuses.

De St-Germain des Prez, le jour de la feste des Saints Moines Bénédictins, 13 novembre 1647.

MÉMOIRE DES INSTRUCTIONS QU'IL FAUT AVOIR DES MONASTÈRES POUR L'HISTOIRE GÉNÉRALE DE LA CONGRÉGATION[2]

1º La copie des procez verbaux et aultres actes qui se sont passez tant entre les seigneurs Evesques, Abbez, qu'entre MM. les anciens religieux et autres personnes particulières, comme aussi les oppositions s'il y en a eu et de la part de qui, arrests intervenus : les témoignages de la satisfaction publique et particulière dans les lieux, villes eveschez et provinces où se sont faictes les introductions, les commissaires qui ont esté députez pour cet effect, s'il y en a eu, leurs soins et leur zèle dans l'exécution; les cérémonies observées aux establissemens et s'il y en a eu quelques autres circonstances dignes de mémoire, comme quelles sont les personnes ausquelles Dieu a donné les premiers mouvemens et dont s'est servi pour tel dessein et quels motifs les y ont invitez, s'il y a quelques particuliers qui y ayent notablement contribué; les peines, les traverses et les contradictions qui s'y sont rencontrées; l'estat des bastimens, des sacristies, sainctes reliques, ornemens etc ?;

2º Quelles ont été les affections de MM. les Anciens religieux, soit en général, soit en particulier et s'il y en a eu quelques-uns qui au commencement ayent témoigné de l'aversion de la réforme qui depuis ayent témoigné plus de zèle et d'estime et ayent plus servi la Congrégation; ceux aussi qui ont résigné leurs bénéfices, le nombre et la qualité de ceux qui sont entrez dans la réforme;

3º Ceux de nos confrères qu'on a cogneu en quelque lieu que ce soit estre remarquables soit par la manière dont ils ont esté appelez dans la Congrégation, soit par les actions et pratiques particulières de quelque vertu, la façon dont ils ont persévéré dans l'observance régulière, ce qui est arrivé en leur mort;

4º Quels exercices on a rendu au public depuis nos establissemens tant par les prédications, confessions et catéchismes que par les séminaires, estudes etc.;

5º On escrira ces choses et semblables, clairement et distinctement, par articles séparez, dont la lettre soit un peu grosse et lisible, laissant une bonne marge et une distance médiocre entre les articles, mais les matières

2. BN, *Fonds Fr. 22313*, fº 245, publié par François Rousseau, *Dom Grégoire Tarisse...*, *op. cit.*

qui sont longues ou différentes on pourra les mettre en des cahiers séparez pour un meilleur ordre;

Les RR. PP. Supérieurs sont exhortez d'y faire travailler avec diligence et les RR. PP. Visiteurs d'y tenir la main et faire tenir par voye asseurée ce qu'ils auront faict au R.P. dom Calliste[3]. Et d'autant que les changemens de Supérieurs et autres religieux de monastères à autres pourroient empescher l'exacte cognoissance de plusieurs choses, un chacun n'écrira pas seulement ce qu'il scait touchant le monastère où il sera mais encore ce qu'il a veu ou scait s'estre passé dans les autres.

3. Dom Calliste Adam, secrétaire du supérieur général.

INSTRUCTIONS DU 8 MARS 1648
DE DOM GRÉGOIRE TARISSE[4]

Advis à celuy qui escrira quelque pièce pour l'histoire ou quelque vie de Saint. Celuy qui escrira prendra la peine d'observer ce qui s'ensuit :

I. Il n'espargnera point le papier, escrivant au large, laissant de bonnes marges, ayant bonne ancre et bon papier.

II. Il ne mettra aucune abbréviation.

III. Il ne fera point de grandes lettres qu'aux noms propres et appellatifs, comme Dieu, Angelus, Episcopus, Dominus (quand on parle de Dieu), Abbas etc.

IV. Il chiffrera les pages.

V. Il escrira par fueilles séparées, c'est-à-dire qu'il remplira premièrement toute une fueille, sans faire de cahiers.

VI. Après avoir transcrit une pièce, il sera bon de la collationner et s'il arrive qu'on ne puisse lire quelque mot, on le mettra comme il est, ou, si quelque mot barbare ou solécisme se rencontre, il le faut escrire aussi et mettre en marge celuy qu'on croit estre le vray, par exemple : quantinus, au lieu de quatenus; inluster, au lieu d'illustris, et ainsi des autres; parce qu'il y a des mots qui montrent l'antiquité. Il faut faire la mesme chose pour le reste qui regarde l'histoire; car le principal dessein de la Congrégation est, comme vous avez veu, par la lettre circulaire qui a été envoyée par tous les monastères, qu'on transcrive tous les privilèges, bulles, immunitez et pièces semblables, lesquelles il est nécessaire d'écrire en fueilles ou demies fueilles séparées, afin qu'on les puisse insérer dans la suite de l'histoire, suivant les années occurences.

Ceux qui composent l'histoire de quelque monastère, peuvent imiter M. Duchesne, dans les histoires qu'il a faites des maisons particulières, lequel ordonne premièrement l'histoire de suite, selon l'ordre de la chronologie et suivant les pièces qu'on luy avoit donné et les diverses témoignages qu'il avoit colligé, et puis il insère lesdites pièces et tesmoignages tous entiers, par année, à la fin de chaque histoire.

Il faut, selon la capacité d'un chacun, composer en latin; il n'importe point que le latin soit grossier.

4. BN, *Ms. latin 12667*, f° 307, publié par F. Rousseau, *op. cit.*

Il est bon d'escrire les années au long et non point par chiffres, comme aussi de remarquer et escrire les mesmes noms propres diversement orto-graphiez dans les chartes, privilèges, etc.

Nous ramassons toutes les vies des saints de nostre Ordre, tirées des manus-cripts, pour les faire imprimer dans le mesme style que les autheurs les ont composez, et puis on choisira les plus belles pour les mettre en français, lesquelles seront leues au réfectoire.

Nous en avons desja grand nombre qu'on nous envoye des monastères. Nous attendons la mesme chose du vostre, s'il y en a que nous n'ayons point et, pour le savoir, il est bon de nous envoyer le commencement de celles qui sont chez vous et que pourrez avoir d'ailleurs.

On peut adresser ce qu'on envoyera à quelqu'un des R.P. Assistants ou à dom Luc d'Achery, et leur escrire pour s'éclaircir des difficultez qui se rencontreront.

De St-Germain-des-Prez ce huitième mars 1648.

MÉTHODE POUR LA RECHERCHE DES MANUSCRIPTZ[5]

Circulaire sur l'histoire de l'ordre de Dom Grégoire Tarrisse

La méthode qu'il fault tenir en la recherche des vieux manuscriptz, c'est d'apporter une extrême diligence à les bien feuilleter tous, sans en négliger pas un, non pas mesme ceux qui servent au chœur des églises, d'aultant que dans ceux-là il s'y trouve quelque chose de bon principalement dans les martyrologes manuscriptz et souvent là se rencontrent des points considérables pour l'histoire.

Quand donc vous prenez un manuscript, commencez à l'endosse du livre, s'il y en a, voyez la couverture au dedans, souvent il y a l'index de ce qui est dans le livre, auquel pourtant il ne se faut pas fier ou quelque épigramme etc. En après, quand vous voyez le commencement d'un traitté, par exemple le premier livre de S. Augustin, de Ordine et ensuitte d'autres traittez du mesme saint, il ne fault pas s'en contenter, mais il fault voir le commencement et la fin de tout, autant qu'il y a de matières diverses, parce que souvente fois on trouve de petites pièces très précieuses entre deux traittez d'un mesme autheur, lesquelles pourtant seront d'un autre. Aucune fois vous trouveriez une grande quantité de petits opuscules exquis d'un mesme ou de divers autheurs et sujets dans un mesme volume et souvent tout d'une suitte, sans estre distinguez par leurs tiltres, qui sont obmis, pour l'ordinaire.

Que si vous qui recherchez ces vieux monuments n'avez pas la science et discrétion acquise pour ne faire faute à votre dessein, il fault que vous donniez à chaque volume quelque marque, il sera bon la luy mettre sur le dos et la faire visible et faisant le catalogue de ce volume vous marquerez au commencement ou à la fin d'iceluy la mesme lettre ou note et ayant mis en teste de la ligne le nom de l'autheur du premier traitté et le tiltre d'iceluy, vous escrirez ensuitte au moins une demie ligne de son prologue, avec le nom de celuy à qui il s'adresse et puis autant du premier chapitre du traitté et ainsy conséquemment de tous les autres traittez, combien que petits, en sorte qu'en lisant vostre catalogue on puisse veoir qu'ils sont contenus soubs la marque du volume qui les contient. Il faut là mesme marquer s'ils sont courts ou longs, en parchemin ou papier, en vieilles lettres ou récentes.

---

5. BN, *Ms. latin 13072*, f° 62, publié par Léopold Delisle, *Le Cabinet des Manuscrits*, t. II, p. 62.

Il y a de particulier pour les pièces d'histoire qu'outre ce que dessus, il faut marquer à quel temps la pièce commence et à quel elle finist. Et pour les vies de saints, si Confesseurs, Evesques ou Abbez etc, ou Martyrs, de quel pays et de quel temps ou bien sous quel Prince, ou Evesque ils vivoient ? Le tout en un mot. Quand il arrive, et trop souvent, que le commencement est perdu d'un traitté, il fault alors extraire une ou deux lignes, toutes les dernières.

Voyla tout ce qu'il y a à faire pour qu'il se face exactement et que vous envoyez après vostre catalogue ainsi faict à l'examen de gens versez dans le maniement de toutes sortes de livres, encore après tout y prendront-ils des qui pro quo, tant s'en fault que debviez vous laisser aller à donner sentence de ces vieilles reliques, si vous n'en avez une bien claire science. Surtout, sans cela, ne rejettez ou méprisez rien, quand ce ne seroit qu'un épigramme d'un distique. Et ne sommeillez pas quand vous serez dans le travail, car, si vous n'estes extrêmement vigilant et sur vos gardes, vous passerez assurément beaucoup de petites pièces sans vous en appercevoir. Cependant donnez-vous garde de ceux qui ne feront pas de scrupule d'enlever vos manuscriptz, appelant cela *pia furta*.

Mes Révérends Pères

Puisqu'il a pleu à la Providence de Dieu jetter les yeux de sa misericorde sur nostre Ordre en France, et que la reforme a prosperé par des progrès si extraordinaires parmi tant de traverses et d'obstacles, par le moyen des personnes, qui sont encore en vie, contre toute apparance humaine; il semble que Dieu demande de nous quelque reconnoissance particulière : laquelle nous ne pouvons mieulx luy tesmoigner que par l'entremise de quelques grands Saincts, Propagateurs ou Reformateurs de l'Ordre; afin qu'ils rendent graces à Dieu des faveurs particulières, qu'il luy a pleu conferer a nostre Congregation, et implorer de sa bonté des nouvelles benedictions pour finir la reforme aussi heureusement, qu'elle est bien commencée; d'autant que, comme dit Saint Jerosme, in Christianis non quoeruntur initia, sed finis. Pour ce sujet je ne trouve point de Saincts, dont nous ayons plus d'obligation de faire la feste ou double ou demy double,

I. Faire les festes de St Boniface, de St Augustin, de St Anselme.

que Sainct Augustin, Apostre d'Angleterre, Sainct Boniface, Apostre d'Allemagne, et Sainct Anselme, Archevesque de Cantorbie. En voicy les motifs. Le premier a planté la foy par toutte l'Angleterre; il a esté le premier, qui a basty grand nombre de Monasteres pour faire observer nostre Sainte Regle, a fait que les Moines de l'Ordre ont gouverné les Eglises Cathedrales, et sur toutes celles de Cantorbie, qui est la Metropole; en sorte que depuis ce grand Sainct jusqu'au temps de l'heresie, un Moine de Sainct Benoist a toujour esté Primat d'Angleterre, d'Ecosse et d'Hibernie; et, pendant la vacance du Siege, tous les Archevesques, et Evesques devoient faire profession de foy et d'obeissance aux Moines entre les mains du Prieur. La Saincteté de Sainct Augustin, et le grand nombre de miracles qu'il faict avant et après son decès, a esté cause que ces Privileges ont esté donnés par Sainct Gregoire, confirmés par ses successeurs, et qu'on a celebré sa ferte en ces Royaumes, avec la mesme solemnité

6. L'original de la lettre adressée par Dom Luc d'Achery au chapitre général de 1648 se trouve dans la *Collection de Picardie*, t. CLXIV, f° 203; au f° 217 il en existe une copie. Publié par Dom Paul Denis, *Revue Mabillon*, 1910, n° 6.

qu'en France celle de Sainct Martin; et puisqu'il n'est plus honoré en ces Royaumes, il semble demander cela de nous que nous celebrions sa feste dans la Congrégation; luy qui a esté si zelé pour la foy, et pour l'Establissement de la Saincte Regle; et, peut-estre que par ses intercessions Dieu par sa misericorde aura compassion de l'Angleterre, pour y restablir la vie monastique pratiquée pendant près de mil ans.

Presque les mesmes motifs et considerations se trouvent en Sainct Boniface, dont Dieu s'est servi pour convertir une grande partie des Allemaignes, speciallement le Duché de Saxe, ou l'heresie de Luther est plus puissante. Ce grand homme, lequel a tant travaillé pour y planter la foy, tant fondé de Monasteres, dans lesquels il a estably la Sainte Regle (dans Fulde particulièrement, d'ou ont esté tirés des grands personnages), et enfin, après avoir esté Archevesque de Mayence a merité la Couronne du Martyre. C'a esté luy le premier, qui a donné connoissance a Charlemaigne de l'excellence de nostre Saincte Regle; qui luy a faict prendre resolution de reformer tous les Monasteres de son Empire, en a fondez plusieurs; et qu'on a convoquez plusieurs conciles pour ce sujet, où il a presidé.

Pour Sainct Anselme, sa vie si innocente et si saincte a fait qu'on l'a appelé sainct des son Vivant, les Souverains Pontifes mesme. Par son exemple, par ses travaux, par ses Disciples, presque tous les Monasteres de Normandie et d'Angleterre ont esté reformés, ou conservés dont la regularité; en sorte que plusieurs Religieux du Bec ont esté et Archevesques, tant en France qu'en Angleterre; et il n'y a point d'Abbaye en Normandie, qui n'ait eu quelque Religieux tiré de ce monastere pour estre Abbé, ou Prieur Il n'a pas seulement maintenu l'Eglise par ses escrits, mais aussy en plain Concile, ou les Grecs sembloient avoir le dessus, en sorte que le Pape fut contraint de crier tout hault : où estes-vous Docte Anselme, où estes-vous grand Archevesque ? Ensuite cet homme de Dieu prit la parolle, et refuta les Grecs avec une telle eloquence et une si rare Doctrine, qu'ils demeurerent muets; et c'est la cause pour quoy il fit un traicté admirable de Processione Spiritus Sancti. Il semble que S. Anselme devroit estre dans la Congregation le Patron des Escholiers, et en particulier des Theologiens, puisqu'il est tant veneré et estimé de Messieurs de la faculté de Theologie de Paris; et depuis quelques mois un Chanoine de Roüen nommé M. le Prevost, assez conneu par sa rare Doctrine, m'escrivant des œuvres du B. Lanfranc, adjousta ces mots :

Je suis jaloux de la mémoire de son successeur saint Anselme, qui devroit estre inseré dans tous les Messels et Breviaires de vostre Ordre, et de cette Province : nous tascherons de moyenner cela par le moyen de l'authorité de Monseigneur nostre Archevesque.

Je represente humblement à vos Reverences, qu'il est tres important pour nous moyenner des nouvelles graces du ciel : 1º De porter plus d'honneur et de respect au tres Sainct Sacrement de l'Autel : car il semble a l'exterieur que la foy de plusieurs Prestres est bien foible, lesquels apportent si peu de reverence et d'attention, que c'est bien souvent a qui devancera son compaignon, et qui aura plustôt dit la Messe. Mais ce qui me touche le plus est de voir des Enfans et autres qui la servent sans esprit, et avec tant d'irreverence, qu'on diroit a les voir, que ceux qui les employent a ce divin Ministere, ne croyent pas que la Majesté de Dieu immense, tout puissant, avec toute sa Gloire, etc., se trouve en cet adorable Mystere, ou que c'est une des viles et basses actions humaines; puisque le Ministre, lequel est la seconde personne en cet auguste Sacrement, est si incapable; et cela semble d'autant plus veritable que nous ne vouldrions point qu'en la chambre des hostes, ou au refectoir telles personnes servissent a la table. C'est chose asseurée que Dieu verseroit mil Benedictions sur la Congregation, si on destinoit quelques bon religieux, convers ou aultres bien instruits pour servir aux Messes avec esprit et reverence : et ne fault point pretendre d'excuses sur la necessité des Monasteres, car oultre que les Religieux ne despensent pas plus que les garçons, Dieu feroit accroistre le revenu au centuple, quoyque les moyens de cela nous soient cachés.

2º De faire que les Religieux s'adonnent serieusement à l'estude de la Sainte Ecriture : et pour cela il fauldroit reprendre l'ancienne coustume de l'Ordre d'enseigner la Theologie, qui n'est aultre que l'interpretation de quelques livres de la Bible. Il n'y a point de danger que les Religieux se relaschent en cette estude; ainsi c'est un Souverain moyen pour acquerir une solide pieté, et pour se plaire au service divin. Il ne seroit point hors de propos d'ordonner que chaque Religieux aye une Bible en sa chambre, et qu'on en lira tous les jours quelques periodes.

3º Il seroit bon de faire affectionner la solitude aux novices, et ne les point tant mettre au dehors; car après que plusieurs sont sortis du novitiat ils ne cherchent qu'a se divertir; et au lieu de tant de travail leur prescrire de bonnes lectures lesquelles pourront les divertir sainctement, et leur donneront matiere

II. Porter plus d'honneur au St-Sacrement.

Enfants bien instruits à servir les messes.

III. Etude de l'Ecriture Sainte. Une Bible à chaque religieux.

IV. Bonnes lectures aux novices. Les conduire à la solitude.

d'entretien tant en particulier, qu'és recreations : par exemple les Vies des Saincts de l'Ordre, qui se trouvent dans Surius, dans le Martyrologe Benedictin, dans les Chroniques de nostre Ordre (dont il fauldroit avoir grand nombre aux Novitiaulx), les Annales de Baronius. Par la on vient a descouvrir l'excellence, et la pratique de la Saincte Regle; a estimer et affectionner la Vie Monastique et Solitaire; ce qui ne confere pas peu pour maintenir l'observance en sa vigueur.

4⁰ On devroit faire apprendre a bienchanter aux jeunes : et faire en sorte qu'on eust une mesme methode d'oraison; et qu'on instruisit sérieusement les novices et jeunes profex en l'exercice d'icelle.

V. Apprendre a bien chanter.

5⁰ Il seroit utile d'apprendre aux nouveaux profex a bien escrire, et leur donner des livres en bon stile, en latin, comme saint Jerosme, saint Leon, etc. en grec comme saint Basile, saint Gregoire de Nazianze, etc., particulierement pendant la troisième année; et ceux qui ne seroient pas bien fondés és humanités les leurs enseigner. Et je croy qu'on feroit bien d'enseigner les humanités comme on faict la Philosophie, etc., car faulte d'icelles on ne s'affectionne point aux lectures conformes a nostre institut, et on n'a jamais une vraye Doctrine : les humanités sont grandement necessaires en toutes sortes d'emplois.

VI. Les nouveaux profez apprendre a bien escrire.

VII. Leur faire enseigner les humanités.

6⁰ Plusieurs souhaiteroient que les jeunes fussent plus dans le respect envers leurs anciens, et qu'ils n'eussent point tant de liberté soit de parler, soit de se divertir. On a souvent veu qu'un jeune profex a parlé avec si peu de reverence envers son ancien qu'il l'a repris inconsiderement, et l'a faict rougir en pleine compaignie : avec le temps cela peut causer du desordre, comme chose non seulement contraire a la conversation monastique, mais mesme a la Civilité, et aux maximes morales.

Respectueux envers leurs anciens.

7⁰ L'experience faict voir qu'on devroit moderer le travail manuel dans les novitiaux, plusieurs en ayant esté comme enervés, et inutiles a la Religion. Des jeunes hommes qui n'ont jamais faict qu'estudier, ne sont pas bien disposés a supporter des grands travaulx, il vault mieulx qu'ils employent leurs forces aux principales fonctions de la religion comme au Service Divin et aultres austerités : veu mesme que le travail manuel n'est prescrit par la Sainte Regle que pour esviter l'oisiveté, et se guarantir de la necessité, ainsi que prouvent fort bien le Grand Abbé Rupert sur la Regle au troisième Livre; et Pierre le Venerable en l'Epistre 28 du livre I. A l'oisiveté on peut remedier, disent ces autheurs, par des bons exercices beaucoup plus necessaires, en faisant de bonnes

VIII. Travail discret en étude, et bonnes lectures.

lectures, et en se disposant a bien dire la Sainte Messe, et a bien faire le service divin. Les Roys, Princes et aultres personnes pieuses ont remedié a la necessité en fondant les monasteres de bons revenus, afin que les Religieux peussent chanter les louanges de Dieu, s'addonner à la Solitude, aux exercices de la contemplation, et a l'estude des Lettres. C'est pourquoy on devroit laisser le travail libre aux Profex, qui ont passé les trois ans; leurs prescrivant pourtant quelques estudes, escritures, ou petit mestier qui regarde le bien commun.

IX. Travailler a l'histoire de l'Ordre et de la Congregation.

8° Je croy que pour le lustre et l'honneur de l'Ordre et de la Congregation, il seroit a propos de faire travailler a l'histoire géneralle (dont nous avons quantité de memoires), et en particulier a celle de la Congregation, pendant que plusieurs sont encore vivants, par les mains desquels les affaires se sont passées; un Religieux seul seroit suffisant pour la derniere.

9° D'employer quelques Religieux pour transcrire et mettre en lumière les Vies de nos Saincts, en mesme stil qu'elles se trouvent dans les manuscripts; nous avons desia bien deux volumes in folio. Les Seculiers mesme de grande condition et erudition nous encouragent a ce travail, duquel ils esperent apprendre l'histoire dans sa source; et nous en apprendrons la pratique de nostre Sainte Regle, et recevrons par la lecture de ces vies un esprit monastique et solitaire.

X. Reimprimer les Autheurs Benedictins.

10° Je represente aussy a vos Reverences qu'il seroit tres utile de faire rimprimer les autheurs Benedictins, qui ne se trouvent plus, pour les rendre familiers a nos Confreres; comme entre les Peres V. Bede, Rabanus Maurus, Isidorus Hispalensis, Trithemius etc. Entre les historiens, les autheurs qui sont en la bibliotheque de Fleury, Florentius Vigornensis, Guillelmus Malmesburiensis, Guillelmus Gemeticensis, Ordericus Vitalis etc. On pourroit tous les ans en donner un pour le moins a la Diette et au Chapitre (sans parler des alutres tirés des manuscripts), et il n'en cousteroit rien aux monasteres, c'est a dire que pour l'argent que chaque monastere donneroit, ou luy fourniroit pour aultant de livres imprimés; et pour cet effect, il seroit necessaire qu'on s'obligeast d'en prendre un exemplaire dans chaque monastere; et quand les RR. PP. Visiteurs viendroient a la Diette, ils apporteroient l'argent qu'ils auroient amassé pendant l'année de leur visite; et on payeroit avant (qui seroit le meilleur) ou apres l'impression.

XI. Religieux propres à cela.

11° Ceux de nos Confreres que je connois pouvoir travailler tant a l'histoire générale de l'Ordre qu'aux manuscripts et Vies des Saincts sont : D. Philippe de Romagny, D. Placide Berteau, D. Jean d'Huine, D. Claude Chanteleu, D. Noel Mars, D. François, qui est a present, comme je croys, au Mont Sainct Michel, D. Philbert Jamet pour les matieres de theologie[7].

Le temps qu'on pourroit leur donner, est celuy des estudians, ou pour le moins le temps du travail et aultre, que le Superieur jugera pouvoir donner.

12⁰ Il reste a vous representer la necessité qu'il y a qu'on tienne les domestiques des monasteres dans la pieté, la modestie, et le respect, afin qu'ils se ressentent du lieu où ils sont nourris : et pour cet effet il seroit necessaire qu'on leurs dressat quelques Reglemens, lesquels on leurs presentast a leur entrée dans les monasteres, et qu'on leurs fist exactement observer. C'est ce qu'on faict dans les Religions bien reglées, et mesmes chez quelques seculiers.

Voilà, mes RR. Peres, ce que j'avois a representer à vos Reverences, priant Nostre Seigneur qu'il daigne vous communiquer ses lumieres, afin que le tout redonde a sa gloire, et au bien de la Congregation; et suppliant vos Reverences me vouloir assister de leurs saints sacrifices, et me donner vos benedictions comme estant,

Mes RR. Peres,
Vostre tres humble et obeissant Religieux,

F. Luc Dachery M. B.

De Saint-Germain-des-Prèz ce 20e May 1648.

Aux tres Reverends Peres les RR. PP. President, et Definiteurs du Chapitre General, au Monastere de la Très Sainte-Trinité, a Vandosme.

---

7. Comme il ne s'agit ici encore une fois que de documents à publier, nous nous contentons de renvoyer à l'*Histoire littéraire* de Dom Tassin et à ses suppléments, pour y trouver l'indication des ouvrages composés par les religieux désignés par Dom d'Achery.

DÉCISIONS DU CHAPITRE DE 1636 CONCERNANT LES BIBLIOTHÈQUES BÉNÉDICTINES[8]

Regula S. P. Benedicti et Constitutiones Congregationis Sancti Mauri
cap. XII, p. 225

Du Bibliothécaire

I

On préparera à la bibliothèque un religieux versé dans les sciences et la bibliographie. Il rassemblera tous les livres relatifs au monastère et y inscrira le nom du couvent, il les répartira par classes. Lorsqu'il en prêtera, de l'avis du Supérieur, il les inscrira sur un registre, où signera l'emprunteur. Il ne confiera des volumes aux étrangers que très rarement, jamais sans l'ordre du Supérieur et le dépôt d'une caution.

II

Les livres dangereux et défendus seront gardés, par le Supérieur, dans une armoire fermée à clef et personne ne sera admis à les lire sans son autorisation. Les manuscrits seront conservés dans une armoire semblable et fermée à clef. On achètera tous les ans, selon les ressources du couvent, les livres relatifs à l'état et aux études monastiques. Le Supérieur veillera à ce que les ouvrages composés par des religieux de notre Ordre figurent dans nos monastères.

III

Le bibliothécaire rédigera deux catalogues de tous les livres. On revisera les anciens sur lesquels il inscrira les volumes, nouvellement achetés. L'un de ces catalogues sera rédigé par ordre de matières et l'autre par ordre alphabétique. A chaque visite, il montrera au Visiteur, en présence du Supérieur et des Anciens, le catalogue des livres récemment acquis et même les livres eux-mêmes, si on le lui demande.

---

8. Reproduites par Alfred Franklin et François Rousseau, *op. cit.*

LES MÉTHODES DE TRANSCRIPTION[9]

Méthode que l'on doit garder en transcrivant les commentaires sur la règle

1. Il faut avoir du papier honnête, et le laisser dans sa grandeur sans le plier en quatre.

2. Il faut laisser une marge de deux doigts, distinguer bien les mots, et ne presser pas tant les lignes. Il faut ecrire sans abbreviation, et ne se servir de grandes lettres qu'aux commencemens des periodes, des noms propres et des qualitez des officiers, comme Decanus, Praepositus, Epis-copus, etc.

3. Il faut garder l'orthographe qui se trouve dans le manuscrit, et n'y rien corriger.

4. Il faut écrire feuille a feuille, c'est a dire qu'il ne faut pas faire de cahiers et qu'il faut remplir une feuille entiere avant que d'en prendre une autre : et afin que l'on puisse voir la suite, il faut mettre a la fin de chaque feuille une reclame, c'est a dire le mot qui est au commencement de la feuille suivante; mais il ne faut pas chiffrer les pages.

5. Il faut separer entierement le commentaire de chaque chapitre, en sorte que si ce commentaire ne contenoit que trois pages, il faudroit laisser l'autre blanche, et commencer dans une autre feuille ce qui appartient au chapitre suivant : mais si le commentaire d'un chapitre ne contient qu'une page, ou une demie feuille, il suffit de commencer l'autre au feuillet suivant.

6. Au commencement du commentaire de chaque chapitre il ne faut point mettre d'autres titres en teste que le nom du commentateur, et il faut omettre le titre du chapitre qui est dans le manuscrit, et marquer seulement en marge In caput tel, comme il sera marqué cy apres, et le repeter a chaque page de la marge, jusqu'a un nouveau chapitre.

7. Il faut mettre a linea chaque verset de la Regle qui doit servir de matiere au commentaire suivant; si ce n'est que le commentaire estant fort court, les versets ne se suivissent de trop pres : car alors il suffiroit de commencer a linea apres un espace raisonnable d'écriture. Il faut mettre une barre au dessous du texte de la Regle.

---

9. BN, *Ms. lat. 13805*, fº 2-3 publié par D. Paul Denis in *Revue Mabillon*, nº 7, 1911.

8. Il faudra collationner de temps en temps ce que l'on aura écrit avec le manuscrit, et ne pas attendre que tout soit écrit pour le faire, et laisser en blanc ce qu'on n'aura pu lire.

9. Si l'on a quelque difficulté sur cette méthode, on pourra s'adresser à Dom Jehan Mabillon pour en estre éclairci.

Voicy comment il faut commencer le chapitre.

In Caput I.

HILDEMARI

Monachorum quatuor esse genera. Hoc loco S. Benedictus, etc.

LETTRE ET AVIS SUR LES OCCUPATIONS
DES JEUNES RELIGIEUX[10]

Mon Révérend Père,

Les grands biens qui reviennent a une communauté, ou les religieux sont utilement occupez dans la solitude, font que nous ne pouvons trop chercher de moyens pour donner de l'employ a nos confrères, et les retirer d'une certaine indifférence, ou plusieurs se laissent lâchement aler sans s'appliquer à quoyque ce soit. Notre Seigneur nous en a inspiré un que je vous envoye afin que pour le présent vous le mettiez seulement en pratique au regard de ceux que vous trouverez seulement disposez a cela, en attendant que le chapitre général ordonne s'il le juge à propos de l'exécuter absolument ou d'autres semblables qu'on luy pourra proposer. C'est pourquoy si vous en trouvez quelqu'autres, vous pourez nous le faire sçavoir afin qu'en ce temps la on puisse résoudre quelque chose dans un dessein aussy important a la congrégation que celui la; et cependant je vous prie de n'en donner aucune connoissance a nos confrères et de prier pour moy qui seray toujours,

mon Révérend Père,
Votre très humble et affectionné confrère

Fr. Bernard Audebert, M.B.
De St-Germain-des Près, le 20 juin 1671.

AVIS
AUX SUPÉRIEURS POUR OCCUPER UTILEMENT LEURS RELIGIEUX

Comme l'oisiveté est la source la plus universelle et la plus féconde des fautes qui se commettent dans les communautés religieuses; il n'y a point de moyens plus efficaces pour tarir cette source et fermer la porte

10. La lettre circulaire écrite au nom du Père Général, Dom Bernard Audebert, à tous les supérieurs pour leur donner des avis sur la manière d'occuper utilement leurs religieux. Dom Martène affirme qu'elle fut composée par Dom Claude Martin, secrétaire du Père Général devenu infirme et presque aveugle, BN, *Ms. Fr. 15793*, f° 33 et publié par Dom Paul Denis, *Revue Mabillon*, t. VII.

aux dereglemens qu'elle cause, que de donner aux religieux quelqu'honête employ pour s'occuper dans la solitude hors le temps de l'office divin, des lectures spirituelles et des exercices de communauté.

Cet employ autant qu'il est possible doit être conforme a leur inclination et a leurs talens, soit acquis, soit naturels, etant certain que ce que l'on fait par inclination on le fait avec plaisir, et que ce que l'on fait avec talent on le fait bien.

Il est donc de l'industrie des supérieurs de bien pénétrer les inclinations et les talens de leurs religieux afin de les appliquer ensuite, selon leurs goûts et leurs génies.

Cette application néanmoins ne se doit point faire pendant les deux premières années de la recollection, la religion ayant suffisamment pourvu aux employs et exercices ou ils se doivent appliquer. Ce qui n'empêche pas que pendant ces temps là il ne se falle étudier a bien connoître leurs talens et leurs aptitudes, afin de donner aux Pères visiteurs un mémoire des employs ou lon pourra les occuper un jour.

Mais cela se doit faire plus particulièrement pendant l'année de la recollection, tant parce que leur esprit étant plus meur et cultivé par l'étude et par l'expérience des choses, il est beaucoup plus facile de connoître a quoy ils peuvent être propres, qu'a cause qu'étant sur le point d'être dispersez dans les monasteres, ou apres les exercices ordinaires de la religion ils auront du temps de reste dont l'emploi sera a leur disposition, il est temps de résoudre a quoy on les peut déterminer.

Quand ils seront dispersez après leur recollection, le supérieur, de l'avis du visiteur et du supérieur de la direction duquel ils viennent de sortir, les portera prudemment a s'attacher a l'emploi qu'on jugera leur être plus convenable, et leur donnera charitablement ce qui leur sera nécessaire pour l'exécuter, comme livres, outils et choses semblables, ne préférant point une légère épargne au contentement d'un religieux, et au grand bien qui revient à la religion de le voir utilement occupé.

S'il y en a quelqu'un qui ait du talent pour les charges de supériorité ou pour d'autres emplois, qui pourroit leur donner quelque vaine estime d'eux memes, on ne leur fera paroître aucune marque qu'on les destine à cela : mais pour les appliquer en sorte que leur occupation puisse servir un jour, on pourra leur conseiller de faire de bonnes lectures et d'en faire de bons recueils.

Quant à ceux qui depuis longtemps sont sortis de l'année de recollection, et au regard desquels on n'aura pas observé ce que dessus, les supérieurs pourront conférer avec les peres visiteurs dans le temps de leur visite des emplois ou ils pourront avoir de l'aptitude et de l'inclination et, selon les connoissances qu'ils pourront avoir, convenir des moyens de les y occuper.

QUELQUES NOTICES DE MAURISTES[11]

JEAN LUC D'ACHERY (1609-1685)

Né à Saint-Quentin en Picardie en 1609.
Vœux de mauriste le 4 octobre 1632 à l'abbaye de Vendôme.
Séjour à Saint-Benoît-sur-Loire, 1636.
1637. Bibliothécaire à Saint-Germain-des-Prés, jusqu'à sa mort.
Restaurateur des lettres dans l'ordre de saint Benoît, dans une lettre adressée au chapître général tenu à Vendôme en 1648, exhorte les supérieurs assemblés à faire en sorte que les religieux s'appliquent sérieusement à l'étude de l'Ecriture sainte et qu'on enseigne pour ce faire, solidement, les langues anciennes, le grec et le latin.
Parmi ses œuvres, notamment :

1648, *Catalogue des ouvrages ascétiques et traités spirituels des pères. Œuvres de Lanfranc*, et surtout *Œuvres de Guibert de Nogent*, 1651. Puis *Spicilèges*, 13 vol. in-4° (1655-1677), ensemble de documents importants couvrant des domaines très étendus d'histoire ecclésiastique et politique. Chaque volume est préfacé par des rétrospectives historiques. A préparé l'œuvre publiée par Mabillon, *Acta sanctorum ordini sancti benedicti*.

PHILIPPE BASTIDE (1643-1690)

L'un des contradicteurs de Mabillon. Natif de Saint-Benoît-du-Sault au diocèse de Bourges. Fait sa profession à l'abbaye de la Sainte-Trinité de Vendôme le 18 mai 1643. Prieur de Saint-Nicaise de Reims, de Corbie, etc. Fervent défenseur de l'hagiographie traditionnelle.
S'attaque successivement au P. Le Cointe, 1672, qui avait retranché quelques saints douteux, puis avec moins de succès, à Mabillon en 1677.

MARTIN BOUQUET (1685-1754)

Né à Amiens. Novice à l'abbaye de Saint-Faron de Meaux, prononce ses vœux le 17 août 1706. Il étudie la philosophie, la théologie, le grec et l'hébreu. Collabore à Saint-Germain-des-Prés d'abord à la bibliothèque, puis à l'œuvre de Dom Bernard Montfaucon.

---

11. Très partielles, ces notices ne visent qu'à donner une idée de la diversité des hommes qui ont contribué à l'unité de l'entreprise mauriste. Pour des indications plus complètes, cf. les travaux de Tassin, Martène, Berlière, Ingold.

Commence à travailler à l'édition des œuvres de Flavius Josèphe. Il est devancé par un Hollandais à qui il envoie ses notes.

La collection des historiens des Gaulles conçue par Colbert en 1676 est soumise à la direction de Mabillon par M. Le Tellier, archevêque de Reims. En 1717, Edmond Martène présente un plan sur lequel il commence à travailler. Le P. Lelong de l'Oratoire connu par sa *bibliothèque historique*, en est chargé. A sa mort en 1721, Denis de Sainte-Marthe, supérieur général de la Congrégation de Saint-Maur, fait agréer au ministre d'Aguesseau la collection et c'est Dom Bouquet qui est chargé en 1723 de l'exécution.

1729, 2 vol. exil.

1735, aux Blancs-Manteaux.

Donne à partir de 1738, 8 vol. de la collection de la *Gallia Christiana*. Mort en 1754.

Membre de l'Académie d'Amiens.

PIERRE COUSTAND (1654-1721)

Né à Compiègne. Après des études chez les jésuites, fait sa profession le 12 juin 1672. Devient élève de François Lami à Saint-Médard de Soissons. Ses premiers travaux sont consacrés à saint Hilaire. Chargé de l'édition des *Œuvres de saint Augustin*. Son grand ouvrage est l'*Edition des lettres des papes*, 1721. Il a auparavant polémiqué avec le P. Germon.

CLAUDE ESTIENNOT DE LA SERRE (1639-1699)

Né à Varennes, diocèse d'Autun, prononce ses vœux à Vendôme le 13 mai 1658. Collaborateur de Mabillon avec lequel il voyage en Flandres puis procureur général de la Congrégation à partir de 1684, à Rome. Il va y déployer zèle et intelligence pour défendre les mauristes et leurs travaux, prépare notamment le voyage de Mabillon. Entretient d'excellents rapports avec les papes Innocent XI, Alexandre VIII, Innocent XII, mais adopte une attitude prudente pendant la querelle avec Mabillon. Il a consacré beaucoup de temps à des recherches qui alimentent les travaux des équipes bénédictines et notamment la *Gallia Christiana*.

MICHEL GERMAIN (1645-1695)

Né à Péronne, diocèse de Noyon-en-Picardie, le 28 août 1645. Fait sa profession à Saint-Rémi.

Collaborateur zélé et infatigable de Mabillon qu'il accompagne dans ses voyages, notamment en Italie et Allemagne.

Parmi ses œuvres :

Le 4e livre du *De re diplomatica*, 1681.

A participé aux VIIe et VIIIe pièces des *A.S.O.B.*

Histoire manuscrite des monastères de la Congrégation, dont le P. Lelong s'est servi pour la *Gallia Christiana.*

ANTOINE-PAUL LE GALLOIS (1640-1695)

Né à Vire. Fait sa profession dans l'abbaye de Saint-Rémi de Reims le 18 mars 1662. Demeure en Bretagne. Contribue à l'*Histoire de Bretagne* de Dom Lobineau.

GUI-ALEXIS LOBINEAU (1666-1727)

Né à Rennes en 1666. Fait sa profession à l'abbaye de Sainte-Mélaine, le 15 décembre 1683. Se consacre à la suite de Dom Gallois, à l'histoire de sa province, et notamment :
1703 : *Lettre à Nosseigneurs les Etats de Bretagne touchant la Nouvelle histoire de la Province...* (22 livres sur l'histoire de Bretagne de 458 à 1532).
1707 : *Histoire de Bretagne composée sur les titres et les auteurs originaux par Dom Gui Alexis Lobineau...,* 2 vol. in-f⁰.
Il mènera ensuite des polémiques avec l'abbé de Vertot et l'abbé des Tuilleries (en 1711) qui prétendirent que la Bretagne avait toujours relevé en fief ou arrière-fief du royaume de France.

FRANÇOIS LAMI (1636-1711)

Né au château de Monthireau dans le Perche (fils du baron de Monthireau). Après de brillantes études et une jeunesse agitée, prend l'habit monastique en 1658. Prononce ses vœux le 30 juin 1659. Devient cartésien. Enseigne la théologie pendant trois ans à Saint-Germain-des-Prés. En délicatesse avec le monarque qui le dépose de son titre de prieur. Ami de Bossuet.
Parmi ses ouvrages, notamment :
Le Nouvel athéisme renversé, ou réfutation du système de Spinoza, Paris, 1696.
De la connaissance de soi-même, Paris, 1694, dédié à la duchesse de Guise ! (pour la défense des études monastiques).
Les Premiers élémens des sciences.

EDMOND MARTÈNE (1654-1739)

Né à Saint-Jean-de-Losne, diocèse de Dijon, le 22 décembre 1654. Il prononce ses vœux le 8 septembre 1672, dans l'abbaye de Saint-Rémi à Reims. Envoyé à Saint-Germain-des-Prés pour travailler avec Luc d'Achery.

Se spécialise dans l'histoire bénédictine, publie un *Commentaire de la règle*, en 1690, puis un ouvrage sur les rites monastiques en 1690 (au cœur de la querelle des études monastiques, ces livres amassent en fait des matériaux pour l'argumentation de Mabillon). Exilé à Evron pour la publication sans permission de la vie de Dom Claude Martin (1696) puis envoyé à Rouen. Chargé en 1708 de travailler à la *Gallia Christiana* de Dom Denys de Sainte-Marthe. Parcourt les abbayes du diocèse de Tours, de Bourges, d'Auxerre et rapporte de nombreux documents. Continue de fourrager dans les abbayes de France avec Dom Ursin Durand, puis en Flandres. Il rapporte au bout de six années plus de 2 000 pièces utilisées dans la *Gallia Christiana* et qui seront publiées en 5 vol. in-f° : *Thésaurus novus anecdotorum...*, 1717. Ils publient aussi en 1717 leurs relations de voyages (où ils accusent le P. Petau de plagiat). Il dresse ensuite le plan des historiens de France à la demande du chancelier d'Aguesseau mais son plan ne sera pas suivi. C'est pourtant l'occasion de nouveaux voyages dans les Pays-Bas et en Allemagne, départ le 30 mai 1718 et relations publiées en janvier 1719. Enfin, il contribue à la grande collection en 9 vol. in-f° des *Veterum scriptorum & monumentorum historicorum dogmaticorum & moralium amiplissima collectio* qui forme l'une des grandes œuvres bénédictines et à laquelle contribuera Mabillon (3e vol.). Il meurt à Saint-Germain-des-Prés en laissant une histoire manuscrite de la Congrégation de Saint-Maur qui sera publiée au XXe siècle.

CLAUDE MARTIN (1629-1696)

Né le 2 avril 1619. Fils de la Mère Marie de l'Incarnation, l'un des rares mystiques de la Congrégation. Prononce ses vœux solennels le 3 février 1642. Après des études de philosophie et de théologie, occupe le rôle de prieur des Blancs-Manteaux puis à Compiègne. Animateur de l'édition des *Œuvres de saint Augustin* confiée au P. Delfau, il ne deviendra pas, par suite de l'opposition du monarque, général de la Congrégation.

A consacré plusieurs publications à la vie religieuse. Dom Martène a écrit sans autorisation une biographie à son honneur.

BERNARD DE MONTFAUCON (1655-1741)

Fils de Timoléon de Montfaucon, seigneur de Roquetaillade, né le 13 janvier 1655 au château de Soulages dans le diocèse de Narbonne. Son père, très lié à Nicolas Pavillon, évêque d'Alet. Après ses études, fait campagne dans l'armée de Turenne. Il fait sa profession dans la Congrégation de Saint-Maur, le 13 mai 1676. Après huit ans dans l'abbaye de La Grasse, il est envoyé par Claude Martin à l'abbaye de Sainte-Croix de Bordeaux, puis il vient à Paris à l'abbaye des Blancs-Manteaux où il perfectionne ses études et apprend l'hébreu, le chaldéen, le syriaque et le samaritain, le copte et un peu d'arabe. Pour les besoins de l'édition des pères de l'Eglise (saint Athanase et saint Jean Chrysostome) il est envoyé à Rome et passe trois ans en Italie du Nord. Succédera quelque temps à Claude Estiennot comme procureur général de la compagnie.

L'œuvre de Bernard de Montfaucon est considérable. Il est le père fondateur de la paléographie grecque. Notamment :

Edition des *Œuvres de saint Athanase*, 1698, 1 vol. in-f⁰.
Diarum italicum..., 1702, 1 vol. in-n⁰.
Paleographia graeca..., Paris, 1708.
Edition de *Saint Jean Chrysostome*, 1718.
L'Antiquité expliquée et représentée antiquus, Paris, 1719, 10 vol. en latin et français.
Supplément du même livre en 1729, 5 tomes en latin et français.
Les Monuments de la monarchie française, 1729-1732, 5 vol. in-f⁰.
Elu à l'Académie des Inscriptions et Belles-Lettres.
Mort à Saint-Germain-des-Prés, le 21 décembre 1741.

ANTOINE RIVET (1683-1749)

Né à Consolens entre Poitiers et Limoges, d'une famille en partie protestante. Il fait ses études à Poitiers chez les dominicains et sa profession dans la Congrégation de Saint-Maur le 27 mai 1705. Admis après ses études à la petite Académie de l'abbaye de Saint-Florent de Saumur, où l'on se consacre à la patrologie et à la théologie. Après un passage à Poitiers, il s'installe à Paris à l'abbaye des Blancs-Manteaux, où il se consacrera à *L'Histoire littéraire de la France*, le projet en est publié en 1728.

L'œuvre complète sera publiée de 1733 à 1763 en 12 vol. Dom Rivet s'occupe des 8 premiers.

THIERRI RUINARD (1657-1709)

Né à Reims le 10 juin 1657. Fait sa profession à Saint-Faron de Meaux le 10 octobre 1675. Après des études de philosophie et de théologie à Saint-Pierre de Corbie, il est appelé en 1682 à Paris pour seconder Mabillon qu'il ne quitte plus. Il est, avec Michel Germain, son second et essentiel collaborateur. Il va notamment aider le grand mauriste en recherchant des archives en Alsace et en Lorraine. Après plusieurs ouvrages consacrés aux actes des martyrs, il a collaboré aux A.S.O.B., a défendu Mabillon dans la querelle de la diplomatique et surtout a préparé un *Abrégé de la vie de D. J. Mabillon...*, Paris, 1709, 1 vol. in-12.

DENYS DE SAINTE-MARTHE (1650-1725)

Né à Paris le 24 mai 1650. Son père était François de Sainte-Marthe, seigneur de Chant-d'Oiseau. Il fut élevé dans le Poitou, puis par les religieux de Saint-Maur. Profès à Saint-Melaine de Rennes en 1668. Nommé, en 1690, prieur de l'abbaye de Saint-Julien de Tours. S'engage dans la querelle Mabillon-Rancé pour soutenir le mauriste et publie notamment des lettres à l'abbé de la Trappe qui seront interdites sous la pression de la duchesse de Guise et de Bossuet (1692 et 1693). Déposé de son titre de prieur, il est nommé à Saint-Germain-des-Prés où il s'occupe notamment de la bibliothèque, puis nommé successivement : prieur de Bonne-Nouvelle, à Rouen, prieur des Blancs-Manteaux à Paris (1705), Saint-Denis et Saint-Germain-des-Prés, avant de devenir supérieur général de la Congrégation de 1720 à 1725. Suspect à Rome en raison de sa réaction favorable pour les Appelants contre la bulle *Unigenitus*. Il a défendu l'édition de saint Augustin et collaboré à la *Gallia Christiana*.

JEAN-GRÉGOIRE TARRISSE (1595-1648)

Né en Languedoc à Pierre-Rue près de Cessenon pendant les troubles de la Ligue ; il fit des études à Albi puis fut quelque temps clerc du lieutenant de Cessenon, puis travailla avec le gouverneur avant de remplir les offices de greffier et de notaire royal (charge achetée). Devient, passé trente ans, prieur-curé à Cessenon et prend l'habit de Saint-Benoît. Prend l'habit de la réforme en juin 1623. Elu supérieur général de la Congrégation de Saint-Maur le 22 avril 1630, il est le vrai fondateur et initiateur des études savantes pour lesquelles il réorganise la formation des moines, les bibliothèques et projette un plan d'études et de publications.

Il fait notamment publier :

Avis aux Révérends Pères Supérieurs de la Congrégation de St Maur, Paris, 1632.

Les constitutions de St. Maur (Constitutiones pro directione regiminis congregationis S. Mauri, Ordinis Sancti Benedicti. Jussu et auctoritate capituli generalis ejusdem congregationis) définitivement approuvées en 1645 et publiées sous le titre *Declarationes in Regulam S.P.N. Benedicti*.

Règles communes et particulières pour la congrégation de St. Maur.

RENÉ-PROSPER TASSIN (1697-1777)

Né le 17 novembre 1697 à Conlay dans le diocèse du Mans. Il fait ses humanités au collège de Saint-Germer et sa profession dans l'abbaye de Jumièges le 3 août 1718. Installé aux Blancs-Manteaux à partir de juin 1747, en fait seul rédacteur à partir du second volume du *Nouveau traité de diplo-matique* (1750-1765) après la mort de Charles-François Toustain, publie en 1733 *La Lettre d'un appelant...* et *Histoire littéraire de la congrégation de Saint-Maur*, 1770.

CHARLES-FRANÇOIS TOUSTAIN (1700-1754).

Né à Repas (diocèse de Sées) le 13 octobre 1700, il fait ses études au collège de l'abbaye de Saint-Germain près de Saint-Germer, puis sa profession à Jumièges le 20 juillet 1718. Ses études seront très complètes qui comprennent des langues anciennes (latin, grec, hébreu) et modernes (italien, allemand, anglais, hollandais) mais aussi une solide formation scientifique. Travaille précocement avec Dom Tassin à la publication des œuvres de saint Théodore Studite et à des ouvrages de liturgie grecque et orientale ainsi qu'à des ouvrages collectifs sur l'abbaye de Saint-Victor-en-Caux. Sa grande œuvre est la publication du *Nouveau traité de diploma-tique...*, 1750-1765, Paris, 6 vol. in-n°, en collaboration avec René-Prosper Tassin, qui poursuit et élargit le travail de Mabillon.

DEUXIÈME PARTIE

L'Académie royale
des Inscriptions et Belles-Lettres

> *L'histoire de l'Académie des Inscriptions et Belles-Lettres offre donc cet intérêt particulier qu'elle est celle de l'avènement graduel des lettres savantes, des transformations qu'elles ont subies dans notre pays.*
>
> Alfred Maury

Naissance et organisation
de l'Académie des Inscriptions
et Belles-Lettres

L'Académie royale des Inscriptions et Belles-Lettres a été fondée le 1er février 1663 sous le nom d'Académie des Inscriptions et Médailles. Elle prenait le relais de la Congrégation mauriste, à mi-parcours de celle-ci, esquissant, dans une chronologie en quinconce que nous retrouverons avec le Cabinet des Chartes, quand il débutera au presque mitan du XVIIIe siècle, le déploiement des académies de l'histoire qui se recouvrent et font double emploi, avant de se succéder. La dispersion et les frottements ainsi créés révèlent que la solution définitive de l'institutionnalisation des érudits n'a pas encore été trouvée.

Dans ses mémoires, Charles Perrault a raconté comment Colbert, auquel il avait proposé un programme général d'Académies, sonda les uns et les autres et s'appuya sur un habile antiquaire, Louis Douvrier, qui avait exécuté des médailles pour le cardinal Mazarin, et sur Chapelain, Charpentier, les abbés de Cassagnes et de Bourzeix, pour organiser son fonctionnement[1]. La glorification des actions du jeune roi qui venait de prendre les rênes du gouvernement fut l'occa-

---

1. Charles Perrault, *Mémoires de ma vie*, Paris, Ed. Paul Bonnefon, 1909.

sion de la fondation de la « petite Académie » en 1663. L'Académie des Inscriptions et Belles-Lettres ne connut jamais les pompes ni les fastes de ses rivales. Ni la gloire qui rehaussa l'Académie française, ni l'estime qui s'attacha à l'Académie des Sciences. Son surnom de « petite Académie » témoigne de sa modestie de fille puînée. Le roi regarda comme un avantage, pour la nation, l'établissement d'une académie qui travaillerait aux inscriptions, aux devises et aux médailles, explique Gros de Boze, rédacteur de la première « histoire » des débuts de l'Académie[2]. Approuvée par Louis XIV, le 16 juillet 1701, après avoir subi un léger remaniement sous la direction de Pontchartrain, la création de l'Académie fut enregistrée le 3 mai de la même année et l'institution, subissant diverses modifications en 1750 et 1785, fut remaniée une dernière fois le 22 décembre 1786. Un arrêt du Conseil du 4 février 1716 attribua à la compagnie le titre d'*Académie royale des Inscriptions et Belles-Lettres* qu'elle conserva jusqu'au jour où elle fut supprimée avec les autres Académies, le 8 août 1793.

L'établissement de l'Académie des Inscriptions et Belles-Lettres coïncide avec la mise en place officielle ou officieuse de la longue série des sociétés savantes qui prolifèrent aux xvie et xviie siècles dans les grands pays européens. L'Académie des Inscriptions a une double préhistoire. Une préhistoire européenne et une préhistoire française : création royale, elle n'est pas immédiatement une invention gallicane, elle puise d'abord ses sources dans une évolution institutionnelle de la culture qui date de la Renaissance. Plus vaste dans l'espace de référence culturelle dans lequel elle s'inscrit, elle sera aussi plus resserrée dans son cadre institutionnel qui dépend directement et étroitement de la monarchie.

Le mouvement académique qui s'est répandu dans toute l'Europe aux xviie et xviiie siècles a d'abord une source italienne et plus

---

2. Gros de Boze, Histoire de l'Académie des Inscriptions et Belles-Lettres, in *Histoire et mémoire de l'Académie*, Paris, 1717, t. 1.

Sur les débuts de l'Académie des Inscriptions la meilleure mise au point est celle de Josèphe Jacquiot, dans son remarquable travail *Médailles et jetons de Louis XIV d'après le manuscrit de Londres*, Paris, 1968, 2 vol. et cf. textes publiés en annexe.

exactement florentine[3]. La première Académie, fondée par Marsile
Ficin en 1426 dans une villa donnée par la famille Médicis à Careggi,
avait réuni sous le patronage de Laurent de Médicis, Politien, Pic
de La Mirandole, dans une œuvre d'approfondissement spirituel
inspirée, la reprise du nom même de l'école du philosophe grec le dit
assez, du platonisme. A Venise, Alde Manuce avait fondé l'*Accademia
dei Fileleni*. Au xvie siècle, les académies s'étaient multipliées en
Italie : on en comptait 70 à Bologne, 56 à Rome, 43 à Venise. Les
premières règles fixées des académies qui ont été connues sont
celles de Sienne en 1531 et de Bologne en 1537, dates qui correspondent à l'explosion du maniérisme dans les arts plastiques. Lorsqu'elles s'étaient officialisées, les académies italiennes ont eu également
tendance à se spécialiser : c'est ainsi que l'*Accademia degli Omidi*, placée
sous la protection de Cosme de Médicis, était devenue l'*Accademia
Fiorentina* en 1540 et se donnait pour but de cultiver et de promouvoir
la langue italienne; des dissidents avaient fondé alors l'*Accademia della
Crusca* concurrente de la première dont le dictionnaire de la langue
italienne publié en 1612 fait autorité. Cosme de Médicis avait aussi
fondé en 1563 l'*Accademia del Disegno*, animée par Vasari et qui sera
présidée par Michel-Ange. A Rome s'était organisée en 1603 la fameuse
Accademia dei Lincei qui comptait parmi ses membres Galilée et qui
se prolongeait en quelque sorte par l'*Accademia del Cimento* à Florence,
créée en 1657, et mise sous le patronage savant de Galilée, véritable
académie des sciences expérimentales qui, malgré sa courte durée
d'existence s'essayait à la construction du baromètre, du thermo-
mètre, de l'hygromètre, etc. Primitivement, les académies italiennes
avaient été des cercles informels de lettrés, de grands lettrés qui se
réunissaient pour échanger les interrogations vertigineuses et souvent
iconoclastes que soulevaient leurs investigations infinies. C'est dans
ces cercles qu'avait triomphé l'habitude de recourir systématiquement

3. Sur l'histoire des Académies, cf. André Chastel, *Art et humanisme à Florence au
temps de Laurent le Magnifique*, Paris, 1959; Martha Ornstein, *The Role of Scientific societies
in the seventeenth century*, London, Hamden, 1963; Frances Yates, *The French Academies
of the sixteenth century*, London, 1947 ; W. S. Revah, « Académie », *Encyclopedia Universalis*.

aux textes originaux sur le modèle instauré, lors des négociations pour mettre un terme au schisme entre l'Eglise romaine et l'Eglise orthodoxe, par les érudits byzantins produisant, à l'appui de leurs thèses, des manuscrits grecs. C'est dans ces compagnies que, comme l'a si bien montré dans ses admirables et minutieux travaux, Frances Yates[4], s'était diffusé un néo-platonisme marqué par une volonté syncrétique d'harmoniser les sources antiques dans le domaine des sciences, des arts et aussi de la religion. Là, les convictions kabbalistiques d'une *prisca théologia*, d'une science ancienne découverte autrefois par la sagesse égyptienne et reçue par Moïse autant que par Platon, l'idée d'une science des sciences, qui contenait à la fois les principes de la mathématique de l'astronomie, de l'art pictural et poétique, d'une alchimie de la nature et de l'homme qui fut en même temps savoir et morale, éthique et connaissance, toutes ces idées que l'on ne retrouvera plus au XVIIe siècle qu'à l'état de traces, chez Newton, Huet ou Richard Simon[5], s'étaient exprimées librement. L'audace, la liberté, la fulguration avaient donné le ton de ces réunions. L'atmosphère changea évidemment du jour où les académies furent officialisées par les puissances princières italiennes ou par le pouvoir pontifical; les académies italiennes cessèrent d'être des cénacles privés où l'on pouvait à loisir échanger des idées qui sentaient le soufre parce qu'on demeurait entre soi. Désormais le travail académique était voué à une publicité qui le contraignait à ne plus s'écarter exagérément des doctrines officielles. Les académies royales françaises procèdent apparemment davantage des académies italiennes deuxième manière. Pourtant et c'est notamment le cas de l'Académie des Inscriptions et Belles-Lettres, leur évolution finira par retrouver le parfum oublié et dangereux de la première mouture des académies

4. Cf. notamment Frances Yates, *Giordano Bruno and the hermetic tradition*, London, 1964; *The Art of memory*, London, 1966, trad. franç. *L'art de la mémoire*, Daniel Airesse, 1975; *Collected Essays*, t. I : *Lull and Bruno*, London, 1981; t. II : *Renaissance and Reform, the Italian contribution*, 1983. Et surtout l'admirable *The Rosicrucian Enlightenment*, London, 1972, qui a été traduit ici dans une collection d'occultisme, *La lumière des Rose-Croix*, Paris, 1985.

5. Sur Richard Simon et Huet, cf. liv. II sur Newton; cf. Betty J. Feeter Robs, *Les fondements de l'alchimie de Newton ou la chasse au lion vert*, trad. franç. Paris, 1981.

contestataires de la Renaissance et parviendra à les réengager, avec le risque que cela comportera pour leurs membres, dans la libre recherche.

Les académies ont aussi une préhistoire française. A la suite des guerres d'Italie, le néo-platonisme florentin trouva des adeptes en France[6]. Autour de Jean Dorat, l'initiateur de la Pléiade, se groupèrent des académies informelles qui, insérées dans les réjouissances et les préoccupations festives de la cour, associèrent pourtant des préoccupations esthétiques, musicales et poétiques à des aspirations philosophiques et religieuses. Ainsi l' « Académie de Vincennes » rassemblait des invités à la recherche de vertus cachées qui, au-delà des atroces divisions confessionnelles du temps, essayèrent d'atteindre à une réconciliation des chrétiens. Ainsi encore de multiples cercles, certains oubliés comme celui de David de Flurance Rivault, certains triomphants comme celui de Marin Mersenne qui constitue la véritable antichambre de l'Académie des Sciences[7], sarclaient le terrain sur lequel les académies officielles vont s'implanter.

Le XVIIe siècle est le théâtre d'une explosion française du mouvement académique. Rappelons les dates : l'Académie française est fondée en 1635 par Richelieu. L'Académie royale de Peinture et de Sculpture reçoit ses statuts en 1648 grâce à Mazarin. Les débuts de l'Académie de Danse se font en 1661, ceux de l'Académie des Inscriptions et Belles-Lettres en 1663. L'Académie des Sciences est créée en 1666. En 1669, l'Académie royale de Musique inaugure ses travaux et la dernière instituée est l'Académie d'Architecture en 1671.

6. Sur la préhistoire française des Académies le livre essentiel est celui de Frances A. Yates, *The French Academies of the sixteenth century*, London, 1947.

7. Avant 1666 en effet, date à partir de laquelle il existe des procès-verbaux de séances de la compagnie, l'Académie des Sciences n'était qu'une société de savants qui se réunissaient d'abord chez le P. Mersenne, puis chez le maître des requêtes Montmort et plus tard chez Melchisedech Thevenot. A cette société déjà très brillante ont appartenu Robertval, le P. Mersenne, Descartes, Blondel, Blaise Pascal et Etienne Pascal son père, Gassendi, Melchisedech Thevenot et Montmort sans compter les visites d'illustres étrangers comme Hobbes. La nouvelle Académie a été installée à la Bibliothèque du Roi par Carcavy le 22 décembre 1666 puis à l'Observatoire. Enfin après le règlement du 26 janvier 1699, elle fut transférée au Louvre. Cf. Ernest Maindron, *L'Académie des Sciences*, Paris, 1888.

Cette explosion n'est pas sans influencer toute l'Europe. La France n'avait pas la primeur, héritière qu'elle était de la tradition italienne. Elle fut même devancée sur le terrain des sciences par l'Angleterre : quatre ans avant la fondation de l'Académie royale des Sciences, le 15 juillet 1662, Charles II avait accordé aux savants anglais rassemblés dans la *Royal society of London,* une charte de protection. Mais partout ailleurs la France était pionnière. En 1697, Frédéric Ier et Sophie Charlotte de Hanovre fondent une Académie artistique tandis que Leibniz est à l'origine de la création de la fameuse Académie de Berlin en 1700 qui brillera de tous ses feux sous Frédéric II. L'Académie de Vienne est fondée en 1705 et réorganisée en 1726. En Espagne, sous le règne des Bourbons, la *Real Academia Española,* équivalent de l'Académie française, apparaît en 1713, tandis que l'Académie des Sciences de Lisbonne est créée au Portugal en 1729. Dès lors les fondations académiques s'égrènent successivement : à Saint-Petersbourg en 1726, à Stockholm en 1739, à Göttingen en 1752, à Haarlem en 1752, à Munich en 1751, à Leyde en 1766, à Bruxelles en 1772, etc.[8]. Même l'Amérique se rallie au mouvement avec la création d'une Académie en 1744.

Dans le développement des académies françaises, Colbert a joué un rôle décisif. Promu par le roi, surintendant des Bâtiments et des Manufactures et après la chute de Fouquet, contrôleur des Finances, secrétaire à la Marine et à la Maison du Roi, il s'est vu confier la tutelle des gens de lettres, des savants et des artistes. Il s'occupe d'abord de l'Académie française qui lui ouvre ses rangs en 1667 tandis que le roi l'accueille au Louvre[9]. Le monarque signifiait ainsi l'importance qu'il attachait à l'œuvre de la compagnie laquelle, par l'intermédiaire du dictionnaire, avait des répercussions administratives

8. Cf. Nikolaus Pevsner, *Academy of Art, past and present,* Cambridge, 1940.
9. Elle remercia ainsi Louis XIV : « Qu'un roi ait assez aimé les lettres pour loger une académie dans sa propre maison, c'est ce que la postérité n'apprendra guère que parmi les actions de Louis le Grand. Il ne se contente pas de nous accorder sa protection toute puissante, il veut nous attacher à titre de domestiques. Il veut que la majesté royale et les belles-lettres n'aient qu'un même palais » (cité par Pierre Clément, *Histoire de Colbert et de son administration,* Paris, 2 vol., t. 2, p. 230).

de première importance. Depuis l'ordonnance de Villers-Cotterêts[10], qui avait rendu l'usage du français obligatoire dans tous les actes administratifs, il était indispensable d'unifier et de fixer le vocabulaire de la langue nationale. En épurant et en clarifiant la langue française, en la dotant d'un code linguistique identique et stable qui permettait de simplifier et d'unifier les rapports, les actes, la correspondance de toutes les institutions publiques, l'Académie fournissait un outil de travail direct à l'Etat et rendait opérationnel l'instrument administratif par excellence qui est celui de la communication écrite. Pour hâter les opérations, Colbert fit distribuer des jetons de présence aux académiciens, de telle sorte que le dictionnaire achevé put finalement paraître en 1694. Colbert est aussi celui qui a donné, le 11 février 1666, les statuts et règlements de l'Académie de France à Rome[11], qui a fait construire l'Observatoire pour l'Académie des Sciences en 1667[12], qui a fait donner des lettres patentes pour la surintendance du Jardin royal des Plantes en 1671[13], pour l'Académie royale de Musique en 1672[14], qui a réorganisé la Bibliothèque du Roi et passionné les gens de lettres[15], bref il est le ministre qui a dirigé une politique d'ensemble de la monarchie à l'égard des arts et des lettres.

L'Académie des Inscriptions est la première en date des fondations réalisées par le ministre pour instaurer dans le royaume une politique des arts, des lettres et des sciences[16]. Elle s'efforce d'organiser l'historiographie du règne qui venait de s'ouvrir. C'est dans le contexte

10. *Ordonnance d'août 1539*, § III : « ... nous voulons doresnavant que tous arrests, ensemble toutes autres procédures... soient prononcés, enregistrés et délivrés aux partes en langage maternel françois et non autrement » (cité par Isambert, *Recueil des anciennes lois françaises*, t. XII, p. 600).
11. *Lettres, Instructions et Mémoires de Colbert publiées...* par Pierre Clément, Paris, 1868, t. V, p. 510.
12. *Lettres..., op. cit.* Pourquoy et comment l'Observatoire a este basty, août 1667, p. 315.
13. *Lettres..., op. cit.*, p. 533.
14. *Lettres..., op. cit.*, p. 535.
15. *Lettres..., op. cit.*, p. 502.
16. En effet, avant même les nouveaux statuts de l'Académie royale de Peinture et de Sculpture (4 déc. 1663), avant la fondation de l'Académie de France à Rome (11 février 1664), avant celle de l'Académie des Sciences (22 déc. 1660), avant la construction de l'Observatoire (1667) et la petite création de l'Académie d'Architecture, est organisée en 1663, la « petite Académie ».

du mouvement européen d'institutionnalisation des lettres, des savants et des artistes autant que dans le cadre d'un développement particulier de l'Etat monarchique, qu'il faut inscrire les recherches historiques de l'Académie des Inscriptions; si on les compare à celles de la Congrégation bénédictine, elles vont s'engager dans des voies nouvelles : désormais la gloire du roi, les antiquités du monde occidental et oriental, l'histoire universelle, la collation et la publication des sources de l'histoire de France vont l'emporter sur l'histoire religieuse, les antiquités gallicanes, l'histoire culturelle ou provinciale de la France. Une fois conçue, l'Académie a observé un temps de gestation qui est aussi un temps de métamorphose : dans une première étape, qui va de 1663 à 1701, elle s'est essentiellement occupée de la gloire du roi, à partir de 1701 jusqu'à sa dissolution en 1793, elle s'est consacrée à la recherche historique.

Les débuts de l'Académie et la gloire du roi

A côté de l'Académie française, Colbert imagina de fonder une compagnie consacrée à la gloire du roi et à l'histoire de son règne, projet dont il s'ouvrit à Louis Douvrier[17] et à Jean Chapelain[18]. « Le commencement est la moitié du tout », disait Aristote. La réponse de Chapelain à Colbert — Chapelain auquel Richelieu avait confié naguère le soin de rédiger les statuts de l'Académie française et qui était une sorte de directeur officieux des lettres et des arts, auquel Colbert lui demanda en 1662 de composer une liste de savants et de lettres qui recevraient une pension — est de première importance.

---

17. Lettre de Louis Douvrier à Colbert le 12 août 1662 publiée par A. Jal, *Dictionnaire critique d'Histoire*, 1672 et Josèphe Jacquiot dans *Médailles et jetons de Louis XIV d'après le manuscrit de Londres, op. cit.*, t. 1, p. XC. Selon Charles Perrault, le projet d'une grande institution groupant plusieurs académies qu'il avait envisagé fit long feu en raison de l'opposition de l'Académie française.

18. Nous reproduisons cette lettre p. 298 qui a déjà été publiée par Taschereau, *Revue rétrospective*, 2e série, t. 1, p. 84; Pierre Clément, *Lettres, instructions et mémoires de Colbert*, t. 5, p. 587 et Tamizey de Larroque, *Lettres de Jean Chapelain*, Paris, 1880-1883, 2 vol., t. 2, p. 272-277.

Sa réaction décida en effet, jusqu'à la réforme de 1701, de l'orientation de l'Académie qui fut vouée aux arts et lettres, mais détournée de l'histoire. Le ministre avait projeté de fonder une compagnie susceptible de dessiner des médailles, d'écrire des poèmes et des panégyriques mais aussi de composer l'histoire du règne. Chapelain abonda dans le sens des deux propositions mais se montra nettement plus réservé sur la dernière. Les médailles ? : « C'est — écrit-il — une invention dont les Grecs et les Romains se sont servis pour éterniser la mémoire des actions héroïques de leurs Princes, de leurs capitaines et de leurs Empereurs, à cause de l'incorruptibilité des métaux dont elles étaient composées, surtout de celles d'or et d'argent, j'approuve extrêmement que vous l'employez... »[19] La marge de choix résiduel ne concerne à son sens que la manière : faut-il les ciseler à l'antique, sans devise selon une modalité qui convient aux grands événements ou comme les modernes avec des inscriptions qui sont utiles « pour la galanterie ou les carrousels »[20], c'est encore au monarque de trancher. La poésie ? « Pour les vers, Monsieur, vous ne pouvez rien imaginer qui aille plus droit à notre but. De toutes les choses durables, c'est sans doute celle qui se défend le plus de l'injure du temps lorsqu'une bonne plume s'en mesle. » Panégyriques en rimes plates, stances, odes, sonnet même, tout convient « à la gloire de sa majesté »[21]. Mais l'histoire ? C'est tout autre chose : « Je viens à l'histoire qu'avec beaucoup de raisons vous avez jugée, Monsieur, un des principaux moyens pour conserver la splendeur des Entreprises du Roy et le détail de ses miracles. Mais il est de l'histoire comme de ces fruits qui ne sont bons que gardés et pour l'arrière-saison. Si elle n'explique point les motifs des choses qui y sont racontées, si elle n'est pas accompagnée de réflexions prudentes et de documens, ce n'est qu'une relation pure, sans force et sans dignité. » Chapelain, on le voit, ne méprise pas l'histoire. Il témoigne plutôt d'une acceptation de la définition de l'histoire impliquant « réflexion et documents » qui atteste que, dans son esprit, la véritable histoire n'est pas, n'est plus

---

19. Cf. texte cité en annexe.
20. *Ibid.*
21. *Ibid.*

seulement l'histoire littéraire au sens le plus généralement reçu, une histoire écrite à l'imitation des Anciens, regorgeant d' « exemples » et où de grands personnages tiennent de grands discours qui sont autant de leçons de morale[22]. C'est bien là que le bât blesse : « De les (il s'agit des documents) y employer aussy durant le règne du Prince qui en est le sujet, cela ne se pourrait sans exposer au public les ressorts de Cabinet, donner lieu aux ennemis de les prévenir ou de les rendre inutiles et trahir ceux qui auraient des liaisons avec luy, lesquelles ne subsistent que par le secret et à l'ombre d'un profond silence. » Il est impossible de faire l'histoire à chaud sans blesser la raison d'Etat qui est secret des desseins et mystère des politiques. De là, sa réponse d'une stricte orthodoxie cardinalesque. « La difficulté dans l'exécution réside en ce que, non seulement il faudrait être très homme de bien, parfaitement d'avoir la fin des projets et de la conduite du Prince qui en serait le sujet et estre informé des interests de ses amis et de ses adversaires, posséder la théorie de la politique, entendre la pratique de la guerre, n'ignorer ni chronologie, ni géographie, n'estre point neuf dans les mœurs et les coutûmes des Nations, avoir veu et extrait les originaux des despesches et des traités, ce qui n'est pas une chose trop commune... » de sorte que, conclut Chapelain : « ... il n'y aurait guère que vous avec toutes les bonnes qualités qui sont en vous, dont je voulusse respondre qui y réussit heureusement. » Le seul homme capable de faire l'histoire du règne c'est celui-là même qui construit ce règne. A partir de quoi, Chapelain propose une autre partie de l'alternative : « Maintenir la gloire de la

22. La meilleure définition de cette histoire littéraire a sans doute été donnée par Frances A. Yates : « Qu'est-ce que c'est vraiment que l'histoire ? Pourquoi écrivons-nous ou lisons-nous de l'histoire ? Les humanistes de la Renaissance avaient une réponse solide à ces questions. La véritable histoire était l'histoire écrite à l'imitation des historiens classiques, notamment César, Salluste, Tite-Live. Avec des scènes de bataille rigoureusement construites, de longs discours imaginaires mis dans la bouche de personnages historiques. Son objet était d'ordre éthique : apprendre sur des exemples de personnages historiques à éviter le vice et à suivre la vérité, apprendre à mener une vie morale. La précision factuelle, l'usage de sources documentaires, l'analyse de rapports de causalité entre les événements, tout cela était soumis au principal but de l'histoire véritable : enseigner la morale par les exemples » (*Collected Essays*, vol. II : *Renaissance and Reform, The Italian contribution*, London, 1983, p. 89).

Majesté » par les bâtiments et les monuments, la sculpture, l'architecture, les arts plastiques.

Ce scénario imaginé par Jean Chapelain fut rigoureusement exécuté par les premiers académiciens qui n'étaient au début qu'au nombre de quatre, Chapelain, l'abbé de Bourzeix, Charpentier, l'abbé de Cassagnes, tous membres de l'Académie française. Charles Perrault s'y joignit d'abord à titre de secrétaire[23]. La petite Académie qui se réunissait au logis de son fondateur dans la Bibliothèque de Colbert rouverte le mercredi devint alors une cour suprême des arts. Gros de Boze a bien résumé les activités qui l'occupèrent pendant la première partie de son existence : « On compte entre les premiers travaux de l'Académie, le sujet des desseins des Tapissery du Roy tel qu'on les voit dans le recueil d'Estampes et de description qui en a esté public. Charles Perrault fut ensuite chargé en particulier de la description du Carrousel et après qu'elle eut passé par l'examen de la Compagnie, elle fut pareillement imprimée avec les figures. On commença à faire des devises pour les jettons du Trésor royal, des parties casuelles, des bastimens et de la marine. Et tous les ans, on en donne de nouvelles. Enfin on entreprit de faire par médailles, une histoire suivie des principaux événements du règne du Roy... »[24] Gros de Boze poursuit : « Quand M. Quinault fut chargé de travailler pour le Roy aux tragédies en musique, S. M. luy enjoignyt expressément de consulter l'Académie. C'estoit là qu'on déterminoit les sujets, qu'on distribuait les scènes, qu'on plaçoit les divertissements... Alceste, Thésée, Athis, Isis, Phaéton, etc... ont esté le fruit de ceste attention... Et ce n'est qu'après avoir subi son jugement qu'ont paru le *Dictionnaire des Arts* de M. Félibien et ses *Entretiens sur la peinture.* »[25] Le grand carrousel de 1662, apothéose du jeune roi, fut l'occasion d'un déploiement de devises. Louis Douvrier créa à cette occasion la devise de Louis XIV qui devint immédiatement célèbre : « *Nec*

---

23. Sur le rôle exact de Charles Perrault, cf. J. Jacquiot, *op. cit.*, t. 1 ; P. Bonnefon, Charles Perrault. Essai sur sa vie et ses ouvrages; Charles Perrault, littérateur et académicien, *Revue d'Histoire littéraire de la France*, juill.-sept. 1904, oct.-déc. 1905.
24. Gros de Boze, *Histoire de l'Académie royale des Inscriptions et Belles-Lettres, op. cit.*, p. 2.
25. *Op. cit.*, p. 3.

Pluribus impar. » L'une des premières tâches de l'Académie fut de célébrer ce carrousel par la publication d'un volume dont le texte fut rédigé par Charles Perrault; trente-sept planches gravées et des miniatures l'accompagnaient[26]. La nouvelle commission s'occupa également de choisir les dessins, emblèmes et légendes des tapisseries, tissées à la manufacture des Gobelins selon une maquette de Le Brun, que le roi avait commandé pour orner ses appartements. L'Académie devait faire le récit des festivités de la cour, surveiller la décoration des appartements et du parc de Versailles, dresser le plan des maisons royales et des places, parcs, donner la haute main aux livrets d'opéra. Pendant le même temps, l'Académie devait également se consacrer à composer des statues et des médailles[27]. Dans son rôle de cour suprême des arts, la petite Académie se fit aider de l'Académie de Peinture et de Sculpture, et de l'Académie d'Architecture et c'est de la sorte que se réalisa une unification d'inspiration des œuvres littéraires, musicales et plastiques que l'on voulait soumettre à l'autorité de l'Antiquité classique, jugée seule digne de donner sa vraie grandeur au règne de Louis XIV[28].

Entre l'histoire numismatique destinée à illustrer l'éclat de la personne et des décisions royales d'un côté et la recherche des antiquités nationales, la collation et la publication des sources de l'autre, dans laquelle s'engagera plus tard l'Académie, il y a sans doute un hiatus qu'on n'a pas manqué de souligner[29]. Encore faut-il exactement

26. *Académie des Inscriptions et Belles-Lettres, 1663-1963. Exposition organisée à l'occasion du tricentenaire*, avril-juin 1963, p. 4.

27. L'histoire numismatique de l'Académie ayant été étudiée de façon magistrale par Josèphe Jacquiot, nous ne pouvons que renvoyer ici à son œuvre, *op. cit.*

28. Le rôle de surveillance des arts et lettres est clairement stipulé. Ainsi les *Mémoires de l'Académie royale d'Architecture*, fondée en 1711 et dotée d'un règlement par lettres patentes en 1717, énoncent explicitement que Colbert voulait en faire un corps consultant de fonctionnaires appelés à donner leur avis sur tout ce qui concernait la construction à la demande du surintendant des Bâtiments. A partir de là, l'Académie sera régulièrement consultée en matière d'équipement et d'organisation urbaine et elle jouera un rôle non négligeable dans la construction des maisons de force ou des hôpitaux. Cf. B. Barret-Kriegel, Instances politiques et séquences de la médicalisation de l'espace urbain, *in* B. Fortier *et al.*, *La politique de l'espace parisien à la fin de l'Ancien Régime*, Paris, 1975.

29. C'est le cas notamment d'Alfred Maury qui estime que l'institution, en s'orientant par sa seule initiative vers la recherche historique, aurait échappé à Colbert, son Pygmalion : « Cette compagnie qui est devenue le sénat de l'érudition, n'était nullement destinée,

l'apprécier : la solution de continuité entre les activités dites « futiles » d'inscription et de contrôle que l'Académie assuma à ses débuts et les recherches historiques dont elle s'occupera ensuite est peut-être moins totale qu'on ne l'a cru. En jugeant selon les termes répétés par Chapelain que « l'histoire est un des principaux moyens pour conserver la splendeur des entreprises du Roi et le détail de ses miracles », Colbert faisait usage de la conception traditionnelle « littéraire » de l'histoire, entendue comme l'inscription des hauts faits qui immortalisent la gloire du prince, histoire inscrivante, histoire rattachée à la royauté. Ces activités futiles dont l'Académie était chargée, avaient un sens pour le roi qu'on peut mettre en évidence sur l'exemple des jetons et des médailles[30]. Les académiciens imaginèrent d'élaborer des jetons ordinaires et extraordinaires pour les administrations (guerre, marine, trésor royal, parties casuelles, galères), mais aussi pour les corporations ou les grands. Les chirurgiens de Paris demandèrent une inscription pour le nouveau bâtiment qu'ils faisaient édifier, l'Académie élabora des devises pour la duchesse de Bourgogne, la ville de Paris, l'artillerie, la chambre des deniers, des menus plaisirs, de l'argenterie, des ports comme Bayonne ou Saint-Malo, des corporations comme celles des chirurgiens, des rôtisseurs, des cérémonies

dans le principe, à présider au mouvement des études historiques et philologiques ; son nom même en fait fi. Elle ne compta parmi ses premiers membres ni Du Cange, ni Huet, ni Lenain de Tillemont, ni Adrien de Valois, ni le président Cousin, ni Cotelier, ni Baluze, ni d'Herbelot qui étaient à la fin du XVIIᵉ siècle, les vrais représentants de l'érudition française. Nous trouvons dans cette Académie la preuve que l'Etat n'est arrivé que progressivement à une notion plus juste et plus élevée du caractère et de l'utilité des lettres érudites. Loin de songer à agrandir le domaine de l'histoire, le roi en l'instituant n'avait que des vues personnelles ; il voulait servir ses plaisirs, flatter son orgueil et assurer la durée de sa gloire. L'histoire de l'Académie des Inscriptions et Belles-Lettres offre donc cet intérêt particulier qu'elle est celle de l'avènement graduel des lettres savantes, des transformations qu'elles ont subies dans notre pays » (Alfred Maury, *L'ancienne Académie des Inscriptions et Belles-Lettres*, Paris, 1864, p. 4).

30. C'est l'explication proposée par un historien « classique » du XIXᵉ siècle, Henri Martin : « Louis XIV le comprend et avec la sûreté du coup d'œil et la persévérance qui le distinguent, il résout de mettre la haute noblesse tout entière dans sa main en l'obligeant d'une part à se fixer à la cour, à entourer le roi d'un cortège permanent et, de l'autre part, à servir régulièrement dans l'armée... la conduite de Louis XIV n'est pas moins habilement calculée envers les gens de lettres qu'envers les gens de qualité. Il reconnaît, accepte et fait servir à sa grandeur l'importance toujours croissante qu'acquièrent dans la nation des choses de l'esprit » (Henri Martin, *Histoire de France*, Paris, 1878, t. XIII, p. 458-459).

comme l'Assemblée du clergé. Elle en conçut pour des bâtiments comme le nouveau pont du Moulin, l'entrée des grands chemins que le roi avait fait ouvrir dans les Cévennes. Elle fabriqua même des devises pour l'Assemblée du clergé. Opérations incompréhensibles pour qui n'évoque pas le rôle joué par les slogans ou les mots d'ordre dans la vie politique moderne. Le jeton était un instrument de ralliement et d'unification[31] : les monarques français les avaient utilisés pour déjouer les critiques des Espagnols et de la Maison de Lorraine ; en 1606, Henri IV demanda à Sully de faire un jeton dont la devise exprimait sa menaçante résolution : « S'ils nous font la guerre en renards, nous la ferons en lions. » De 1686 à 1694, les jetons et les devises ont affirmé la puissance de la France face à ses adversaires coalisés[32]. Le *Mercure galant* (qui date de 1672) portait leur contenu à la connaissance du public ; c'était un ensemble de mots d'ordre, une ligne générale qui s'exprimaient aux marques d'emblèmes et en faisant référence aux événements du temps. Moyen régulier d'intervention dans le débat politique, le jeton devint, à l'intérieur de l'Académie des Inscriptions et Belles-Lettres, un instrument d'officialisation d'événements privés, corporatistes ou aristocratiques, ou outil pour rattacher à la puissance publique des actions qui lui échappaient. Colbert avait prévu de faire faire des jetons pour le Trésor royal, les parties casuelles (dont les recettes provenaient de la vente des offices) des Bâtiments, de la Marine. A partir de 1695, l'Académie a envisagé de faire une histoire du roi qui aurait réuni les jetons et les médailles[33], le projet n'aboutit pas. André Félibien conçut sans la réaliser l'idée d'une « histoire du Roy par les

---

31. Cf. Josèphe Jacquiot : « Les petits monuments monétiformes dont l'usage fut très répandu au Moyen Âge et à la Renaissance, comme pièce servant à calculer, à "jeter" devaient dès le milieu du XVIᵉ siècle se démoder en tant qu'instrument de compte, pour devenir progressivement des pièces servant à la politique du roi... Dès le règne de Charles VI, on commença à relever sur les jetons des allusions à la vie du royaume. Ces devises... se développèrent progressivement depuis le règne de Henri II jusqu'à celui de Henri IV, où les jetons devinrent de véritables instruments au service de la politique du roi, lui servant à prodiguer des avertissements à l'adresse des partis qui divisaient le royaume » (*op. cit.*, t. I, p. 71-73).

32. J. Jacquiot, *op. cit.*, t. I, p. LXXVI.

33. Cf. J. Jacquiot, *op. cit.*, p. LXXX.

jettons »[34] et l'histoire des jetons des particuliers est demeurée à l'état manuscrit au Cabinet des Médailles. Néanmoins les devises des jetons composées par l'Acacémie constituent en quelque sorte un résumé de la vie politique du roi, estime J. Jacquiot[35]. A partir de 1748, les jetons des administrations royales disparurent progressivement.

De même, l'exceptionnel intérêt accordé à la numismatique et que célèbre cette ode présentée au roi sur l'établissement de l'Académie royale des Inscriptions en 1702 par Boutard éclaire sa portée :

1)

N'en doutez point, races futures
C'est la vertu des conquérans qui
Les garantit des injures
Et de l'affreux oubli des ans
Pour rendre leur nom mémorable
Les monuments les plus durables
Ne sont pas les doctes écrits
Mais le marbre et le bronze antique
Qui porte leur front héroïque
Et dont le temps fait tout le prix

2)

De leurs vertus, ton âme éprise
Grand Roy, par un louable choix
Veut que le bronze immortalise
Les vertus des héros françois
Tu sais récompenser les peines
De ceux qui de Rome et d'Athènes
Déterrent jusqu'aux fondements
Tu combles de biens et de gloire
Ceux qui consacrent notre histoire
Par de célèbres monuments[36].

L'activité numismatique est fort ancienne puisqu'on trouve d'anciennes médailles depuis le VIIIe siècle avant notre ère. Sa fonction d'échange économique des monnaies est connue. Sa fonction politique, dont le seul gage offert et déformé se montre dans la manie curieuse du collectionneur de médailles, s'exerce à partir de deux principes : le premier d'identification, de subjectivation de l'autorité qui frappe la monnaie, le second d'objectivation des gens qui s'y soumettent et l'utilisent. Dans l'Antiquité, l'activité numismatique était inséparable de l'inscription directe sur les corps. Pour glorifier leur victoire après la guerre Samienne, les Athéniens marquaient leurs prisonniers au fer rouge de l'emblème d'Athéna Glaukopis, la chouette, identique à celui de leur monnaie. Ils scellaient ainsi leur

34. *Op. cit.*, p. LXXXI.
35. *Op. cit.*, p. LXXXII.
36. *Histoire de l'Académie, op. cit.*, t. 1.

propriété, faisaient admettre leur contrôle, leur garantie et de la même façon, selon leur ville d'appartenance, les esclaves des Grecs portaient instillés dans leur chair, la pomme de Melos, le céleri sauvage de Selinonte, la rose de Rhodes, gravés ailleurs sur du métal. La médaille est ici en esprit, l'équivalent, sur les biens d'échanges économiques, bestiaux, esclaves ou monnaie, de l'inscription sur le territoire où s'érigent les monuments. Elle est liée directement à un pouvoir, au pouvoir de celui qui contrôle et garantit la richesse, et autorise la circulation. Sans doute, l'écriture vive blessant les corps s'est-elle raréfiée au cours des siècles et le pouvoir a-t-il scellé sur d'autres matériaux son identité coercitive, mais l'on conviendra de la lenteur de ce processus de transformation si l'on rappelle que la marque judiciaire ne fut abolie que dans la réforme de 1835, en France. L'histoire de l'inscription politique, néanmoins, est bien celle de ce déplacement, où le rapport de forces d'abord immédiat du souverain au sujet, du commandement à l'obéissance, est bientôt relayé par la médiation de la monnaie, du sceau, de l'inscription religieuse (ex voto)... où viennent s'y consigner les témoignages de l'autorité de la dépendance. Avant d'être un moyen d'échange, la monnaie fut un instrument de contrainte et le pouvoir de frapper des monnaies fut considéré dans l'Antiquité comme l'apanage du chef d'armée ou de la cité appuyée sur la force militaire. Poinçonner les valeurs économiques du chiffre de la force politique, telle est l'une des fonctions de la monnaie qui explique pourquoi l'on peut aussi battre monnaie, pour ainsi dire à vide, en célébrant les batailles, ou en exaltant la mémoire d'une grande action. Retrouver les monnaies permet donc de retrouver les marques, graver des médailles suffit à poursuivre le processus d'inscription politique. Les académiciens s'attribueront ces deux tâches : les uns, tels Vaillant, Gros de Boze, Oudinet, l'abbé de Tilladet s'efforceront de classer par ordre chronologique les monnaies les plus anciennes, d'autres d'ordonner les médailles du Cabinet du Roi. Ils avanceront ainsi l'histoire des monnaies. Mais en même temps, et c'est à la fois l'originalité et la curiosité de leurs activités, ils font à leur tour graver des médailles. D'abord les médailles du règne qui exaltent les grandes actions du monarque — la première histoire du roi par *Les médailles sur les principaux événements du règne de Louis le Grand avec des explications historiques* paraît en 1702[37]. En 1723, le travail fut complété et un nouveau volume parut intitulé : *Médailles des principaux événements du règne de Louis le Grand avec des explications historiques.* Manière d'affirmer par la beauté des médailles, la force des institutions, d'inscrire la double marque du prestige et du pouvoir en attachant directement les institutions à la personne du roi. L'activité numismatique va se renouveler, en s'institutionnalisant dans une administration isolée, conçue en partie à cet effet, l'Académie, mais aussi en étendant ses activités. Après avoir été consacrés à la personne du souverain, au pouvoir central en ses grands appareils fiscaux, judiciaires ou guerriers, les monnaies, devises ou jetons de l'Académie répondent également aux demandes des particuliers. Alors qu'auparavant devises, emblèmes ou inscriptions étaient conçus et façonnés par les personnes ou associations privées et manifestaient l'existence d'autant de « royaumes indépendants », l'activité numismatique se canalise, se concentre pour se monopoliser dans une institution officielle dépendant directement de l'Etat. Grâce à l'Académie, c'est le roi et son pouvoir qui inscrivent, glorifient. L'inscription a le bénéfice supplémentaire de permettre l'enregistrement précis, et l'accroissement du contrôle. En ce sens, elle n'est pas séparable de l'effort centralisateur de la royauté. Le rapport de l'activité numismatique à l'impératif politique éclaire également les modalités selon lesquelles se poursuit l'histoire des monnaies : dans la collection et le déchiffrement des médailles anciennes possédées par le roi, on aurait pu se limiter à un travail de mise à jour des trésors existants permettant à l'administration de se retrouver dans son passé. Mais les projets confiés aux académiciens furent plus ambitieux; on imagina de cataloguer et d'analyser la *totalité* des richesses numismatiques existantes selon une orientation qui prévaudrait également pour l'ensemble des sources. Le recensement des médailles et jetons de Louis XIV opéré par Josèphe Jacquiot

---

37. *Tableau historique de l'Académie des Inscriptions et Belles-Lettres*, Paris, 1856, p. 20.

fait apparaître la proportion majoritaire de médailles consacrées à la guerre et célébrant les victoires du roi. Ici l'activité numismatique, expression des *res gestae*, est en parfaite continuité avec la conception la plus traditionnelle de l'histoire. Elle aide les numismates spécialisés et professionnels comme Vaillant à comprendre sans effort la numismatique des Anciens, parce qu'elle est liée à la fonction royale. Nullement irrationnelle, l'entreprise relève seulement d'une logique de la puissance publique différente de la logique moderne, parce qu'elle est d'abord et directement centrée sur la personne royale. La mise en tutelle de l'histoire numismatique au profit de la seule gloire du roi ne relève pas que de la simple propagande, car l'historicisation des méthodes de la diffusion du prestige politique n'est pas seulement un hommage que le vice rend à la vertu et qui signale à quel point l'histoire, généalogique, guerrière est devenue au XVIIe siècle un genre littéraire dominant et une référence obligée sur le terrain des dialogues des princes européens, elle témoigne aussi de la nature nécessaire de la propagande au temps de la mutation du livre et de l'implantation de la librairie. Comme l'a souligné Jean Meyer, à la fin du XVIIe siècle, une opinion publique instruite, avide, exigeante s'est formée sur la base d'une alphabétisation qui concerne le tiers des hommes. De là, l'importance pour la royauté des moyens de représentation et de publicité de sa politique étrangère et de sa politique intérieure en un temps d'instabilité des régimes politiques, de fragilité ou de mobilité des frontières, d'irruptions réitérées des crises sociales. La personne du roi vaut comme principe d'unification du royaume et de représentation de la puissance. Le roi incarne la monarchie, le corps du roi incarne le corps politique, le souverain incarne le bien public. Cette incarnation n'évite pas une mythologie divinisatrice qui insiste sur l'héroïsme du souverain, son courage et son prestige, en un mot sur « sa gloire »[38].

L'idée d'une compagnie dévolue à la représentation de cette gloire est contemporaine du processus de curialisation des doctes,

38. Cf. Jean Meyer, Mythes monarchiques : le cas Henri IV aux XVIIe et XVIIIe siècles, in *La monarchie absolutiste et l'histoire de France*, Paris, 1982.

auquel se sont intéressés les historiens de la Renaissance et qui s'est poursuivi après le xvie siècle au xviie siècle. Comme Jürgen Habermas[39] l'a montré, dans l'Occident médiéval, la sphère publique n'était pas originairement liée au dialogue élaboré au forum ou sur l'Agora de l'Antiquité, mais elle dépendait de la hiérarchie des puissances seigneuriales. Peu à peu, avec l'accroissement du pouvoir monarchique, s'était déployée une sphère publique structurée par la représentation et associée aux attributs de la personne princière ou royale, qui avaient mis en scène les grandes cérémonies, le sacre, le couronnement, les funérailles mais aussi les entrées royales, les lits de justice, etc. La sphère publique s'était de plus en plus concentrée à la cour où s'étaient rassemblés les arts et les lettres. Si l'Académie des Inscriptions était demeurée une cour suprême des arts, tout entière occupée à la gloire du roi, tout uniment engagée dans la fabrication des médailles et des jetons, elle relèverait seulement de la curialisation des doctes. Mais à partir de 1701 lorsqu'elle va se consacrer à l'historiographie, l'Académie va évoluer; à sa dimension curiale initiale vont s'ajouter d'autres traits qui vont faire d'elle un corps, une compagnie ou une technocratie.

La vie de l'Académie

Après ses débuts dans les années 1660, la vie de l'Académie sera en effet réglée par le règlement ordonné par le roi en 1701. C'est dans ces règlements élaborés par l'abbé Bignon qu'il faut voir le point d'inflexion à partir duquel l'Académie devint le creuset des sciences historiques avec une représentation de toutes les disciplines; l'archéologie, l'épigraphie, la paléographie, la géographie, la bibliographie, la mythologie, la philologie grecque, latine et orientale concourent à jeter des bases solides pour la connaissance de l'histoire ancienne, de

---

39. Jürgen Habermas, *Strukturwandel der Offentlichkeit*, 1962, trad. par M. B. de Launay, *L'espace public*, Paris, 1978.

l'histoire de France et de l'orientalisme[40]. L'Académie y était considérablement élargie puisqu'on passait maintenant au chiffre de quarante académiciens (dix honoraires, dix pensionnaires, dix associés et dix élèves) mais surtout son champ d'investigation s'étendait désormais, à partir mais au-delà de la numismatique, « à composer des descriptions historiques sur les principaux événements de l'histoire de France » (titre XIX du règlement)[41], à recenser les antiquités nationales et antiques[42] (titre XX), à savoir le développement des sciences historiques par des comptes rendus publics (titre XXVI)[43]. Davantage, il était expressément prévu par le titre XVIII, que chaque académicien pouvait choisir le champ d'études historiques qu'il préférait et qu'il devait en rendre compte à ses collègues[44].

Les statuts donnés à Versailles le 16 juillet seront infléchis ou adornés mais, sur le fond, ils ne changeront pas. Ils vont en effet fixer les grands cadres de la vie académique : le nombre des membres de la compagnie, la nature de leurs obligations et le montant de leur rétribution. Ils vont établir une structure hiérarchisée en officiers, membres honoraires, membres pensionnaires, associés et correspondants, mais aussi autoriser le déploiement d'une vie savante avec

40. *Règlement ordonné par le Roi pour l'Académie royale des inscriptions et médailles, Versailles 16 juillet 1701*, in Léon Aucoc, *Institut de France, lois, statuts et règlements concernant les anciennes académies et l'Institut de 1635 à 1889. Tableau des fondations*, Paris, 1889.

41. Le titre XIX fixe le travail dans une perspective de recherche historique : « L'Académie s'appliquera incessamment à faire des médailles sur les principaux événements de l'histoire de France sous tous les règnes, depuis l'origine de la monarchie, et *à composer les descriptions historiques desdits événements par rapport auxquels les médailles ont été faites* » (souligné par nous).

42. Le titre XX stipule en effet que « ladite Académie étant principalement établie pour travailler aux Inscriptions et autres monuments qui ont été faits ce que l'on pourra faire pour conserver la mémoire des hommes célèbres et de leurs belles actions, elle continuera à travailler à tout ce qui regarde lesdits ouvrages... ».

43. Le titre XXVI : « L'Académie chargera quelqu'un des académiciens de lire les ouvrages importants dans le genre d'étude auquel elle doit s'appliquer qui paraîtront soit en France, soit ailleurs et celui qu'elle aura chargé de cette lecture en fera son rapport à la Compagnie... »

44. Le titre XVIII : « Outre les ouvrages auxquels toute l'Académie pourra travailler en commun, chacun des académiciens choisira quelque objet particulier de ses études, et par le compte qu'il en rendra dans l'assemblée, il tâchera d'enrichir de ses lumières tous ceux qui composent l'Académie et le profit de leurs remarques. »

ses séances et ses publications, ses recensions et ses discussions donnant leur chance à des individus et à des œuvres.

Les premiers académiciens n'étaient qu'au nombre de quatre et tous de l'Académie française, Chapelain, l'abbé de Bourzeix, Charpentier, l'abbé de Cassagnes; ajoutons Perrault qui vint se joindre rapidement. Leur nombre commença par grandir. Chapelain mort avait été remplacé par Quinault, l'abbé de Bourzeix par l'abbé Tallemant, Charles Perrault par l'abbé Gallois. Sous Louvois, vinrent s'associer l'abbé Michaud, Racine et Boileau (historiographes du roi) et Rainssant, directeur du Cabinet des Antiques. Sous Pontchartrain, contrôleur général et chargé à son tour de l'Académie, Renaudot, théologien, orientaliste qui remplaça Rainssant, de Tourreil remplaça Quinault et furent élus, l'abbé Bignon, André Dacier, helléniste, Pavillon, avocat général, La Loubère, grand voyageur. La création de la classe des honoraires avec Dom Mabillon, La Chaise, confesseur de Louis XIV, le cardinal de Rohan et Nicolas Foucault, l'intendant de Normandie, précéda de peu la promulgation du règlement de 1701. Honoraires, Fontenelle et Rollin, recteur de l'Académie, l'étaient aussi tandis qu'entraient dans la classe dite des associés, Vaillant le père, numismate, Thomas Corneille, Antoine Oudinet, l'abbé de Vertot et dans la classe des pensionnaires, l'abbé Boutard à qui l'on est redevable de l'ode saluant la création de l'Académie ainsi que Jean-François Félibien qui devint trésorier. Le secrétaire de l'Académie était alors Gros de Boze qui restera en place jusqu'en 1742. Le nouveau règlement opéra un considérable élargissement puisque le nombre des académiciens étiat porté à quarante. Dix honoraires, dix pensionnaires, dix associés et dix élèves. Ce nombre restera stable mais les dénominations des classes se transformèrent quelque peu : le 4 janvier 1716, on supprima par arrêt du Conseil[45], la classe des élèves jugée rebutante pour des érudits confirmés et qu'on confondit avec celle des associés. Le 23 mars 1716, on réduisit à son tour la possibilité

---

45. *Arrêt du Conseil qui modifie le règlement de l'Académie royale des Inscriptions et médailles et lui donne le nom d'Académie des Inscriptions et Belles-Lettres*, 11 janvier 1716, AN, E 1984, f° 7, publié *in* Léon Aucoc, *op. cit.*

de passer dans la classe des vétérans[46]. En 1750, ayant pris conscience qu'indépendamment des trois classes d'académiciens, il s'était formé plusieurs classes nouvelles essentiellement composées par les correspondants étrangers qui s'étaient introduits sous le titre d'honoraires étrangers, de correspondants honoraires, d'associés libres, d'associés correspondants et de correspondants étrangers, on trouva l'inflation exagérée et on réduisit les correspondants à « une unique classe de douze académiciens libres dont quatre régnicoles non domiciliés à Paris et huit étrangers »[47]. En revanche, si la nature des travaux confiés aux académiciens évolua, les obligations qui furent les leurs avaient été fixées durablement par le règlement de 1701.

Obligation de recrutement : tous les académiciens honoraires, pensionnaires ou associés, devaient voir leur élection à l'Académie ratifiée par l'agrément du roi. Les académiciens « devaient être de bonnes mœurs et de probité reconnue » (art. 9). Les clercs réguliers étaient exclus de la classe des pensionnaires et ne pouvaient être qu'académiciens honoraires. Pour rentrer à l'Académie il fallait avoir au moins vingt-cinq ans (au début on admit les élèves à vingt ans, mais cette disposition fut annulée par la suite avec la confusion de la classe des élèves avec celle des associés).

Obligation d'assiduité : les assemblées ordinaires de l'Académie se tenaient au Louvre les mardi et vendredi de chaque semaine et les séances devaient durer au moins deux heures, de trois heures à cinq heures. Les vacances étaient prévues du 8 septembre au 11 novembre et pendant la quinzaine de Pâques, la semaine de Pentecôte et de Noël jusqu'aux Rois. Les académiciens étaient tenus d'être assidus à tous les jours d'assemblée et aucun pensionnaire ne pouvait s'absenter pendant plus de deux mois en dehors des vacances sans un congé certifié du roi. Cette obligation d'assiduité, Pontchartrain entendait qu'on la respectât. En 1705, il écrivit à Lamoignon : « Comme Monsieur de la Bonnaudière ne réside point à Paris depuis trois ans,

---

46. *Arrêt du Conseil relatif à la nomination et aux attributions des vétérans à l'Académie des Inscriptions et Belles-Lettres*, 23 mars 1716, AN, E 1983, p. 381, publié *in* Aucoc, *op. cit.*

47. *Règlement pour l'Académie royale des Inscriptions et Belles-Lettres portant création de douze places d'Académiciens libres*, 9 mai 1750, HAI, 23.

et qu'au terme des réglemens, il doit être destitué de sa place d'eslève... » Même menace au P. Le Tellier : « suivant les articles du règlement par lequel il est dit que tous les pensionnaires seront domiciliés à Paris et qu'aucun ne pourra s'absenter plus de deux mois sans un congé exprès... »[48]. Le chancelier exigeait en vérité un travail à plein temps comme en témoigne cette nouvelle lettre : « Monsieur Boindin, qui occupe une place d'associé dans l'Académie des Inscriptions, s'étoit flaté, Monsieur, d'en concilier tous les devoirs avec ceux de la charge de Procureur du Roy au Bureau des Finances, dont il est pourveue mais ayant apris par sa propre expérience combien il étoit dificile de satisfaire tout à la fois à de si diférentes occupations, il a fait supplier le Roy de luy conserver seulement dans l'Académie, le titre d'associé vétéran. »[49] Lorsqu'un académicien comme tel secrétaire d'ambassade ne pouvait plus continuer à venir assidûment, l'une des habiletés était d'en faire un vétéran[50]. Ce fut le cas par exemple de l'abbé de Boissy qui travaillait pour le cardinal de Rohan. En avril 1711, l'abbé Anselme demanda encore une absence pour les affaires de son abbaye qui fut apportée comme le confirme une lettre du duc d'Antin à M. Gros de Boze[51]. Mais, sur demande de Gros de Boze, le duc d'Antin, par une lettre du 9 janvier 1727, annonce qu'il renverra les académiciens non assidus et déclare vacantes les places « de l'abbé Goulet et de Monsieur de Priancourt que leurs affaires particulières ont obligés de s'établir hors de portée de l'Académie » par une nouvelle lettre du 16 janvier 1727[52]. En 1674, Saint-Florentin écrit au président Hénault : « M. de Bréquigny ayant été proposé à sa Majesté par M. de Choiseul-Praslin pour aller faire des recherches de titres à Londres, il se dispose à partir incessamment. Son absence pendant quelques tems n'ayant pour motif qu'une commission qui peut être utile à l'Etat, Sa Majesté m'a chargé de

---

48. Lettre de Pontchartrain à Lamoignon le 4 février 1707 et lettre de Pontchartrain au P. Le Tellier, janvier 1710, in *Archives de l'Académie des Inscriptions et Belles-Lettres à l'Institut de France (AI)*, A 86.
49. Lettre de Pontchartrain du 19 mars 1714, *AI*, A 87.
50. Lettre de Pontchartrain du 23 juin 1714, *AI*, A 87.
51. Lettre de Pontchartrain du 24 avril 1714, *AI*, A 87.
52. Lettre du 6 janvier 1727, *AI* A 18.

vous en donner avis afin que vous puissiez en informer l'Académie et que ce voyage ne puisse préjudicier au Sr Bréquigny. »[53] En 1778, Amelot qui a en charge l'Académie écrit là encore à Dupuy, son secrétaire : « Je vous préviens Monsieur que le Roy a permis à M. Dansse de Villoison de voyager pour faire des recherches litté- raires et vous voudrez bien en faire part à l'Académie. »[54] En 1782, Amelot avertit de même Dupuy que La Porte du Theil est tout à fait officiellement en voyage à Rome[55].

Obligations de travaux qui, elles, se transformèrent : en 1701 l'Académie est encore principalement établie pour travailler « aux Inscriptions et autres monuments ». Une part considérable est faite à l'archéologie. Le règlement disait : « Ladite Académie continuera de travailler à tout ce qui regarde les dits ouvrages, tels que sont les statues, les mausolées, les épitaphes, les médailles, les jetons, les devises, les inscriptions d'édifices publics et tous autres ouvrages de pareille nature... comme aussi à la description de tous ces ouvrages faits ou à faire et à l'explication historique des sujets par rapport auxquels ils auront été faits » (art. 20). Le règlement prévoyait encore : « que l'Académie devait travailler sans délai à la description de toutes les antiquités et monuments de France » (art. 19). De là, les premières dissertations sur les sépultures comme celle que rédigea Mabillon sur les tombeaux des rois... En sus des médailles et de l'archéologie, l'Académie se proposait aussi de développer « la connoissance de l'antiquité grecque et latine et les auteurs de ces deux langues » (art. 20). Ainsi les premiers tomes des mémoires de l'Académie, du premier au sixième, sont-ils encombrés de dissertations littéraires, « la querelle entre les partisans d'Homère et de ceux de Virgile » par Boivin le cadet, un « parallèle d'Homère et de Platon » par l'abbé Massieu, une « dissertation sur l'essence de la poésie », par Racine le fils, une « disser- tation où l'on examine s'il est nécessaire qu'une tragédie soit en cinq actes » par l'abbé Vatry[56] où la rhétorique de collège l'emporte visi-

53. Lettre de Saint-Florentin au président Hénault du 4 mai 1764, *AI*, A 90.
54. Lettre de Amelot à Dupuy du 24 août 1778, *AI*, A 91.
55. Lettre de Amelot à Dupuy du 24 janvier 1782, *AI*, A 91.
56. *MAI*, II, VI, VIII.

blement sur la préoccupation philologique. De là, l'importance des travaux sur les monuments de l'histoire antique qui prirent le pas sur tous les autres.

Obligation de laisser entre les mains du secrétaire tous les écrits qu'ils auront composés. Cela signifiait évidemment qu'il y eut des écrits et l'article 21 du règlement prévoyait explicitement qu'à tour de rôle, les académiciens pensionnaires étaient obligés d'apporter quelque écrit de leur composition. Cette obligation était rappelée vertement dans une lettre du roi transmise par Pontchartrain, le ministre de tutelle, au président de l'Académie Lamoignon le 25 janvier 1705 : « Je me crois obligé au renouvellement de cette année de vous renouveller le souvenir des articles 21 et 22 de votre règlement : vous y verrez que dans chaque assemblée les académiciens seront obligés à tour de rolle d'apporter quelques écrits de leur composition, lesquels écrits seront laissés le jour même entre les mains du secrétaire. »[57] Les difficultés que nous avons rencontrées chez Fréret qui retenait par devers lui ses manuscrits semblent ne pas avoir épargné d'autres de ses collègues et d'un ton très sec, Pontchartrain réclamait à Gros de Boze, le 22 août 1707, la copie du registre de l'Académie qui ne lui avait pas été transmise et il rappelait que : « Messieurs les Académiciens n'ignorent pas qu'au terme de l'article 22 du règlement, ils sont obligés de vous remettre le jour mesme de leur lecture les ouvrages qu'ils ont livrés... »[58] Visiblement pour empêcher la récidive, Pontchartrain prévoyait des sanctions et le 29 mai 1713, il écrivait : « Conformément aux anciens règlemens et à l'usage étably, il y aura dans chaque assemblée un académicien pensionnaire, associé ou élève obligé à tour de rolle, d'aporter quelque ouvrage de sa composition dans l'objet du travail de l'Académie. Que faute d'y satisfaire par celuy à qui le tour de rolle sera parvenu ou par quelque autre personne de la compagnie qui aura bien voulu le remplacer, le dit académicien qui se trouvera ainsy en demeure, sera privé pendant six mois de tout droit de suffrage actif et passif, si ce n'est en cas de

---

57. Lettre de Pontchartrain au président Lamoignon le 25 janvier 1705, *AI*, A 87.
58. Lettre de Pontchartrain à Gos de Boze le 22 août 1707, *AI*, A 87.

maladie, d'absence prolongée, ou de quelque autre empeschement légitime. Qu'en cas de récidive la privation de tout droit de suffrage actif et passif sera d'un an, et que celuy qui aura jusqu'à trois fois manqué de satisfaire au dit tour de rolle, sera exclu de la compagnie comme un membre inutile et de dangereux exemple. »[59] Les académiciens étaient également contraints de se livrer à des travaux de recension des ouvrages qui comptaient dans la vie scientifique. S'ils désiraient imprimer leurs ouvrages en y inscrivant leur titre d'académicien, ils devaient au préalable recueillir l'assentiment de l'assemblée. Dans leurs disputes académiques ils devaient se conformer à des obligations de courtoisie, recommandation qui n'était pas absolument inutile quand on connaît les déchaînements savants de la fin du siècle.

En échange de toutes ces obligations, les académiciens, du moins les pensionnaires, recevaient une rétribution dont le chiffre nous est connu. Une lettre de Pontchartrain au président de Lamoignon en janvier 1705 précise : « Il est bon aussi que vous représentiez d'avance que celui qui sera choisy pour remplir la place vacante, quel qu'il puisse être, ne peut espérer d'abord que huit cent livres de pension, cette somme étant celle que Sa Majesté fixe pour les pensions ordinaires. »[60] Les archives de l'Académie déposées à l'Institut[61] donnent des éléments d'appréciation sur l'évolution du montant des pensions dont nous reproduisons en annexe[62] un fac-similé pour l'année 1728. Le premier état est sans date.

Pensionnaire		*Augmentation*
M. Dacier	2 600 livres	
M. de Boze	2 600 —	
M. l'abbé Massieu	200 —	
M. l'abbé Couture	1 600 —	400

59. Lettre de Pontchartrain le 29 mai 1713, *AI*, A 87.
60. Lettre de Pontchartrain à l'abbé Bignon, le 19 février 1714, *AI*, A 87.
61. *AI*, A 103.
62. Cf. p. 321.

M. l'abbé Vertot	1 400	livres	200
M. l'abbé Fraguier	1 200	—	200
M. Baudelot	1 000	—	200
M. de Burette	1 000	—	200
M. de Mautour	1 000	—	+ 200
M. l'abbé Anselme	400	—	— 200

Le second état de 1722 reconduit en 1727 donne :

M. de Boze	2 600
M. l'abbé Couture	2 000
M. l'abbé de Vertot	2 000
M. l'abbé Fraguier	2 000
M. de Burette	1 800
M. de Mautour	1 800
M. l'abbé Anselme	1 700
M. de Valois	1 000
M. Boivin l'aîné	1 000
M. l'abbé Gedoyn	1 000

Pensionnaires vétérans :

M. l'abbé Bouteux	1 000
M. Philiber	600

En 1729, les pensions sont :

M. de Boze	2 600
M. l'abbé de Vertot	2 000
M. de Mautour	2 000
M. de Burette	2 000
M. de Valois	1 600
M. l'abbé Gedoyn	1 600
M. l'abbé Sevin	1 600
M. Blanchard	1 500
M. Hardoin	1 400
M. l'abbé Banier	1 400

Pensionnaires vétérans :

M. Félibien	600

En 1740 :

M. de Boze	3 000
M. Baulte	2 000
M. de Valois	2 000
M. l'abbé Sevin	2 000
M. Blanchard	1 800
M. l'abbé Gedoyn	2 000
M. Hardoin	2 000
M. l'abbé Banier	2 000
M. Fourmont l'aîné	1 600
M. Fréret	1 000
M. Foncemagne, garde du Cabinet des Antiques et des trois Académies	600

En 1767 :

M. de Foncemagne	
M. de Lacurne de Sainte-Palaye	2 000
M. Bonamy	2 000
M. l'abbé Vatry	2 000
M. l'abbé de La Bettevie	2 000
M. l'abbé Beley	2 000
M. Gibert	2 000
M. l'abbé Barthélémy	1 000
M. de Loiseau	1 000
M. de Guyon	600

En 1774 :

M. de Foncemagne	2 000
M. de Lacurne de Sainte-Palaye	2 000
M. d'Antin	2 000
M. l'abbé Barthélémy	2 000
M. Le Beau	
M. Capperonnier	
M. de Sigrais	
M. de Guignes	
M. l'abbé Foucher	
M. l'abbé Batteux	
M. Dupuy secrétaire	1 000
M. de Guigne comme garde des trois Académies	600

En 1781, dix académiciens touchent 2 000 livres plus 200 à 300 livres par an de jetons de présence. C'est dire que le montant des pensions a assez peu évolué tout au long de la deuxième moitié du xviiie siècle. Mais à ces émoluments il fallait ajouter des ressources supplémentaires, les gratifications diverses données pour des tâches spécialisées, voyages et missions scientifiques, participations à des commissions de travail de l'Académie comme la commission créée en 1782 au moment de la guerre d'indépendance américaine pour élaborer un code militaire[63], ou la commission pour procéder à la confection des *Notices et extraits des manuscrits de la Bibliothèque du Roi*[64] qui permet à huit académiciens nommés pour y travailler de recevoir un traitement annuel de 1 500 livres avec 2 000 livres pour le secrétaire perpétuel[65]. Cette pension n'était pas exclusive de gratifications accordées pour des contributions exceptionnelles. C'est ainsi qu'en 1730 le président Durey de Noinville créa un prix destiné à récompenser les académiciens en échange de quoi il fut admis comme associé libre[66]. Le premier prix fut décerné en 1733 et dans le nouveau règlement de 1705 qui restreignait le suffrage des associés libres, l'Académie excepta le président de Noinville qui, disait-elle « en conservant sa qualité d'associé libre qu'il a obtenue comme fondateur du prix littéraire continuera de jouir de toutes les prérogatives qui y sont attachées et nommément du droit de suffrage » (art. 8)[67], [68].

La vie académique était contrôlée par l'Etat et il est indispensable, pour la suivre, de connaître la liste de ses différents ministres de tutelle. Celle-ci nous est livrée par leur correspondance dans les archives de l'Institut; c'est ainsi que successivement eurent la

63. Lettre de Amelot à Dupuy du 21 février 1782, *AI*, A 91.
64. Lettre du baron de Breteuil au maréchal de Beauvau du 23 décembre 1784, A. 92.
65. *Ibid.*
66. *HAI*, t. 9 : « M. le Président Durey de Noinville reconnaissant l'utilité des travaux de l'Académie et pour continuer à nous servir de ses propres termes, touche de l'honneur et des avantages qu'ils procurent journellement aux sciences en général et à la nation en particulier, forma le dessein d'y contribuer par la fondation d'un prix annuel de 400 livres pour l'auteur qui, au jugement de l'Académie, aurait le mieux réussi à traiter le sujet qu'elle avait proposé pour le couronner au Prix. »
67. *Règlement... de 1750*, cité.
68. Sur le budget de l'Académie à la veille de la Révolution, cf. dernier chapitre.

charge des Inscriptions et Belles-Lettres, Pontchartrain (1701-1715), le duc d'Antin (1715-1736), Maurepas (1737-1749), d'Argenson (1749-1756), Saint-Florentin (1755-1770), La Vrillière (1770-1775), Bertin (1774-1775), Malesherbes (1775-1776), Amelot du Chaillou (1776-1783), Breteuil (1783-1788), Villedeuil (1788-1789), Saint-Priest (1789), Delessart (1791), Cahier (1792), Roland (1792), Garat (1793)[69]. Pourtant, à elle seule, cette liste est insuffisante; il y a à cela plusieurs raisons. La première est l'indétermination du rattachement de l'Académie à une administration précise due en partie à la personnalité des charges. Colbert, ministre de tutelle de l'Académie avant que celle-ci ne fût l'Académie, avait sous son contrôle la Marine et le contrôle général des Finances et des Bâtiments. De même Louvois qui lui succéda avant Pontchartrain, était surintendant des Bâtiments. Pontchartrain enfin, pour revenir à notre liste, est secrétaire d'Etat à la Maison du Roi et y revendique que l'Académie entre dans ses attributions. Celle-ci alors échappe au surintendant des Bâtiments. Mais Pontchartrain la gardera lorsque, devenu chancelier, il abandonnera la charge de secrétaire d'Etat. Le duc d'Antin à son tour remplace le secrétaire d'Etat à la Maison du Roi; il est surintendant des Bâtiments. D'Argenson est secrétaire d'Etat à la Guerre de 1745 à 1757, les autres ministres de tutelle de l'Académie sont secrétaires d'Etat à la Maison du Roi. Si les commencements de l'Académie sont dus à Colbert, les statuts, et en particulier le statut de 1701, sont dus à Pontchartrain et à Jean-Paul Bignon.

Jérôme Phelypeaux, comte de Pontchartrain (1674-1747) est bien connu, décrit qu'il a été, longuement, par Saint-Simon dans ses mémoires. Issu d'une grande famille de la robe, cousin germain du marquis de La Vrillière, il devient contrôleur général des Finances en 1689, ministre d'Etat en 1690, secrétaire d'Etat de la Marine en 1690 et chancelier de France de 1699 à 1714. C'est lui qui aidé de

---

69. Cf. II, Correspondance des ministres de tutelle : A 87 : Pontchartrain (1701-1715); A 88 : duc d'Antin (1715-1736); A 89 : Maurepas (1737-1749), d'Argenson (1741-1750); A 90 : Saint-Florentin (1757-1770), La Vrillière (1770-1775), Bertin (1774-1776), Malesherbes (1775-1776); A 91 : Amelot (1776-1783); A 92 : Breteuil (1783-1788), Villedeuil (1788-1789), Saint-Priest (1789), Delessart (1791), Cahier (1792), Roland (1792), Garat (1793).

Jean-Paul Bignon, petit-fils du fameux avocat général Bignon Jérôme I, fils de Jérôme II qui avait été garde de la librairie royale et conseillé d'Etat et de Suzanne Phélypeaux de Pontchartrain, son neveu donc, va tenir sur les fonds baptismaux les nouveaux statuts de l'Académie. Lorsqu'il se vit confier le secrétariat d'Etat à la Maison du Roi qui parmi ses attributions comptait les académies, Pontchartrain appela auprès de lui son neveu. Elevé chez les oratoriens dans un milieu érudit, le manque de vocation pour l'état ecclésiastique limitera la carrière de ce dernier. Jean-Paul Bignon fut nommé président de l'Académie des Sciences puis, l'année suivante, membre de l'Académie française et de l'Académie des Inscriptions. A cette époque d'essai de reprise en main par la monarchie de l'opinion publique, que Henri-Jean Martin appelle « le temps de Pontchartrain et Jean-Paul Bignon », ce dernier a joué un rôle non négligeable en suivant jusqu'au Conseil tout ce qui concernait les lettres et la presse et en dirigeant le bureau de la librairie[70]. Les années 1700 voient coexister le point culminant des études de l'érudition et le triomphe des Modernes dans l'opinion publique. Les difficultés occasionnées par le jansénisme dans la Congrégation de Saint-Maur déterminent sans doute la volonté de Pontchartrain et de Jean-Paul Bignon d'orienter l'Académie des Inscriptions et Belles-Lettres dans des travaux qui pouvaient sinon concurrencer du moins accompagner les travaux érudits des grandes organisations religieuses. Les règlements octroyés à l'Académie des Sciences en 1699 et à l'Académie des Inscriptions et Belles-Lettres en 1701 marquent la volonté de la monarchie de faire de ces institutions de vrais centres de recherche qui devaient être à la fois encouragés et contrôlés. Comme l'attestent les lettres que nous avons citées, Pontchartrain fut un directeur tatillon. Dans son rapport à la nouvelle Académie des Inscriptions, Walckenaer note que : « Pontchartrain qui avait eu la principale part à la rédaction de

---

70. Henri-Jean Martin, *Livre, pouvoir et société à Paris au XVIIe siècle, 1598-1701*, Genève, 1984, 2 vol., t. 2, p. 761.

Sur Jean-Paul Bignon, on consultera R. Kerviler, Les Bignons, *Le Bibliophile français*, 1972 ; E. Bonnardet, Essai de bibliographoe oratorienne Jean-Paul Bignon, *L'Oratoire de France*, 7e année, n° 25, janvier 1737.

ce nouveau règlement, en sa qualité de contrôleur des finances et de ministre de la Maison du Roi, se réserva la tutelle de l'Académie ainsi réorganisée. Il exerça sur elle une surveillance bienveillante sans doute mais sévère. Rohan, évêque de Strasbourg, de Foucault, intendant de Caen, le Père Le Tellier, jésuite et confesseur du Roi, et plusieurs autres, qu'il lui fit donner pour président et vice-président, n'auraient pas été de ceux que l'Académie aurait choisis, si elle avait eu la faculté, qu'elle obtint depuis, de former elle-même son bureau. Pontchartrain examinait chaque année les registres de l'Académie et les visait. Le visa de 1707 se termine ainsi : "On ne peut assez louer ce commencement de travail, qui donne lieu de mieux espérer dans la suite. 7 avril 1708." »[71] Le chancelier Voisin qui avait succédé à Pontchartrain, n'hésita pas à envoyer Fréret à la Bastille après la lecture de son mémoire sur l'histoire de France. Sous la régence, l'Académie manqua d'être supprimée. On remarqua qu'elle n'avait rien publié à l'exception de l'*Histoire métallique du règne de Louis XIV* et la polysinodie, qui enlevait aux secrétaires d'Etat leurs attributions particulières, menaça l'existence de l'Académie. Celle-ci fut néanmoins sauvée par le duc d'Antin, fils de Mme de Montespan qui avait attribué à l'Académie son surnom de petite Académie. C'est lui qui obtint l'arrêt du Conseil du 4 janvier 1716 qui attribua à la compagnie le nom d'Académie des Inscriptions et Belles-Lettres en redéfinissant ses travaux. Le 24 juillet 1719, la réception de Louis XV à une séance de l'Académie, en présence de l'ensemble de la compagnie alors que Fréret était chargé de la lecture, marqua la faveur retrouvée de l'institution.

Telle qu'elle était organisée par les règlements de 1701, l'Académie des Inscriptions et Belles-Lettres avait une structure très hiérarchisée. Les secrétaires et secrétaires perpétuels étaient nommés par le roi. De 1663 à 1793, se succédèrent Charles Perrault (1663-1682), l'abbé Henri Gallois (1682-1683), H. de Bessé sieur de la Chapelle (1683), l'abbé Paul Tallemant (1694). Avec Claude Gros de Boze, de 1706 à 1742, commence l'ère des secrétaires perpétuels qui jouent un rôle

---

71. Walckenaer, *MAI*, n. I, XVI, i, p. 307, cité par René Dussaud, *La nouvelle Académie des Inscriptions et Belles-Lettres, 1395-1914*, Paris, 1946, 2 vol., t, I, p. 3.

important à l'Académie. Lui succédèrent Nicolas Fréret (1742-1749), Jean-Pierre de Bougainville (1749-1755), Charles Le Beau (1755-1772), l'abbé Louis Dupuy (1772-1782), Bon-Joseph Dacier (1782-1793). Au-dessous du secrétaire perpétuel, se trouvait un président annuel et un vice-président, fonctions qui ne sont pas directement précisées dans les règlements mais qui apparaissent nettement, à dépouiller les archives de l'Académie. Ainsi Maurepas écrit à Gros de Boze en 1742 : « Sa Majesté voulant vous donner un successeur choisi dans la classe des pensionnaires, au terme de l'article quatre du règlement, elle s'est déterminée en faveur de Monsieur Fréret... Je viens d'en informer Monsieur le duc de Saint-Aignan, président de l'Académie et Monsieur Bignon, vice-président afin que l'on puisse le déclarer à la première assemblée... En conséquence de cette nomination vous remettrez à Monsieur Fréret le plustôt qu'il vous sera possible, les titres, registres, mémoires et papiers concernant l'Académie qui doivent désormais être en ses mains... »[72] De la même façon, une lettre de Maurepas au marquis d'Argenson en 1749 annonce la nomination de Bougainville comme secrétaire en remplacement de Fréret[73]. Nommés « officiers de l'Académie » le président et le vice-président étaient nettement surélevés par rapport aux autres membres. Il en allait de même du directeur et du sous-directeur : « Le Roi vient de nommer Monsieur, les officiers de l'Académie des Belles-Lettres pour l'année 1750. Sa Majesté a choisi d'Argenson pour la place de président, l'ancien évêque de Mirepoix pour celle de vice-président, le professeur Falconnet pour directeur, Monsieur de Lacurne de Sainte-Palaye pour sous-directeur. »[74] Régulièrement les ministres de tutelle informaient le secrétaire perpétuel des nominations faites par le roi des nouveaux officiers de l'Académie[75]. Dans

---

72. Lettre du comte Maurepas, ministre et secrétaire d'Etat, à M. de Boze, secrétaire de l'Académie des Belles-Lettres, le 29 décembre 1742, *AI*, A 89.
73. Lettre de Maurepas au marquis d'Argenson le 22 mars 1749, *AI*, A 89.
74. *Ibid.*
75. Lettre de d'Argenson à M. de Bougainville le 31 décembre 1749, *AI*, A 89. Une autre lettre de d'Argenson à Bougainville le 31 décembre 1753 confirme cette stratification : les occupants de ces postes sont nommés « officiers de l'Académie des Inscriptions et Belles-Lettres pour l'année 1754 », *AI*, A 89.

l'ensemble, cette organisation de l'Académie ne sembla pas poser de problème à la monarchie, à l'exception toutefois de la gestion du trésorier Félibien qui, accusé d'avoir conservé par devers lui des fonds publics, dut les reverser à l'administration[76].

Sur les deux cent soixante-neuf membres que comptait l'Académie et dont nous avons reporté la liste en annexe[77], il y avait d'abord *les membres honoraires*. Ce groupe d'académiciens a été étudié par Henri Duranton dans deux articles essentiels qui mettent en évidence l'équilibre en leur sein entre les membres de l'aristocratie d'épée et les membres de la robe[78]. Souvent nommés parmi les familles protectrices officielles de l'Académie, comme les Phélypeaux, les Bignon, ou les d'Argenson, ou encore choisis par les grands personnages de l'Etat anciens contrôleurs généraux des Finances ou ministres d'Etat comme Turgot et L'Averdy[79], les membres honoraires forment le vivier naturel des officiers de l'Académie. C'est ainsi par exemple que Turgot sera président de l'Académie. Comme l'attestent les éloges, et selon la formule de Henri Duranton, si « l'existence de l'honoraire se caractérise par une perpétuelle tension entre ses obligations sociales et son penchant secret », le membre honoraire est souvent collectionneur ou bibliophile, tel le marquis de Paulmy qui léguera sa bibliothèque à l'Académie, il est plus exceptionnel que, à l'instar du comte de Caylus, petit-neveu de Mme de Maintenon, il crée un prix ou davantage se consacre lui-même à des études érudites. Les fonctions remplies par les honoraires manifestent l'existence de la dimension proprement curiale de l'Académie qui n'échappe ni aux rites, ni à l'étiquette. A partir de 1701, les séances de l'Académie se tiennent désormais deux fois par semaine dans un local réservé au Louvre, au rez-de-chaussée. Les séances publiques, même si elles ne pourront

76. Sur la gestion de Félibien et ses indélicatesses, il existe tout un dossier aux Archives de l'Académie à l'Institut, *AI*, A 99, A 100, A 101.

77. Cf. Annexe : Les membres de l'Académie des Inscriptions et Belles-Lettres.

78. Cf. Henri Duranton, Le métier d'historien au XVIIIe siècle, *RHMC*, XXIII, oct.-déc. 1976 ; L'académicien en mission : l'historien idéal d'après les éloges de l'Académie des Inscriptions et Belles-Lettres, *L'Histoire au XVIIIe siècle, Colloque d'Aix-en-Provence 1975*, Aix-en-Provence, 1980.

79. Cf. Lettre de Saint-Florentin à Le Beau du 6 septembre 1764 pour annoncer la nomination de L'Averdy, *AI*, A 90.

jamais soutenir en faste et en retentissement la comparaison avec celles de l'Académie française et si elles auront, tout au long du siècle, tendance à se ternir, sont un moment important de la vie littéraire. Associés, correspondants en visite à Paris, candidats aux prix littéraires proposés par l'Académie, grands personnages s'y bousculaient. L'impression des mémoires dans le premier volume paru en 1717 et qui se succédèrent régulièrement jusqu'à la Révolution, avec une augmentation des tirages en 1730 et une réimpression des premiers titres en 1736, contribua grandement à diffuser les travaux des académiciens[80]. Pour ceux-ci l'impression était aussi l'occasion de présenter leur mémoire au roi[81] qui, par ailleurs, se faisait un plaisir de recevoir nominativement quelques académiciens distingués par le ministre de tutelle; c'est ainsi qu'en 1774, de Villoison, Dacier, Le Blond, Dusseau et Bartoli comme académiciens et associés furent présentés au monarque[82]. Les monarques étrangers en visite en France qui, comme le roi du Danemark, avaient sollicité le concours des érudits de l'Académie des Inscriptions pour des travaux de recherche, se rendaient également en séance publique au Louvre[83].

Les pensionnaires forment évidemment la catégorie la plus intéressante et la plus importante des académiciens des Belles-Lettres. Comme l'a dit Henri Duranton : « A dater du renouvellement

80. L'Académie des Inscriptions et Belles-Lettres a publié avant la Révolution : 1º Un recueil comprenant l'histoire de la Compagnie depuis son origine et un choix des mémoires lus dans ses séances. Ce recueil, qui commence en 1717, forme 51 volumes, y compris 5 volumes de tables qui portent les nos XI, XXII, XXXIII, XLIV et LI dans la tomaison générale. M. L'Averdy a fait paraître en 1791 un *Tableau général* servant de supplément aux tables précédentes (voir nº 48139); on peut encore consulter la *Table générale et méthodique* publiée en 1856 par MM. de La Rozière et Châtel (voir nº 48140). Les premiers volumes ont été réimprimés en 1736. Il parut à La Haye et à Paris, de 1719 à 1781, une édition in-12 de ce recueil, qui comprend 102 volumes; elle s'arrête en 1776 et ne représente que les 41 premiers volumes de l'édition in-4º. Les tomes XVI, LXXV, LXXVI, LXXVI *bis* renferment les tables; de plus à la fin du tome VLI, on trouve une concordance entre l'édition in-4º et l'édition in-12. On imprima à Londres, en 1777, en 3 volumes in-4º, un choix des mémoires de l'Académie des Inscriptions, qui s'arrête à l'année 1763.
81. Lettre de Bertin à Dupuy du 9 janvier 1774 pour présenter les mémoires de l'Académie au roi, *AI*, A 90.
82. Noms de Messieurs les Académiciens de l'Académie royale des Inscriptions et Belles-Lettres qui doivent être présentés au roi ce 18 décembre 1774, *AI*, A 90.
83. Lettre de Saint-Florentin à Le Beau du 2 décembre 1768, *AI*, A 90.

de 1701, tout ce qui compte en matière d'érudition a fini par se
retrouver à l'Académie. »[84] La suppression de la classe des élèves a
entraîné un vieillissement de l'âge moyen des académiciens qui reste
néanmoins relativement jeune et devant lesquels s'ouvre donc une
longue carrière à l'Académie[85]. Dans les rangs des pensionnaires
cooptés tout au long du XVIIIe siècle, l'Académie des Inscriptions et
Belles-Lettres a compté de très grands érudits : Nicolas Fréret,
Antoine Galland, Jean Foi Vaillant, l'abbé Barthélémy, Jean-Baptiste
Bourguignon d'Anville. De ce groupe, le plus représentatif, par la
multiplicité de ses intérêts et par l'influence qu'il exercera sur ses
confrères, est incontestablement Nicolas Fréret. Car le secrétaire perpétuel de l'Académie de 1742 à 1749 a accompli un travail gigantesque qui est à l'origine de l'inflexion d'où procède le passage de la
philologie aux différentes sciences humaines modernes. Nombre de
ses observations sur la chronologie et la géographie de l'Antiquité
serviront désormais de référence. Plus tard La Nauze, Gibert et
Bailly discuteront son système chronologique dont l'essentiel des
orientations fut adopté. Demeurées manuscrites, ses observations sur
la géographie furent utilisées tour à tour par Jean-Pierre de Bougainville, l'abbé Barthélémy et Sainte-Croix. Dans ses papiers on trouva
mille trois cent cinquante-sept cartes dessinées de sa main[86]. Plus
connu et pourtant moins important, Antoine Galland (1646-1715) qui
entra à l'Académie des Inscriptions en 1701, est célèbre pour sa traduction des *Mille et une nuits* en 1704-1717. En rédigeant une histoire
de Saladin et la traduction de l'histoire de Genghis Khan et d'autres
contes persans et indiens, il est aussi l'un des fondateurs de l'orientalisme. Galland fit plusieurs séjours en Orient à Constantinople
avec l'ambassadeur de France auprès de la Sublime Porte, Olier de
Nointel, dans un but qui était à la fois religieux et érudit; la perspective de la préparation de l'union des Eglises grecque et latine fut

84. Henri Duranton, L'académicien en mission, *op. cit.*, p. 449.
85. Sur l'âge des académiciens pensionnaires, cf. Chantal Grell, *Histoire ancienne et
érudition. La Grèce et Rome dans les travaux des érudits au XVIIIe siècle*, Thèse dactyl.,
Sorbonne, Paris, 1981, 2 vol., t. 1, p. 118.
86. Cf. Rapport Walckenaer et *Papiers de Fréret*, Archives de l'Institut.

aussi pour lui l'occasion de rapporter un grand nombre de manuscrits persans et turcs envoyés par lui à la Bibliothèque du Roi. Professeur de langue arabe au Collège royal, Antoine Galland aura des successeurs en Michel Fourmont, lui-même professeur de syriaque au Collège royal en 1721 et en Joseph de Guignes, disciple de Fourmont qui sera chargé par le baron de Breteuil des manuscrits arabes dans la publication des *Notices et extraits des manuscrits de la Bibliothèque du Roi*. Les études orientales seront considérablement élargies avec les travaux d'Anquetil-Duperron (1731-1805) qui entrera à l'Académie des Inscriptions en 1763 et qui, après un voyage fait à l'âge de vingt-quatre ans à Pondichéry pour se mettre en relation avec la communauté des parsis et prendre connaissance de leurs livres sacrés, rapportera une importante collection de manuscrits qu'il put aussi déposer à la Bibliothèque du Roi. Anquetil-Duperron fera de nombreuses communications à l'Académie sur la religion et les langues de la Perse antique[87]. Jean Foi Vaillant dit Vaillant le Père fera lui aussi de nombreux voyages en Italie, en Grèce, en Orient dont il rapportera quantité de manuscrits turcs et arabes et jouera, ainsi que l'abbé Barthélémy, un rôle pionnier dans la fondation de la numismatique scientifique.

Après Nicolas Fréret, le deuxième savant considérable de l'Académie des Inscriptions est sans doute l'abbé Jean-Jacques Barthélémy (1717-1795). Essentiellement connu par la publication à la veille de la Révolution en 1788 du *Voyage du jeune Anacharsis en Grèce dans le milieu du IVe siècle* (Paris, 1788, 4 vol.) où, de manière vivante et pittoresque, il divulgait pour un large public, l'ensemble des connaissances accumulées sur la Grèce antique, l'abbé Barthélémy est d'abord un très grand savant qui a joué un rôle pionnier dans les deux domaines fondamentaux de la numismatique et la philologie comparée. On lui doit un traité de paléographie numismatique rédigé dès 1750 qui a constitué une étape décisive pour la fondation de la numismatique scientifique et également, le déchiffrement des écritures pal-

---

87. Sur Antoine Galland, cf. Mohamed Abdel Halim, *Antoine Galland, sa vie, son œuvre*, Paris, 1964.

myrénienne et phénicienne[88]. De son côté, Jean-Baptiste Bourguignon d'Anville (1697-1782) est l'un des fondateurs de la géographie générale dont il a contribué à corriger et à fixer de très nombreuses cartes. C'est lui qui a dessiné, entre autres, une carte de l'Egypte beaucoup plus exacte que celle de ses devanciers, laquelle sera d'un grand secours à l'expédition engagée par Bonaparte. A côté de ces érudits de premier ordre dans le domaine des antiquités classiques et des études orientales, et le déploiement des sciences humaines, il faut évoquer la figure des fondateurs de l'étude des sources de l'histoire de France que seront, cette fois dans la deuxième moitié du XVIIIe siècle, Foncemagne, Bréquigny, Lacurne de Sainte-Palaye, Secousse. Après les travaux poursuivis par les mauristes d'ailleurs représentés à l'Académie des Inscriptions dans la classe des académiciens honoraires par Mabillon, Montfaucon et, à la fin du XVIIIe siècle, par Dom Germain Poirier et par Dom Clément, l'histoire de France a été prolongée par Jean-Baptiste de Sainte-Palaye qui est l'auteur des *Mémoires sur l'ancienne chevallerie considérée comme un établissement politique et militaire* (Paris, 1781, 3 vol.) ; par Denis François Secousse (1691-1754) qui, entré à l'Académie des Inscriptions en 1722, avait été chargé par Daguesseau de continuer en 1728 la collection des Ordonnances et qui eut l'idée avec Foncemagne et Lacurne de Sainte-Palaye de composer un répertoire bibliographique des sources publiées pour lequel il demanda en 1746 au contrôleur général des Finances, Machault d'Arnouville, des moyens financiers. C'est Sainte-Palaye qui après sa mort en 1754 continuera la préparation du Recueil projeté pour la poursuivre jusqu'en 1763 ; cet effort sera l'occasion de nombreuses dissertations prononcées à l'Académie sur les historiens du Moyen Age. Après lui, c'est Bréquigny qui sera chargé par l'Académie de reprendre le travail abandonné en 1763. Louis-Georges Oudard-Feudrix de Bréquigny (1716-1795) entré à l'Académie des Inscriptions en 1759 continuera ce travail de recueil des sources dans le cadre du Cabinet des Chartes créé dès 1759 sous le nom de dépôt de législation. C'est donc sous la responsabilité de

88. Sur l'abbé Barthélemy, cf. *supra*.

Jacob-Nicolas Moreau que parut en 1769 la *Table chronologique des diplômes, chartes, titres et actes imprimés concernant l'histoire de France* et c'est encore dans le cadre d'une collaboration entre le Cabinet des Chartes et l'Académie des Inscriptions que Bréquigny, avec cette fois La Porte du Theil, décidera d'entreprendre la publication des *Diploma, chartae, epistolae leges aliaque instrumenta ad res gallo franciscas spectantia* dont trois volumes parurent en 1791, l'un composé de chartes mérovingiennes, les deux autres de lettres d'Innocent III. Pour rassembler les lettres d'Innocent III, Jean-Gabriel La Porte du Theil avait obtenu l'autorisation de consulter les archives vaticanes. Enfin Bréquigny prit la succession de Secousse et d'Eusèbe de Laurière pour continuer la publication des *Ordonnances des Rois de France* dont le premier volume avait paru en 1723. Dans le même temps, à l'Académie des Inscriptions, ces historiens s'affrontaient sur le problème des origines de la monarchie et sur l'histoire des rois et la première race. On travaillait dur à l'Académie, l'étude quantitative de Duranton attribue la palme à l'abbé Belley qui n'a pas donné moins de cent dissertations en vingt-huit années. Après lui, Bonamy, avec cinquante communications en vingt-trois ans, Joseph de Guignes avec cinquante communications également mais cette fois en vingt ans, Bréquigny avec quarante communications en trente-quatre ans, Lebœuf avec quarante-six communications en vingt ans témoignent du caractère soutenu de l'activité académique[89]. Que pour autant, la vie des académiciens n'ait pas été absolument conformiste, nous en avons le témoignage avec la présence de pensionnaires comme Nicolas Boindin, Levesque de Pouilly, ou Levesque de Burigny qui fréquentaient la société du Palais-Royal et du Château de Sceaux, le cercle Boulainvilliers et bientôt tinrent réunion au café Procope. La réputation de mauvais esprit faite à Nicolas Boindin est peut-être à l'origine de ce qu'il n'eut pas droit à l'éloge officiellement décerné à tous les académiciens. Mauvais esprit, Louis-Jean Levesque de Pouilly (1691-1750) l'était lui aussi, qui fréquenta la propriété de Lord Bolingbroke près d'Orléans, à La Source et y rencontra l'abbé

89. Henri Duranton, Le métier d'historien, art. cité.

Conti, Voltaire, la marquise de Villette. En 1722 et en 1724, il présenta à l'Académie ses célèbres mémoires qui, discutant la validité de l'histoire romaine fondée sur la tradition des historiens romains, déclenchèrent la dispute que nous allons étudier plus loin; ils sont à l'origine de la redéfinition de la certitude de l'histoire antique. La position franchement pyrrhoniste de Levesque de Pouilly fut rejetée par la majorité de l'Académie et celui-ci, tirant la conséquence du désaveu de ses collègues, quitta l'honorable institution en 1727[90]. Son frère, Jean Levesque de Burigny (1692-1785) dura, il est vrai, plus longtemps que lui à l'Académie des Inscriptions et Belles-Lettres. Formé dans le même milieu, lui aussi en relation avec Bolingbroke et Voltaire, son élection comme pensionnaire à l'Académie des Inscriptions en 1755, est incontestablement un indice d'une atmosphère favorable à la liberté de pensée dans le domaine des travaux d'érudition. Burigny prépara pour l'Académie trente-huit communications dont cinq seulement furent publiées intégralement dans les *Mémoires* et dont beaucoup étaient directement consacrées aux religions païennes[91]. Pourtant si Nicolas Fréret est sans doute plus semblable à la majorité de ses collègues académiciens que les frères Levesque de Pouilly et Levesque de Burigny, c'est que son parti pris de consacrer la majeure part de son effort à l'histoire ancienne sous ses différents aspects en se détournant ouvertement de l'histoire de France dont il avait fait l'expérience du danger qu'elle représentait (quitte à la pratiquer clandestinement), correspond aux orientations de l'ensemble des académiciens. Les travaux des pensionnaires qui se sont déployés dans tous les domaines de l'érudition ont été en effet en majorité consacrés à l'histoire antique[92].

90. Sur Levesque de Pouilly, cf. Leonid Belozubov, *L'Europe savante 1718-1720*, Paris, 1968, p. 62 et sq.

91. Levesque de Burigny écrivit notamment : Sur les livres saints des peuples profanes, *HAI*, XXVIII; Sur les honneurs et les prérogatives accordés aux prêtres dans les religions profanes, *HAI*, XXXI; Mémoire sur les prières des païens, *HAI*, XLII. Il se consacra aussi à l'histoire ancienne grecque et romaine et présenta quelques mémoires sur l'histoire de France (*HAI*, XXXVI; *HAI*, XL; *HAI*, XLI; *HAI*, XLII).

92. Cf. l'estimation quantitative de la dilection pour l'histoire antique à travers le nombre de mémoires présentés, faite par Changal Grell dans son remarquable travail, *op. cit.*

L'importance de l'histoire antique marquée par les règlements allait être renforcée par l'institution des prix de l'Académie : après le prix Baudelot en 1706, l'Académie organisa plusieurs prix, le prix Durey de Noinville à partir de 1733, le prix Moreau de Mautour à partir de 1737, le prix Caylus en 1760, le prix Saunier en 1781. Le prix le plus important fut sans conteste le prix Durey de Noinville et les sujets mis au concours font bien apparaître l'importance de l'histoire antique[93] qui l'emportait par vingt-huit sujets d'histoire ancienne contre dix-huit sujets d'histoire de France propo-

93. Sujets mis en concours du prix Durey de Noinville en histoire antique :

1735   Connaissances géographiques des Anciens jusqu'à la mort d'Alexandre.
1736   Lois helléniques.
1739   Calendrier des entrées en charge des consuls.
1738   (prix remis en 1740) Loi de la Crète.
1741   Combien de fois le temple de Janus a-t-il été fermé depuis la naissance de Jésus-Christ ?
1742   Les Gaulois établis en Asie Mineure sous le nom de Galates.
1744   Les sacerdoces attachés à certaines familles de la Grèce.
1745   Autorité des villes grecques sur leurs colonies.
1750   Autorité du Sénat sur les colonies romaines.
1751   Origine de l'astrologie judiciaire.
1753   L'Ordre des chevaliers romains.
1754   Système de l'ancienne religion des Romains.
1756   Ville et République de Grèce d'Alexandre aux Romains.
1757   Ville et République de Grèce sous les Romains.
1759   Conservation de la langue grecque et altération du latin.
1763   Les *Pontifex maximus*.
1760   Education des jeunes Athéniens.
1765   (prix remis en 1767) Les lois de Lycurgue.
1769   à 1771 Les canaux de communication dans l'Antiquité jusqu'au ive siècle.
1770   (remis en 1771) Les anciens historiens d'Alexandre.
1774   (remis en 1776) Etat de l'agriculture chez les Anciens.
1784   Influence des lois maritimes rhodiennes sur la marine grecque.
1778   (prix remis en 1781) La municipalité chez les Grecs.
1784   (concours extraordinaire) Comparaison de la ligue des Achéens, de la ligue des Suisses et de la ligue des Provinces unies.
1788   (prix remis en 1790) Peuplades barbares transportées par les empereurs aux frontières de l'Empire.
1789   (prix remis en 1791) L'ostracisme et le pétanisme.
1789   (concours extraordinaire) Premier sujet : comparer Strabon et Ptolémée.
1794   Le progrès des sciences et des arts chez les peuples de l'Antiquité sont-ils dus au caractère de ces peuples ou à la nature de leur gouvernement ?

sés[94]. Si l'on ajoute à cela qu'en 1754 le comte de Caylus fonda un prix littéraire de cinq cents livres dont les sujets seront toujours sur les seules antiquités[95], un prix qui lui aussi fut annuel, on mesurera la supériorité prise par les études réservées à l'histoire ancienne sur toutes les autres. Quelques prix exceptionnels furent bien ajoutés, ainsi une dotation de douze cents livres qui fut donnée à l'Académie pour organiser un concours d'éloges de l'abbé de Mably en 1787. Un autre prix extraordinaire fut proposé par un inconnu en 1787 sur le sujet « Formes usitées chez les anciens Francs pour les causes criminelles »[96]. Les prix jouaient évidemment un rôle important pour la diffusion des idées et le rayonnement de l'Académie. Erudits, amateurs d'antiquité, tous ceux qui formaient le cercle élargi des historiens de l'Académie pouvaient y participer. Le couronnement des lauréats donnait aux académiciens l'occasion d'exprimer, avec davantage de liberté qu'au sein même de leur institution, leurs choix véritables et leur état d'esprit. Ainsi l'abbé Guasco qui était

---

94. Titres des sujets mis en concours par le prix Durey de Noinville pour l'histoire de France :

1733   Etat des sciences sous Charlemagne.
1737   Etat des sciences en France de Charlemagne au roi Robert.
1740   Les sciences en France de Robert le Pieux à Philippe le Bel.
1743   Les sciences en France de Philippe le Bel à Charles V.
1746   Les sciences en France de Charles VI à Charles VII.
1747   L'autonomie des villes.
1748   Les asiles.
1749   Les lettres en France sous Louis XI.
1752   (prix remis en 1753)   Les sciences en France sous Charles VII et Louis XII.
1755   (prix remis en 1756)   L'extinction du paganisme en Gaule.
1758   Navigation en France sous les deux premières races.
1761   Vestiges du gouvernement romain de la Gaule sous les Mérovingiens.
1768   Etat des personnes sous les Mérovingiens et les Carolingiens.
1773   (prix remis en 1775)   Comparaison entre les descendants de Charlemagne et ceux de Clovis.
1778   (prix remis en 1780)   La municipalité dans les Gaules.
1783   (prix remis en 1785)   L'étendue du domaine d'Hugues Capet en 987.
1789   (concours extraordinaire — deuxième sujet) — Commerce de la France de la première croisade à Louis XII.
1781   (concours extraordinaire)   Les formes judiciaires chez les anciens Francs et les premiers rois.

95. Cf. lettre de d'Argenson à Bougainville le 1er avril 1754 l'avertissant de la création du prix, *AI*, A 89.
96. Lettre de Bertin à Dupuy du 26 août 1787, *AI*, A 92.

devenu le protégé et l'ami de Montesquieu, lauréat en 1746, 1747 et 1748, donna au président de Bordeaux l'occasion de faire campagne pour soutenir sa candidature à l'Académie des Inscriptions[97]. Si les prix donnaient aux académiciens pensionnaires un moyen non négligeable d'entrer en rapport avec le milieu des amateurs et des érudits, s'ils leur permettaient d'exercer une influence certaine sur l'opinion scientifique, les érudits des Inscriptions étaient aussi reliés aux cercles savants par des liens institutionnels dont le concours qu'ils apportaient au journalisme scientifique n'est pas le moindre.

C'est dans la deuxième moitié du XVIIe siècle en France que sont apparus, avec les nouveaux instruments de la communication et du débat scientifique (Mémoires et Colloques), les journaux savants : le *Journal des Savants* est édité pour la première fois en 1665 en France, succédant de peu au *Philosophical transaction* créé en 1664 en Angletrre tandis que l'Allemagne ne sera pas en reste en publiant à son tour les *Acta eruditorum* à la fin du siècle. Dans la mesure où les compte rendus critiques se font l'écho des découvertes et des débats, les journaux sont partie prenante du processus de centralisation et de concentration du savoir dont la grande encyclopédie sera au XVIIIe siècle la forme la plus célèbre. Si les académiciens des Inscriptions ne participent pas au *Mercure de France* qui succédera au *Mercure Galant*, pas davantage qu'ils ne trouvent un appui dans le *Journal de Trévoux* fondé en 1701 dont le véritable titre était *Mémoire pour l'histoire des sciences et des beaux-arts* parce que ce dernier aux mains des jésuites les RR. PP. Catherou, Tournemine, Buffier, Du Cerceau, Brunoy, Berthier, Mercier ou l'abbé de Saint-Léger se montraient ennemis de l'Académie des Inscriptions qu'ils trouvaient d'abord trop jansénistes, ensuite trop libertine, ils collaborent en revanche au *Journal des Savants* où participent d'emblée Fontenelle, Bouchard, de Vertot, Le Bœuf et plus tard Dupuy. *La Clef du Cabinet des Princes*, créé en 1704 auquel succédera le *Journal*

---

97. Sur l'abbé Guasco, personnage par ailleurs discuté, Bon Joseph Dacier, Eloge de M. l'abbé de Guasco, *HAI*, XLV et Robert Schackleton, *Montesquieu, biographie critique*, trad. franç. par Jean Loiseau, Grenoble, 1977, p. 145 et sq.

de Verdun en 1717 ou encore le *Journal historique* ont la confiance et l'oreille de l'Académie des Inscriptions et Labarre en est un des rédacteurs principaux tandis que Lebeuf, Bonamy en sont des animateurs réguliers avant qu'Ameilhon, autre académicien, n'en prenne la direction. *L'Europe savante*, créé en 1718 et qui est une continuation du journal littéraire fondé en 1713, a été animé par Levesque de Burigny et Levesque de Pouilly[98]. Par ailleurs la *Bibliothèque raisonnée des ouvrages des savants de l'Europe* (1728-1753) invite les académiciens. Ceux-ci participent aussi à l'*Année littéraire* de 1754 à 1756.

Comment interpréter à partir de ce qui est déjà connu, la spécificité du fonctionnement de l'Académie des Inscriptions ? Après avoir été longtemps délaissées par les historiens qui s'étaient détournés de l'histoire institutionnelle, les académies ont fait récemment l'objet d'un regain d'intérêt avec les travaux de Daniel Roche et de Roger Hahn[99]. L'hésitation manifestée, avant les travaux de Daniel Roche, à rattacher les académies et les académiciens à l'appareil d'Etat central, voire même à estimer à sa juste valeur le rôle joué par les académiciens en tant que tels dans la production intellectuelle de leur époque — on relevait comme une bizarrerie la place qu'elles tenaient dans la carrière de certains écrivains ou de futurs révolutionnaires, comme Montesquieu, ou Jean-Jacques Rousseau et plus tard Brissot à Châlons-sur-Marne et Robespierre à Arras — se comprend aisément quand on songe au devenir des académies. Celles qui proliféraient en province au XVIIIe siècle, ont régressé, puis disparu, et les grandes académies nationales ont cessé d'être des organismes de recherche collective pour devenir des institutions homogènes, destinées à couronner des carrières déjà faites. On peut formuler la question en se demandant si le fonctionnement de l'Académie des Inscriptions ressortit davantage à celui de l'Académie française ou de l'Académie des Sciences. L'Académie des Inscriptions fut-elle semblable à l'Académie française telle,

98. Léonid Belozubov, *op. cit.*

99. Cf. le livre classique de Daniel Roche, *Le siècle des Lumières en province*, Paris, 1975, 2 vol. et Roger Hahn, *The Anatomy of a Scientific institution, The Paris Academy of Science, 1666-1803*, Berkeley-Londres, 1972.

qu'avec sa profondeur habituelle, Marc Fumaroli en a analysé le fonctionnement ? « La littérature — écrit-il — a été pourvue d'un "corps" transcendant et immortel !... Loin d'avoir été conçue comme une commission de spécialistes, l'Académie est apparue d'emblée comme un corps intermédiaire entre les lettres et la Cour, chargé d'établir avec celle-ci le moyen terme acceptable pour tout le royaume, puisque la Cour était devenue depuis les Valois, le résumé et le carrefour de tout le Royaume... ». Marc Fumaroli ajoute que le destin de l'Académie française a été essentiellement déterminé par la forme qui lui avait été donnée « celle d'un corps typique de l'ancienne France, jalouse de son autorité, de ses privilèges, de ses traditions et d'une autorité transcendante à ses membres individuels et éphémères... C'est, qu'elle le veuille ou non, à l'exemple de ce corps d'Ancien Régime que la littérature a pu devenir en France un pouvoir spirituel rival de la Religion monarchique puis, du XIXᵉ siècle à nos jours, une véritable religion nationale. »[100] Il est indiscutable que par l'existence de la classe des honoraires, par le poids dont elle pesait sur la structure hiérarchique de l'Académie en lui fournissant le gros de la troupe de ses présidents et vice-présidents, par sa ritualisation vitrifiée avec les séances publiques et les visites solennelles au monarque, par la rhétorique obligée des échanges épistolaires avec les ministres et les correspondants, l'Académie des Inscriptions procédait à sa manière de la curialisation de l'espace public qui avait débuté à la Renaissance et dont les académies italiennes avaient été à la fois la préhistoire et l'ébauche. La société savante académique sert la représentation du monarque, d'abord celle de sa gloire, de sa dignité, de sa majesté, de son honneur avec l'œuvre numismatique puis bientôt celle de son savoir. Il est également incontestable que par l'institutionnalisation qu'attribuent les lettres patentes de 1701, 1716, 1750, l'Académie est devenue une compagnie officielle, « un corps ». Ce corps de l'Etat monarchique emprunte au corporatisme autant qu'il le combat et le désagrège. Sans doute l'Académie des Inscriptions ne jouera-t-elle pas à l'égard des historiens le rôle du monopole qui fut celui des académies d'art vis-à-vis des plasticiens. Le règlement de l'Académie royale de Peinture et de Sculpture stipulant que « Sa Majesté veut et entend que doresnavant il ne soit posé aucun modèle, fait monstre ni donné leçon au public touchant le fait de peinture et de sculpture qu'en la dite Académie Royale », Colbert obtint, le 8 février 1663, un décret du Conseil ordonnant à tous les peintres qui avaient reçu un privilège de la cour de rejoindre l'Académie, sous peine de perdre ce privilège[101]. Aucune pression de même type ne fut exercée sur les érudits et les antiquaires. Il n'y eut pas, comme ce fut le cas pour les peintres et les sculpteurs, de passage d'une corporation rassemblée dans le cadre d'une *universitas* d'une communauté, vers une compagnie regroupée dans le corps de l'Etat monarchique, pour la bonne raison qu'il n'y avait pas de corporation des antiquaires et des érudits. Il n'en est pas moins vrai cependant que la création de l'Académie renforce le processus d'institutionnalisation des doctes qui avait commencé dès le xvie siècle : Papire Masson (1544-1611) avait été substitut du procureur général, Jacques Bongars (1554-1612) agent de Henri IV en Europe, André Du Chesne (1584-1640) géographe et historiographe du roi, Pierre Dupuy (1582-1651) garde de la Bibliothèque des Chartes du Roi, Charles du Cange (1610-1688) trésorier de France, Etienne Baluze (1630-1718) bibliothécaire de Colbert et professeur de droit canonique au Collège royal. Désormais les académiciens des Inscriptions peuvent, s'ils le désirent, se consacrer entièrement et officiellement à la recherche des antiquités même si nombre d'entre eux gardent des fonctions annexes. Les règlements, les obligations et les pensions, les prix et les impressions des mémoires ont scandé, pour un peu moins de trois cents académiciens, les rythmes contrôlés d'une existence informée par la politique de recherche historique de la monarchie.

D'un autre côté ne faudrait-il pas plutôt rapprocher le fonctionnement de l'Académie des Inscriptions de celui de l'Académie des Sciences parce que l'une et l'autre auraient contribué à l'avènement

---

101. Cf. N. Pevsner, *op. cit.*, p. 88.

d'une technocratie d'Etat[102] ? Comme l'a souligné Daniel Roche : « La création de 1666 (de l'Académie des Sciences) ne peut plus être regardée comme un simple épisode de la révolution scientifique du XVIIᵉ siècle, elle traduit la montée de besoins nouveaux dans le monde des professionnels de la science. »[103] Ces besoins, liés au caractère désormais collectif de la science, à la nécessité d'échanger et de critiquer l'information, à l'exigence nouvelle d'expérimentation, avaient trouvé une expression préalable dans le cercle officieux animé par Marin Mersenne. La *Royal society* qui se réunissait déjà à Oxford témoignait du caractère européen de leur développement. La création d'une institution royale qui compte Pierre de Carcavy, dépositaire des papiers de Fermat, Huyghens, Robertval, J.-P. Duhamel, et qui vient prendre la place des assemblées d'animateurs et de chercheurs indépendants, représente à l'évidence une forme nouvelle d'institutionnalisation des doctes. On observera que l'évolution de l'Académie des Sciences a été parallèle à celle de l'Académie des Inscriptions. Dans un premier temps, la nouvelle commission scientifique subit incontestablement une certaine dégradation de ses travaux dans la mesure où Louvois et Louis XIV la domestiquent pour en faire une compagnie occupée du seul prestige royal et affairée à la construction du jet d'eau de Versailles où il est vrai, Mariotte et Blondel vérifiaient leurs théories. C'est seulement peu à peu qu'elle va retrouver des fonctions plus scientifiques, à travers le relais de la constitution de la technologie[104]. Dès la création de l'Académie, Colbert avait demandé à ses membres une enquête sur les ouvriers, leur travail, leur outillage « pour découvrir les secrets de leur fabrication et si possible améliorer les procédés »[105]. Après l'achat, en 1667, du Cabinet d'estampes de l'abbé de Marolles qui constitua un premier fonds de documentation pour les académi-

102. Sur l'Académie des Sciences, cf. J. Bertrand, *L'Académie des Sciences et les académiciens de 1666 à 1793*, Paris, 1869; E. Maindron, *L'Académie des Sciences*, Paris, 1888; A. Maury, *L'ancienne Académie des Sciences*, Paris, op. cit., H. Brown, *Scientific organisation in seventeenth century France (1620-1680)*, Baltimore, 1932; Roher Hahn, *The Anatomy of a Scientific institution*, op. cit.
102. Daniel Roche, Sciences et pouvoir dans la France du XVIIIᵉ siècle, 1666-1803, in *Annales ESC*, juillet 1974.
104. Cf. Jacques Proust, *L'Encyclopédie*, Paris, 1964.
105. J. Proust, *op. cit.*, p. 36.

ciens, l'exécution de vingt-trois planches dessinées sur les métiers à bas, l'Académie différa le projet de Colbert mais finit par le réaliser en faisant lever des dessins sur l'art de la gravure sur bois (1696), l'art du chamoiseur (1702), l'art du fileur d'or (1703-1713), la soierie (1714), la serrurerie (1716), la forge, les ancres et l'épinglier (1718). Dans le même temps, des académiciens rédigeaient des mémoires sur l'art de faire du papier, l'art du batteur d'or ou la description des métiers de la soie[106]. C'est finalement Réaumur qui prendra la direction de cette entreprise et ultérieurement, les planches de Réaumur serviront à l'*Encyclopédie*. L'Académie des Sciences sera également chargée d'intervenir sur les questions de marine et les questions militaires. Bougues recevra en 1727 un prix pour son *Traité sur la mâture des vaisseaux* et plusieurs mémoires sur la construction navale et la navigation furent édités[107]. Le ministère de la Marine saisira l'Académie des Sciences sur la question du jaugeage des vaisseaux. A la demande du ministère de la Guerre, en 1702 et en 1707, La Hire s'intéressera au tir au canon et Beldor rectifiera la table de portée des bombardes. Les terrains d'intervention de l'Académie des Sciences ont été très divers et elle se tourna également vers l'hydraulique, l'industrie et la médecine. De Parcieux se consacra aux pompes d'Arnouville et de Crécy; lorsqu'on trouva des inconvénients à la fabrication des salpêtres, en 1771, le ministère saisit la compagnie savante de la question. Pour améliorer le traitement des varechs, un voyage fut commandité en Normandie et en 1775 on créera un prix pour améliorer la fabrication du salpêtre[108]. De toutes les actions de l'Académie des Sciences, la plus retentissante aura été le rapport rédigé après l'incendie de l'Hôtel-Dieu sur les hôpitaux de Paris[109] qui a précédé la transformation de l'hôpital classique en hôpital

106. J. Proust, *op. cit.*, p. 30-31.

107. *Traité de la construction des vaisseaux*, en 1746; *Mémoire sur la méthode d'observer exactement en mer la hauteur des astres*. En 1757, la question du tangage et du roulis fut mise en concours tandis qu'Euler s'occupait du lest et de l'arrimage des vaisseaux.

108. L'Académie des Sciences fit également des recherches sur les prisons et un rapport sur les prisons par Du Hamel, De Montigny, Le Roi, Tenant, Tillet et Lavoisier fut remis en 1780.

109. Cf. *Les machines à guérir, aux origines de l'hôpital moderne*, sous la direction de Michel Foucault, B. Barret-Kriegel, A. Thalamy, F. Beguin, B. Fortier, Paris, 1976, Bruxelles, 1978.

moderne. A la suite de l'effroyable incendie de l'Hôtel-Dieu en 1772 (le second incendie du siècle, un premier embrasement ayant eu lieu en 1737), Louis XVI ordonna en 1785 à l'Académie de lui faire un rapport sur les abus, les négligences et les désordres de la grande institution hospitalière. La commission désignée comprenait Lassonne, Tenon, Tillet, Daubenton, Coulomb, Laplace, Lavoisier et Bailly... Les commissaires se virent refuser l'entrée des salles de l'Hôtel-Dieu et la communication des règlements et registres mais suppléèrent à cet obstacle en utilisant des observations recueillies par Tenon depuis plus de quarante années. Ce rapport rédigé par Bailly a joué un rôle décisif dans l'évolution médicale en posant les bases de l'équipement hospitalier[110]. Dès lors, l'Académie se consacrera également à l'hygiène publique et en 1787 une nouvelle commission où figuraient encore Bailly, Tillet, Lavoisier, Laplace, Coulomb, Darut et Daubenton réfléchit sur l'éloignement des abattoirs de l'itinéraire de la capitale. L'Académie des Sciences s'est également intéressée aux questions économiques. Tillet par exemple rédigera en 1781, un mémoire sur la proportion du prix des blés, des farines et des pains. Cette action tous azimuts déployée par l'Académie correspond-elle à une volonté de contrôle de la vie sociale à travers ses différents experts économiques, sociaux, hygiéniques, de la part de la monarchie ? Un mémoire adressé au régent en 1716, sans doute rédigé par un membre de la compagnie qui proposait d'appliquer le contrôle des académiciens aux perfectionnements des arts et métiers de l'agriculture[111], en créant une sorte « d'inspection sur tous les arts mécaniques », pourrait le laisser penser[112]. Dans les deux fonctions qui furent alors celles de l'Académie des Sciences, fonction interne de regroupement au sein d'une même communauté baconienne où se côtoyaient les savants, les techniciens en

---

110. *Op. cit.*

111. « Qu'on se fasse par exemple une loi, de donner toujours à des académiciens la direction des monnoyes, comme le célèbre Newton l'a eu en Angleterre et qu'on leur donne les inspections des différentes manufactures, les inspections générales des chemins, ponts et chaussées... on pourrait même donner à l'Académie une espèce d'inspection sur tous les arts mécaniques qui sans être à charge, contribuerait extrêmement à leur progrès » (*Mémoire adressé au Régent*, cité par J. Bertrand, *op. cit.*, p. 93).

112. *Ibid.*

rapport avec les hommes de lettres, les voyageurs, les érudits, les naturalistes des autres académies, comme l'avait souhaité primitivement Perrault, ou fonction externe d'académie spécialisée ici dans les sciences et les techniques avec une double finalité de surveillance et d'utilité ; Daniel Roche doute qu'on puisse ranger l'option de Colbert dans une seule de ces deux catégories[113]. Le choix colbertien, ce ne fut pas seulement, à son avis, une option fonctionnarisante destinée à distinguer dans la République des Sciences, les vrais savants et les techniciens utiles, des amateurs honorables mais aussi une intervention savante dans le royaume de la technologie qui précise progressivement un pouvoir technocratique. Par la participation qui allait être la sienne aux travaux collectifs de constitution des sources, l'Académie des Inscriptions affirmerait-elle plutôt sa parenté avec l'Académie des Sciences ainsi décrite ?

On pourrait libeller notre interrogation ainsi : avec son organisation ritualisée, ses règlements et son souci de la gloire, l'Académie des Inscriptions fut-elle une compagnie d'Ancien Régime sur le modèle de l'Académie française, ou contribua-t-elle à l'institutionnalisation d'une technocratie d'historiens sur le modèle de l'Académie des Sciences ? Il n'est guère possible de répondre à ces questions sans se tourner vers les productions savantes de l'Académie dans tous les domaines qu'elle a abordés, l'histoire antique et universelle aussi bien que l'histoire de France, la publication et la collation des sources.

113. D. Roche, art. cité.

2

Antiquaires et historiens

LE REDÉPLOIEMENT DES ÉTUDES ANTIQUES
ET ORIENTALISTES A L'ACADÉMIE DES INSCRIPTIONS

Sur les voies parcourues par les historiens de l'Académie des Inscriptions dans le domaine de l'historiographie, on peut mettre en épigraphe l'observation de Lionel Gossmann : « In fact... the idea of universal history, concerted plans of research, expansion of the range of historical sources, systematic criticism of these sources, had been at least adumbrated and had been executed at the french Academy of Inscriptions between 1726 and the outbreak of the Revolution »[1]. Les règlements de l'Académie avaient stipulé que les académiciens devaient se tourner essentiellement vers l'étude des antiquités[2]. Si la prescription fut largement suivie, c'est sans doute que ceux qui, à l'instar de Nicolas Fréret avaient d'abord été tentés par l'étude de l'histoire de France, avaient pu en mesurer les dangers : il ne faisait pas bon s'aventurer trop audacieusement sur les chemins des antiquités nationales. C'est aussi que, dans le droit fil des premières activités de l'Académie,

---

1. Lionel Gossmann : « En vérité... l'idée d'une histoire universelle des plans de recherche concertée, l'accroissement du registre des sources historiques et la critique systématique de ces sources ont été esquissés et exécutés par l'Académie française des Inscriptions entre 1726 et l'irruption de la Révolution » (*Medievalism and Ideologies of the enlightenment. The world and work of Lacurne de Sainte-Palaye*, Baltimore, 1969, p. 354).
2. *Règlement, op. cit.*, cf. Annexe.

le recours à l'Antiquité classique comme canon des règles du bien-dire et du bien-faire et le modèle du siècle d'Auguste comme miroir du siècle de Louis le Grand, s'étaient imposés. Qu'à cela ne tienne, restaient les antiquités en général qui offraient une vaste carrière à la curiosité. Les débats sur l'histoire antique ont constitué le creuset par lequel les historiens ont accédé à une définition renouvelée de l'histoire et le défilé qui les a conduits au déploiement des sciences humaines dans le cadre d'une historiographie désormais considérablement élargie à l'horison de l'univers.

Un moment capital de ce redéploiement a été celui du débat de 1724 publié en 1729 à l'Académie, sur les sources de l'histoire romaine. Son point de départ avait été la présentation par Levesque de Pouilly, élu en 1722 comme associé, d'un mémoire intitulé « Dissertation sur l'incertitude de l'histoire des quatre premiers siècles de Rome »[3]. Deux années plus tard, en 1724, Pouilly récidiva avec « Les nouveaux essais de critique sur la fidélité de l'histoire ». Arguant du fait que l'histoire romaine reposait sur des récits légendaires transmis par la tradition à ses historiens, Levesque de Pouilly l'estimait peu certaine dans son intégralité. Entrèrent alors dans le débat, l'abbé Antoine Anselme avec deux dissertations « Des monumens qui ont servi de mémoire aux premiers historiens » puis, l'abbé Claude Sallier auquel sa participation à l'Académie française, à la Société royale de Londres et à l'Académie de Berlin, son poste de professeur d'hébreu au Collège royal et de garde de la Bibliothèque du Roi conféraient une grande autorité. Il riposta à Pouilly par trois mémoires : « Discours

---

3. Abbé Antoine Anselme, Des monumens qui ont suppléé au deffaut de l'histoire, et servi de mémoires aux premiers historiens, *MAI*, IV, p. 380; Seconde dissertation sur les monumens qui ont servi de mémoires aux premiers historiens, *MAI*, VI, p. 1; de Pouilly, Dissertation sur l'incertitude de l'histoire des quatre premiers siècles de Rome, *MAI*, VI, p. 14; Nouveaux essais critiques sur la fidélité de l'histoire, *MAI*, VI, p. 71; abbé Claude Sallier, Discours sur les premiers monumens historiques des Romains, *MAI*, VI, p. 30-52-11; Second discours sur la certitude de l'histoire des quatre premiers siècles de Rome ou Réflexions générales sur un traité qui se trouve parmi les œuvres nouvelles de Plutarque sous le titre parallèle des traits grecs et romains, *MAI*, VI, p. 52; Troisième discours sur la certitude de l'histoire des quatre premiers siècles de Rome, *MAI*, VI, p. 115; Réflexions critiques sur le caractère de quelques historiens grecs, composées avec les historiens romains, *MAI*, VI, p. 135; Nicolas Fréret, Réflexions sur l'étude des anciennes histoires et le degré de certitude de leurs preuves, *MAI*, VI.

sur les premiers monuments historiques des romains », « Second discours sur la certitude de l'histoire des quatre premiers siècles de Rome», « Troisième discours sur la certitude de l'histoire des quatre premiers siècles de Rome ». Enfin, à Levesque de Pouilly qui, dans son second mémoire, avait déclaré : « Il serait donc utile de porter le flambeau d'une sévère critique de toutes les annales des peuples pour y démêler ce qu'elles renferment de douteux ou de faux. Quelque difficile que soit cette entreprise, j'oserais néanmoins la tenter : je commencerais par l'examen de l'histoire romaine[4] et qui, pour prévenir par avance toute objection, avait ajouté dans une note en bas de page : « On m'accuse de donner atteinte à la certitude de l'histoire parce que je prétends qu'il y a des faussets dans les annales des quatre premiers siècles de Rome. Mais quoy est-ce combattre tous les faits historiques que d'attaquer quelques fables ! N'est-ce pas au contraire servir la vérité que de la dégager de ce qui pourrait nous la rendre suspecte ? »[5], Nicolas Fréret répliqua par ses importantes « Réflexions sur l'étude des anciennes histoires et le degré de certitude de leurs preuves »[6].

Avant d'en venir à l'examen du contenu même de ces mémoires, il convient de situer l'enjeu de la discussion. Le débat sur le degré de certitude des sources de l'histoire romaine et, à travers lui, l'avenir donné à la confiance que l'on pouvait désormais accorder à l'histoire antique est né d'un triple contexte : le retour à l'antique, la nécessité, après la défaite de l'érudition, et notamment de l'érudition religieuse dans l'opinion publique, de redéfinir les rapports entre l'érudition laïque et l'érudition religieuse, la critique de l'autorité traditionnelle des historiens anciens parmi les sources de l'histoire.

L'un des moindres paradoxes de l'issue donnée à la « crise de la conscience européenne» après la victoire des Modernes sur les Anciens n'est pas l'irrésistible poussée du retour à l'antique qui, à partir des années 1680, marque l'élan de la curiosité publique. Si, à la fin du XVIIe siècle, de nombreuses traductions *ad usum delphini* des auteurs

---

4. *MAI*, VI, p. 14.
5. Art. cité, p. 15.
6. *MAI*, VI, p. 146 et sq.

latins et grecs submergent le public[7], celles-ci pouvaient passer à bon droit, aux yeux des académiciens, pour une expression de l'antiquité du collège remise à l'honneur dans les collèges jésuites mais que devaient désormais dépasser ou corriger de véritables études des antiquités car le triomphe de l'humanisme superficiel et l'art de la traduction pouvaient parfaitement coïncider avec la décadence de la philologie[8]. On pouvait décrire le déploiement du retour à l'antique comme une vague unique qui traverse tout le siècle et que portent, successivement, le développement des études, la mode des voyages méditerranéens, l'inspiration gréco-romaine dans la philosophie politique, l'esthétique, et bientôt l'art lui-même. Les études se multipliaient : Bernard de Montfaucon avait publié sa *Paleographia graeca* en 1708, son *Diarum italicum* en 1702, où étaient réunies des notices sur les richesses contenues dans les principaux musées et bibliothèques d'Italie et sa somme, *L'Antiquité expliquée et représentée en figures* (15 vol. in-f°) était parue, avec le succès que l'on a vu, de 1719 à 1724. Incontestablement Montfaucon était l'héritier des grands érudits classiques, de Mabillon et de Du Cange, de Sébastien Le Nain de Tillemont[9]. Dans un premier temps, les académiciens comme Hardoin, l'abbé Massieu, Dupuy, l'abbé Gedoyn se lancèrent dans la continuation des traductions[10]. Ils vont bientôt partir en voyage. C'est le cas du président des Brosses qui publia en 1739, de retour de son séjour

7. Des classiques latins sont publiés sous l'impulsion de Huet et Montausier dont A. Floquet donne la liste dans *Bossuet précepteur du Dauphin fils de Louis XIV et évêque de la Cour*, Paris, 1864. André Dacier traduit chez Anisson *Les œuvres de Platon...* (Paris, 1692, 2 vol.). *Les Discours et épîtres* de Cicéron connaissent un grand succès dans les années 1660-1670. Anne Dacier traduit Anacréon, Aristophane et Térence (1684, 1684, 1683, 1688) avant de donner, en 1711, une nouvelle traduction de l'*Iliade*. Des Couture traduit *Lucrèce* (1685), Thomas Corneille, *Ovide* (1669). Henri-Jean Martin, qui a relevé la liste de ces traductions, met en évidence par un graphique que l'intérêt pour la poésie latine ne se dément pas à la fin du XVIIe siècle (*Livres, pouvoirs et société à Paris au XVIIe siècle (1598-1701)*, Paris, 1984, t. 2, cf. p. 810 et sq. et 1054).
8. Cf. Bon Joseph Dacier, *Tableau historique de l'érudition française*, Paris, 1862.
9. Rappelons que Du Cange avait fait paraître son *Glossarium mediae et infimae latinitatis* en 1678, que les œuvres de Le Nain de Tillemont, *L'histoire des empereurs et des autres princes qui ont régné pendant les six premiers siècles de l'Église* (6 vol.), ont été éditées de 1690 à 1704, de même que les *Mémoires pour servir à l'histoire ecclésiastique des six premiers siècles de l'Église* (16 vol.) datent des années 1663-1712.
10. Hardoin traduit Théocrite (*MAI*, IV), l'abbé Massieu, Pindare (*MAI*, VI), Dupuy, Sophocle et Euripide (*MAI*, XXI).

à Florence et à Rome, les *Lettres familières sur l'Italie*[11], du comte de Caylus (1692-1765) qui, après un voyage en Italie et dans le Levant, éditera un *Recueil d'antiquités égyptiennes, étrusques, grecques et romaines*, Paris, 1752-1764, 6 vol.[12]. Après lui l'abbé Barthélemy (1716-1795), Provençal protégé de Choiseul[13], visitera dans la compagnie de ce dernier de 1755 à 1757, les antiquités du Midi de la France puis celles de Rome. Entré à l'Académie des Inscriptions en 1741 et nommé directeur du Cabinet des Médailles qui avait été annexé à la Bibliothèque royale en 1741[14], [15]. L'événement capital qui aura accéléré le retour à l'antique est sans doute la redécouverte des ruines d'Herculanum et de Pompéi avec des fouilles méthodiques à partir de 1738 dans la première ville et en 1748 dans la seconde[16] et les publications du président des Brosses et de Caylus[17]. L'intérêt pour les antiquités romaines sera relayé par des ouvrages importants consacrés aux antiquités grecques dont l'aboutissement retentissant est, lors de l'Académie et hors de France[18], l'*Histoire de l'art chez les Anciens* de

11. Charles des Brosses, *op. cit.*, éd. par Y. Bezard, Paris, 1731.

12. Sur Caylus, cf. Samuel Rocheblave, *Essai sur le comte de Caylus*, Paris, 1889. Sur ces rapports avec les antiquaires italiens, cf. K. Pomian, Maffei et Caylus, in *Collectionneurs, amateurs et curieux, Paris-Venise, XVIe-XVIIIe siècle*, Paris, 1987, p. 195. Le petit-neveu de Mme de Maintenon poursuit la carrière d'un antiquaire type d'avant la révolution diplomatique. Avant d'entrer à l'Académie des Inscriptions, Caylus a fait partie de l'Académie de Peinture avec le titre d'honoraire amateur. Comme on l'a vu, il a créé un prix réservé à l'histoire antique à l'Académie des Inscriptions. Il publiera de 1750 à 1760 son *Recueil d'Antiquités* en 7 vol. consacré successivement à l'Egypte, l'Etrurie, la Grèce, Rome et la Gaule.

13. A ce sujet, le livre de Maurice Badolle, *op. cit.*, qui accentue beaucoup trop l'œuvre de vulgarisation de Barthélemy, est décevant.

14. Cf. J.-J. Barthélemy, *Mémoires sur la vie et quelques ouvrages de J.-J. Barthélemy écrits par lui-même, en 1792 et 1793*, Paris, An VII.

15. Barthélemy jouera un rôle décisif dans les progrès de la numismatique scientifique avant de donner une forme retentissante à la divulgation des recherches sur la Grèce antique menées à l'Académie avec la publication en 1788 du *Voyage du jeune Anarchasis en Grèce*. Publication simultanée de deux éditions, l'une de 4 volumes, l'autre de 7 volumes.

16. Cf. Louis Bertrand, *La fin du classicisme et le retour à l'antique dans la seconde moitié du XVIIIe siècle en France et les premières années du XIXe*, Paris, 1908, rééd. Genève, 1968, p. 35.

17. Charles des Brosses, *Lettres sur l'état actuel de la ville souterraine d'Herculée et les causes de son ensevelissement*, 1750; Caylus, *Lettre sur les peintures d'Herculanum*, 1754.

18. Auparavant Le Roy avait publié ses *Ruines des plus vieux monuments de la Grèce* (1757) et Winckelmann (1717-1768) s'était fait connaître en France par plusieurs ouvrages qui avaient été publiés et traduits dans notre langue, *Description des pierres gravées de feu*

Winckelmann publiée en allemand en 1764 et traduite en français en 1766 et, bien entendu, *History of the decline and fall of the Roman Empire* (1776) de Gibbon. Encore à l'autre bout du siècle, d'Ansse de Villoison (1750-1805) découvrira en 1778, au cours d'une mission à Venise, un manuscrit inconnu de l'*Iliade* avec des variantes tirées d'anciennes éditions d'Homère venu des villes du pourtour de la Méditerranée, manuscrit qui servira de base à la réédition de l'*Iliade* en 1788[19]. L'intérêt des académiciens des Inscriptions pour l'histoire romaine et grecque est entré en quelque sorte en résonance avec l'attention portée par les historiens « civils » ou les philosophes, pour la romanité. *Les considérations sur les causes de la grandeur des Romains et de leur décadence* sont publiées par Montesquieu en 1734 tandis que Louis de Beaufort reprend les arguments critiques de Levesque de Pouilly et s'inspire expressément du débat de 1724 de l'Académie[20] dans sa *Dissertation sur l'incertitude des cinq premiers siècles de l'histoire romaine*, publiée à Utrecht en 1738 et rédige plus tard la *République romaine ou plan général de l'ancien gouvernement de Rome* (1766). C'est peut-être Rousseau, « sans cesse occupé de Rome et d'Athènes, vivant pour ainsi dire avec les grands hommes »[21], qui a cristallisé le processus d'identification avec les citoyens romains que l'on retrouvera chez Saint-Just et chez Robespierre et que portera en majesté dans ses chefs-d'œuvre (le *Serment des Horaces* (1784-1785), *Socrate au moment de*

le baron de Stosch (1760), *Lettres sur les découvertes d'Herculanum au Comte de Brühl* (1762), *Les nouvelles découvertes d'Herculanum à M. Fuessly à Zürich* (1764). L'œuvre maîtresse de Winckelmann, *Geschichte der Kunst des Altertums* (1764) influencera très profondément le second XVIIIe siècle au point que Goethe ne craindra pas de l'appeler le siècle de Winckelmann. C'est à l'érudit allemand antiquaire et esthète que l'on doit une nouvelle promotion de l'art antique distribuée à travers les origines, l'éclosion, la mutation et la décadence et l'intérêt portés aux styles se substituant à l'histoire personnelle des artistes. Sur Winckelmann, cf. J. W. von Goethe, *Winckelmann und sein Jahrhundert*, Tübingen, 1805 ; C. Justi, *Winckelmann und seine Zeitgenossen*, 3 vol., Cologne, 1956.

19. Cf. Charles Joret, *D'Ansse de Villoison et l'hellénisme en France pendant le dernier tiers du XVIIIe siècle*, Paris, 1910.

20. Louis de Beaufort : « Mais j'ose dire avec le respect que je dois à d'aussi savants hommes que le sont Mrs de Pouilly et l'Abbé Sallier que l'un a traité un peu trop superficiellement une matière qui méritoit d'être approfondie et que l'autre a par trop persuadé de la vérité de l'histoire romaine » (*Dissertation, op. cit.*, préface, p. 4).

21. J.-J. Rousseau, *Les Confessions* dont Jean-Jacques commence les lectures publiques à la fin de 1770. Dans l'édition introduite par M. Launay, Paris, 1968, 2 vol., t. i, p. 47.

prendre la ciguë (1787), *Les licteurs apportent à Brutus le corps de ses fils* (1789)[22], Jacques-Louis David (1748-1825).

Pourtant, dans cette vague apparemment uniforme du retour à l'antique et qui a quelquefois été interprétée comme l'unité du néoclassicisme propre au deuxième XVIIIe siècle, un tourbillon interne a troublé la transparence du sens donné au modèle antique. Dans l'évocation de romanité, on est insensiblement passé de l'Empire à la République. On a peu à peu évolué de la civilisation à la nation. Dans l'évocation de la grécité, on a mis à l'honneur les principes d'une civilité plus proche, plus familière où le peuple rassemblé côtoyait ses philosophes et ses athlètes, ses poètes et ses chefs politiques. Parcours parallèle à celui qu'avait suivi l'humanisme du XVIe siècle ? Pas exactement. Nul mieux que David sans doute n'a su pressentir et exprimer l'usage nouveau et fracassant que la Révolution ferait bientôt de l'exemple de l'Antiquité. Il ne s'agit pas seulement du bonnet phrygien, des relations individuelles modelées sur le tutoiement et l'adresse de citoyen, il n'est pas seulement question des mœurs, mais, comme le peintre l'a intuitionné et représenté avec génie *avant* que cela n'advienne, d'une nouvelle conception du droit politique fondée sur le glaive, d'un nouveau mythe fondateur du lien social porté par l'injonction du « *pro patria mori* ». Un Romain devait mourir pour elle, pour elle un Romain devait mourir. Ni les liens conjugaux, ni les liens parentaux, ni la douceur des femmes, ni la jouissance de la paternité, aucun droit à la sûreté ou au bonheur individuel n'y devait résister. Dans ce long parcours qui va d'une antiquité littéraire marquée par les traductions approximatives *(Les belles infidèles)* à une antiquité politique fondée sur la civilité républicaine des citoyens en armes, les recherches savantes de l'Antiquité ont constitué un relais et un point d'inflexion où l'Antiquité a été en partie soustraite à la méthodologie de la diplomatique pour reconstituer un domaine à part, celui des études d'histoire ancienne.

---

22. Le titre complet du tableau est *J. Brutus, premier consul de retour en sa maison, après avoir condamné ses deux fils qui s'étaient unis aux Tarquin et avaient conspiré contre la liberté romaine. Les licteurs rapportent les corps pour qu'il leur donne la sépulture.* Cf. J. Starobinski, *1789. Les Emblèmes de la raison*, Paris, 1973, p. 90.

La première difficulté que les académiciens rencontrèrent concernait la redéfinition de l'érudition laïque devant la défaite de l'érudition religieuse. Comme on a pu l'observer, il n'y avait pas eu au XVIIe siècle d'opposition tranchée entre l'érudition religieuse et l'érudition laïque. Le monde des antiquaires, qui se réunissait dans la société de Saint-Germain-des-Prés, regroupait indifféremment les moines comme Luc d'Achery et Jean Mabillon, des abbés soumis aux ordres mineurs comme l'abbé de Longuerue, des laïcs comme Charles Du Cange et Etienne Baluze. Mais les effets délétères du destin malheureux de l'exégèse comparatiste en France avaient transformé cet état de choses. Ce n'est pas seulement que l'érudition critique en s'appliquant cette fois aux textes sacrés avait permis que grandisse le nombre des adversaires de la Bible[23]. Les ouvrages des esprits forts comme l'*Examen critique des apologistes de la religion chrétienne* (attribué à Levesque de Burigny) ou *La religion chrétienne analysée* (attribué à Dumarsais) vont paraître dans les années 1730 et d'autres traités avaient déjà été diffusés dans l'opinion publique dès le début du XVIIIe siècle qui s'en prenaient à l'interprétation théologique de la Bible[24], rendant très difficile l'approche evhémériste ou encore apologétique, d'hébraïsants comme Etienne Fourmont, professeur d'hébreu au Collège royal et membre de l'Académie des Inscriptions ou de Dom Calmet, l'un des grands érudits de la Congrégation de Saint-Vannes[25]. Mais c'est davantage qu'une évolution interne à l'érudition elle-même avait sensiblement contesté la prééminence de la Bible dans l'histoire culturelle de l'humanité. Le XVIIe siècle avait connu la mythologie comparée de Huet, l'évêque d'Avranches et du protestant Samuel Bochart[26]. Le premier

23. Cf. Bertram Eugène Schwarzbach, Les adversaires de la Bible, in *Le siècle des Lumières et la Bible*, sous la direction de Yvon Belaval et Dominique Bourel, Paris, 1986.

24. Notamment, *La Religion d'un chrétien*, *l'examen de la religion* (paru 1702-1704), *Les Difficultés sur religion proposée au P. M.* *** (vers 1710), *Mémoire des pensées et des sentiments de Jean Meslier* (vers 1718-1725), *La religion chrétienne analysée* (vers 1733-1742), *Les Examens de la Bible* (attribué à Mme du Chatelet) (vers 1745) et *L'Histoire critique de Jésus, fils de Marie* (vers 1760), cités par B. E. Schwarzbach, art. cité, p. 154.

25. Sur Huet, cf. Alphonse Dupront, *Pierre Daniel Huet et l'exégèse comparatiste au XVIIe siècle*, Paris, 1930.

26. Samuel Bochart, le neveu de Pierre Dumoulin, né à Rouen, fut l'élève de Cameron à Saumur et à Londres. Il a été invité en Suède par la reine Christine avec Huet en 1652. Sa *Geographia sacra* (*Geographiae sacrae pars prior Phaleg, seu de dispersione gentium et terrarum*

suivait l'influence de Moïse dans ses déguisements successifs dans toutes les nations et en retrouvait la trace chez les Phéniciens et les Perses, les Indiens et les Thraces, les Germains et les Gaulois, les Grecs et les Romains, etc. le second trouvait dans l'histoire du peuple hébreu une clef pour toute l'histoire universelle à partir de la dérivation des noms des descendants de Noé[27]. Mais cette suprématie du modèle biblique avait peu à peu été entamée : par Jacques Basnage, un réfugié ami de Bayle, dans les *Antiquités judaïques* (1712) qui rejetait doublement l'idée d'une filiation des fables païennes à l'égard des Ecritures et d'un engendrement des peuples à partir des Hébreux. La découverte opérée préalablement par John Selden, lorsqu'il avait publié en 1617, son *De Diis Syris*, et par Daniel Heinsius, lorsqu'il avait édité en 1627, l'*Aristarchus Sacer*, de la nécessité d'une bonne connaissance des langues et de l'histoire orientale pour la connaissance des Ecritures acquérait alors une nouvelle portée[28] et surtout croisait, en les rendant désormais réversibles, leurs rapports d'antériorité. Si on y ajoute que, depuis Bayle et Fontenelle, les Modernes appelaient désormais fables ce que les théologiens avaient désigné auparavant sous le nom d'idolâtrie, avec le danger expansionniste que ce nouveau concept représentait pour l'histoire religieuse traditionnelle, car on sentait bien que ceux qui avaient commencé d'appliquer la grille de la fable aux oracles païens ne seraient point arrêtés pour l'utiliser à propos des miracles chrétiens, on mesurera combien la supériorité traditionnelle de la référence biblique avait été grignotée. Dès lors, la redéfinition des cadres de la certitude des antiquités païennes et au premier chef des antiquités romaines se reposait. Il ne s'agissait plus de recourir à l'antiquité du collège, « au paradis artificiel des humanistes »[29], de revenir à l'*eloquentia*

divisione parta in aedificatione turris Babel. Geographiae sacrae pars altera Chanaan, seu de Coloniis et sermone Phoenicium), Caen, 1646, est un traité d'histoire universelle consacré à la genèse, à la dispersion et à la culture des nations. Huet et Bochart ne sont pas seuls qui représentent un courant d'interprétation chez John Gerhard Vossius et Athanase Kircher. Cf. A. Momigliano, L'histoire ancienne et l'Antiquaire, art. cité, *op. cit.*, p. 279.

27. A. Momigliano, art. cité, p. 278.
28. A. Momigliano, art. cité, p. 278 et F. Laplanche, Tendances actuelles de la recherche, *Les Religions du paganisme antique dans l'Europe chrétienne, XVIᵉ-XVIIIᵉ siècle*, Paris, 1987.
29. L'expression est de Georges Gusdorf, *L'avènement des sciences humaines au siècle des Lumières*, Paris, 1973, p. 11.

oratio du système jésuite que l'on retrouvait chez Rollin, membre lui aussi de l'Académie des Inscriptions. Si le triomphe des Modernes avait eu pour effet paradoxal d'ancrer définitivement dans les collèges les humanités fondées sur l'empire de *De viris illustribus* et de quelques autres *exempla* pensés dans Virgile, Horace et Tite-Live, si leur succès avait eu pour étrange résultat d'acclimater définitivement la rhétorique de Quintilien avec les pratiques de la déclamation publique ou privée de l'exposé et de la discussion[30], il était nécessaire de retrouver une Antiquité plus vraie, plus proche des recherches menées par les grands érudits du XVIe siècle, Juste Lipse, Isaac Casaubon, Josèphe-Juste Scaliger[31] et fondées sur le déploiement des sciences de l'érudition. Or celles-ci connaissaient un véritable renouvellement dans toute

30. Cf. F. Charmot, *La pédagogie des jésuites*, Paris, 1943; Charles Rollin, *Méthode d'étudier les Belles-Lettres ou Traité des Etudes*, Paris, 1726-1728, 2 vol. Cf. G. Gusdorf, *op. cit.*

31. Le triumvirat littéraire selon l'appellation donnée par Charles Nisard (*Le trium-virat littéraire au XVIe siècle, Juste Lipse, Joseph Scaliger, Isaac Casaubon*, Paris, 1852) a compté en effet ces trois grands érudits.

Juste Lipse (1547-1606). Le célèbre philologue peint par Rubens né à Isque à mi-distance entre Bruxelles et Louvain est devenu professeur à Louvain puis à Leyde où il a été le collègue de Josèphe-Juste Scaliger. Elevé par les jésuites il changera deux fois de religion, se convertissant au protestantisme avant de redevenir catholique et d'être nommé historiographe de Philippe II. « Un des plus savans critiques qui aient fleuri au seizième siècle », selon Bayle *(Dictionnaire historique et critique)*. Polygraphe, la liste de ses œuvres est considérable qui touche à la philologie et à l'histoire romaine, à la numismatique comme à la philosophie politique (cf. C. Nisard, *op. cit.*; *L'Autobiographie de Juste Lipse...*, par Paul Bergmann, Gand, 1896; *Les six livres des politiques*, La Rochelle, 1590 et Paris, 1606. Le bollandiste Heribert Rosweyde avait dit que si Lipse avait plus de jugement que de génie, Scaliger avait lui plus de génie que de jugement).

Josèphe-Juste Scaliger (1540-1609), dixième fils de Jules-César Scaliger, est né à Agen. Versé dans les langues anciennes il apprend outre le grec, le latin, l'hébreu, le syriaque, le persan, l'arabe. Il suit les cours de Cujas et se lie d'amitié avec de Thou. Revenu d'un voyage en Italie, à Rome et à Naples, avec une foule d'inscriptions il succède en 1593 à Juste Lipse à l'Université. Ami et correspondant de Juste Lipse, Casaubon, Grotius, Heinsius, Dupuy, Saumaise, Vossius, P. Pithou, etc., il est le fondateur de la chronologie scientifique. Son ouvrage le plus célèbre, *Opus de emendatione temporum accesserunt veterum graecorum fragmenta selecta cum notis*, Paris, 1583, est une critique du calendrier grégorien et un rééexamen des calendriers anciens à la lumière des connaissances astronomiques des Anciens.

Isaac de Casaubon (1559-1614) est né à Genève d'une famille de protestants dauphinois réfugiés. Il épousera Florence Estienne, la fille de l'imprimeur Henri Estienne. Il devient professeur de grec et de belles-lettres à Montpellier en 1596 puis, en 1604, garde de la Bibliothèque royale. Après la mort de Henri IV, il se fixe en Angleterre où il meurt en 1614. Elève et ami de Josèphe-Juste Scaliger il a édité de nombreux auteurs latins et grecs et notamment Polybe.

l'Europe[32] dû à la généralisation de la critique diplomatique autant qu'à la progression de la numismatique et de l'épigraphie[33]. Malgré le sentiment de supériorité que la conviction de maîtriser la connaissance des textes écrits donnait aux diplomaticiens lorsqu'ils se comparaient aux numismates, peu à peu ces derniers se faisaient une place. Après

32. On trouve une excellente présentation de l'état des études historiques en Europe encore une fois dans l'ouvrage essentiel de Georges Gusdorf, *L'avènement des sciences humaines au siècle des Lumières, op. cit.*, 6e partie, chap. 2. Comme l'a montré Smith-Fussner (*The historical Revolution, English historical writing 1580-1640*, New York, London, 1962), le développement institutionnalisé des études érudites en Angleterre a précédé d'un demi-siècle celui de la France, puisque c'est entre 1580 et 1640 qu'est intervenue la « révolution historique anglaise » avec la constitution précoce en 1586 de l'*Elizabethan College of antiquaries* qui regroupait quarante membres d'origine aristocratique décidés à se consacrer aux antiquités politiques, religieuses et nationales.
Les grands érudits de l'époque furent Robert Cotton (1571-1631), William Camden (1551-1623), auteur d'ouvrages sur l'Angleterre romaine (*Britannia* en 1586), l'Angleterre médiévale (1602), d'une histoire sur le règne d'Elisabeth (1627) et qui fonde la première chaire consacrée à l'histoire, Henri Spelman, spécialiste d'histoire religieuse et juridique. John Selden (1584-1654) qui se consacre aux antiquités hébraïques et orientales ainsi qu'à l'histoire de l'impôt (*History of tithes*, 1618). La société élizabéthaine termine son existence au début du XVIIe siècle et sera relayée par des groupes de dilettantes qui forment, en 1733, une *Society of the Dilettanti* tandis qu'une seconde société d'antiquaires, la *Society of Antiquaries of London*, est officialisée en 1751 par George II (cf. Robert A. Thornton, *The influence of the Enlightenment upon 18th century British antiquaries, 1750-1800. Studies on Voltaire and the 18th century*, Genève, XXVII, 1963). L'érudition anglaise a eu aussi des traits notablement différents de l'érudition française. Du fait de l'anglicanisme, l'histoire religieuse et nationale a fait précocement bon ménage et celui-ci ne s'est pas brisé par un divorce comme en France. Loin d'être affectée à des congrégations isolées ou à des cercles érudits retranchés, l'érudition anglaise a eu pignon sur les grandes universités, Oxford et Cambridge — des chaires d'histoires modernes sont créées en 1724 — et au Parlement. Du coup l'histoire est directement entrée en résonance avec les débats politiques. C'est ainsi que William Blackstone (1723-1780) dans ses *Commentaires on the laws of England*, 4 vol., 1765-1769, propose une interprétation libérale de l'histoire juridico-politique anglaise après Lord Bolingbroke et Sir Edward Coke. Pas davantage la séparation qui existera entre la philosophie et l'histoire savante caractéristique de la France des Lumières ne sera-t-elle reconduite en Angleterre. Le plus grand philosophe, avec Locke, des îles Britanniques est aussi l'un de ses meilleurs historiens, David Hume (1711-1776) qui publie de 1754 à 1762 une grande *Histoire d'Angleterre*... Edward Gibbon, le seul historien anglais dont la grande œuvre, *Déclin et chute de l'Empire romain* (1766-1768), exercera une réelle influence en France, combine d'ailleurs cette double formation érudite et philosophique.
En Allemagne, de même que la culture historique française a été formée dans le moule du gallicanisme, la culture historique anglaise dans celui de l'anglicanisme, la culture historique a été estampillée par le marteau de la Réformation. Des chaires d'histoire liées à l'histoire religieuse apparaissent dès la fin du XVIe siècle à Francfort-sur-Oder et à Heidelberg. L'originalité caractéristique des historiens allemands est, dès le XVIIe siècle, la perspective de l'histoire universelle qu'on trouve chez Geog Horn (1620-1670) qui enseigne en Hollande; chez Christophe Keller (1634-1707), premier titulaire de la chaire

les travaux de Jacob Spon et d'Ezechiel Spanheim, Vaillant écrivit
une histoire des Ptolémées et des Séleucides à l'aide des monnaies
(1701-1792)[34]. Que valaient encore les sources littéraires de l'histoire
romaine dépréciées par les critiques contre la tradition et concurren-
cées par les nouvelles sciences auxiliaires de la diplomatique en plein

d'histoire de l'Université de Halle et à qui l'on doit le réception définitive de la division
entre l'Antiquité, le Moyen Age et les Temps modernes par la publication de son *Historia
antiqua* (1685); *Historia medii aevi* (1688); *Historia nova* (1696); chez Leibniz (1646-1716)
(cf. liv. II). Cette ambition universalisante contraste avec la situation institutionnelle des
historiens, divisés et séparés dans les multiples principautés, villes libres caractéristiques
du morcellement de l'Empire et qui est à l'origine du développement des travaux archi-
vistiques liés à la *Bella Diplomatica*. Si l'Angleterre a précédé la France dans le domaine
de l'historiographie érudite, en définitive l'Allemagne la suit. Le véritable renom de
l'érudition allemande qui n'est plus tout à fait une érudition au sens classique du terme,
s'opère en effet à la fin du XVIIIe siècle à partir du centre de rayonnement que devient
l'Université de Göttingen. Les grandes œuvres historiques allemandes qui exerceront
une influence ne sont pas publiées avant les années 1760. C'est le cas de Winckelmann,
de Christophe Meiners (*Grundrisse der Geschichte der Menschheit*, 1785), d'August Ludwig
Schoelzer (1735-1800) qui écrit une histoire nordique et une histoire universelle, Justus
Möser (1720-1794) inaugure l'ère de l'historiographie proprement romantique avec la
revalorisation du Moyen Age, du système féodal, du régime corporatif et l'exaltation des
libertés proprement germaniques. Cette historiographie allemande ne prendra son plein
essor qu'au XIXe siècle (cf. G. Gusdorf, Le domaine germanique, *op. cit.*, 4e partie, chap. 2).

    Si l'Espagne ne se lance véritablement dans la compétition historique européenne
qu'avec la fondation en 1735 de la *Real Academia de la Historia*, l'Italie dont on connaît
l'avance depuis le *Quattrocento* et les académies du *Cinquecento* comptera encore deux
érudits considérables au XVIIIe siècle, Ludovico Muratori (1672-1750), l'initiateur à l'égal
de Dom Bouquet, des *Rerum Italicorum Scriptores* (en 28 vol. de 1723 à 1738), des *Antiquitates italicae medii aevi* (1738-1742, 6 vol.) et *Annali dell'Italia* (1744-1749) et Scipione Maffei
(1675-1755) un antiquaire féru d'antiquités et qui rédige une *Verona illustrata* (sur Scipione
Maffei, cf. K. Pomian, Maffei et Caylus, in *Collectionneurs, amateurs et curieux, Paris-Venise,
XVIe-XVIIIe siècle*, Paris, 1957.

    33. Cf. liv. II. Ezechiel Spanheim (1629-1710) le Genevois, l'un des plus grands
philologues et antiquaires du XVIIe siècle, a partagé ses travaux entre les antiquités
hébraïques et gréco-latines. Critique de Louis Cappel (1645), il reviendra sur sa première
opinion. Son grand ouvrage de numismatique, *Dissertationes de praestantia et usu numisma-
ticum antiquorum* (1684) a précédé les publications de Jacob Spon (cf. Emile du Boys,
Les correspondants de l'abbé Nicaise, I : *Un diplomate érudit au XVIIe siècle, Ezechiel Spanheim,
Lettres inédites (1681-1701)*, Paris, 1889). Jacob Spon (1647-1685), le fils du célèbre
médecin Charle Spon, a été l'un des plus grands numismates français. Il s'est consacré
à la science des médailles après des études de médecine. Il publia en 1673 *Recherche des
antiquités et curiosités de la ville de Lyon*, puis après un voyage en Italie, en Dalmatie, en
Asie Mineure, en Grèce, en Suisse, les *Recherches curieuses d'Antiquités* en 1683 et des
Miscellanea eruditiae antiquitates en 1685.

    34. De son côté l'Italien Bianchini avait publié en 1697 la *Istoria universale provata
con monumenti e figurata con simboli degli antichi*. J.-Foi Vaillant (1632-1706), célèbre numismate que nous avons déjà rencontré dans la société de Saint-Germain-des-Prés, visite
pour Colbert l'Italie, la Sicile et la Grèce, puis Rome. Capturé par les barbaresques, il

moment de déploiement de l'histoire savante ? Telle est la question dont viennent tour à tour se saisir Levesque de Pouilly, les abbés Sallier, Anselme et Fréret dans les années 1722-1724. De leurs réponses ont dépendu l'essor futur des études antiquisantes, la délimitation des territoires réciproques de l'antiquaire et de l'historien et aussi, la naissance des sciences humaines.

En vérité, en s'attaquant apparemment à la seule histoire romaine : « Je commenceray par l'examen de l'histoire romaine, la plus célèbre de toutes les histoires profanes »[35], Levesque de Pouilly mettait en cause toutes les histoires fondées sur la tradition orale et sa critique portait précisément contre l'histoire biblique elle-même, à partir du moment où l'on avait contesté l'idée d'une rédaction mosaïque. « Les histoires qui ne sont confiées qu'à la mémoire des hommes — écrivait-il — s'altèrent dans la bouche de chacun de ceux qui successivement se les transmettent : plus elles s'éloignent de leur origine, plus elles se grossissent de circonstances étrangères ; et souvent ce qu'elles ont de vray disparaît entièrement et n'est remplacé que par des fictions. »[36] Les réflexions de Levesque de Pouilly visaient à fragiliser la certitude de toute l'histoire antique. Après avoir montré, arguant de la contradiction des différents historiens romains dont on prétendait qu'ils s'étaient appuyés dans leur récit sur les annales constituées par les pontifes[37],

---

avale ses médailles. Il visite Lyon avant l'Egypte, la Perse (12 fois Rome et 11 l'Italie), l'Angleterre et la Hollande. En 1701 il sera membre associé à l'Académie des Inscriptions et Belles-Lettres. Il donne des publications en 1674 et en 1688 sur les médailles (*Numismata imperatorum romanorum proestantiora, a Julio Caesare ad postumum et tyrannos*, 1674, 2 vol. ; *Numismata aerea imperatorum, Augustorum et caesarum in coloniis, municipiis et urbibus jure latino donatis, ex omni modulo percussa*, Paris, 1688, 2 vol.), puis sur les médailles égyptiennes sous les lagides en 1701. Son ouvrage sur les médailles perses ne sera publié qu'en 1725 par Charles de Valois.

35. *MAI*, VI, p. 14.
36. *MAI*, VI, p. 17.
37. Levesque de Pouilly : « Je vais présentement montrer, que l'histoire de Rome jusqu'au temps de sa prise par les Gaulois, n'est que tradition... Denys d'Halicarnasse nous apprend qu'on citoit dans les annales des poètes, qu'Enée eut trois fils, Ascagne, Romus et Romulus ; que Rome bâtit quatre autres villes... Tite-live nous assure qu'à travers les ténèbres qui couvrent l'histoire de l'ancienne Rome, l'on ne peut s'assurer ni du nom des consuls, ni des événements arrivés chaque année. Toute l'histoire de l'ancienne Rome est pleine de confusion dit le même Tite-live... Plutarque eut le même sentiment que Tite-live... » (Nouveaux essais de critique sur la fidélité de l'histoire, *MAI*, VI, p. 102-108).

de l'incertitude des quatre premiers siècles de l'histoire romaine, Pouilly élargissait son scepticisme à l'histoire grecque jusqu'à Hérodote : « Je ne m'arrêteray point à prouver que jusqu'à Hérodote, l'histoire grecque n'est que tradition, composée en Thucydide, Strabon, Diodore, Plutarque et Jamblique. Plutarque même compare l'histoire de ces temps, que les poètes ont remplie de tant de fiction, à ces terres inconnues que les géographies remplissent d'animaux monstrueux... »[38]. Il l'étendait aussi à la chronologie orientale[39] et infligeait donc un désaveu à toute l'histoire antique. En dehors des arguments factuels invoqués par Pouilly, son épistémologie apparaît comme étrangère aux critères hérités de la diplomatique. Ce qui distingue, à ses yeux, un historien fiable d'un historien douteux, c'est l'éthique subjective et non la méthodologie objective de travail de la preuve qu'il appl que. La problématique de validité historique de Levesque de Pouilly est cartésienne : « L'histoire — écrit-il — est la relation d'un fait, que nous tenons de ceux que nous scavons en avoir été les témoins : il résulte de cette définition, qu'après qu'une histoire soit authentique, il faut que son auteur, ou du moins celuy sur les mémoires duquel l'on scait qu'elle a esté faite, ait vécu dans le temps où se sont passez les événements qu'il rapporte ; qu'il ait esté à portée d'en estre instruit ; et que sa fidélité ni son exactitude ne soient poins suspectes. »[40] Une telle procédure de validation qui n'est, on le voit, qu'en faible partie, fidèle au protocole mis au point par l'épistémologie de la diplomatique, requiert bien la notion de témoin mais n'inclut pas l'idée centrale du procès public où figure ce témoignage. Le témoin invoqué par Pouilly a la figure d'un sujet contemporain de l'action qu'il représente, non celle d'un acte collectif et public qui aurait produit cette action.

38. Art. cité, p. 103. Pouilly en profitait pour mettre en doute le bien-fondé de l'autorité d'Hérodote et de Ctésias qu'il rangeait dans la catégorie des historiens « dont la fidélité a été respectée », art. cité, p. 78. Pour une étude de la dépréciation prolongée dans laquelle a été tenu Hérodote, cf. A. Momigliano, Hérodote, *op. cit.*

39. Levesque de Pouilly : « Il est vray que nous savons de Bérose qu'il y avait à Babylone des mémoires sur l'histoire des temps passés : mais sommes-nous certains que, parmi ces mémoires, il n'y en eut point qui fussent des recueils de traditions... la seule différence qui se trouve dans les manières dont on raconte l'histoire de l'empire d'Assyrie devrait nous les faire mettre dans la classe des traditions... C'est ainsi que Ctésias, Hérodote, Mégasthène, Athénée semblent lorsqu'ils parlent de l'empire de l'Assyrie, parler de différens empires, tant ils s'accordent peu... » (art. cité, p. 91).

40. Art. cité, p. 74.

A cette intervention l'abbé Anselme rétorqua que « l'antiquité n'a pas esté si dépourvue qu'on l'a voulu dire, des secours nécessaires à l'histoire; et qu'outre les mémoires qui ont esté conservez, ce qu'il y a d'assuré et de confus a esté suppléé par des monuments authentiques, qui en ont fait foy : les plus remarquables de ces mémoires sont les hymnes et les cantiques; les édifices des labyrinthes, les villes et les peuples : c'est ce que j'ai establi dans la première Dissertation. J'y ajoute aujourd'hui les statues, les colonnes, les autels, les offrandes faites aux Dieux et le commerce des peuples »[41]. De son côté, l'abbé Sallier n'opposa pas seulement des bruits de couloirs insistants qui concernaient l'athéisme de son contradicteur, il objecta aussi que la certitude de l'histoire romaine des quatre premiers siècles ne tenait pas seulement aux relations des historiens de la Rome antique mais qu'elles reposaient avant tout sur l'existence « de monuments indiscutables »[42] qui « ne périrent point dans l'incendie de Rome, lors de l'invasion des Gaulois » et que «... ces mémoires furent consultés et suivis exactement par les historiens »[43]. Parmi ces monuments, Sallier comptabilise les Annales rédigées par les pontifes[44], les recueils de traités conclus avec les nations voisines de Rome dont témoigne encore Horace[45], les inscriptions[46] et la loi des douze tables[47]. Par conséquent, estimait l'abbé Sallier : « Si je puis établir, qu'en effet les historiens des premiers siècles de Rome ont esté à portée de voir des pièces originales et écrites dans le temps où sont arrivés les faits qu'elles attestent, qu'ils ont esté exactement instruits et fidèles à nous rapporter ce qu'ils avaient apprix; qui est celuy qui voudra rejeter cette histoire des quatre premiers siècles, parce que les anciens monuments et les mémoires originaux

41. *MAI*, VI, p. 1.
42. Abbé Sallier : « Les Romains... avoient des monuments. Ces monuments estoient certains; ils existoient 700 ans après la fondation de Rome comme le dit expressément Varron : par conséquent l'histoire n'estoit pas destituée de preuves; et ces preuves estoient des écrits aussi anciens que les faits mêmes. » « Discours sur les premiers monuments historiques des Romains » (*MAI*, VI, p. 33).
43. Abbé Sallier, Second discours..., *MAI*, VI, p. 52.
44. Art. cité, p. 124.
45. Art. cité, p. 124.
46. Art. cité, p. 126.
47. Art. cité, p. 128.

ne subsistent plus, parce que nous ne pouvons les consulter nous-mêmes ? Quiconque ne voudrait point s'en tenir au discernement et à la bonne foy des historiens qui ont establi ces narrations sur ces premiers monuments, il seroit obligé de prononcer en même temps contre la certitude de l'histoire de Thucydide, de Polybe, de Tacite, et d'envelopper dans une même condamnation, et les histoires écrites par les auteurs contemporains, et celles des premiers siècles de Rome, formées sur les monuments de ces siècles mêmes. Je ne dois pas présumer que personne accepte cette conséquence »[48]. Si en effet, les historiens romains avaient, comme les historiens modernes, travaillé sur des sources authentiques dont ils s'étaient contentés de proposer « un assemblage de plusieurs faits liez ensemble par le fil d'une narration suivie »[49], il n'y avait aucune raison de récuser leur travail. Le malheur était que précisément les sources sur lesquelles les Anciens avaient œuvré étaient loin d'avoir le même degré de validité que les diplômes des Modernes et que, par surcroît, l'abbé Sallier se gardait bien de se livrer à une enquête épistémologique comparée de la confiance qu'on pouvait accorder aux Annales des pontifes, aux recueils de traités, ou même, aux fragments de la loi des douze tables. La confiance que l'abbé Sallier témoignait aux méthodes des historiens romains était sans doute, au regard des critères de l'érudition moderne, plus orthodoxe que la suspicion systématique que leur opposait Levesque de Pouilly, mais son raisonnement contournait la difficulté occasionnée par le fait que précisément, on ignorait le degré de validité des sources antiques.

C'est à ce point qu'intervient Nicolas Fréret pour proposer une redéfinition de l'histoire antique qui, elle, ouvre l'avenir. Comme nous l'avons déjà souligné[50], le point de départ de Nicolas Fréret, dans un mémoire où sa hauteur de vue et la profondeur de son esprit de synthèse tranchent avec les premiers exposés de ses collègues, est d'accepter franchement la difficulté, et, en l'imposant aux sceptiques eux-mêmes, de les obliger à en mesurer, à leur tour, toutes les conséquences. Nicolas Fréret écrit en effet : « La connoissance que nous avons aujour-

---

48. A. Sallier, Second discours..., *MAI*, VI, p. 118.
49. Art. cité, p. 133.
50. Cf. liv. I.

d'huy de l'ancienne histoire, est presque entièrement fondée sur diverses citations que nous trouvons répandues dans les écrits de l'antiquité : ces citations peuvent être considérées comme des fragments d'anciens ouvrages historiques contemporains aux événements, ou du moins composez sur ces histoires contemporaines : ces fragments contiennent les traditions historiques les plus universellement reçues dans l'antiquité, et leur témoignage doit avoir un grand poids, au moins pour les événements considérables. Les faits qui intéressent les nations entières, sont toujours présents à l'esprit et ne peuvent estre altérez par les historiens, sans forcer ces mêmes nations à réclamer contre l'imposture de ceux qui voudroient leur en imposer. »[51] Il est bien entendu que les sources de l'histoire ancienne sont éparpillées et morcelées mais pour remédier à cet inconvénient, Fréret propose une action pratique elle-même liée à une réflexion épistémologique. L'action pratique consiste, nous l'avons vu[52], à « rapprocher et à réunir les passages épars » en comblant les vides par des conjectures et des hypothèses. La réflexion épistémologique s'inscrit en faux contre le cartésianisme. D'abord, parce que l'assimilation du douteux au faux, caractéristique de la démarche hyperbolique de Descartes ne laissait rien subsister de la certitude de l'histoire qui ne pouvait jamais prétendre à l'absoluité et devait se contenter de la probabilité[53]. Ensuite parce que la préférence que Descartes, dans la *mathesis universalis* confondue avec la structure même de l'esprit humain, accordait à la science mathématique, relevait de l'esprit de système. « A mesure que nous avons étudié — poursuit Fréret — et comme la nature en elle-même, à mesure que nous sommes devenus philosophes, nous avons reconnu les deffauts du système de Descartes : nous sentons, à la vérité, toute l'étendue des obligations que nous avons à ce grand homme, pour nous avoir tiré de la route ténébreuse où nous marchions, et

---

51. N. Fréret, Réflexions sur l'étude des anciennes histoires, art. cité, *MAI*, VI, p. 147 et nous l'avons (liv. I).
52. Cf. liv. I.
53. N. Fréret : « La méthode qui nous mène au vray... c'est celle qui scait distinguer non seulement entre le vray et le faux absolu, mais encore entre les divers degrés de probabilité qui approchent plus ou moins l'un ou l'autre de ces deux termes... » (art. cité, p. 148).

nous avoir ouvert par sa méthode, le sentier de la vérité, mais en même temps nous osons abandonner le système qu'il nous avait donné pour cette vérité même : nous regardons toujours ce système comme un des chefs d'œuvre de l'esprit humain, mais éclairez par les propres principes de Descartes, nous regardons la croyance aveugle à un système, comme un obstacle à son progrès dans la vraye philosophie. »[54] Le cartésianisme ne délivrait aucune philosophie de la connaissance historique et pourtant celle-ci existait, Fréret l'avait rencontrée : le problème restait donc pendant. L'historien admet volontiers une certaine infériorité de la certitude de l'histoire antique par rapport à celle de l'histoire moderne[55] mais il tient qu'une connaissance de l'histoire antique demeure possible. C'est à partir de là que Fréret va proposer sa propre solution pour résoudre les difficultés et qu'il va s'écarter de l'épistémologie de la diplomatique. Dans le droit fil de l'orthodoxie mabillonienne, il rappelle d'abord qu'il y a deux sortes de preuves en histoire : les témoignages contemporains et la tradition. « J'appelle témoignage contemporain — dit-il — les actes, les titres, les pièces écrites du temps des événements... »[56] et plus loin : « par ce principe les preuves les plus authentiques de l'histoire — sont à ses yeux — les chartes, les titres, les inscriptions, les médailles, les monuments publics, les manuscrits »[57]. Puis, s'éloignant alors hyperboliquement de Mabillon, il met sur le même plan « les ouvrages des historiens qui ont vu les faits qu'ils rapportent, ou qui ont travaillé sur les mémoires de ceux qui en vaient esté les témoins »[58] que les traces diplomatiques; il inscrit un signe d'égalité épistémologique entre la source et le commentateur, entre l'archive et le discours sur l'histoire. Pour fonder cette identité, il

---

54. Art. cité, p. 151.
55. N. Fréret : « Les anciennes histoires, celles mêmes qui n'estoient fondées que sur la simple tradition ont, à ce que je crois, un certain degré de certitude moins fort à la vérité que celuy des histoires contemporaines, mais tel cependant, que malgré l'éloignement des temps et des lieux qui nous cache une partie des circonstances, et qui altère souvent la vérité de plusieurs autres, les esprits vraiment justes ne se croient point en droit de les rejetter entièrement pour le gros des faits, lorsqu'ils n'ont point de preuves positives de leur fausseté » (art. cité, p. 153).
56. Art. cité, p. 153.
57. Art. cité, p. 154.
58. Art. cité, p. 153.

excipe d'une conception nominaliste de la certitude de l'histoire qui, malgré qu'il en ait, revient au cartésianisme décrié plus haut. « Tout est tradition dans l'histoire, même contemporaine, c'est-à-dire que toute l'histoire n'a de certitude que celle qui résulte de la confiance que nous avons du témoignage d'autruy. »[59] A aucun moment, Fréret n'évoque le plus haut degré d'autorité et de certitude qui provient du caractère *public* des actes et cette notion, si centrale dans le protocole de la preuve diplomatique, n'est pas présente dans son raisonnement. Le témoignage est toujours, selon lui, un rapport singulier d'un sujet à un événement, il n'est jamais le procès enregistré de parties pacifiées[60]. Dès lors, le critère ultime de la certitude historique repose sur la confiance que nous accordons à l'historien en raison de sa volonté d'écrire le vrai et de sa sincérité. La certitude historique ne s'écarte pas du subjectivisme car elle se trouve ancrée dans une relation d'identité formée par la chaîne des historiens qui, avec la confiance, se transmettent l'autorité de la tradition passée. Si tout est témoignage personnel, toute autorité dépend d'un acte de confiance particulier. C'est sur cette proposition que, par une sommation adressée à ses interlocuteurs, Fréret rétablit le prestige des historiens anciens et appelle les érudits à renouer la liaison avec les « scavants critiques de l'Antiquité »[61], Eratosthène, Apollodore, Caton, Varron, Denys d'Halicarnasse, Hésiode, Hérodote, Thucycide. Mais la fable, mais le mélange de merveilleux et de vérité ? Eh bien, rétorque Fréret, c'est à l'esprit critique s'opposant à l'esprit de système de faire, à chaque fois, le

59. Art. cité, p. 155.

60. Fréret écrit ainsi : « L'autorité des Ecrivains contemporains qui nous est transmise dépend de trois choses, dont je ne puis estre instruit que par la seule tradition. Il faut 1º - qu'ils ayent esté témoins des événements qu'ils rapportent, qu'ils ayent vécu dans le temps même, et qu'ils ayent esté à portée d'en estre instruits. 2º - Il faut qu'ils ayent esté trop sincères pour vouloir en imposer à la postérité que ni la haine ni la faveur ne leur ayent point fasciné les yeux, et que la flaterie ou la jalousie ne leur ayent point fait décrire les événements d'une manière opposée à la vérité. 3º - Enfin, il faut que les écrits qui portent leur nom, soient véritablement leur ouvrage et qu'ils soient venus jusqu'à nous sans altération et sans corruption. Sur ces trois articles l'autorité des témoignages contemporains dépend également de la tradition, c'est-à-dire de l'opinion qu'ont eu de ces témoins ceux qui les ont connus : l'estime qu'ils en ont fait règle la nôtre et détermine le degré de notre persuasion » (art. cité, p. 155).

61. N. Fréret, art. cité, p. 160.

tri. Le critère définitif à partir duquel Fréret fonde son adhésion
à la certitude du témoignage des historiens anciens, l'*ultima ratio*
qu'il invoque, repose sur leur appartenance à une société civilisée :
« Supposera-t-on que deux nations aussi sages et aussi éclairées
que les Grecs, des siècles postérieurs à Alexandre, et les Romains
du temps de Cicéron aient adopté des ouvrages remplis de fable,
et les ayant pris pour des histoires véritables. Les siècles dont il
s'agit estoient scavants et éclairez : la philosophie, la géométrie,
l'astronomie, les mathématiques, la dialectique, la morale, la juris-
prudence, la politique estoient cultivés avec tant de succez, que nous
puisons encore aujourd'huy dans les écrits qui forment les premiers
principes de ces sciences; est-il vraysemblable que les plus grands
critiques de l'Antiquité ayent espéré se faire considérer de leurs contemporains, en autorisant des contes populaires pour leur suffrage ? »[62]
Fréret fait ici usage d'un concept de civilisation que n'aurait pas renié
Voltaire. Comme Voltaire, ailleurs, aux « Brames », ou Diderot, aux
« Brachmans » en raison de leur savoir et de leur sagesse, Fréret
s'identifie aux philosophes de la Grèce hellénistique en sous-entendant
que parce que toutes les civilisations se ressemblent, tous leurs sages
ont des traits communs. « Ces siècles éclairez — ajoute-t-il — estoient
semblables aux nôtres. »[63] Il accepte implicitement l'idée de l'existence
de civilisations qui culminent dans un niveau égal de goût pour les
arts, les sciences et les lettres. Et plus loin : « Ce principe paraîtra encore
plus vray, si l'on considère le troisième temps de la Grèce, c'est-à-dire,
celuy qui a suivi la conquête de l'Orient par Alexandre. »[64] Dans ces
conditions, Fréret recommande notamment l'autorité de Bérose, historien babylonien élevé par les prêtres chaldéens et surtout celle de
Manéthon pour lequel il se livre à un vibrant éloge et dont, bien que
nous n'ayons son histoire d'Egypte qu'en extraits faits par Jules
l'Africain et transcrits, il estime l'avis plus entendu que celui d'Hérodote ou d'Hécatée de Milet[65].

62. N. Fréret, art. cité, p. 171.
63. *Ibid.*
64. Art. cité, p. 127.
65. Art. cité, p. 180.

Force est alors de constater que Fréret a proposé un sauvetage élégant et sans doute le seul imaginable de l'histoire ancienne lorsqu'il conclut : « J'avoueray que la certitude ou la crédibilité de l'histoire augmente avec la proximité des temps dont elle parle; mais je soûtiendray en même temps, que la raison de la moindre certitude n'est pas une raison suffisante pour rejetter entièrement cette ancienne histoire. Contentons-nous de luy donner une moindre croyance et ne confondons point le moins certain avec le faux. »[66] Mais force est également d'observer, après avoir admiré ce propos raisonnable, qu'en acceptant de s'en remettre à la sincérité d'historiens anciens supposés avoir fait preuve d'une même éthique de la connaissance et crédités d'une même logistique archivistique au nom de l'éclat de leur civilisation, quand précisément ce deuxième point était en question, Fréret a été conduit à projeter sur une partie de l'histoire antique, les méthodes de l'histoire qui prévalaient avant la révolution diplomatique. C'est en effet au degré d'autorité supposée *a priori* du témoin, à la « pesée du témoin », pour reprendre l'argument de Bernard Guénée, qu'il décide finalement de l'agrément donné à la certitude des historiens anciens. Cette épistémologie de substitution et d'urgence, cette morale provisoire de la connaissance des antiquités deviendra inutile dans les domaines du rayonnement de la numismatique et de l'épigraphie qui atteindront bientôt à leur seuil d'équilibre savant mais elle servira de prothèse et de béquille, en l'absence de validation plus solide, à la chronologie antique. Ne soyons pas trop sévère : c'est parce qu'il avait entrevu les grandes lacunes de l'histoire antique dès lors qu'elle ne dispose pas de traces autorisées que Fréret a été incliné à leur substituer des conjectures nouvelles qui ouvrent la voie à la mythologie et la philologie comparées.

La discussion de 1724 à l'Académie est fondamentale parce qu'elle a dessiné un espace nouveau pour les études proprement antiquisantes. L'événement a eu plusieurs conséquences. La première a été de revaloriser les sciences auxiliaires de l'histoire, la numismatique et l'archéologie, dépréciées par les érudits diplomatiques. La seconde a été de

---

66. N. Fréret, art. cité, p. 108.

redéfinir, dans le domaine des sciences de l'Antiquité, les rapports entre historiens et antiquaires, en pérennisant, non sans une certaine ambivalence au regard de l'effort savant, l'activité des antiquaires.

Le fait nouveau est que le débat a réellement fragilisé la manière traditionnelle[67] de traiter de l'histoire romaine qui s'appuyait exclusivement sur l'autorité des historiens classiques. La publication en 1738 du livre de Louis de Beaufort[68], fortement applaudie par l'opinion publique et bientôt primée par l'Académie, en est un témoignage irrécusable. Pourtant Louis de Beaufort n'avançait pas à proprement parler d'argument véritablement nouveau lorsqu'il écrivait : « Je crois — disait-il — avoir démontré... l'incertitude qui règne dans les termes de l'histoire de Rome, qui ont précédé la prise par les Gaulois, et la perte de tous ses monumens (perte dont cette incertitude est la conséquence naturelle) qu'il me semble qu'il n'y a rien de solide à opposer aux raisons que j'ai données. Mais si cette raison subsiste à l'égard des termes antérieurs à la prise de Rome, et à la perte de ses monumens, elle ne prouveroit rien à l'égard du siècle suivant. Cependant, on y voit régner la même confusion et la même incertitude. On ne peut guère l'attribuer qu'à la vanité des Romains qui leur a fait inventer des faits absolument faux que les historiens ont autorisés en les recevant comme véritables... Voilà les raisons qui m'ont fait regarder l'histoire romaine comme remplie d'erreurs. Elles sont fondées sur la disette des monumens qui seuls peuvent donner quelque certitude. Cette disette a été causée ou par la perte totale de ces monumens du tems de la prise de Rome par les Gaulois ou par le peu d'usage que les Romains firent de l'écriture pendant fors longtemps et leur peu d'application aux sciences pendant les cinq premiers siècles de Rome. J'ai tiré des preuves de cette incertitude des quantités de faits ou manifestement faux ou douteux qui se trouvent répandus dans l'histoire romaine et qui y sont rapportés comme certains. »[69] Les traces concurrentes des textes vont alors susciter une nouvelle attention : la dévalo-

---

67. A. Momigliano note que longtemps : « L'autorité des historiens anciens était telle que personne ne songeait encore sérieusement à les remplacer » (L'histoire ancienne et l'antiquaire, *op. cit.*, p. 255).

68. *Dissertation sur l'incertitude...*, *op. cit.*

69. L. de Beaufort, *op. cit.*, 1738, p. 349.

risation par une partie des érudits de la confiance qu'ils pouvaient placer en Tite-Live ou en Polybe a ouvert une carrière nouvelle à la numismatique et à l'archéologie.

L'Académie, où l'on avait un intérêt naturel pour les monnaies et médailles puisque leur fabrication avait occupé l'essentiel de ses activités pendant la première partie de son existence, va compter dans ses rangs, des numismates importants qui, avant que la science numismatique n'atteigne véritablement à son seuil d'équilibre avec le Viennois Joseph Eckel (1733-1798) et la publication, en 1792-1798, du livre qui fonde la numismatique savante, le *Doctrina Nummorum Veterum*, vont jalonner ses progrès[70], notamment Jean-Foi Vaillant, Baudelot de Dairval[71], Mahudel[72] et Barthélemy. L'intérêt des travaux numismatiques de l'Académie est que les meilleurs d'entre eux vont renouer avec les bases de la numismatique savante posées par Juste Lipse, Ezechiel Spanheim et Jacob Spon[73]. Si Gros de Boze était chargé du Cabinet des Médailles, il revient à Vaillant d'avoir eu l'idée de classer les médailles en partant des portraits et de présenter les monnaies grecques avec une étude des institutions et de la chronologie des rois séleucides et lagides. L'abbé Belley[74], quant à lui, devina l'intérêt de classer chronologiquement et géographiquement les médailles dans une série de mémoires parus de 1757 à 1765[75] et vit l'importance de la combinaison des renseignements épigraphiques et numismatiques pour interpréter l'histoire des villes antiques[76] et leur régime économique. Dans le même temps, Joseph Pellerin (1682-1782), commis de la marine qui

70. Joseph Eckel rendit hommage à l'abbé Barthélemy.
71. Baudelot de Dairval (1648-1722) entre à l'Académie des Inscriptions et Belles-Lettres en 1705, publie *De l'utilité des voyages et de l'avantage que la recherche des antiquités procure aux savans*, Paris, 1686, 2 vol.
72. Nicolas Mahudel (1673-1747), entré à l'Académie en 1714. Démissionne (pour bigamie !) en 1744.
73. Sur l'histoire de la numismatique on consultera Ernest Babelon, *Traité des monnaies grecques et romaines*, Paris, 7 vol., 1901-1932, cf. les introductions et aperçus généraux, l'avant-propos aux vol. 1, 2, 3, 4, 7; Jean Babelon, *La numismatique antique*, Paris, 1944, et Numismatique, in *L'histoire et ses méthodes, op. cit.*; Elvire Eliza Claire Stefanelli, *Numismatics, an ancient science, a survey of its history*, Washington, 1965.
74. Augustin Belley (1697-1771), entré à l'Académie en 1744.
75. *MAI*, XXXVII, p. 340, 363, 391, 419.
76. *Ibid.*

n'entra jamais à l'Académie, avait composé un classement critique des monnaies antiques. Avant les travaux de Eckel, une étape importante fut encore franchie par l'abbé Barthélemy. « C'est Barthélemy, souligne à juste titre Maury, qui a été le véritable fondateur de la numismatique orientale »[77] dans ses *Remarques sur quelques monnaies des Arsacides*, lues à l'Académie le 26 mai 1761, ses *Dissertations sur deux médailles samaritaines d'Antigonus roi de Judée* lues en 1750[78], *Sur une médaille de Xerxès*[79] et ses *Remarques sur les médailles Parthes*[80] puis dans un second essai de 1784 qui n'a paru qu'après sa mort[81] eut l'idée très précisément inspirée des méthodes de la diplomatique d'examiner systématiquement « ce qui a un rapport à la fabrique du métal, au poids, à la grandeur et à la forme des lettres... », bref d'étudier les techniques de la frappe et du poinçon comme Mabillon avait étudié les techniques d'écriture et de souscription, c'est-à-dire de donner une base matérielle indiscutable au savoir numismatique.

Sans doute n'en est-il pas allé tout à fait de même pour l'archéologie et l'épigraphie qui, à l'Académie des Inscriptions, sont demeurées à un stade qui est encore celui de l'antiquaire amateur[82]. Les modèles à l'Académie en sont d'abord Bernard de Montfaucon qui devint membre honoraire en 1719, l'année même de la publication, on l'a vu, de *L'Antiquité expliquée et représentée en figures*. Malgré les difficultés d'édition initiales qui avaient réduit le bénédictin à chercher lui-même des souscripteurs, le succès rapide de son ouvrage qui rassemblait en dix tomes quelque quarante mille reproductions de monuments, prouve l'intérêt du public pour la collection d'antiquités. Après lui, le comte de Caylus[83], créateur à l'Académie, où il entre comme honoraire en 1742, du prix du même nom en 1754. Dans

77. A. Maury, *op. cit.*, p. 208.
78. *MAI*, XXIV.
79. *MAI*, XXI.
80. *Ibid.*
81. *MAI*, XLVII.
82. L'érudition française possédait indéniablement un passé archéologique. Ainsi Pereisc avait déjà jeté les bases d'une description des documents, des inscriptions et des monuments antiques lors de ses nombreux voyages et Colbert avait formé le projet de faire relever tous les monuments antiques du royaume (cf. *supra*).
83. Anne-Claude-Philippe Tubières de Grimoard de Pestels de Levi, comte de Caylus (1692-1765). Cf. Eloge de Caylus, *HAI*, XXXIV.

son *Recueil d'antiquités* il présente 826 planches, 3 000 objets venus de l'Egypte, de l'Etrurie, de la Grèce, de Rome et la Gaule. Il s'intéresse à toutes les formes de représentation plastique, peinture, sculpture, architecture, pierres gravées. Ne craignant pas de concevoir de nombreux dessins ou de les confier à des ingénieurs ou à des architectes lorsqu'il s'agit de monuments, il a fait incontestablement faire de très grands progrès à la connaissance des arts et à celle des techniques anciennes. Il ne dédaigne nullement les procédés techniques de la peinture ancienne, se consacrant notamment à percer le secret des peintures à l'encaustique qu'il tente de faire reproduire[84]. Malgré son ouverture d'esprit, sa remarquable curiosité, ses dons esthétiques, le petit-neveu de Mme de Maintenon qui connaissait mal les langues anciennes et qui recherchait finalement l'essence de la civilisation dans un syncrétisme pan-égyptien, ne peut être tenu pour un savant moderne. Après lui, J.-D. Le Roy[85], utilisant les travaux des explorateurs anglais Stuart et Revett[86] sur Athènes et de Charles Woods et Hawkins[87] sur la Syrie et les ruines de Palmyre et de Baalbek (1750) publie en 1770 un ouvrage sur *Les Ruines des plus beaux monuments de la Grèce*. On peut regretter que Barthélemy, voyageant à son tour en Italie et en Grèce (1762) chargé d'une mission pour le roi de rapporter des médailles pour le cabinet dont il avait désormais la garde et qui avait recueilli sur sa route de nombreuses observations archéologiques[88] à Lyon, Nîmes, Herculanum, Rome, puis en Grèce, ne les utilisa essentiellement que pour ce (grand) ouvrage de vulgarisation qui fut en 1788 *Le Voyage du jeune Anacharsis en Grèce*[89]. En imaginant le voyage d'un jeune paysan du Danube entre 363 et 337 avant J.-C. qui le conduit dans tous les grands centres de la vie grecque à partir de la Scythie en passant par la

84. Cf. Caylus et Majault, *Remarque sur la peinture à l'encaustique*, Genève, 1755.
85. Julien-David Le Roy (1724-1803), entré à l'Académie comme associé en 1770.
86. *The Antiquities at Athens measured and delineated* (1762).
87. *The Ruins of Palmyra* (1753); *The ruins of Baalbeck* (1757). Auparavant Jacob Spon avait rapporté en 1678 un récit de son *Voyage d'Italie, de Dalmatie, de Grèce et du Levant* avec des centaines d'inscriptions inédites, cf. S. Rocheblave, *Essai sur le comte de Caylus*, *op. cit.*
88. D.-J. Barthélemy, *Mémoires, op. cit.*, p. xxxiv.
89. Publié simultanément en deux éditions, de 4 et 7 volumes.

Crimée, l'Asie Mineure et toutes les grandes villes grecques puis la Perse et l'Egypte, où il va rencontrer Epaminondas, Xénophon, Eschine, Isocrate, Diogène, Platon, Aristote, Démosthène et assister aux Jeux olympiques, au théâtre antique, vivre la vie quotidienne de l'Antiquité avec les grandes cérémonies religieuses et politiques, l'abbé Barthélemy n'utilisait pas seulement les connaissances détaillées accumulées par ses collègues sur quelques faits de la vie antique, par exemple la musique comme l'avaient fait l'abbé Fraguier[90], Chabanon[91], de Burette[92] ou les fêtes antiques qu'avait étudiées Larcher[93], il abandonnait aussi tout simplement l'exposé savant pour la littérature *ad usum delphini*. Les difficultés des progrès de l'épigraphie et de l'archéologie française tiennent sans doute à ce que, contrairement à la diplomatique où nos érudits étaient à l'avant-garde, la palme revient à cette époque, et dans ce domaine, à l'érudition italienne qui compte dans ses rangs Ludovico Muratori et Scipione Maffei[94]. Muratori est d'ailleurs l'un des interlocuteurs de Bernard de Montfaucon lors de son séjour en Italie et il demeurera l'un de ses correspondants[95]. « Sans contestation, le plus grand érudit italien du dix-huitième siècle » (E. de Broglie), Muratori n'a pas toujours été estimé à sa juste valeur par les antiquaires français. Le président des Brosses cache à peine le mépris teinté d'amusement qu'il lui inspire et ne prend point la peine de masquer combien ridicule lui paraît l'admiration de Sainte-Palaye : « Nous trouvâmes ce bon vieillard avec ses quatre cheveux blancs et sa tête chauve, travaillant malgré le froid extrême, sans feu et nu-tête, dans cette galerie glaciale au milieu d'un tas d'antiquités ou plutôt de vieilleries italiennes, car en vérité je ne puis me résoudre de donner le nom d'antiquités à tout ce qui concerne ces vilains

90. *MAI*, III.
91. *MAI*, XXXV.
92. *MAI*, V et VII.
93. *MAI*, XXXIX.
94. Sur Muratori, cf. Bruno Neveu, Muratori et l'historiographie gallicane, in L. *A. Muratori Storiographo Atti del convegno*, Modena, 1972, et sur S. Maffei, A. Momigliano, Gli Studi classici di Scipione Maffei, in *Contributo alla storia deglo studi classici*, t. 2, Rome, 1960.
95. Cf. E. de Broglie, *Bernard de Montfaucon et les bernardins*, Paris, 1891, 2 vol., t. 1, p. 322 et sq.

siècles d'ignorance... Il est heureux que quelques gens veulent s'y donner... et je loue fort les Du Cange et Muratori qui, se dévouant comme Curtius, se sont précipités dans le gouffre : mais je serais peu curieux de les imiter; Sainte-Palaye, au contraire, s'extasiait de voir ensemble tant de paperasses du dixième siècle... »[96] Quant à Maffei[97] l'orientation artistique qu'il donne aux études archéologiques trouve un écho dans les travaux du comte de Caylus[98]. Mais pour autant, la passion de l'observation, de la collection qui animait les amateurs des inscriptions et des monuments antiques à l'Académie ne les mena point à la confection de recueils épigraphiques complets regroupés en corpus (à l'exception du corpus d'inscriptions antiques ébauché par un correspondant nîmois associé, Jean-François Seguier, laissé inachevé), ni au principe essentiel selon lequel une inscription ou un monument isolé ne livrent qu'une partie minimale de leur secret, ni davantage à la technique de la restitution qui permet de combler les manques d'une inscription effacée ou d'une pierre brisée. Les seules réussites notables sont à observer dans le domaine de l'épigraphie grecque à partir des voyages effectués par Michel Fourmont et François Sevin et des inscriptions qu'ils avaient rapportées de Grèce et d'Asie Mineure[99] et qui permettent à l'abbé Barthélemy de donner encore une fois sa mesure dans le déchiffrement d'une inscription rapportée par Fourmont du temple de Zeus Amycléen dégageant des éléments de chronologie épigraphique[100]. C'est seulement à l'extrême fin du XVIIIe siècle que l'Académie trouve un grand spécialiste d'épigraphie grecque en la personne de d'Ansse de Villoison[101].

96. Président des Brosses, *Lettres familières sur l'Italie*, Paris, an VII, t. 1, p. 360, cité par E. de Broglie, *op. cit.*, t. 1, p. 328-329.

97. Francesco Scipione Marchese Maffei (1675-1755), honoraire étranger à l'Académie en 1734.

98. Cf. K. Pomian, Maffei et Caylus, art. cité, *op. cit.*, p. 201.

99. Cf. l'abbé Michel Fourmont (frère de l'hébraïsant Etienne Fourmont) (1690-1746), entré à l'Académie en 1724. Il a rapporté un mémoire, Remarques sur trois inscriptions trouvées en Grèce, *MAI*, XV, de son voyage en 1728. Cf. *supra*. L'abbé François Sevin (1682-1741) entre à l'Académie en 1711, a entrepris toute une série d'études sur l'Asie Mineure et la restitution des inscriptions grecques.

100. *MAI*, XXXIII, p. 294.

101. Jean-Baptiste d'Ansse (ou Dansse) de Villoison (1750-1805), entré à l'Académie comme associé en 1791. Cf. *MAI*, XLVII, p. 283.

Vers 1820, l'Allemand Böck entreprendra de réunir l'ensemble des inscriptions grecques connues après qu'Antoine-Jean Letronne, mort en 1848, auteur d'un corpus inachevé des inscriptions grecques, latines et égyptiennes en eut posé les bases. Pour l'essentiel, dans les travaux de l'Académie, l'idée de collection a continué de l'emporter sur celle de corpus. Il ne faudrait pas cependant tenir pour entièrement négligeable cette forme d'accumulation primitive du capital épigraphique et archéologique que représentent les pratiques de la collection et que mettent en œuvre les voyages en Méditerranée orientale, le regroupement académique des érudits antiquisants et bientôt la création de musées nationaux qui correspondent à ce stade de la connaissance de l'Antiquité : la création du Musée du Capitole à Rome en 1734, du British Museum en 1753, précédera celle du Musée national du Louvre en 1793[102].

L'incertitude des premiers temps paraissait avec éclat dans la chronologie qui était le point oméga des incertitudes de l'histoire des antiquaires, comme le laissait justement entendre l'article « Chronologie » de l'*Encyclopédie* : « Plus les tems sont reculés, plus aussi la mesure en est incertaine. Aussi est-ce principalement à la "chronologie » des premiers tems que nos plus savants hommes se sont appliqués. M. de Fontenelle, M. Bianchini comparent ces premiers temps à un vaste palais ruiné dont les débris sont entassés pêle-mêle et dont la plupart même des matériaux ont disparu. Plus il manque de ces matériaux, plus il est possible d'imaginer et de former avec les matériaux qui restent, différents plans qui n'auraient rien de commun entre eux. Tel est l'état où nous trouvons l'histoire ancienne. Il y a plus ; non seulement les matériaux manquent en grand nombre par la quantité d'auteurs qui ont péri ; les auteurs mêmes qui nous restent sont souvent en contradiction les uns aux autres. » Selon qu'on se référait au texte de la Vulgate ou à celui des Septante on trouvait des différences considérables quant à la date de la création du monde. Cela faisait des oppositions fort marquées et il ne s'agissait pas

102. Cf. Paul-Marie Duval, L'archéologie antique, in *L'histoire et ses méthodes, op. cit.*, p. 259; Georges Daux, *Les étapes de l'archéologie*, Paris, 1942.

seulement de l'histoire sacrée. Mais, comme le disait encore l'*Encyclo-pédie* : « Des points les plus essentiels de l'histoire sacrée et de l'histoire profane ; tels que le nombre des années qui se sont écoulées depuis la création ; la distinction des années sacrées et civiles parmi les juifs, le séjour des Israélites en Egypte ; la chronologie des Juges, celle des Rois de Juda et d'Israël ; le commencement des années de la captivité ; celui des Septantes, l'histoire de Judith, celle d'Esther, la naissance, la mission, la mort du Messie, etc., l'origine de l'Empire des Chinois, des dynasties d'Egypte, l'époque du règne de Sésostris, le commence-ment et la fin de l'Empire d'Assyrie, la chronologie des rois de Babylone, des rois mèdes, des successeurs d'Alexandre, etc., sans parler des tems fabuleux et héroïques... »[103] On avait déjà beaucoup œuvré dans ce domaine où un tournant s'était amorcé avec l'œuvre de Juste-Josèphe Scaliger[104] qui avait tenté de constituer une chrono-logie scientifique à partir des tables astronomiques et en mettant en parallèle la chronologie biblique avec les chronologies païennes. Scaliger comprit qu'il était indispensable, à qui voulait utiliser les calendriers des Anciens, de les concilier avec leurs systèmes astro-nomiques. Cela exigeait un immense travail que l'érudit mit en œuvre dans son ouvrage en huit livres. Le travail de Scaliger aura été de réduire toute la chronologie à une seule et nouvelle, la chronologie julienne qui comprenait une période de 7 980 années obtenues en

103. Et l'article « Chronologie » de donner le tableau suivant :

Selon la Vulgate		
	Ussher	4 004 ans
	Scaliger	3 950 –
	Petau	3 984 –
	Riccioli	4 184 –
Selon les Septantes		
	Eusèbe	5 200 ans
	Les tables alphonsines	6 934 –
	Riccioli	5 643 –

Eusèbe de Césarée avait constitué une chronologie sur la version des Septantes. Cf. Jean Sirinelli, *Les vues historiques d'Eusèbe de Césarée durant la période pré-nicéenne*, Paris, 1961.
104. Cf. Anthony Grafton, Josèphe Scaliger and historical chronology, the rise and fall of a discipline, *History and Theory*, 1975, XIV; J.-I. Scaliger a publié son *De Emendatione Temporum* en 1583.

combinant le cycle solaire (vingt-huit ans), le cycle lunaire (dix-neuf ans) et un cycle de quinze ans dépourvu de signification astronomique. Scaliger débuta sa chronologie en 4713 avant J.-C., une année avant que les trois cycles ne coïncident et avant aucun événement historique connu. Comme Anthony Grafton l'a très justement remarqué : « It is usually said that Scaliger improved of his predecessors by combining astronomical studies with philology and by adding investigations of ancient near eastern history to the conventional study of Greece and Rome. Neither of these statements is correct, at least in so far as they imply that Scaliger was original in these two respects. »[105] La méthode astronomique associée à la méthode historique avait en effet déjà été utilisée par Johannes Lucidus Samotheus dans son *Opusculum emandationibus temporum* (1537), comme par Jean Bodin dans sa *Méthode pour la connaissance de l'histoire* (1566). L'originalité de Scaliger doit donc être attribuée, estime Grafton, à la capacité de se servir de bonnes sources : « Scaliger's attempt to formulate and apply a rigourous method of source criticism is a previor part of his achievment. » Les critiques ultérieures des deux jésuites Clavius et Petau confirmaient l'importance des travaux de Scaliger. Le P. Petau poursuivit l'œuvre engagée dans son *De Doctrina Temporum* en 1627[106]. Mais des difficultés plus considérables pour les chronologistes chrétiens surgirent avec la découverte des annales de chronologie chinoise, traduites par les missionnaires jésuites, qui semblaient remonter en deçà de la date de la création et par confrontation avec la liste des dynasties égyptiennes constituée par Manéthon. C'est là que la chronologie biblique allait rencontrer ses obstacles les plus importants. Des académiciens comme Gibert essayèrent néanmoins de concilier les renseignements

---

105. Anthony Grafton : « On dit communément que Scaliger a surpassé ses prédécesseurs en combinant les études astronomiques à la philologie et en associant des recherches sur le Proche-Orient classique à l'étude traditionnelle de la Grèce et de Rome. Aucune de ces assertions n'est correcte dans la mesure où elles impliquent que Scaliger était original dans ces deux domaines » (art. cité).

106. L'œuvre du P. Petau a été traduite au XVIIIᵉ siècle par Moreau de Mautour, Paris, 1718. De nombreux chronologistes depuis l'Antiquité avaient contribué à dresser des computs : Jules l'Africain, Eusèbe de Césarée, saint Cyrille, Bède et dans les Temps modernes, Marshaw, Vossius, Pagi, Pezron et bientôt Fréret et Newton.

païens avec la chronologie de la Bible[107]. Le problème de la date de la création fut abandonné avec la publication des œuvres des naturalistes et en particulier avec la parution de *L'histoire naturelle* de Buffon en 1749.

A ce point, il faut reconnaître que si, dans la mutation qui a transformé les antiquaires en historiens savants, la diplomatique d'abord, la numismatique et l'épigraphie ensuite ont proposé des relais incontestables, il n'en va pas exactement de même pour la chronologie antique. On se souvient en effet de ce que dans ses *Réflexions sur l'étude des anciennes histoires* (*MAI*, VI), Fréret établissait ses convictions chronologiques sur des textes qui ne constituaient à aucun titre des sources originales mais des estimations faites après coup par des historiens qu'il estimait être dignes de foi. Ajoutons que les témoignages de Bérose et de Manéthon, et surtout celui de Manéthon que Fréret adoptera, ne nous sont connus à leur tour que par une compilation que l'on trouve dans Flavius Josèphe, Eusèbe de Césarée et Jules l'Africain. L'historien moderne fondait sa certitude sur le sentiment que « les historiens de l'époque hellénistique appartenaient à une civilisation qui partageait avec la sienne un goût commun de la vérité à une période de niveau élevé de la science »[108] et selon lui, après la conquête de l'Asie par Alexandre, les Grecs « portèrent la critique dans un esprit de discussion et d'exactitude que l'on n'avait pas encore employé communément dans les matières historiques; on examine les titres et les fondemens des grandes histoires et cet examen produisit tous les ouvrages de chronologie qui parurent alors »[109]. Sans doute, en sauvant, sous le chef de certitude probable, le témoignage des historiens de l'époque hellénistique,

---

107. Cf. Gibert, Dissertation sur les premiers habitants de la Grèce, *MAI*, XXV; Mémoire sur la chronologie des rois de Juda et d'Israël. Eclaircissement sur le règne de quelques rois de Babylone et de Perse, *MAI*, XXXI.

108. N. Fréret : « La plus grande partie des ouvrages composés par les Grecs sur les antiquités historiques ont esté publiées sous les successeurs d'Alexandre par des écrivains élevés dans les scavantes écoles d'Athènes, d'Alexandrie, de Cyrène, de Pergame, etc. lorsque les sciences exactes, la géométrie, l'astronomie, les mathématiques, la dialectique, la morale, etc. florissaient dans la Grèce » (*MAI*, VI, p. 164).

109. *MAI*, VI, p. 168.

Fréret a-t-il su conserver à l'histoire ancienne un échafaudage sans lequel aucun progrès de la connaissance n'était envisageable. Mais ne nous leurrons pas : la chronologie instituée sur de telles bases ne pouvait prétendre à la certitude de la diplomatique et elle ne manquera pas de subir l'assaut des contestations tout au long du siècle. En dehors de la polémique avec Newton[100], le système chronologique de Fréret sera disputé par La Nauze[111] qui s'intéressa au calendrier romain[112], au calendrier égyptien[113], à la grande année[114], à l'année solaire et lunaire, etc. Fréret trouvera aussi sur son chemin Gibert[115]. Alors que Fréret dans ses « Observations générales sur l'origine et sur l'ancienne histoire des habitants de la Grèce »[116] avait substitué à l'histoire comparée fondée sur les généalogies bibliques une recherche établie sur la mythologie et la philologie comparées, Gibert, dans sa « dissertation sur les premiers habitants de la Grèce »[117] tentera d'établir que les Pélasges avaient une origine à la fois syrienne, phénicienne et égyptienne en soulignant la proximité linguistique de Japet aïeul de Deucalion avec le Japhet biblique fils de Noé. L'abbé Belley s'inscrit dans le même courant[118]. En revanche Larcher[119] revint aux positions défendues par Fréret, en particulier dans l'examen

110. Cf. liv. I.
111. Louis de Jouard de La Nauze (1696-1773), entré à l'Académie en 1729.
112. *MAI*, XXVI.
113. *MAI*, XIV.
114. *MAI*, XXIII.
115. L'observation sur les différentes suites des rois d'Egypte, *MAI*, XIX; Dissertation sur les premiers habitants de la Grèce, *MAI*, XXV; Mémoire sur la chronologie des rois de Juda et d'Israël, *MAI XXXI*; Eclaircissements sur les règnes des anciens rois de Babylone et de Perse, *MAI* XXI; Nouvelles observations sur l'année des anciens Perses, *MAI*, XXI.
116. *HAI*, XXI, p. 7 et sq. et dans ses papiers déposés dans les archives de l'Académie des Inscriptions, on trouve cette profession de foi : « Il m'a toujours semblé qu'on ne pouvoit être trop circonspect lorsqu'il s'agit de comparer et de lier ensemble, les anciennes traditions soit historiques soit mythologiques des nations que de les voir contenues dans les loys de Moyse » (*AI*, c 37).
117. *MAI*, XXV, p. 1 et sq.
118. *MAI*, XXI, p. 391, 406, 415. Augustin Belley (1697-1771), entré à l'Académie en 1744.
119. Pierre-Henri Larcher (1762-1812), entré à l'Académie en 1778. Cf. Recherches et conjectures sur les principaux événements de l'histoire de Cadmus, *MAI*, XLVIII, p. 37.

de la chronique de Paros[120]. Mais à l'extrême fin du siècle, la querelle chronologique rejaillira de nouveau avec l'entrée à l'Académie de l'astronome Jean-Sylvain Bailly[121], après la publication de deux livres qui avaient exercé un retentissement certain, les *Lettres sur l'histoire des sciences* (1777) et les *Lettres sur l'Atlantide de Platon et sur l'ancienne histoire de l'Asie pour servir de suite aux lettres sur l'origine des sciences* (1779). Bailly estimait qu'une civilisation située dans le Nord avait existé avant l'arrivée de grandes catastrophes et que, sous une forme initiatique, des restes de sa « *prisca sapientia* » avaient été transmis aux civilisations historiques.

Les conséquences de la crise épistémologique qui avait secoué l'Académie des Inscriptions en 1724 eurent donc des résultats équivoques dans la définition de l'histoire antique. D'un côté, ils ont étendu le nombre de ces méthodes d'instrumentation en ouvrant de nouveaux chemins à la numismatique, à l'archéologie et à la chronologie. De l'autre, le degré d'incertitude maintenu à l'intérieur même de l'adoption des chronologies antiques par le recours aux témoignages des historiens anciens qui relève d'une épistémologie prédiplomatique accentuera les habitudes traditionnelles des antiquaires et des collectionneurs. La révolution diplomatique avait accompli une mutation de l'activité des antiquaires en leur permettant d'accéder à la dignité d'historiens savants mais le rayonnement de cette mutation s'arrêtait aux textes écrits, aux sources qu'on pouvait désormais authentifier. Là où ces textes écrits faisaient défaut, et tel était le cas de l'histoire ancienne des premiers temps, la certitude aussi s'arrêtait. Pour partie, comme l'a justement souligné A. Momigliano[122], l'histoire ancienne est donc demeurée une histoire établie par des antiquaires. Dans le domaine des études anciennes, qu'il s'agisse des antiquités gréco-romaines, ou de celles de l'Egypte et de l'Orient, loin de s'effacer devant l'histoire savante pour autant que ses protocoles de

120. Cf. *MAI*, XXVI. Cf. Chantal Grell, *op. cit.*
121. J.-S. Bailly (1736-1793), entré comme associé à l'Académie en 1786.
122. A. Momigliano : « L'enseignement des *antiquitates* et la manière d'en écrire, comme d'un sujet différent de l'histoire, ont persisté jusqu'au XXᵉ siècle... » (L'histoire ancienne et l'antiquaire, art. cité, *op. cit.*, p. 284).

recherche se limitaient aux textes écrits, les méthodes des antiquaires ont plutôt connu un regain de vitalité. Nombre de ces amateurs collectionneurs, dilettantes, chercheront moins à étendre leur science qu'à découvrir des secrets, espéreront moins retrouver la réalité des sociétés passées que capturer les pouvoirs secrets d'une sagesse ineffable. Dès lors, « les antiquités » cesseront d'appartenir aux érudits ou aux professeurs de collège pour devenir le bien commun des chercheurs de trésors et des amateurs de symboles, des passionnés de l'ésotérisme et des maniaques de l'initiation; elles deviendront le but des collectionneurs qui veulent retrouver, derrière les styles d'une culture, un raffinement plus haut ou une hiérarchie sociale plus élaborée. Chez ces amateurs d'antiquités, le Cabinet des Médailles et la collection d'antiques changent de sens : ils ont puissance et prix, mystères et styles, ils sont des formes non du savoir mais de l'art ou du social. L'antiquité occupe la place d'un mythe édifiant et fondateur pour la civilisation à venir. C'est dans l'élan néo-classique des amateurs d'antiquités que prendra naissance l'emballement préromantique lequel finira, passé l'amour des ruines, par infléchir définitivement le rapport au passé. Cette constatation ne devrait cependant pas porter à un pessimisme exagéré dès lors qu'on remarque que ce qui a été perdu en intensité de validité, a été gagné en extension épistémologique. Ainsi Nicolas Fréret, dans ses *Observations générales sur l'origine et sur l'histoire des premiers habitants de la Grèce*[123], illustre souverainement le passage de la chronologie à la mythologie et à la philologie comparées. Ne cherchant pas réellement à rapporter l'origine grecque à la Bible et, séparant la colonisation en Grèce des généalogies bibliques issues des fils de Japhet, pour étudier les étapes du peuplement en Grèce, Fréret commence par distinguer les temps fabuleux où n'existait que la tradition orale, des temps historiques qui ont prodigué des témoignages écrits, et tente de repérer l'arrivée des populations à partir de l'enracinement et de la territorialisation des cultes divins en recourant à la philologie et à la mythologie.

123. *MAI*, XXXI.

La mythologie comparée

L'abaissement du paradigme biblique et de l'autorité des fables transcrites par les historiens anciens sont responsables de l'essor de la mythologie comparée. On ne décrira pas ici avec les détails qu'ils mériteraient, les modes de déploiement et de succès de la mythologie comparée parce qu'une épistémologie véritable de cette discipline impliquerait la comparaison avec ses développements au XIXe siècle, lesquels sortent du cadre de notre exposé[124]. Rappelons seulement brièvement que la mythologie comparée va faire basculer l'histoire religieuse classique vers l'histoire universelle et l'orientalisme à travers des remises en cause fondamentales : critique de l'estimation traditionnelle des rapports du monothéisme au polythéisme, le second cessant d'apparaître comme une pure et simple dégénérescence idolâtrique du premier mais revêtant l'expression, chez les uns d'une transposition imaginaire de la réalité historique, chez les autres, d'une transfiguration symbolique des grandes expériences cosmiques, politiques, morales ou esthétiques des sociétés; critique du paradigme d'antériorité de la Bible sur toutes les formes de manifestations religieuses et de la précocité du peuple hébreu sur tous les autres peuples. Successivement l'Egypte, la Chine puis l'Inde sont venus en effet le concurrencer en atteignant, dans la conscience de leurs admirateurs, à la dignité de civilisations philosophiques capables de mobiliser autant la ferveur d'une recherche de l'absolu que la curiosité d'une investigation historique. Ajoutons aussi que de telles recherches ont suscité un énorme écho dans la société du XVIIIe siècle. Sur de telles questions, la lecture des articles « Fable », « Egypte », « Chine », « Inde » de l'*Encyclopédie* convainc assez que les philosophes ne laissaient pas le monopole de la mythologie aux

---

124. Sur cette question on consultera Franck E. Manuel, *The Eighteenth century confronts the gods*, Harvard, 1959 et les ouvrages de V. Pinot, *oper. citat.*; Jurgis Baltrusaitis, *Essai sur la légende d'un mythe, la quête d'Isis, introduction à l'Egyptomanie*, Paris, 1967, 2e édit., 1985.

érudits[125]. Ce qui d'abord a été profondément entamé c'est le prestige
de la mythologie comparée qui avait été conduite sur le modèle des
travaux de Pierre-Daniel Huet et de Samuel Bochard[126]. Après que
l'Anglais Herbert de Cherbury eut disloqué le principe d'une prééminence de la religion chrétienne sur les autres religions de l'humanité[127],
les œuvres de Fontenelle, l'*Histoire des Oracles* et l'*Origine des Fables*
(1724)[128] ont irrésistiblement popularisé la double idée du caractère
fabulateur des représentations religieuses et de l'unité de système de
pensée de la fable. L'idée s'imposait que la mythologie correspondait
à un stade primitif du développement de la pensée humaine, qu'il y
avait eu une enfance de l'esprit humain et que le malheur de l'humanité était le malheur de tout homme tel que l'avait décrit Descartes :
« Le malheur d'avoir été enfant avant que d'être homme. » Dès lors,
la théorie de l'importance des prêtres cédait le pas devant le pressen-
timent du sentiment de la consistance de la mythologie. Comme l'a
dit très justement Georges Gusdorf : « La mythologie comparée
sera l'un des pouvoirs du siècle des Lumières qui lui accordera un
grand intérêt sans parvenir à définir exactement le statut épistémologique qui lui revient. »[129] A l'Académie dans un premier temps,
l'abbé Sevin, l'abbé Renaudot, les frères Fourmont continueront,
sur la lancée de la mythologie comparatiste et bibliciste du XVIIe siècle,
par tenter de retrouver une pérennité entre les divinités du Panthéon
païen et les figures sacrées des Écritures. A partir du moment où le
problème désormais posé est celui de la consistance propre de la
mythologie, plusieurs interprétations s'ouvraient. La première qui
s'imposa à l'Académie avec les travaux de l'abbé Banier[130] est celle

125. Cf. *Encyclopédie*.
126. Cf. aussi Daniel Heinsius (1580-1655) et Georges Vossius (1577-1649).
127. Herbert de Cherbury (1583-1648), dans le *De religione gentilium errorumque apud
eos causis*, œuvre posthume parue en 1663, dégage des principes généraux d'interprétation de la religion nationale dans une perspective anticléricale d'histoire comparée des
religions. Cf. François Laplanche (art. cit.), *Les religions du paganisme antique dans l'Europe
chrétienne*.
128. Probablement rédigé dans les années 1680.
129. Georges Gusdorf, *Dieu, la nature, l'homme au siècle des Lumières*, Paris, 1972.
130. Abbé Antoine Banier (1693-1741). Entré comme élève à l'Académie en 1713,
ses œuvres principales sont l'*Explication historique des fables* (1711) et *La mythologie et les
fables expliquées par l'histoire* (1738-1740).

qui réduisait, selon la doctrine d'Evhémère[131], les différents mythes à la transcription plus ou moins transparente des faits historiques réels. Son effort visait à réduire la substance des légendes et à en restituer leur contenu à l'histoire en reconstruisant le récit historique à partir d'elles. Prodiges, présages, oracles, châtiments ou légendes divines étaient censés travestir ou recouvrir des événements glorieux ou honteux dont on gardait de la sorte le souvenir. Prenant comme exemple le personnage d'Hercule, les communications de l'abbé Banier[132] exercèrent une réelle influence sur ses collègues : sur l'abbé Gédoyn qui cherchait avec le plus grand sérieux à reconstruire l'histoire de Dédale et, en ses débuts, sur Fréret lui-même qui rechercha la chronologie supposée de Bellérophon[133].

A l'opposé et en réaction à l'évhémérisme, triompheront à la fin du siècle des interprétations symbolistes. Le système des prix montra en 1767, 1768, 1769, sur les questions de mythologie, la focalisation de l'attention de l'Académie qui se poursuivit dans les années 1770. Le baron de Sainte-Croix[134] couronné à plusieurs reprises trouva là le point de départ de ses *Recherches historiques et critiques sur les mystères du paganisme* (1784) où il attribuait à l'Egypte un rôle fondateur dans le développement des mystères et des mythes que l'on retrouve en Grèce dans les mystères d'Eleusis, le culte de Cérès, de Proserpine et de Bacchus. Les mystères avaient une éminente fonction politique de transmission et d'initiation du savoir et ils constituaient une sorte d'école des « castes dirigeantes ». L'intérêt principal du livre du baron de Sainte-Croix est de souligner l'existence

131. Utilisé par les Pères de l'Eglise latine dans leur polémique antipaïenne, la doctrine d'Evhémère trouvait donc un regain d'actualité au xviiie siècle. Evhémère, historien grec du iiie siècle avant J.-C., avait écrit une histoire sacrée narrant un voyage dans les trois îles de l'océan Indien où l'on découvrait sur une colonne d'or les hauts faits des (supposés) rois Ouranos, Kronos et Zeus. La leçon de l'ouvrage était que les Dieux du Parthénon grec étaient la transposition de personnages historiques. Sevin fit des recherches sur Evhémère qu'il présenta à l'Académie (*MAI*, VIII), relayé par Etienne Fourmont, *MAI*, XV.

132. *MAI*, X, p. 99; *HAI*, XII, p. 9, XIV, p. 41.

133. *MAI*, VII.

134. Baron de Sainte-Croix (1746-1801) entré à l'Académie comme correspondant en 1746. La seconde édition des *Recherches historiques et critiques* sera publiée à titre posthume par Sylvestre de Sacy.

d'un développement du sentiment moral avec le passage du poly-théisme au monothéisme lors de l'apparition de la religion mosaïque, mais aussi et bien plus encore d'un véritable développement politico-social, dont Moïse avait été l'initiateur, lorsqu'il eut codifié et rendu publics et accessibles à la masse du peuple, les observations légales, les lois et les rites. L'herméneutique de Court de Gébelin qui rédige de 1773 à 1782 un vaste traité, *Le monde primitif analysé et comparé avec le monde moderne considéré dans son génie allégorique et dans les allégories auxquelles conduisit ce génie...*[135], constitue une anticipation de la gram-maire comparée qui ne trouva pas d'accueil à l'Académie, contraire-ment aux travaux de Charles Dupuis qui proposait une étude d'en-semble des religions et publiait (tardivement), en 1795, *L'Origine de tous les cultes ou religion universelle*[136] dans lequel il dégageait les grands principes rituels et symboliques des religions fondés, selon lui, sur la représentation des grandes forces biologiques et cosmiques, la fécondité, la puissance solaire, etc., accordant ainsi une prééminence à l'Egypte ancienne.

Entre-temps, on l'a vu, Nicolas Fréret avait proposé, dans ses *Réflexions générales sur la nature de la religion des grecs*, une voie moyenne qui, en combinant l'interprétation évhémériste à l'interprétation symboliste, faisait de la mythologie comparée un moyen d'accès à l'ensemble de la culture des peuples et débouchait, à partir cette fois-ci de la philologie comparée, sur l'histoire des peuples anciens. Dans son *Mémoire sur les Cimmériens* communiqué à l'Académie en 1745[137] et dans ses « Recherches sur l'origine de l'ancienne histoire des peuples de l'Italie », il entrevit la classification des langues euro-

135. Antoine Court de Gébelin (1725-1784), couronné par l'Académie française mais oublié par les Inscriptions. C'est à un élève de Court de Gébelin, le célèbre pasteur protestant Rabaut Saint-Etienne qui jouera un rôle de premier ordre dans la rédaction de la Déclaration des droits de l'homme et du citoyen, que l'on doit, dans ses *Lettres sur l'histoire primitive de la France*, 1787, plusieurs hypothèses fondamentales pour le devenir de la mythologie comparée : l'anthropomorphisme recouvrant graduellement le natura-lisme et surtout les castes ; et les mythes de traditions d'un peuple antérieur que l'on retrouvera plus tard avec la découverte des hymnes védiques.
136. Charles-François Dupuis (1742-1809), entré à l'Académie comme associé en 1788.
137. *MAI*, XIX, p. 577.

péennes et jeta les fondements des principales observations concernant l'Italie primitive. L'un des principaux apports de Fréret dans ce domaine aura été de reposer le problème de la diffusion des cultures en forgeant un concept de peuple qui ne prenait pas comme seul fondement la généalogie familiale, mais était établi sur une base plus large incluant les habitudes linguistiques et religieuses et faisait donc appel à la mythologie et à la philologie comparées. L'histoire ancienne devenait histoire universelle, histoire de l'humanité plongeant dans une préhistoire fabuleuse qu'il fallait rationaliser. A son tour, cette mythologie comparée, primitivement écartelée à l'intérieur de l'Académie entre les interprètes évhéméristes et symbolistes, a finalement débouché sur une reconnaissance des cultures non occidentales et sur le déploiement des études orientalistes et des études chinoises. Mais hélas, le sacrifice des études hébraïques en constitue le faux frais, comptant payé.

Les études orientales à l'Académie

Si l'on veut bien convenir avec Yvon Belaval et Dominique Bourel que « dans l'histoire de la Bible, de sa lecture et de son interprétation, il appert que ce XVIIIᵉ siècle est nodal »[138], il ne s'ensuit point que la conséquence soit bonne pour le développement des études hébraïques en France à la même époque et singulièrement à l'Académie[139]. Les retombées du scandale créé par le *Traité théologico-politique* et la condamnation de Richard Simon ont quasiment détruit la philologie hébraïque en France. Comme l'a souligné A. Maury « quand Galland et Renaudot, qui avec l'arabe avaient cultivé l'hébreu, n'existèrent plus, on en abandonna la connaissance à des religieux tels que H. Calmet et le P. Houbigant »[140]. Renan, de son côté, dans la récapitulation qu'il proposera de l'histoire des langues sémitiques

---

138. Yvon Belaval et Dominique Bourel, La Bible en pleine lumière, *Le siècle des Lumières et la Bible, op. cit.*, p. 14.
139. *Ibid.*
140. A. Maury, *op. cit.*, p. 251.

ne cite aucun nom français pour le xviiie siècle[141] et on ne peut aligner en France aucun nom comparable à celui de Johann David Michaélis (1717-1791), le professeur de Göttingen qui publia ses *Supplementa ad lexica hebraïca* en 1768, et une série d'ouvrages consacrés à la géographie biblique et au droit hébraïque, ou Johann Salomo Semler (1725-1791) qui, à l'Université de Halle, développe la libre exégèse de l'Ancien Testament. En revanche, il n'est pas moins évident que l'Académie fut le théâtre du déploiement des études orientales, de l'Egypte, de l'Orient classique, de la Perse et du monde arabe, de l'Inde et de la Chine. On ne reviendra pas ici sur la fascination qu'exerça l'Egypte, considérée comme le berceau de la civilisation universelle[142], sur l'esprit philosophique de l'érudition au xviiie siècle qui, avec le déchiffrement des hiéroglyphes effectué par Jean-François Champollion, est à l'origine du plus spectaculaire succès que l'érudition française aura jamais enregistré. Ce succès qui sera remporté au xixe siècle aura été préparé tout au long du précédent par les travaux de Nicolas Fréret et de Jean-Jacques Barthélemy. L'intérêt pour l'Egypte, constant tout au long du xviiie siècle, sera bientôt concurrencé par d'autres études orientalistes. On a vu que l'arabe, déjà étudié au xviie siècle, avait compté avec Barthélemy d'Herbelot (1625-1695), le premier rédacteur d'une somme des connaissances sur l'islam dans sa *Bibliothèque orientale* (1697)[143], et avec Antoine Galland, le traducteur heureux des *Mille et une nuits* (1704)[144]. Les récits de voyage (de Bernier, Tavernier, Chardin), les contes philosophiques (les *Lettres persanes* de Montesquieu, 1721, le *Micromegas* de Voltaire,

141. E. Renan, *Histoire générale des langues sémitiques*, *Œuvres complètes*, t. VIII, Paris, 1958, p. 296 et sq.

142. Cf. liv. I, la biographie de Nicolas Fréret. Jurgis Baltrusaitis, dans *Essai sur la légende d'un mythe, la quête d'Isis, op. cit.*, a bien montré le déploiement de l'égyptomanie au xviiie siècle qui se manifeste chez les érudits, comme Court de Gébelin (*Le monde primitif analysé et comparé avec le monde moderne*, 1773), ou Charles Dupuis (*L'origine de tous les cultes*, 1794), chez les musiciens comme Rameau (*La Naissance d'Osiris*, 1751), Mozart (*La Flûte enchantée*, 1791), ou dans la franc-maçonnerie.

143. Sur Barthélemy d'Herbelot, cf. Jean Gaulmier, A la découverte du Proche-Orient : Barthélemy d'Herbelot et sa bibliothèque orientale, *Bulletin de la Faculté des Lettres de Strasbourg*, oct. 1969.

144. Cf. Mohamed Abdel-Halim, *Antoine Galland, sa vie et son œuvre, op. cit.*

1747) réalisaient un décentrement de l'intérêt qui créait un climat propice à l'orientalisme.

A l'Académie, les études orientales ont nettement bénéficié de la décision prise par l'administration royale d'étoffer et de réorganiser le fonds de la Bibliothèque du Roi. A l'initiative de l'abbé Bignon, un catalogue des *codices orientales* de la Bibliothèque royale était publié en 1737. Plus tard, à la fin du siècle, une commission sera créée à l'Académie pour travailler aux *Notices et extraits des manuscrits de la Bibliothèque du Roi*[145] : huit académiciens furent nommés avec un traitement annuel de 1 500 livres plus 2 000 livres pour le secrétaire perpétuel, l'abbé Barthélemy, Dupuis, Garnier, de Rochefort, de Guignes furent chargés des manuscrits orientaux, de Villoison, Larcher bientôt remplacé par Vauvilliers, Brotier, des manuscrits latins, puis d'autres furent adjoints et Bréquigny, Gaillard, La Porte du Theil, Keralio eurent la responsabilité des manuscrits français. La partie orientale des manuscrits permit de développer, tardivement, les études dans ce domaine. Après Josèphe de Guignes[146], Sylvestre de Sacy[147] est le grand arabisant de l'Académie. En 1785, il expose à ses collègues un *Mémoire sur divers événements de l'histoire des Arabes avant Mahomet et l'Egire et les anciens monuments de la littérature parmi les Arabes*[148]. Il participe à la rédaction des *Notices et extraits des manuscrits de la Bibliothèque du Roi*[149].

A côté de l'Orient classique, l'Inde va devenir également un objet

---

145. Cf. *Lettre du baron de Breteuil au maréchal de Beauvau*, le 13 déc. 1784, A 92. Cf. également Mémoire de Dacier, *MAI*, XLVIII.

146. Josèphe de Guignes (1721-1800), entré à l'Académie en 1753, l'un des meilleurs connaisseurs de l'orientalisme au XVIIIᵉ siècle.

147. Sylvestre de Sacy (1758-1838), entré à l'Académie en 1785. Jouera un rôle plus fondamental au XIXᵉ siècle comme chef de file incontesté de l'orientalisme. Il sera recteur de l'Université en 1815 et administrateur du Collège de France en 1823. Son *Mémoire sur les Antiquités de la Perse* (1793) a été écrit pendant la Révolution. Sylvestre de Sacy se chargera en particulier de toute la partie orientale du t. IV (publié en l'an VII) des *Notices et extraits des manuscrits* pour laquelle il rédigea des notices de lexicographie, des notices sur le Coran, les croyances et les pratiques musulmanes, la philosophie arabe, l'histoire, la littérature et les sciences du monde arabe.

148. *MAI*, XLVIII, p. 484 et *MAI*, L, p. 247.

149. Le premier volume parut en 1787. Au t. II, il analyse l'*Abrégé d'histoire universelle* de Schéhab Eddin Alfassi.

d'étude de prédilection pour certains membres de l'Académie. Si l'ouvrage de Raynal, *Histoire philosophique et politique des Etablissements de commerce des Européens dans les deux Indes*, paru en 1770, constitue le premier reportage à l'usage du grand public, le véritable fondateur de l'indianisme est Anquetil-Duperron[150]. Après l'abbé Foucher qui, depuis 1748, avait tenté d'étudier dans une perfection critique le manichéisme mais sans connaître le vieux perse, la découverte faite par Anquetil-Duperron au cours de la mission qu'il effectuait en 1754 en Inde pour la Bibliothèque du Roi, du code religieux des parsis dont il rapporta une version française, constitua une inflexion décisive. Bientôt ses publications, le *Zend Avesta* en 1771, les *Recherches sur l'Inde*, dont le deuxième volume contenait les premiers textes des *Upanishad*, mettaient à la disposition des Européens de grands textes des cultures indienne et iranienne. Par une série de mémoires à l'Académie[151], Anquetil-Duperron contribua à mieux faire connaître la civilisation perse et l'histoire de l'Empire des Achéménides et des Sassanides. A l'aide de traductions du perse, il ouvrit également la voie aux études indiennes encore en grande partie fermées par l'ignorance du sanscrit. De son côté, Josèphe de Guignes dans un mémoire, *Réflexion sur un livre indien intitulé Bagavada*[152], contribuait à éclairer la route de l'indianisme en mettant en évidence le synchronisme possible de l'histoire indienne et de l'histoire occidentale à travers l'identification du roi indien Çandragupta avec le Sandrakottos des historiens grecs contemporains de Seleucus Nicator, qui avait vécu de 225 à 180 avant J.-C. Il appartiendra néanmoins aux Anglais, grâce à leur établissement dans les Indes, de faire franchir à l'india-

---

150. Abraham Hyacinthe Anquetil-Duperron (1731-1805), entré à l'Académie en 1763 où il multiplie les communications sur la religion et la langue de la Perse antique. Sur les études orientalistes, cf. Raymond Schwab, *La Renaissance orientale*, Paris, 1950.

151. Recherches sur la migration des Mardes, ancien peuple de Perse, *MAI*, C; Recherches sur les anciennes langues de la Perse, *MAI*, XXXI; Réflexions sur l'utilité que l'on peut retirer de la lecture des écrivains orientaux, *MAI*, XXXV; Exposition du système théologique des Perses tirée des livres zends, pehlvis et parsis, Recherches sur le temps auquel a vécu Zoroastre, législateur des Perses et auteur de livres zends, *MAI*, XXXVII et *MAI*, XXXVIII, *MAI*, LX, XLII.

152. *MAI*, XXXVIII.

nisme le saut décisif grâce à la commission dirigée par Warren Hastings (1722-1785) qui publiera un *Code du droit Gentoo ou Institutions des Pundits* à partir de 1776. Mais c'est surtout à Charles Wilkins (1749-1836), magistrat à la Compagnie des Indes, qu'il revient de traduire du sanscrit en 1784 la *Bhagavad gītā* et de fonder avec William Jones (1746-1794) les *Asiatic researches.*

Importées par les missions jésuites, les études chinoises de leur côté se développeront tout au long du XVIII⁰ siècle[153] avec Etienne Fourmont, Josèphe de Guignes et encore une fois Nicolas Fréret. Au P. Couplet on devait, dès la fin du XVII⁰ siècle, un exposé de la pensée confucéenne (1684) et une tentative d'harmonisation de la chronologie chinoise et de la chronologie biblique (1686), au P. de Mailla, une histoire manuscrite de la Chine, dont disposa Fréret. Les missionnaires ne cessaient de faire parvenir des renseignements sur la Chine sous forme de correspondances ou de mémoires[154] que Bertin fit systématiquement publier : les *Mémoires sur les Chinois* parurent à partir de 1776[155]. Par son antiquité et ses singularités, notamment son absence d' « esprit métaphysique », la civilisation chinoise ne laissa pas de fasciner érudits et philosophes[156]. Après des premiers travaux philosophiques, Etienne Fourmont[157] publia une *Grammaire chinoise* en 1742, encore bien imparfaite, Josèphe de Guignes publiera l'*Histoire générale des Huns, des Turcs, des Mongols et*

153. Cf. Virgile Pinot, *La Chine et la formation de l'esprit philosophique en France (1640-1740)*, Paris, 1932.

154. Cf. l'étude de la correspondance de Nicolas Fréret avec les missionnaires par Virgile Pinot, *Mélanges offerts à Gustave Lanson*, Paris, 1922.

155. *Les Mémoires concernant l'histoire, les sciences, les arts, les mœurs, les usages... des Chinois* des PP. du Halde, Visdelou, Parrenin, Amiot, Incarville, Gaubil, Souciet, etc., 15 vol. parurent de 1776 à 1791. La fin de la publication fut assurée par Bréquigny. Un seizième volume paraîtra en 1814.

156. Après Leibniz qui s'est grandement intéressé à la Chine, dans un esprit de sympathie, Malebranche publie en 1708 ses *Entretiens d'un philosophe chrétien avec un philosophe chinois* dans un esprit critique. Le discours de Wolff, *De Sinorum philosophia* (1721), éloge de la sagesse confucéenne, renoue avec Leibniz. Les cérémonies chinoises, enjeu de la querelle des rites, sont définitivement condamnées par Rome en 1742. Comme on l'a vu chez Fréret, l'admiration pour la Chine était souvent le paravent d'exposés spinozistes.

157. E. Fourmont (1683-1745), d'abord arabisant, professeur de langue arabe au Collège royal. Sa grammaire fut présentée au roi.

autres Tartares occidentaux[158]. De Guignes soutint en 1765[159] que l'Egypte était non seulement antérieure à la Chine mais que la Chine était une colonie égyptienne et que l'on devait trouver dans l'écriture chinoise la clef des hiéroglyphes.

Vastes recherches et magnifique programme. Il serait injuste de conclure qu'ils n'ont finalement été mis en œuvre que par des savants de second ordre en arguant que l'inscription à l'état civil des sciences, de la numismatique, de l'archéologie, de l'égyptologie, de la sinologie et de l'indologie, leur est postérieure et souvent étrangère. Ce serait oublier que le plus grand succès des sciences de l'Antiquité au XIXᵉ siècle, le déchiffrement des hiéroglyphes effectué par Champollion, est issu de ces entreprises, et a été rendu possible par l'effort de l'érudition française, entretenu tout au long du XVIIIᵉ siècle. L'échec relatif, si insuccès il existe, ne tient pas au savoir, il a pour cause un état de la société. La dépréciation ne doit pas affecter les savants, mais désigner la dimension sociale de l'Académie. Car, ce que l'Académie des Inscriptions aura d'abord manqué, c'est sa capacité de sacrer ses érudits comme l'Académie française avait su sacrer ses écrivains. Si elle s'est montrée bonne « commission de spécialistes » elle ne s'est pas révélée un corps intermédiaire compétitif entre les savants, le pouvoir et la société. Car ce à quoi elle aura échoué, c'est à établir un pouvoir spirituel des historiens. Pour que l'histoire, obsession de la mémoire nationale, devienne une religion nationale, il faudra attendre le XIXᵉ siècle. Dans la publication et la collation des sources de l'histoire de France, l'Académie des Inscriptions a-t-elle alors mieux réussi comme technocratie ?

158. Paris, 1758.
159. L'Allemand Cornelius de Pauw écrivit en français ses *Recherches philosophiques sur les Egyptiens et les Chinois* (1774) tout exprès pour le combattre.

L'histoire de France, la collation et la publication des sources

Les travaux des historiens de l'Académie sur l'histoire de France n'auront jamais l'importance et l'ampleur des travaux bénédictins. C'est que l'étude de l'histoire de France n'était pas sans danger : Fréret avait été envoyé à la Bastille sur une dénonciation de l'abbé de Vertot; Lancelot[1] dut jeter aux flammes ses *Mémoires pour les pairs de France avec les preuves*; l'abbé Lenglet-Dufresnoy fut mis à la Bastille en 1743 pour avoir donné le tome VI des *Mémoires de Condé*. Néanmoins, peu à peu, les études sur l'histoire de France s'organisèrent à l'Académie.

C'est, d'une certaine manière, la géographie illustrée par d'Anville[2], et notamment sa *Notice sur l'ancienne Gaule tirée des monuments* (1760), qui a jeté les bases de la connaissance de l'ancienne France et permis à des académiciens comme Belley[3], La Barre[4] et encore une fois Fréret[5] de développer la connaissance de la géographie

---

1. Antoine Lancelot (1675-1728), entré à l'Académie en 1729.
2. Jean-Baptiste Bourguignon d'Anville (1697-1782), entré à l'Académie en 1754, l'un des fondateurs de la géographie générale.
3. L'abbé Belley, entré à l'Académie en 1744, cf. *MAI*, LXI.
4. Louis-François-Josèphe La Barre (1688-1738), entré à l'Académie en 1738, *MAI*, VIII.
5. Fréret, cf. liv. I.

des Gaules. De son côté, l'abbé Fenel[6] dressait en 1747 un *Plan systématique de la religion et des dogmes des anciens Gaulois* sur la religion desquels Fréret s'était de son côté interrogé. Les études celtiques s'esquissèrent avec un correspondant de l'Académie, Bullet, qui édita de 1754 à 1759 les *Mémoires sur la langue celtique*[7]. Un débat très vif s'esquissa sur les débuts de la monarchie pris, lui aussi, dans la querelle qui secouait l'opinion partagée entre les germanistes et les romanistes. L'abbé de Vertot, qui avait facilement eu raison de Fréret, eut plus de difficultés à venir à bout de Foncemagne[8]. Dans une série de dissertations parues dans le tome IV des *Mémoires de l'Académie*, l'abbé de Vertot soutint que sous les rois de la première race, la succession héréditaire n'excluait pas un véritable droit d'élection[9]. A son encontre, dans le tome VIII de l'Académie, Foncemagne voulu démontrer que le royaume de France avait été successif héréditaire depuis la première race. Prenant comme cible ouverte l'hypothèse du comte de Boulainvilliers qui avait défendu l'idée d'un caractère électif de l'ancien gouvernement de la France, Foncemagne en profita pour rejeter définitivement la vieille croyance partagée encore par l'abbé de Vertot en l'existence d'un premier roi Pharamond : « Si nous croyons — dit-il — le plus grand nombre de nos historiens modernes, les Français entrèrent dans les Gaules en 420, sous la

---

6. L'abbé Fenel (1695-1753), entré à l'Académie en 1744.
1. J.-B. Bullet, membre correspondant de l'Académie.
8. Foncemagne, cf. ci-dessus.
9. Abbé de Vertot (1655-1735), entré à l'Académie en 1701. « J'entreprends de prouver contre Hotman et ses partisans que la couronne, sous la première race, a toujours été héréditaire, en quoy mon sentiment et mes preuves se trouvent conformes à celles du P. Daniel. Mais en tout temps je soutiens d'un côté contre le P. Daniel que, dès cette première race, cette succession héréditaire n'excluait pas un véritable droit d'élection et de l'autre côté, j'espère faire voir contre l'opinion de M. des Tuilleries que ce droit de l'élection passive n'était point attaché à la seule personne de l'aîné de la maison régnante comme le prétend ce savant critique ni que le choix de la nation pouvait tomber indifféremment sur tous les princes du sang royal dans un certain degré et qu'on a souvent procédé de ses élections sans avoir égard à la ligue régnante et au sang du prince élu » (*MAI*, p. 673-674). (1) Dissertation dans laquelle on examine si le Royaume de France depuis l'établissement de la Monarchie a été un Etat héréditaire ou un Etat électif, *MAI*, IV, p. 672. (2) Dissertation au sujet de nos derniers rois de la première race auxquels un grand nombre d'historiens ont donné injustement le titre odieux de fainéants et d'insensés, *MAI*, V, p. 704. (3) Dissertation sur l'origine du Royaume d'Yvetot, *MAI*, IV.

conduite de leur roi Pharamond et y jetèrent les premiers fondements de notre monarchie; et quand nous remontons le principe de cette opinion devenue presque universelle, nous trouvons qu'elle n'est appuyée que sur quelques mots malentendus d'un écrivain sans autorité... Tyro Prosper sous l'année 420. Grégoire de Tours et Frédegaire n'ont point connu Pharamond, le silence de ces deux historiens fonde un préjugé qui peut au moins balancer le témoignage de la chronique... »[10] Ces recherches sur les origines de la nation française, qui se poursuivaient à l'extérieur de l'Académie chez les publicistes opposés à la monarchie ou chez les théoriciens juste milieu comme l'abbé Dubos ou les bénédictins, vont se continuer dans les rangs de la compagnie avec une série de travaux qui n'ont pas tous été rendus publics. Fréret, par exemple, a rédigé un gros mémoire sur les états généraux qui se trouve dans ses papiers manuscrits aux archives de l'Institut et qui n'a jamais été publié[11]. Dans les papiers Fréret, on trouve en effet une série de documents recueillis pour la rédaction d'un mémoire sur les états généraux qui en retrace l'histoire, des origines à la fin du XVIe siècle. La tonalité du manuscrit est nettement plus germaniste d'inspiration que les publications de Fréret sur l'histoire de France que nous avons évoquées dans sa biographie. Dans ce travail remarquable à plus d'un titre, Fréret développe l'idée qui sera celle des théoriciens du tiers état à la veille de la Révolution, selon laquelle les états généraux ont toujours existé en France et constituent la seule représentation légitime de la nation. De son côté, Lacurne de Sainte-Palaye, l'historien de la chevalerie, s'engagera dans une série d'études concernant les principaux historiens de l'histoire française médiévale, Grégoire de Tours,

---

10. Foncemagne, *MAI*, VIII, p. 507. (1) Second mémoire pour estimer que le royaume de France a été successif héréditaire de la première race, *MAI*, VIII, p. 464. (2) Mémoire historique sur le partage du royaume de France dans la première race, *MAI*, VIII, p. 476. (3) Mémoire historique dans lequel on examine si les filles ont été recluses de la succession au royaume en vertu d'une disposition de la loi sanguine, *MAI*, VIII, p. 479.

11. Mémoire de Fréret sur les états généraux, *AI*. Les papiers Fréret se trouvent en C 34-35-36-37-37 *bis*. Il y a deux copies du mémoire sur les états généraux, C 35 et C 36 *(AI)*.

Eguinhard, Joinville, Froissart[12]. On trouve chez Jean-Baptiste Lacurne de Sainte-Palaye la même dilection pour le tiers état que celle de Fréret, défendue cette fois avec précaution mais sans refoulement. Entré à l'Académie des Inscriptions en 1724, il fait une lecture suivie des historiens de la troisième race et communique à ses collègues une série de mémoires sur Rigord, Guillaume Le Breton, Glaser, Nangis, les chroniques de Saint-Denis, rectifie le texte des chroniques de Froissart[13]. Son grand ouvrage sera consacré à la chevalerie, *Mémoires sur l'ancienne chevalerie considérée comme un établissement politique et militaire*[14, 15]. Le prologue donne le ton : de l'ancienne chevalerie tant vantée par Boulainvilliers, Sainte-Palaye explique que : « Ses mœurs étaient à la fois grossières et respectables aussi dignes d'être étudiées, surtout pour un Français que celui des Grecs ou des Orientaux, comparables sur bien des points et même supérieur en quelques-uns, à celui des temps héroïques chantés par Homère »[16] : après la fleur de comparaison héroïque, la pointe. Elle va bientôt s'aiguiser contre le courant germaniste qui attribuait à la chevalerie une origine à l'époque de la conquête germaine. Sainte-Palaye prend bien soin de souligner combien elle est beaucoup plus tardive : « A regarder la chevalerie comme une dignité — écrit-il — il seroit

---

12. Jean-Baptiste de Lacurne de Sainte-Palaye (1697-1781). Difficile à distinguer de son frère jumeau. Plutôt nommé Lacurne (mais mal connu), Jean-Baptiste figure bien à « Lacurne de Sainte-Palaye » au catalogue auteurs de la BN. Entré à l'Académie des Inscriptions en 1724. Son grand ouvrage est l'histoire de la chevalerie, *Mémoire sur l'ancienne chevalerie considérée comme un établissement politique et militaire*. Des deux projets le *Dictionnaire des antiquités* est d'abord resté l'un manuscrit, 100 vol. in-f⁰ ont été acquis par Moreau pour le Cabinet des Chartes mais publié en 1875-1882, 10 vol. par Favre et Pajot et son *Glossaire de l'ancienne France* dont le prospectus est publié en 1756, et publié (s.l.n.d.) à titre posthume. Ensuite élu à l'Académie française, à l'Académie de Nancy et de la Crusca (fait figurer ses titres dans la publication de ses ouvrages).

13. Mémoire concernant la vie et les ouvrages de Rigord et de Guillaume Le Breton, *MAI*, VIII, p. 528; Mémoire concernant la vie et les ouvrages de Glaber, historien du temps de Hugues Capet, *MAI*, VIII, p. 549; Mémoire sur la vie et les ouvrages de Guillaume de Nangis et de ses continuateurs, *MAI*, VIII, p. 560. Cf. aussi *MAI*, p. 542, 553, 563, et Mémoire concernant les ouvrages de Froissart, *MAI*, XIII, p. 534.

14. Paris, 1759-1781, 3 vol.

15. Ces mémoires ont d'abord été lus à partir de novembre 1746 à l'Académie et publiés en recueil dans l'*AIBL*, *MAI*, XX.

16. *Mémoire sur l'ancienne chevalerie, op. cit.*, t. 1, p. 9.

difficile de la faire remonter au-delà du onzième siècle... il faut en chercher l'origine dans les fiefs mêmes et dans la politique des souve-rains et des hauts-Barons. Ils voulurent sans doute resserer les liens de la féodalité en ajoutant à la cérémonie de l'hommage, celle de donner les armes aux jeunes vassaux. »[17] Et dans une note, selon une innovation savante que l'on retrouvera également chez Mlle de Lézar-dière dont l'appareil suit chaque chapitre, Sainte-Palaye ajoute : « Les mots *miles, militare* s'appliquaient anciennement suivant Du Cange au service qui se faisait dans les palais des Rois et des princes; aux IXe et Xe siècles ils désignèrent le service des fiefs : enfin ils furent employés pour exprimer une nouvelle espèce de milice qui servoit à cheval et avoit le premier rang à la guerre sur l'infanterie et la cavalerie. »[18] Une description assez plaisante de la vie chevale-resque avec la place donnée aux tournois, l'éducation des jeunes vassaux remise aux dames se conclut néanmoins par une sournoise insistance mise sur les rôles domestiques des apprentis chevaliers auxquels on donnait indifféremment le rôle de pages ou de valets. Après avoir loué la chevalerie des premiers temps, Sainte-Palaye souligne qu'elle devint dangereuse après le règne de Philippe le Bel, Louis le Hutin et Philippe le Long : « Sans cesse occupés des démêlés continuels de nos Rois avec le Roi d'Angleterre, ils se livraient uniquement aux exercices des armes tant à la guerre que dans des tournois. »[19] Et de conclure que l'existence de la chevalerie est liée à l'arriération de la société : « Gémissons sur le sort de notre ancienne chevalerie dont nous ne pouvons que trop admirer les lois et la morale; une nation telle que les Athéniens, ou que celle qu'on leur a si souvent et si justement comparée, il est hors de doute qu'elle auroit formé des hommes et des citoyens supérieurs à ceux que Platon avait imaginés. Mais nos ancêtres ne savoient rien; ils raisonnoient peu. Les exploits et le rang de ceux qui parmi eux, faisoient trophée de leur ignorance l'annoblissoient aux yeux du peuple : ils aimoient la gloire

17. *Mémoire, op. cit.*, t. 1, p. 69.
18. *Op. cit.*, t. 1, p. 117.
19. *Op. cit.*, t. 2, p. 22.

mais ils ne connaissoient pas la véritable... On faisoit dans ces siècles grossiers le même cas de l'adresse du corps que l'on en fit au temps d'Homère. Notre siècle plus éclairé n'accorde son estime qu'aux exercices de l'esprit et à ces vertus qui relèvent l'homme au-dessus de son tems, lui font fouler les pouvoirs sous les pieds et le rendent bienfaisant, généreux et secourable. » On ne pouvait dire plus explicitement que l'état de chevalerie était lié à des temps barbares. Le Moyen Age fut l'occasion d'une série de recherches menées par l'abbé de Gourcy (Mémoire sur l'état des personnes en France sous la première et seconde race, 1768)[20]. Gautier de Sibert exposa en 1767 que la servitude était une conséquence du régime féodal[21]. Concurremment aux études menées par les bénédictins, les académiciens se lancèrent également dans des études d'histoire locale et provinciale : Bonamy étudia l'histoire de l'origine du système municipal (*MAI*, XVII et XXI), Bertin, le parent du ministre[22], analysa l'origine des bailliages royaux. Lancelot et l'abbé Lebeuf consacrèrent des mémoires à Raoul de Presles et à Philippe de Maizières[23]. On doit à Lacurne de Sainte-Palaye le développement des études philologiques de l'ancien français dans ses « Remarques sur la langue française des XIIe et XIIIe siècles comparée avec les langues provençale, italienne et espagnole dans les mêmes siècles »[24].

Outre d'innombrables publications dispersées, les unes relatives à la chronologie (travaux de Boivin en 1703), les autres concernant les pièces relatives aux grands procès entrepris notamment par de L'Averdy (procès de Jeanne d'Arc, Gilles Delaval, Robert d'Artois, connétable de Bourbon, amiral Chabot, Nicolas de Salsaide, maréchal de Biron, maréchal d'Ancre, duc de Montmorency, maréchal de Marillac), les membres de l'Académie ont essentiellement continué

---

20. Abbé de Gourcy, correspondant de l'Académie.
21. Gautier de Sibert, Mémoire dans lequel on examine s'il y a eu sous les deux premières races de nos rois un ordre de citoyens à qui on puisse appliquer le nom de Tiers-Etat, *MAI*, XXXVII.
22. Auguste-Louis Bertin de Blagny, parent du ministre.
23. *MAI*, XIII et XXI; *MAI*, XVI, XVII.
24. *MAI*, XXXIV.

leurs travaux sur l'histoire de France dans le cadre de la classification et de la publication d'un certain nombre de sources essentielles.

Le deuxième but de l'Académie consistait en effet dans la collection et le déchiffrement de toutes les traces historiques, en particulier celles déjà possédées par « les Archives royales ». On pourrait penser qu'il ne s'agit que d'un travail de mise à jour des trésors existants qui aurait dû permettre à l'administration royale de retrouver son passé, mais en vérité, les projets confiés aux académiciens dépassèrent largement ces bornes : il fallait en effet archiver les trésors du royaume de France et en particulier ceux dont le Cabinet du Roi était dépositaire, mais aussi collecter la *totalité* (« toutes » — disaient les règlements de l'Académie — les antiquités et monuments de France). C'est ainsi que les académiciens vont s'engager dans la publication collective de sources : 1º les *Notices et extraits des manuscrits de la bibliothèque du Roi* ; 2º le *Recueil des ordonnances des Rois de France de la troisième race* ; 3º la *Table chronologique des diplômes* ; 4º les *Chartes, titres et actes imprimés concernant l'histoire de France*.

En choisissant de publier les sources, l'Académie s'avérait l'héritière et la continuatrice du travail érudit qui avait été poursuivi depuis près de deux siècles de recollection, d'établissement et de relecture critique des textes et des sources qui s'était généralisé dans la science historique européenne. On a vu l'existence chez Pétrarque d'une attitude nouvelle par rapport à l'histoire dans l'intérêt qu'il avait manifesté pour collecter les restes physiques de l'Antiquité. Le sens historique qui s'était affirmé chez les premiers « antiquaires » de la Renaissance italienne, Flavio Biondo *(Roma restorata)*, Cyriac, Poggio, n'était pas séparé d'un goût pour la collection critique. Biondo avait publié en 1453 son *Italia Illustrata* et son œuvre avait influencé l'Allemand Conrad Celtis (qui avait édité à son tour une *Germanie illustrée*). L'école juridique du *Mos Gallicus* avait étayé ses réflexions sur une analyse critique des sources du droit romain : ainsi avaient travaillé Guillaume Budé (1468-1540), André Alciat (1493-1550), François Hotman et Jacques Cujas. Là, une perspective historique s'était dégagée du travail de critique des textes, et le rassemblement des sources avait déblayé le terrain ; tel est le cas de l'*Histoire du langage* qui s'esquisse chez Chaucer *(Troilus and Criseyd)*, de l'histoire de la religion entreprise par Polydor Vergil *(On Inventors*, 1490)[25] ou bien des œuvres de Melanchthon et de Calvin dont nous avons parlé; l'histoire de l'art elle-même avait été nourrie de cette sève de l'inspection comparée comme en porte témoignage l'œuvre de Giorgio Vasari (1512-1574), sans compter les détails historiques qui abondaient chez Ben Jonson, Shakespeare, etc. Et nous avons souligné combien l'histoire juridique du xvie siècle avait été imprégnée de ce point de vue critique. Par le développement intense d'un défrichage des textes anciens dont la charrue était l'étude philologique, incontestablement, les progrès accomplis en chronologie avaient apporté un très sérieux appui à cette recherche des sources. Un grand sillon avait été creusé au milieu du xvie siècle quand Laurent Valla avait reconnu la *Donation de Constantin* comme douteuse ou fausse. C'est lui qui, admiré d'Erasme, avait impulsé le mouvement d'exégèse érudite et critique des textes sacrés : John Colet (1467-1519), ami d'Erasme, avait esquissé la comparaison entre les Evangiles et d'autres sources anciennes, notamment les Epîtres de saint Paul; William Perkings (1602) avait relu l'Ecriture, Casaubon (1559-1604) avait exposé quelques-uns des textes bibliques antidatés, David Blondel (1590-1665) avait mis en cause le Pseudo-Isidore (1628). Bientôt c'est l'authenticité de la Bible elle-même qui avait été suspectée, précédant le scandale européen provoqué par la publication du *Traité théologico-politique* de Spinoza, qui avait encouragé l'audace critique d'un oratorien comme Richard Simon *(Histoire critique du Vieux Testament*, 1678). Andreas von Karlstadt en 1520 et Isaac de La Pereyre en 1655 avaient écrit que Moïse, pour des raisons philologiques, ne pouvait être l'auteur du Pentateuque. Avant d'effriter la religion, la critique avait commencé par la purger de ses mythes. Erasme avait publié une histoire réaliste de saint Jérôme, et Rosweyde, Henschennius, Papenbroeck, Luc d'Achery et Mabillon, les bollandistes et les mauristes n'avaient fait grâce d'aucune falsification à leurs vies des saints. Querelle d'Eglise, la critique était devenue une

25. Cf. Peter Burke, *The Renaissance sense of the Past*, London, 1969.

affaire d'Etat. S'en prenant aux légendes nationales, les historiens philologues, sources à l'appui, avaient broyé les racontars au sujet de Brutus fondant la Grande-Bretagne (Polydor Vergil contre Geoffrey de Monmouth)[26], avaient ridiculisé la fable de l'origine troyenne des Français (Etienne Pasquier[27] et Gabriel Naudé[28]). Mais surtout, mais d'abord, les affaires d'Etat avaient pris l'habitude de se régler en partie sur des bases juridiques. Non seulement les souverains — cela avait été le cas de Charles IV demandant à Pétrarque son opinion sur tel document ancien précisant ses droits en Autriche — mais aussi Colbert, avaient fait établir par Mabillon les titres de la maison royale conservés dans le monastère de Souvigny, ou rechercher par l'abbé de Bourzeix les titres des droits de la reine sur la succession d'Espagne. De même que la critique gallicane du Concile de Trente avait usé de la méthode des sources (en 1607, Jacques Gillot avait publié les *Actes du Concile de Trente*, en 1608, les lettres des rois de France et des ambassadeurs français au Concile). De la même façon, à l'occasion de la controverse de la guerre de Trente ans, les documents avaient été traités avec le plus grand sérieux : pendant la bataille de la montagne Blanche, des documents écrits avaient occasionné entre les combattants une guerre de texte. C'est que dans les négociations diplomatiques qui suivaient les opérations militaires, ils commençaient à peser le poids des canons. Le développement dans toute l'Europe des études philologiques précédant l'abandon du latin comme seule langue de l'opinion publique savante (le *Discours de la méthode* avait été publié en 1637 en français et bientôt le français allait être la langue de communication de l'Europe) s'explique par la naissance de l'Etat national et le besoin de se constituer dans tous ses Etats nationaux cet instrument d'unification par excellence qu'était la langue. En publiant avec un souci d'authenticité critique de nombreuses sources relatives à l'histoire de France, l'Académie des Inscriptions et Belles-Lettres recueillait et fortifiait un assez long et lourd héritage,

---

26. *History of England*, Londres, 1534.
27. *Recherches sur la France*, Paris, 1560, chap. 14.
28. *Addition à l'histoire de Louis XI*, Paris, 1630.

sur un sujet cette fois plus limité mais essentiel à l'Etat, les pièces de l'histoire de France.

Les moyens qui furent mis en œuvre sont ceux qu'autorisait un commerce du savoir ayant pour but la thésaurisation des documents pour constituer l'accumulation primitive indispensable. Il fallait d'abord que fussent acceptées les règles de la diplomatique. On ne s'étonnera pas dès lors de trouver dans les premiers tomes des *Mémoires de l'Académie* une réitérative discussion méthodologique. Elle avait commencé avant le tome VI des *Mémoires* par les assertions de De Vertot qui n'était pas, loin s'en faut, un zélateur des habitudes savantes et qui estimait, de son côté, que l'essentiel était de remonter à l'origine[29], et elle se poursuivit au tome VIII avec l'attaque de Lancelot contre le P. Daniel[30]. Mais l'authentification des diplômes pour laquelle seront acceptées et appliquées les règles de Mabillon n'a de sens qu'à la condition d'en disposer. D'où la nécessité de la collation; et la soif inextinguible des érudits : des sources, toujours plus de sources ! Cette collation impliquait inévitablement un commerce, et débouchait sur une technologie de l'appropriation.

Les deux instruments de la technologie de l'histoire savante dans la phase de collation préparatoire à la publication ont été *la copie* et le voyage.

Comment se procurer la matière première du discours his-

---

29. « ... il est bien difficile d'acquérir une connaissance parfaite de l'histoire d'une nation si on ne remonte jusqu'à son origine et si on ne prend soin de s'instruire à fond des principes de son gouvernement. Sans la connaissance de ce qui s'est passé dans la fondation d'un Etat, on est souvent exposé à prendre des usages qui ont varié, ou quelques événements singuliers pour des lois fondamentales et pour des infractions de la loy pour la loy même » (*MAI*, IV, p. 675).

30. « Le Père Daniel a raison d'être étonné de l'incertitude de nos historiens dans un règne aussi peu éloigné de notre temps. Mais ce qui doit étonner davantage est qu'il n'ait pas voulu prendre la peine d'approfondir le fait et qu'il se soit contenté de se déterminer à une époque par les raisonnements et les conséquences qu'il crée de quelques circonstances qu'il a heureusement remarquées. Il lui aurait été très facile de consulter la relation que Jean Marselin, officiel de Rouen, a faite de cette assemblée d'Etats. Mais supposé que ce manuscrit ne soit pas venu à sa connaissance, est-il excusable de n'avoir pas daigné lire les différentes éditions de ces Etats de Tours faits en 1518, 1658, 1561, 1488, 1614, 1652... Par là il aurait esté en estat non seulement de relever les erreurs de Jean Bouchet, auteur des *Annales d'Aquitaine* et de la *Vie de Louis Sire de la Trémouille* qui place la tenue de ces Etats au mois de juillet 1484... de Belleforest qui les renvoye en 1485... » (*MAI*, VIII, p. 709).

torique, diplômes, chartes, obituaires, cartulaires, capitulaires, etc., tous ces postulats, définitions et propositions premières du discours historique que nous avons aujourd'hui axiomatisés sous le nom d'archives ? Par l'achat quelquefois, la confiscation souvent, le vol de temps à autre, mais plus aisément par cette opération qui constituait toujours et encore le premier labeur de l'historien, sa discipline et son soutien, *la copie*. On a donc copié sans compter et souvent confondu l'activité des antiquaires avec l'avidité maniaque des collectionneurs, déportant dans un musée exilé loin de leurs créateurs ou de leurs opérateurs, la série des objets passés sans grand rapport apparent avec la recherche historique. L'activité du copiste déployée par ces Messieurs de l'Académie sera au rebours des vieilles habitudes des clercs médiévaux disposant de leur temps à répliquer et à enluminer les textes anciens porteurs de dogmes et de règles. La copie savante des érudits ne procède point de l'imitation confiante caractéristique, disait Michelet, du Moyen Age. Elle cesse d'être exceptionnelle, somptuaire et dispersée : on copie tout, on copie partout, ce qu'on a sous la main. L'effort des copistes académiciens s'inspire, en revanche, des exemples de la génération des antiquaires laïques et religieux qui précède la création de l'Académie. De Carcavy et de Baluze qui, chargés de la Bibliothèque de Colbert, avaient fait copier les chartes originales qui y étaient déposées, les préservant ainsi des destructions ultérieures. Des pérégrins qui étaient allés dans toute l'Europe, au seuil et aux *limes* de l'Orient. Les moissons avaient été considérables : par centaines, par milliers « les missionnaires » avaient rapporté copies et manuscrits. D'Italie, Mabillon n'avait pas engrangé moins de 3 000 pièces. La copie n'était plus une œuvre luxueuse de réplication solitaire de textes rares comme métal ou gemmes précieux mais un travail collectif de centralisation et de thésaurisation d'écrits désormais monnayables. Elle avait cessé d'être somptuaire. A l'enluminure, aux graphes superbes et singuliers, l'érudit avait substitué les techniques méticuleuses et communautaires de la prise de notes, du « fichage, de l'interprétation critique ». Finies les surcharges, la broderie grenue qui maculait jusqu'à les rendre illisibles dans une tapisserie aux multiples artisans, parchemins et chartes. La copie devait pouvoir constituer l'élément d'un recueil, la pièce d'un catalogue. S'étaient alors inversés les rapports traditionnels du temps et de l'espace puisqu'au palimpseste, c'est-à-dire au temps nié dans un espace surchargé, s'étaient substitués répertoires, dictionnaires, thésaurus, catalogues, volume pluriel de plans où l'espace en tournant la page accepte de déplier l'événement des moments passés. La collation des sources est inséparable de cette fièvre de l'écriture et de cet emballement de l'impression qui est la caractéristique du livre, de la négociation des écrits, du débat et de la pacification des nations[31]. Retour à l'Ancien Testament, recours à l'Ecriture contre la parole, en tissus bien tramés des textes contre l'envol fuyant des voix, retour à la loi, au débat sur le juste et l'injuste. Le travail du copiste érudit doit être rapporté au mouvement global de retour à l'écriture et à l'inscription; l'écrit sous toutes ses formes devient échangeur universel, monnaie du savoir. Se multiplient en ce temps, comme au xixe siècle, les chemins de fer, les rails vertigineux des correspondances, moyens de communication du savoir. Celle de Mabillon, inlassable, avait fait écho en histoire à ce « central » de l'Europe physicienne et philosophe qu'était la correspondance de Mersenne. Comparée à l'imprimerie, la copie n'était qu'un pauvre instrument de réplication mais elle se souciait non de la menue monnaie des écrits, mais des grands actes étalons uniques et fondateurs. Elle a préparé le travail d'impression et s'est mise au service de la publication. La copie érudite appartient à un nouveau type d'économie du savoir, à la *phase mercantiliste de la civilisation du livre*, dont les érudits avaient assuré la transition et la mise en place. La logique de l'opération ne pouvait apparaître que récurremment et son effectuation au xviie siècle retient l'influence résiduelle de la copie médiévale; mais dans l'ensemble, le travail du copiste a cessé d'être un travail purement privé pour lequel le clerc disposait de tout son temps. A partir du moment où l'on s'était mis à évaluer le coût des masses

---

31. Rappelons que, pas plus que les érudits ne trouvent indigne de l'étendue de leur science l'étroite conscience du copiste, pas davantage des humanistes de haut rang comme Erasme et Budé n'avaient cru se déconsidérer en devenant correcteur aux services des grands entrepreneurs d'imprimerie pendant quelques mois ou quelques années. Ainsi Lefèvre d'Etaples, Budé, Berquin, etc.

d'archives à recopier, il fallait comptabiliser le temps dépensé ici, perdu là. « Travail de bénédictins. » Les bénédictins avaient passé en effet pour le compte de leur ordre, de l'Académie, plus tard du Dépôt des Chartes, des mois, des années à copier, dix-huit heures par jour. Dans l'accent qu'il met que la *quantité de travail* accompli, l'adage traduit une rupture avec l'indifférence médiévale à l'égard du temps ; il manifeste que les sources avaient rompu leurs liens tutélaires avec l'indifférence générale qu'écornait ici ou là un attachement singulier parce qu'on les avait incarcérées dans un répertoire, et promues à l'enregistrement. Le processus ne s'était pas accompli immédiatement et avait laissé place aux initiatives personnelles, aux goûts particuliers des collectionneurs privés du XVIIᵉ siècle, témoin le célèbre Robert de Gaignières estimé par tout le monde érudit et dont la collection viendra enrichir le Cabinet des Manuscrits et la Bibliothèque du Roi. On ne faisait pas toujours clairement la distinction entre l'avantage privé et l'utilité publique : Etienne Baluze, chargé de diriger la Bibliothèque de Colbert, n'avait pas hésité à s'approprier une bulle que Foucault avait choisie pour Colbert et un diplôme de Charles le Chauve qu'on avait emprunté également pour Colbert à des religieux. Il avait exploité dans son propre intérêt les archives de l'église de Narbonne, celles du roi en Languedoc, celle des comtes de Flandres[32]. De même Clairambault avait prélevé sur la donation de Robert de Gaignières quelques pièces[33]. Mais les trésors accumulés par les uns et les autres avaient finalement convergé avec la centralisation des archives, puisque les dépôts centraux qui les accaparaient profitaient de la pré-accumulation qu'ils avaient réalisée. Ce mouvement de thésaurisation avait des aspects contradictoires. Dans la copie, le travail manuscrit s'opposait au mouvement de concentration des sources et de confiscation des secrets, à la logique du dépôt accessible à tous, au mouve-

32. Cf. M. Deloche, *Etienne Baluze, sa vie, son œuvre*, Paris, 1856.
33. « L'inventaire soumis à l'abbé de Louvois était loin d'être complet. On n'y avait pas fait figurer une énorme quantité de pièces que Clairambault estimait sans doute inutiles à la bibliothèque du Roi mais dont il trouva bon de grossir ses propres collections. On peut évaluer à plus de 100 volumes les pièces écrites ou annotées de la main de Gaignières que Clairambault s'est appropriées » (Léopold Delisle, *Le Cabinet des Manuscrits de la Bibliothèque impériale*, Paris, 1868, t. 1).

ment de publication. Cette dialectique influence toujours en ses aspects contradictoires, le travail de recherche historique : l'effort de concentration nourrit le mystère, voire la mystification et s'assure parfois du pillage ; la volonté de publication alimente la publicité, le dévoilement, la donation. En un temps où il n'existait pas de dépôt d'archives officiel, on ne pouvait s'approprier les documents importants que par la ruse ou par la douceur. La douceur c'était l'achat ou le don. Colbert avait écrit le 12 décembre 1680 aux intendants[34] : « Dans les différentes visites que vous faites dans l'étendue de votre généralité, vous me ferez plaisir de rechercher dans les églises, cathédrales et dans les principales abbayes s'il y aurait quelques manuscrits considérables, en ce cas cherchez les moyens de les avoir sans y employer aucune autorité mais seulement par douceur et par achat. »[35] La ruse, c'était la copie mais, obtenues avec difficulté, les copies n'étaient pas toujours communiquées de bon gré. Ainsi Baluze, incorrigible, n'avait accepté de prêter la copie de l'histoire d'une chronique recueillie à grand labeur par lui sur les pages du missel de l'église de Saint-Martin-de-Paré (78 pages in-folio) qu'en ayant auparavant réalisé lui-même une deuxième et très défectueuse version... Plus vive encore qu'entre simples particuliers s'était déchaînée la concurrence internationale : la bibliothèque de Philibert de La Mare avait été rachetée *in extremis* sur les ordres du régent par l'abbé Bignon, pour empêcher qu'elle ne passe en Hollande. Dans une autre affaire, le 15 avril 1731, M. de Villeneuve avait écrit à Bignon : « Dès le premier moment que je fus instruit de la mort du prince de Valaquire... je pensais à l'acquisition de sa bibliothèque, persuadé qu'elle serait reçue avec honneur dans la bibliothèque du Roy. Je pris même toutes les mesures nécessaires pour n'être pas prévenu par les autres nations que je crois n'être pas moins

---

34. Léopold Delisle : « Louvois fera acheter par Girardin 16 manuscrits tirés du sérail et de la bibliothèque arabe qui arrivait à Paris en février 1681. Ou l'échange : Pontchartrain cède un exemplaire de la Byzantine à Veric Obrecht de Strasbourg en échange de 24 manuscrits anciens. Ou encore et mieux, ces cadeaux. En 1697 furent envoyés au roi par l'empereur de Chine 49 volumes que le Père Bouvet apporta le 27 mai et le 2 juin à la Bibliothèque. En 1700 un médecin arabe de Damas offrit un rouleau sur lequel tout le pentateuque était écrit en hébreu et trois manuscrits arabes » *(op. cit.).*

35. Cit. par L. Delisle, *op. cit.*

empressées que nous d'en faire l'emplette. Ma prévoyance n'était pas mal fondée puisqu'il y eut des démarches de la part des Anglais, de l'empereur et même du Pape à cette intention... »[36]. Affrontement si soutenu qu'il ne pouvait éviter le vol; en 1707 un pillard, prêtre dauphinois ayant changé de religion, avait volé des manuscrits. La France elle-même ne rendra jamais à l'Angletrere qui les réclamait les cartes manuscrites dressées au XVIIᵉ siècle sous la direction du comte de Sherburn qu'elle avait capturées sur un vaisseau en course de Dublin à Londres.

Le mouvement d'aspiration et de concentration des sources qui utilisait la copie comme auxiliaire la plus précieuse était aussi parallèle de l'intitution du dépôt légal qui réalisait, par anticipation sur les manuscrits, un mouvement de concentration et de contrôle du texte imprimé. Fondé par François Iᵉʳ en 1737, « le dépôt légal a évolué en précisant et en élargissant la production soumise au dépôt »[37]. En unifiant les procédures de contrôle de l'imprimerie, en réduisant d'abord, pour les supprimer finalement, les pouvoirs de l'Eglise, de l'Université et de la Faculté de Théologie, l'Etat se les était bel et bien appropriés. Le processus de rassemblement des archives était donc en plein développement. Cet élan de confiscation peut aussi être rapporté à l'enquête administrative que venait contrebalancer la finalité de publication. La fonction de l'Académie des Inscriptions et Belles-Lettres, et en particulier l'extraordinaire effort de classification et de publication des archives, est contemporaine d'un effort d'enquête systématique[38]. Ce système des enquêtes, dont une forme plus dis-

---

36. Léopold Delisle, *op. cit.*
37. Robert Estival, *Le Dépôt légal sous l'Ancien Régime de 1537 à 1791*, Paris, 1961. Le même auteur souligne le caractère récurrent quoique irréversible de la mise en place du contrôle : « Le fonctionnement du dépôt légal sous l'Ancien Régime a été modifié à plusieurs reprises. Son évolution paraît avoir un sens. Tout se passe comme s'il s'était agi, pour simplifier les modalités du dépôt et pour en obtenir une plus grande efficacité, de décharger la bibliothèque royale et les autres bénéficiaires des difficultés de la réception directe et de constituer l'ébauche d'un organisme particulier chargé de recevoir et de répartir les ouvrages comme de surveiller le fonctionnement. A l'échelle de l'histoire, la régie du dépôt légal, telle qu'elle s'est constituée, semble bien être l'aboutissement de tentatives d'abord empiriques, mais de plus en plus systématiques. »
38. Cf. liv. IV.

crète, quasi minimale, est celle de la commission formée à l'intention des académies par ordre du ministre, ou au sein du Conseil du Roi, recrutant des maîtres des requêtes, avait débouché sur la constitution d'instances réglementaires de dépôt des textes et des documents; à partir d'un certain amassement irrégulier ou désordonné des documents, la constitution d'organismes réguliers de dépôt et de classement des informations, bref l'établissement d'une archivistique, devenait indispensable.

On avait aussi beaucoup voyagé, en particulier pour amasser les documents nécessaires à la *Table chronologique des charges imprimées* et aux *Chartes, titres et actes imprimés concernant l'histoire de France*. Les archives des pays étrangers renfermaient de nombreuses pièces concernant la France. On avait saisi les occasions qui se présentaient d'en obtenir de fidèles copies. Ainsi avait-on essayé d'entrer, mais bien inutilement, en rapport avec l'Académie de Bruxelles. Le sens des grandes et fructueuses missions, dans le cadre de la publication des sources entreprise par l'Académie, confiée à Bréquigny en Angleterre et à La Porte du Theil en Italie, est celui de la collation et de la publication des sources, de la constitution chronologique de l'histoire savante[39]. Les voyages entrepris par les académiciens constituaient l'aboutissement d'une longue chaîne de déplacements caractéristiques de la nouvelle économie du savoir. L'itinéraire savant qui renoue avec celui de Mabillon, qu'emprunteront nos académiciens, est plus proche des périples de Leibniz en France, en Angleterre ou en Hollande[40] que des évasions de Descartes en Allemagne. Le cavalier français ne voulait que lire dans le grand livre du monde, alors que Leibniz avait rencontré Arnauld, connu la philosophie cartésienne à Paris, approché les collaborateurs de Newton et confronté ses théories du calcul infinitésimal (une polémique en était née sur la paternité de la discipline entre l'Anglais et l'Allemand), et il s'était entretenu avec Spinoza en Hollande. Le voyage était devenu un commerce du savoir dont le but était de rapporter

39. Cf. BN, *Fonds Bréquigny*.
40. Cf. Leibniz, *Œuvres*, t. 1, éd. Lucy Prenant, Paris, 1972.

des moissons d'informations orales ou écrites. La fin du XVIIe siècle et le début du XVIIIe seront ponctués par ces départs. En 1666, le numismate Vaillant est chargé de ramasser des médailles en Italie. L'année suivante, Montceaux et Laisné partent dans le Levant sur ordre de Colbert acquérir des médailles, des pierres gravées et surtout des manuscrits grecs et orientaux[41]. Puis Nointel et Galland déposent encore à la Bibliothèque du Roi une nouvelle forme de document cueilli dans le Levant. Un égyptologue, Wansleb, parcourt l'Egypte en 1671, l'île de Chypre, Alep, Smyrne, Constantinople, mais doit renoncer à pénétrer en Abyssinie. Il envoie à la Bibliothèque du Roi 630 manuscrits grecs et 630 manuscrits orientaux (syriaques, coptes, arabes, persans et turcs)[42]. Un autre orientaliste, l'Orient est décidément à la mode, Lacroix, expédie d'Alep, en 1673-1674, deux caisses de livres arabes. Cassini visite l'Italie et fait livrer de là-bas 800 volumes imprimés. En 1670 Verjus rapporte du Portugal 246 volumes qui s'installent à la Bibliothèque du Roi, Mabillon lui-même avait été envoyé par le roi en 1672 en Flandres, en 1680 en Lorraine, en 1682 en Bourgogne puis en Allemagne et en Italie[43]. En Allemagne, la mission du bénédictin, en partie secrète, avait été de visiter les bibliothèques, les archives, les chartriers des villes et des monastères où il passerait afin de recopier les documents importants pour l'histoire ou même de les acquérir pour le compte du roi. D'Italie, Mabillon était revenu avec 3 000 volumes. A Rome toujours, d'autres copies sur l'ordre du gouvernement français seront exécutées de 1688 à 1689 par Estiennot. L'Orient continue cependant d'exercer une puissante attraction : le P. de Fontenay rapporte, en 1700, douze grands cartons contenant

41. « Mgr Colbert m'a ordonné de prier M. de Montceaux de prendre s'il luy plaist la peine de rechercher pendant ses voyages avec le plus grand soin qu'il le pourra tous manuscrits anciens, en grec, en arabe, en persan et autres langues orientales excepté en hébreu parce que nous en avons icy quantité et de les vouloir achetés par le Roy... Pour ce qui est des matières... celles de la religion sont les plus recherchées ; après cela, l'histoire séculière, la géographie, la philosophie, la médecine et ce qui regarde toutes les parties des mathématiques. » Montceaux rapporta 61 volumes. Cf. *Texte des instructions copiées par Clément revu par Carcavy*, 30 décembre 1667, *Ms. latin 18610*.

42. Cf. *Ms. latin 1712*, f° 157 à 263, une relation imprimée de ce voyage paraît en 1676.

43. Cf. Mabillon, *Itinerarium burgundicum*, 1683, liv. I.

soixante-douze cahiers (qui seront également versés à la Bibliothèque du Roi).

En faisant partir Galland et Sevin dans le Levant, puis d'Ansse de Villoison en Allemagne, en Hollande puis à Venise et Constantinople, l'Académie n'a donc rien inauguré en matière de missions scientifiques, elle n'a fait que continuer une habitude déjà prise. Sevin sera envoyé encore avec Fourmont en 1728 dans le Levant d'où il rapporte des manuscrits grecs et orientaux[44]. Si le travail de Bréquigny à la Tour de Londres défriche un fonds mal connu des Français, La Porte du Theil au Vatican continue lui une œuvre déjà si bien entamée dont Bertin, ministre secrétaire d'Etat, apprécie très justement l'intérêt. Bréquigny se rendit à la Tour de Londres en mai 1764 et travailla dans les archives de l'Echiquier. La monarchie entretenait alors, après le traité de Versailles signé en 1763, de bons rapports avec sa voisine d'outre-Manche à laquelle on avait acheté la paix au prix du Canada. Le voyage de La Porte du Theil au Vatican se situe lui dans la lignée des missions accomplies par Mabillon et Claude Estiennot. On avait attiré l'attention de Bertin, alors ministre secrétaire d'Etat, sur l'importance des richesses que renfermaient, pour l'histoire de France, les archives du Vatican et il y envoya en 1776 La Porte du Theil qui y resta pendant sept années[45].

Commandé, supporté par des moyens financiers, diplomatiques, le voyage savant s'insère dans une véritable politique gouvernementale. De même qu'il a facilité la tâche de la compagnie des Indes et de l'Orient, aidé et suivi par les manufacturiers, Colbert et ses successeurs encouragent les voyages. Car le voyage savant a cessé d'être une quête

---

44. Abbé Michel, Relation abrégée d'un voyage littéraire que M. l'Abbé Fourmont a fait dans le Levant par ordre du Roy dans les années 1729 et 1730, *MAI*, VII, p. 334. Cf. aussi Correspondance Bignon-Fourmont, *Ms. Fr. 15/95*.

45. Relation abrégée d'un voyage littéraire, que M. l'abbé Fourmont a fait dans le Levant, par ordre du Roi, dans les années 1729 et 1730, *MAI*, VII, p. 344; Mémoire sur les recherches relatives à l'histoire de France, faites à Londres, par M. de Bréquigny, 1766, *MAI*, XXXVII, p. 528; Exposé des recherches littéraires relatives à l'histoire de France, faites à Rome, par l'ordre et sous la direction d'abord de M. Bertin, ministre et secrétaire d'Etat, ensuite de M. le garde des sceaux, depuis le mois d'octobre 1776 jusqu'au mois d'août 1783, par M. La Porte du Theil, 1784, *MAI*, XLVI, p. 691; cf. Le Cabinet des Chartes, *supra*.

spirituelle[46]. On chemine pour débusquer et transplanter des trésors. Tous les doctes de l'époque, ingénieurs, médecins, architectes, historiens, prennent le départ. Il ne ressemble pas au tourisme actuel qui épuise dans un défilé accéléré d'images la polychromie de l'exotisme sans briser la glace pour trouver les habitants. Ni Mabillon ni ses successeurs ne cherchent de succédanés au passé, eux qui aspirent à la reconquête de l'histoire. Là où le touriste consomme l'histoire, l'érudit la produit. Rien d'équivalent avec le symposium, le colloque du XXᵉ siècle, où la réunion justifie le déplacement et la mise au point réduit les écarts. Voir, montrer, donner, recevoir, le système des prestations et contre-prestations est bien établi. Les missions du XVIIᵉ siècle, plus préoccupées de donner que soucieuses de prendre, instaurent un échange inégal. Le colloque scientifique expose des produits fabriqués, le voyage classique importe des matières premières. Il est bien un commerce du savoir mais un commerce au stade dernier de la phase d'accumulation : il s'agit de rapports manuscrits, copies ou incunables fauchés au loin pour les engranger bien ficelés dans ces nouvelles fermes de la réflexion qu'on nomme bibliothèques, cabinets, dépôts, etc. A l'intérieur d'un cercle dont la circonférence ne cesse de s'élargir selon les limites du royaume, de l'Europe et de la Terre, un centre, l'Etat national, absorbe et pompe au sens strict tous les flux d'énoncés et de connaissance qui sillonnent sa surface. A cet effet sont utilisés d' « érudits tapirs ». L'itinéraire s'allonge, l'échange se multiplie, la différence s'installe. Le voyage est une technique d'appropriation et de concentration du capital scientifique, un instrument du mercantilisme idéologique conduit par l'Etat.

Les copies, missions à l'étranger, ont donc été les opérations essentielles et préalables au travail de publication des sources dont s'occupera l'Académie. Les publications dont il va être maintenant question ont eu un destin partagé entre l'Académie des Inscriptions et le Cabinet des Chartes. C'est pourquoi nous n'analyserons ici que l'étape qui concernait directement le travail de l'Académie.

---

46. On le voit dans les récits écrits par Mabillon.

Les « Notices et extraits de manuscrits »

Travail d'inventaire et de bibliothécaire surgi d'une plaie commune à tout dépôt, l'entassement. Vient au moment où il faut classer, ficher et surtout épurer et déblayer les pièces rassemblées dont la réunion a tendance à produire des excès aussi incommodes que ceux qu'avait entraînés leur dispersion. Michel Fourmont, Sevin et Montfaucon, Melot, Lapperonier en avaient dressé le catalogue; il s'agissait alors uniquement d'un inventaire. En 1775, Dacier entreprit d'en faire un début d'analyse. Comme on l'a dit, le 22 décembre 1784, une ordonnance nomma quatre membres avec la mission de présider à la publication du *Recueil*. Dupuy, dont le traitement fut porté à 2 000 livres, Barthélemy, Garnier et Rochefort dirigèrent cette publication qui s'ordonna en trois parties. Les pièces grecques et latines furent classées par d'Ansse de Villoison, Brottier et Larcher, on confia les papiers orientaux à de Guignes et Bréquigny; Gaillard, La Porte du Theil et Keralio s'occupèrent de ranger les documents français. Le premier volume parut en 1787, le second en 1789, 1792.

Le « Recueil des Ordonnances des Rois de France »

S'il est bien un recueil pour lequel, les ministres se succédant, l'intérêt de l'Etat ne faillit point, c'est celui-ci. Successivement le chancelier Pontchartrain, d'Aguesseau — lorsqu'il n'était qu'avocat au Parlement de Paris[47] — puis le secrétaire d'Etat Bertin lui prêtèrent concours. Le 18 février 1700, le chancelier Pontchartrain envoya une circulaire aux chefs des cours supérieures (Parlement, conseils supérieurs, Chambre des comptes, Cour des aides) indiquant que le roi avait résolu de faire faire une nouvelle compilation des ordonnances pour mettre à la disposition des tribunaux dans un seul corps « tout ce qui se

47. D'Aguesseau devint procureur général en septembre 1700 et chancelier de France en 1717. L'histoire de la publication est racontée dans les préfaces de chacun des tomes du *Recueil*.

pratique ou qui doit être pratiqué ». Les chefs des cours devaient donc dresser une table chronologique selon un modèle annexé de toutes les ordonnances enregistrées à leur cour avec ou sans modification. La première table rédigée en 1706 fut adressée la même année pour vérifications aux principaux magistrats des cours supérieures, de même qu'aux intendants qui reçurent mission de la communiquer aux savants et aux communautés de leur réserve. La méthode, toujours la même, de collation et de rassemblement est appliquée et la surprise toujours identique de découvrir des richesses inattendues : « Monsieur le Chancelier de Pontchartrain, en exécution de la volonté du Roy envoya des ordres de tous côtés pour faire chercher et transcrire dans les dépôts publics les ordonnances qu'on y trouverait ce qui a été exécuté avec tant d'exactitude que les ordonnances ainsi recouvertes qu'on ne connaissait presque pas surpassent de beaucoup le nombre de celles qui avaient été imprimées puisque toutes celles de nos rois de la troisième race jusqu'à Philippe de Valois dont il n'y a que 35 ou 40, font ici un gros volume in folio. »[48]

Pontchartrain se reposa sur d'Aguesseau, lequel désigna, pour entamer les premières recherches, trois avocats au Parlement de Paris : Berroyer, Loyer, Eusèbe de Laurière. La *Table des textes*, publiée en 1706 et imprimée in-quarto, était destinée à provoquer par émulation un surcroît d'information : « On publia la table chronologique pour exciter par là les savants à fournir ce qui se pourrait trouver dans les cabinets particuliers et à communiquer leurs observations afin que par ce secours, rien ne manquât à l'exactitude ni à l'entreprise du recueil qu'on se préparait à donner au public. »[49] Le premier tome parut en 1723 sous l'égide de De Laurière et c'est Secousse qui édita en 1729 le tome II préparé par de Laurière. De 1732 à 1750 s'ajoutèrent six tomes en supplément et en 1757 Louis-Guillaume de Vilevault, qui avait succédé à Secousse mort en 1754, fit paraître une *Table générale et chronologique* in-folio des neuf volumes publiés. Ce dernier, qui avait été désigné par le chancelier Lamoignon, s'adjoint Bréquigny (qui

48. Cité par Eusèbe de Laurière, in *Ordonnances des rois de France et de la troisième race*, Paris, 1723, Epître dédicatoire.
49. E. de Laurière, *op. cit.*, Epître dédicatoire.

entra à l'Académie des Inscriptions et Belles-Lettres en 1759). Les tomes s'égrenèrent alors au fil des ans : le neuvième en 1763, le dixième et le onzième en 1769. En 1777 paraît le tome XII, en 1783, le tome XIII. Le tome XIV conclut cette série avant la Révolution qui fut continuée sous le Consulat et l'Empire. Il est intéressant de noter que l'Institut (créé par la loi du 3 brumaire an IV) décidait de la poursuivre par l'arrêté du 15 floréal an IV. On comptait parmi les rédacteurs de futurs rédacteurs du Code civil comme Bigot de Préameneu[50].

Passé le détail des péripéties de publication du *Recueil*, il demeure le dessein : de quoi s'agissait-il ? D'abord de remplacer les collections antérieures qui, malgré les services rendus aux historiens jurisconsultes, étaient lacunaires ou confuses. Le *Stylus curiae Parliamenti* de Guillaume du Breuil, la plus ancienne collection, avait été publié avec des corrections et des additions par Charles du Moulin en 1749. Un meilleur recueil fut édité en 1580 (en 2 volumes) par les soins d'une équipe de juristes comprenant Antoine Fontanon, Pierre Pithou, Bergeron et quelques autres. On élabore un abrégé en 1587 et une nouvelle édition en 1611. Pierre Néron publia ensuite le *Recueil des édits et ordonnances de François Ier à Louis XIV (1647-1656)* en montrant plus d'ambition. On se proposait ensuite ni plus ni moins que de former une loi générale, un code unique « le feu roy se propose... de choisir les plus saintes et les plus justes dispositions des ordonnances que ce recueil doit renfermer pour en former une loi générale qui devint par sa perfection comme par son autorité, la règle immuable et universelle du royal » explique de Laurière dans les attendus du *Recueil*. C'était, à en croire de Laurière, un vœu très ancien de la monarchie dont des esquisses avaient été données par le *Code Henri*, compilation des grandes ordonnances royales commandée par Henri III au président Brisson puis par le *Code Michau* (1629) rédigé par Michel de Marillac mais qui n'avait pas eu d'exécution. Plus explicitement, il souligne que l'œuvre est une apologie de la législation royale au détriment des législateurs

---

50. Entre autres rédacteurs, la commission rassemblait Pastoret, Anquetil, Bigot de Préameneu, puis dans les années 1830 l'Académie des Inscriptions et Belles-Lettres recouvra la direction de la publication. Sur le *Recueil des Ordonnances des Rois de France*, cf. *Les travaux de l'Académie des Inscriptions et Belles-Lettres*, Paris, 1947.

privés : « Votre Majesté verra dans ce premier volume la religion pro-
tégée, les libertés de l'Eglise gallicane soutenues, les guerres privées
proscrites, l'usage barbare de soumettre la vérité et la justice même au
hasard des combats singuliers presqu'entièrement aboli, l'autorité
et les droits du sceptre maintenus contre les entreprises des seigneurs,
les aliénations du domaine de la couronne justement révoquées et les
fortunes des peuples exposées autrefois à la violence et à l'usurpation
devenues tranquilles, florissantes à l'ombre de la justice et de la puissance royales. »[51] Il s'agissait bel et bien d'une esquisse de l'histoire du
droit du point de vue de la puissance royale. Le contenu de ce qui
devait être inséré dans les ordonnances déclencha une vive et longue
querelle. Les matières contenues dans le premier volume traitaient
exclusivement des lois relatives aux différentes puissantes : droits
d'amortissements et d'arbitrage des querelles entre l'Eglise et les seigneurs, francs-fiefs, droits d'aubaines concernant les vagabonds, droits
de bâtardises, frérages et pacages réglant la soumission tutélaire du
paysan au seigneur, guerres privées, duels, domaine de la couronne,
droit royal. Fallait-il comprendre dans le *Recueil* « les privilèges des
villes, des communautés, des corps et des compagnies », ou ne retenir
que les actes royaux fondamentaux ? Deux partis s'opposèrent : Vilevault, Secousse et Bréquigny désirent publier les droits et prérogatives des corps et des villes et les distribuent généreusement dans leurs
publications. Vilevault déclare même en 1763 : « A une époque où le
goût des lettres s'étend, tous doivent contribuer à la publication et à
la conservation dans un recueil fait par l'ordre du roi et sous les yeux
du chef de la justice. » Dans l'histoire il trouve la défense des prérogatives « des compagnies, des corps et des communautés »[52]. Contre
ceux-ci, s'interposent avec succès les hommes d'Etat, le chancelier
René-Nicolas de Maupeou songe à l'allégement et le procureur général
Joly de Fleury conseille de n'insérer que ce qui a rapport à la législation : « Sont à réserver pour un recueil des monuments de l'histoire, les
lettres de sauvegarde, d'apanage, d'érection en terre titrée, les testa-

---

51. De Laurière, *op. cit.*, Epître dédicatoire.
52. Vilevault, *Table générale et chronologie du recueil...*, Paris, 1767, Préface.

ments et contrats de mariage des rois, les concessions aux villes de droits d'octroi et de subsides. » Le refus drastique de Maupeou et Joly de Fleury donne bien la mesure de l'enjeu juridique. Un siècle plus tard Augustin Thierry, après un coup de chapeau à ses prédécesseurs, deviendra précisément, en réalisant leur vœu, l'historien du tiers état : « Ainsi le recueil des monuments de l'histoire du tiers état — écrira-t-il — doit mettre en quelque sorte au grand jour les racines les plus profondes et les plus vivaces de notre ordre social actuel... Car elle réalise un des vœux les plus chers des hautes intelligences historiques du XVIIIe siècle, des Laurière, des Bréquigny... qui voyaient dans les monuments de la législation municipale, l'origine la plus certaine et la plus pure de notre ancien droit coutumier. »[53]

Lorsqu'on poursuit l'énumération des autres publications collectives de l'Académie des Inscriptions et Belles-Lettres, la *Table chronologique des diplômes* et les *Chartes, titres et actes imprimés concernant l'histoire de France*, on rencontre alors une nouvelle institution qui va coopérer, voire même commanditer ces nouvelles œuvres. Dans le cas de l'Académie comme dans le cas de la Congrégation de Saint-Maur, cette nouvelle institution c'est le Cabinet des Chartes.

La « Table chronologique des diplômes, titres et chartes concernant l'Histoire de France »

Sans avoir l'importance du *Recueil* ou des *Diplomata, chartae*, etc., la *Table chronologique* constituait essentiellement un outil de travail pour les savants. Dès 1746, trois membres de l'Académie des Inscriptions et Belles-Lettres, Secousse, Foncemagne, Lacurne de Sainte-Palaye, prièrent le contrôleur général Machault d'Arnouville de faire dresser un catalogue de toutes les chartes imprimées relatives à l'histoire de France qui se trouvaient éparses dans un nombre considérable de

---

53. A. Thierry, Rapport du 10 mars 1837 à Guizot, in *Collection des documents inédits sur l'histoire de France..., op. cit.*

volumes. Leur projet accueilli, Secousse reçut la mission de l'exécuter, mission qu'il accomplit fidèlement jusqu'à sa mort en 1754. Handicapé par une mauvaise vue, Secousse n'était pas toujours à même de surveiller et de corriger l'état défectueux de certains extraits. A sa mort, Lacurne de Sainte-Palaye le relaya jusqu'en 1760 où sa vieillesse le contraint à l'abandon. Bréquigny prit la suite mais, absorbé par sa mission à Londres, son travail dans le recueil des grandes ordonnances, il se fit seconder par Mouchet. La formation du *dépôt de législation* le 31 octobre 1759 qui centralisait les textes législatifs et réglementaires avant de devenir le *Cabinet des Chartes* en 1762, appelé à recueillir les doubles des inventaires de toutes les archives royales, nécessitait un premier inventaire et justifiait par là la *Table chronologique*[54]. A la fin de 1764, cette table n'était encore que manuscrite et formait 23 volumes in-folio[55]. On décida l'impression en 1764, qui fut longtemps retardée par des impératifs de contrôle rigoureux. Enfin parut le premier volume en 1769 qui allait jusqu'en 1031, le tome II était édité en 1775. Au troisième volume, en 1783, le nom de Mouchet était officiellement associé à celui de Bréquigny. Publiée trop tardivement pour donner aux savants et collaborateurs du dépôt l'aide qu'ils pouvaient espérer, la *Table* servit néanmoins à la direction pour organiser le dépôt.

« *Chartes et diplômes relatifs à l'Histoire de France* »[56]

Bien qu'elle fût menée par des académiciens et placée notamment sous la direction de Bréquigny, cette nouvelle publication est essentiellement l'œuvre du Cabinet des Chartes. En prenant l'initiative de ce qu'il considérait comme un *Rymer* français et qui fut imité en Allemagne au XIXᵉ siècle avec les *Monumenta germaniae historica*, Moreau

---

54. Cf. ci-après.
55. Un « concurrent », Louis-Etienne de Foy, abbé de Saint-Martin-de-Seez, s'était attelé à la même entreprise et publiait en 1765 le premier volume d'une médiocre *Notice des diplômes et des actes relatifs à l'histoire de France.*
56. Le titre exact est *Diplomata, epistolae et alia documenta ad res franciscas spectantia ex diversis regni exterorumque regionum archivis ac bibliothecis, jussu regis christianissimi, multorum editorum curis plurumum ad id conferente congregatione S. Mauri, eruta,* Paris, 1791.

souhaitait qu'on disposât de tout le temps utile et qu'on ne manquât pas d'aller explorer des fonds jusqu'alors inconnus. D'où les voyages de Bréquigny et de La Porte du Theil. Le plan de l'ouvrage fut conçu en 1781 et sa réalisation confiée à Bréquigny auquel le garde des Sceaux, Miromesnil, adjoint La Porte du Theil. Un arrêt du 3 mars 1781 nomma une commission de savants placée sous la présidence du Chancelier de France et chargée de préparer la publication. En 1791, parurent simultanément le fruit du travail de Bréquigny et, sous le même titre mais avec un sous-titre spécial, celui de La Porte du Theil qui éditait les *Lettres d'Innocent III*[57].

Que doit-on retenir du travail accompli par l'Académie des Inscriptions ? Le rassemblement, la classification, la publication d'un certain nombre de sources essentielles se sont opérés par un effort continu, collectif et centralisé. *Continu*, puisque impulsé au xviie siècle, le rythme de ses publications se poursuit tout au long du xviiie siècle de manière ininterrompue jusqu'à la Révolution. *Collectif*[58], en ce que cet effort repose sur une *entreprise d'équipe* où se succèdent, avec les mêmes orientations, différents directeurs : ainsi pour la *Table chronologique des diplômes, titres et chartes concernant l'Histoire de France*, trois membres de l'Académie, Secousse, Foncemagne et Lacurne de Sainte-Palaye, sont relayés en 1763, par Bréquigny. Collectif, ce travail l'était également à d'autres titres : d'abord en ce qu'il respectait comme un code déontologique les règles énoncées par Mabillon dans le travail d'analyse des manuscrits. Recherches et publications pouvaient progresser de manière cumulative; ensuite par le sentiment de l'existence d'une communauté historique appliquant la même méthode, n'étant pas restreinte aux limites de l'Académie, mais élargie à tous les grands travaux d'érudition engagés par des ordres ecclésiastiques ou des particuliers. Il ne faut pas s'étonner si, au lendemain de la Révolution, l'Académie réformée se donnera

---

57. Cf. Léopold Delisle, Mémoire sur les Actes d'Innocent III, *Bibliothèque de l'Ecole des Chartes*, 4e série, t. IV, 1898.

58. Ce point a été souligné par Georges Lefèvre qui y voit l'essentiel de l'apport du xviie siècle en matière d'historiographie : « La grande nouveauté, c'est que sous le règne de Louis XIV, on s'est mis à faire de l'érudition collectivement », *op. cit.*, p. 101.

pour tâche de continuer l'*Histoire littéraire de la France* dont les douze premiers volumes avaient été commencés par les bénédictins de la Congrégation de Saint-Maur, le *Recueil des historiens des Gaules et de la France*, entrepris par Dom Martin Bouquet, et plus tardivement au XIXᵉ siècle, la *Gallia Christiana* dont treize premiers volumes avaient paru de 1715 à 1785, de même l'*Histoire des Croisades*, qui elle aussi avait été préparée par un bénédictin (Dom Bertherau). Pas plus qu'il ne faut être surpris des références que les académiciens multipliaient aux travaux des mauristes, des oratoriens ou des francs-tireurs comme Lelong ou Du Cange[59]. Depuis que le bollandiste Papenbroch, dont Mabillon avait discuté les conceptions, avait avoué « être réfuté d'une manière à ne pas répondre », si des divergences subsistaient ou des querelles sur les objets de la démonstration — ecclésiastiques pour les uns, politiques pour les autres — un accord était intervenu quant aux méthodes par l'adoption généralisée des règles de la diplomatique. Enfin ce travail fut *centralisé*, dirigé « au sommet » : non seulement en ce qui concerne ses orientations essentielles, mais aussi dans son déroulement détaillé et, pour le redire, l'administration utilisa tous les moyens officiels dont elle disposait, selon une méthode comparable à celle qu'elle utilisait dans les enquêtes.

Revenons au *Recueil des ordonnances des Rois de France*. Le 18 février 1700, le chancelier Pontchartrain avait envoyé une circulaire aux chefs des cours supérieures (Parlements, conseils supérieurs, Chambre des comptes, Cour des aides). Identique dans l'appui qu'elle reçoit de l'autorité centrale, est la démarche de publication de la *Table chronologique des diplômes, titres et chartes concernant l'histoire de France*. En 1762, le contrôleur général Bertin mit à son service le dépôt de législation qui centralisait depuis le 31 octobre 1759 ces textes législatifs et réglementaires et était sous un nouveau titre, celui de Cabinet des Chartes, appelé à recueillir les doubles des inventaires, toutes les archives appartenant au roi. De la même façon encore, l'administration, à partir d'un arrêté du 3 mars 1761, créait, sous la présidence du

---

59. En particulier ceux du P. Lelong, *La Bibliothèque historique de la France*, rééditée en 1768 par Fevret de Fontette.

Chancelier de France, une commission de savants chargée de la publication de ces archives du Cabinet des Chartes. Celles-ci parurent en 1791. A cette fin, elle utilisa le moyen appelé à se répéter au sein de la recherche historique érudite et très caractéristique de cette période de collation du savoir, parent enfin de l'enquête : *la mission*. Ainsi furent envoyés Bréquigny en Angleterre et La Porte du Theil au Vatican. Ce travail continu, collectif et centralisé, d'érudition, dont les corollaires furent la réunion et la classification des archives, le développement et la réorganisation des bibliothèques, a aménagé les conditions matérielles et méthodiques de la recherche historique. Appliquant des moyens similaires à ceux des enquêtes administratives, traitant de problèmes juridiques, il a constitué un remarquable système de concentration du savoir des droits passés aux mains de l'Etat.

Pourtant, il est remarquable que les opérations de constitution de l'histoire savante, si elles possèdent les caractéristiques que nous venons d'énumérer, n'ont pas pour autant été conduites dans une seule institution et que l'Académie elle-même s'est reconnue impuissante à les organiser puisque c'est dans le cadre de la troisième grande institution de la recherche historique, le Cabinet des Chartes, qu'elles ont abouti. A la fin du xviiie siècle, davantage que des équipes contrôlées et organisées au sein de l'Académie, on voit se réindividualiser des personnalités comme Bréquigny, La Porte du Theil, Lacurne de Sainte-Palaye qui traitent d'égal à égal avec des ministres. Comme si la voie de l'institutionnalisation proprement dite des doctes était bouchée, comme s'il était nécessaire de recourir, même pour des travaux d'une ampleur considérable, aux missions individuelles, qu'on avait connues au xvie et au xviie siècle. L'Académie des Inscriptions, qui n'avait pas tout à fait réussi à devenir une grande compagnie à l'égal de l'Académie française, était-elle alors véritablement parvenue à constituer une techno-structure ?

4

La fin de l'Académie

Sans entrer plus à fond dans l'intéressante discussion soulevée par Daniel Roche pour savoir laquelle des deux fonctions : académie spécialisée dans les sciences et les arts à finalité utilitaire, ou regroupement général au sein d'une communauté baconienne où se côtoyaient savants, techniciens, hommes de lettres, voyageurs, naturalistes, linguistes érudits, avait été choisie par Colbert dans le cas de l'Académie des Sciences, nous ne pouvons que souscrire à son opinion énonçant « que l'intervention savante dans le royaume de la technologie précisait progressivement un pouvoir technocratique »[1] et voir dans l'œuvre de l'Académie des Inscriptions et Belles-Lettres se manifester, sur des questions historiques et juridiques, la même entreprise de collection de savoir que celle poursuivie à l'Académie des Sciences en matière économique et industrielle. Enrôlement du savoir au service du pouvoir qui s'est effectué avec la complicité active des savants intéressés[2],

1. Daniel Roche, Sciences et pouvoirs dans la France du XVIIIe siècle (1666-1803), in *Annales ESC*, juillet 1974.
2. Nous n'en voulons pour témoignage que cette « proposition d'application du savoir et du contrôle des Académiciens aux perfectionnements des arts et métiers de l'Agriculture, adressée par Réaumur au Régent avec demande de rémunération : "qu'on se fasse, par exemple, une loi de donner toujours à des académiciens monnoyes... et

concentration des informations qui va de pair avec un gigantesque mouvement de dépossession : ce qui est apparent dans le cas des travaux économiques de l'Académie des Sciences où l'on vient fouiller et confisquer les secrets des vieux métiers, n'est pas moins vrai pour l'Académie des Inscriptions et Belles-Lettres, car la réunion des documents passés et des droits anciens vient asservir la mémoire aux archives, aux monuments et à la légalité. Il faut noter également que se réalisent, à l'intérieur des travaux d'érudition historiques commandités à l'Académie des Inscriptions et Belles-Lettres, les principes de coopération et de division du travail qu'avaient mis en chantier les bénédictins. Coopération dans le travail collectif, mené par une pluralité d'équipes et sur plusieurs décennies, divisions où se spécialisent en rupture avec l'omnicompétence d'autrefois, les connaissances d'histoire grecque, romaine-latine, médicale...

Mais pour autant, il faut observer que l'Académie des Inscriptions n'a pas formé une technostructure d'Etat au même titre que l'Académie des Sciences. D'abord elle n'a pas influencé les esprits à la manière de l'Académie française ou de l'Académie des Sciences qui ont joué un rôle non négligeable sur l'évolution de l'opinion publique en participant très largement à la rédaction de l'*Encyclopédie*[3], puisque comme Daniel Roche l'a montré 35 % des encyclopédistes ont été des académiciens[4]. Peu nombreux en définitive auront été les membres de l'Académie enrôlés dans des travaux collectifs qui se poursuivront et s'accompliront dans une nouvelle institution créée *ad hoc*, le Cabinet

qu'on leur donne les inspections des différentes manufactures, les inspections générales des chemins, ponts et chaussées... on pourrait même donner à l'Académie une espèce d'inspection de tous les arts mécaniques qui, sans être à charge, contribuerait extrêmement à leurs progrès..." » (cité par J. Bertrand, *L'Académie des Sciences et les académiciens de 1666 à 1793*, Paris, 1809).

3. Ce rôle est bien mis en évidence par Jacques Proust : « Si étroite qu'ait été la philosophie des académies en tant que corps, si limité qu'ait été leur recrutement social, si timides qu'elles fussent dans l'ensemble en face de l'évolution et la société et des progrès des sciences et des lettres, si proches qu'elles soient restées de l'esprit humaniste des érudits de la Renaissance, elles contribueront pourtant largement à favoriser... le goût du savoir et à multiplier les échanges entre les enquêteurs et les savants du royaume et ceux de l'étranger » (*op. cit.*, p. 26).

4. D. Roche, Encyclopédistes et académiciens, *Sciences, pouvoir et société*, Paris, p. 76.

des Chartes. La défiance de l'Etat était sans doute justifiée. Depuis l'élection au début du siècle des membres du cercle Boulainvilliers comme Fréret, Fraguier ou de déistes insignes comme Levesque de Pouilly et Levesque de Burigny, le front des mauvais esprits n'avait pas désarmé et l'Académie refusera obstinément de recevoir Jacob-Nicolas Moreau réputé support du despotisme, parmi ses membres. Mais le contenu de l'opposition s'était infléchi car, en un sens, l'esprit érudit enfonçait l'Académie des Inscriptions dans une sorte de clandestinité. Conscients de leur originalité, les savants ne pliaient point leurs idées au pouvoir en place, pas même à celui devenu considérable des philosophes; l'obscur académicien Bonamy ne craignit pas de rendre des points à Voltaire en le convainquant d'ignorance sur le testament politique du cardinal de Richelieu[5]. C'est donc finalement, hors de l'Académie, dans le Cabinet des Chartes et, sous la conduite de Jacob-Nicolas Moreau dont elle n'avait pas voulu, que sera réalisée la phase décisive pour la constitution de l'histoire savante qu'a été la publication des sources de l'histoire de France en liaison avec le programme de modernisation juridique de la monarchie.

Ni tout à fait un corps, ni tout à fait une bureaucratie, l'Académie des Inscriptions a néanmoins proposé une forme originale d'institutionnalisation des doctes et qui, si l'on en juge aux grands savants qu'elle a compté, était plus qu'estimable. Ne se trouvait-on pas sur la voie de la réussite à partir de 1784 lorsque fut organisée la Commission destinée à publier les *Notices et extraits des manuscrits* ? C'est sur la base de ce travail, en effet, que le nouveau secrétaire perpétuel rédigea un mémoire pour réorganiser le travail académique, augmenter les moyens matériels et en particulier les pensions, mémoire qui est au fondement du nouveau règlement de 1786[6]. Le règlement donné par arrêt du roi le 9 juin 1786 créa cinq nouveaux pensionnaires et réévalua les pensions[7]. Il stipulait que l'Académie devait se vouer à la recherche histo-

---

5. Pierre-Nicolas Bonamy (1694-1770), entré à l'Académie comme associé en 1727.
6. Cf. *MAI*, XLVII, p. 5.
7. Les dix anciens pensionnaires recevaient deux milles livres, les cinq nouveaux huit cents livres, jusqu'à ce qu'ils arrivent aux anciennes pensions par rang d'ancienneté; trois mille livres au secrétaire perpétuel pour les frais et dépenses de l'Académie plus

rique : « L'objet principal et direct de l'Académie étant l'histoire, c'est-à-dire la connoissance des événements, des tems et des pays, des mœurs, des usages, des lois, des arts, des sciences et de la littérature de toutes les nations. »[8] L'Académie s'était également élargie puisque le nouveau règlement enregistrait la nomination de huit associés libres résidant et l'augmentation de cinq pensionnaires en réduisant d'autant le nombre des associés. A cette date, l'Académie comptait quarante membres ordinaires répartis en dix honoraires, quinze pensionnaires et quinze associés sans compter les vingt associés libres[9]. 1786... il était déjà un peu tard et si, nonobstant son rétablissement vis-à-vis de la monarchie, on observe son statut dans la société et ses déboires sous la Révolution, il faut bien conclure à une certaine marginalisation de l'Académie des Inscriptions.

A partir de 1791, le ton de l'administration changea : désormais la sempiternelle formule échangée : « Je suis très parfaitement, Monsieur, votre très très humble et très obéissant serviteur » que l'on trouvait dans les lettres du baron de Breteuil à Dacier, céda la place au décret de l'Assemblée nationale communiqué aux membres de la compagnie dans un style administratif qui abandonnait la formule ancienne, « il plait au Roi ou à sa Majesté de décider », pour : « Louis par la grâce de Dieu et par la loi constitutionnelle de l'Etat, roi des Français. » Nouvelles inflexions durcies en 1792 « Le 8 mai 1792, l'An 1 de la liberté » et en 1793 : « A tous présent et à venir salut, l'Assemblée Nationale a décrété... le 13 février l'an 2 de la République Française ». Ce n'est point qu'avant la dissolution du 8 août 1793 les ministres aient nécessairement été mal disposés; témoin la lettre suivante de Garat dont,

---

une pension personnelle de mille livres qu'il pouvait cumuler avec celle de pensionnaire; six cents livres pour le bibliothécaire; autant pour l'huissier chargé du service intérieur et extérieur ; quatre cents livres pour l'achat de publications ; quatre cents livres pour l'académicien chargé de faire deux fois par an le rapport des travaux de l'Académie en présence de l'Académie des sciences; dix mille livres pour les jetons de présence. La loi du 10 août - 5 septembre 1790 augmentait les frais de bibliothèque et portait les jetons de présence à 12 000 livres, au total 43 908 livres. Cf. lettre de Calonne du 25 mai 1786, *MAI*, XLVII, p. 13, et Aucoc, *L'Institut de France*, *op. cit.*, p. CXLIX.

8. Règlement de 1786, art. XXI; Aucoc, *op. cit.*, p. CXXIV.

9. Cf. A. Dussaud, *op. cit.*, t. I, p. 10.

dans des circonstances tragi-comiques, on sent que son cœur penche du côté des académiciens :

Paris ce 26 Mai 1793 l'An 2
de la République française.

Le Ministre de l'Intérieur
au Secrétaire de l'Académie des Belles-Lettres

J'ai reçu, citoyen, la lettre que vous m'avez écrite le 15 de ce mois relativement à la visite qui a été faite de la salle de séance de l'Académie par des citoyens accompagnés d'un Inspecteur du Bâtiment du Louvre se disant muni d'un ordre de ma part pour aviser aux moyens d'y établir un atelier de Tailleurs pour l'habillement des troupes. Vous me représentez au nom de l'Académie les inconvénients qu'il y aurois à la priver d'un local qui lui est assuré par la Loi de qui sers de Dépôt aux papiers Livres et Monumens indispensables à la continuation de ses travaux.

D'après la vérification que votre lettre m'a mis dans le cas de faire des dispositions que j'aurois pu autoriser pour le Service du Ministère de la Guerre, je m'empresse de vous assurer que je n'ai donné aucune autorisation quelconque pour la visite de la salle dont l'Académie des Belles lettres jouis au Louvre ni aucun ordre qui put la priver de ce local. Vous voudrez bien informer l'Académie de ma réponse.

Garat[10].

C'est plutôt que, dans la tourmente qui s'abattait sur les académies avec le rapport de Grégoire et le discours violent de David préparant la décision de la Convention : « Toutes les académies ou sociétés littéraires patentées ou dotées par la Nation sont supprimées »[11], le particularisme de l'Académie des Inscriptions semblait s'être effacé devant sa qualité d'Institution d'Ancien Régime, même si son énergie, sa vitalité, la part essentielle d'entreprise de constitution de l'histoire savante avaient d'ores et déjà été en grande partie absorbées par le Cabinet des Chartes.

10. Papiers de Garat, A 92.
11. Cf. Aucoc, *op. cit.*, p. LLIII.

ANNEXES

LETTRE DE JEAN CHAPELAIN
A MONS. COLBERT INTENDANT DES FINANCES A PARIS[1]

Monsr

« Le dessein que vous m'avés fait l'honneur de me communiquer est grand, est noble, et tout à fait digne de la grandeur du Roy et de la grandeur de vtre zele pour le service et pour la gloire de Sa Mté. Je l'ay cent fois considéré, et il m'a toujours plus satisfait une fois que l'autre. De sorte qu'il n'y a point à déliberer, selon moy, si la pensee s'en doit executer, et qu'il faut seulement songer aux moyens propres pour le faire. Quant à celuy des Medailles, coe c'est une invention dont les Grecs et les Romains se sont servis pour eterniser la memoire des actions heroïques de leurs Princes, de leurs Capitaines et de leurs Empereurs, acause de l'incorruptibilité des metaux dont elles estoient composées, surtout de celles d'or et d'argent, j'approuve extremement que vous l'employés entre aues à perpetuer celles du Roy, estant un moyen usité de tout temps à une semblable fin et très convenable à la dignité Royale. Mais je suis balancé sur la maniere, car on peut faire ces Medailles ou à l'Antique ou à la Moderne. L'Antique se contentoit de marquer sur le revers quelque figure significative de l'Action ou de l'evenement, quelquefois sans mot, quelquefois avec un mot, mais grave et sans jeu d'esprit. La moderne, la plus part, s'est tournée à mettre sur le revers une Devise qui consiste en un corps et en une ame, qui est une gentillesse introduite dans l'Europe depuis moins de deux cens ans. Toutes deux sont belles et louables ; mais l'Antique, par sa gravité, me sembleroit plus proportionnée à la Majesté Royale que je voudrois qui ne s'en servit que dans les galanteries et dans les Carosels. En cela neansmoins, il faudra suyvre le goust de Sa Mté, après luy avoir representé les raisons de part et d'autre. Pour les Vers, Mons., vous ne pouvés rien imaginer qui allast plus droit à nre but. De toutes les choses durables, c'est sans doute celle qui se defend le plus de l'injure du Temps, lorsqu'une bonne main s'en mesle. Tous les Tombeaux, tous les Portraits, toutes les statues les plus renommées, ont fait naufrage contre cet Ecueil ; les ouvrages mesme de prose les plus exquis ne sont venus jusqu'à nous

---

1. Lettre de Jean Chapelain à Colbert, BN, *Ms. Fr. nouv. acq 1887 Sainte-Beuve*, f° 372 à 376. Cette lettre a été publiée quatre fois : 1° par Taschereau, *Revue rétrospective*, 2e série, t. I, p. 84 ; 2° par Pierre Clément, *Lettres, instructions et mémoires de Colbert*, t. V, p. 587 ; 3° par Tamizey de Larroque, *Lettres de Jean Chapelain, documents inédits*, t. II, m. DCCC.LXXXIII, p. 272 à 277 ; 4° par Josèphe Jacquiot, *op. cit.*

que mutilés et qu'estropiés et les seuls Poëtiques, à conter depuis Homere, au moins les excellens, ont passé jusqu'à nous. Si bien que ce que vos soins feront éclore de vrayment bon en ce genre d'escrire, pour celebrer les Vertus du Roy, sera infailliblem^t ce qui leur donnera l'immortalité. Il est pourtant fascheux que les Merveilles que Sa M^té a desja faittes en si grand nombre, et quelle fera à l'avenir en plus grand nombre encore selon le train qu'elle prend, ayent le malheur de ne pouvoir estre traittés dans un Poëme narratif, pour ce que la Poësie ne se distingue de l'histoire que par les fictions et que l'Art de ce genre de Poëme defend absolument de feindre des choses éclatantes qui peuvent estre contredites par ceux qui coe nous en ont veu les veritables succés à cause que cela feroit perdre la creance à la Narracon et par consequent nuiroit au Prince qu'on voudroit servir. En recompense on peut le celebrer par les Panegyriques qui souffrent la fiction et qui sont capables de toute la sublimité de la Poësie. Et ses Panegyriques se font en rimes plates, que l'on appelle de la mesme sorte que les Elegies; coe celuy de la Picardiere pour la Reyne Marie de Medicis, et celuy de Gombauld pour M. le Cl Mazarin; ou ils se font en stance dont se forment des Odes, coe Malherbe a composé celuy de M. de Bellegarde, et aprés luy presque tous ses successeurs, jugeant cette mesure et ces cadences plus agreables que celles des vers continus. Je suis pour ces derniers, quoy que je n'improuve pas les autres. Les Stances de longs vers, coe celles de Malherbe pour le voyage de henry iiij en Limosin, peuvent aussy soustenir l'Eloge des grandes Actions. Les sonnets mesme ny sont pas malpropres, si c'est un bon ouvrier qui les fait, et il y en a de Malherbe et d'aues qui ne font point de tort à leur matiere elevée et qui n'en rabaissent pas la hauteur. Je viens à l'histoire qu'avec beaucoup de raison vous avés jugé, M^r, un des ppaux moyens pour conserver la splendeur des Entreprises du Roy, et le détail de ses Miracles. Mais il est de l'histoire coe de ces fruits qui ne sont bons que gardés et pour l'arriere saison. Si elle n'explique point les motifs des choses qui y sont raccontées, si elle n'est pas accompagnée de reflexions prudentes et de documens, ce n'est qu'une relation pure, sans force et sans dignité. De les y employer aussy durant le regne du Prince qui en est le sujet, cela ne se pourroit sans exposer au Public les ressorts du Cabinet, donner lieu aux ennemis de les prevenir ou de les rendre inutiles, et trahir ceux qui auroient les liaisons avec luy, lesquelles ne subsistent que par le secret et a l'ombre d'un profond silence. Ainsi, j'estime que si vous faites travailler à l'histoire de Sa M^té en la maniere qu'elle doit estre, ce ne doit estre que pour tenir l'ouvrage caché jusques à ce que les inconveniens remarqués ne puissent prejudicier à ses affaires ni à celles de ses Alliés. Quand toutefois on voudroit passer sur cette consideration si importante, je ne laisserois pas de trouver une très grande difficulté dans l'execution. Car, pour estre bon historien, il faudroit estre trés hoe de bien, parfaitement sçavoir la fin des projets et de la conduitte du Prince qui en seroit le sujet, et estre informé des interests de ses amis et de ses adversaires, posseder la Theorie de la Politique, entendre la pratique de la Guerre, nignorer ni chronologie, ni geographie, nestre point neuf dans les Mœurs et les Coustumes des Nations, avoir veu et extrait les originaux des despesches et des Traittés, ce qui n'est pas une chose trop commune. Mais par dessus cela, et plus que tout cela, il faudroit avoir le genie de cette profession, que si peu de gens ont eu depuis trois mille ans qu'on la fait. C'est un talent naturel qu'il faut avoir eu du Ciel et qui n'est jamais attaché qu'à une très solide cervelle et qu'à une experience de très longues années dans les emplois ou du moins dans les Cours. Combient cependant trouve-t-on de personnes de cette trempe, à qui l'on puisse donner une si forte tasche à faire et de qui on puisse attendre un Travail sans defaut ? C'est là, M^r, ce qui m'embarrasse le plus dans la consultaon de vre projet si louable. Car tout ce qui se fait sans un plan bien juste et sans une oeconomie bien entendüe, asseurement n'est pas bon, quelque brillant qu'il paroisse dans les parties; et tout l'esprit du monde, semé dans un Ouvrage ou le jugement ne preside pas, ne sert qu'à faire un beau Monstre, qui suit la nature des Monstres et qui sans doute ne vit pas. Les gens donc propres à s'en bien acquiter estant si rares en tout temps, sur tout en celuy-cy, je trouve perilleux d'en donner la commission à quelqu'un, et il n'y auroit guere que vous, avec toutes les bonnes qualités qui sont en vous, dont je voulusse respondre qui y reussit heureusement. Pour ne pas neantmoins laisser le Roy sans les louanges qu'il merite, aussi bien en prose qu'en vers, je serois d'avis qu'on employast les meilleures plumes à traitter ses Miracles oratoirement par des Panegyriques pareils à celuy du jeune Pline pour Trajan, que bien plus de gens sont capables de faire, et pour lesquels bien moins de conditions sont requises ? Encore ne croirois-je pas que vous en pussiés rencontrer un grand nombre, tant ce siecle est devenu stérile de personnes de Lettres qui vaillent, coe vous l'avés vous mesme reconnu, et tant ce qu'on appelle esprit et doctrine en la plus part est meslé de confusions et de mauvais sens. Je ne laisseray pas, M^r, de vous proposer à la premiere veüe tous ceux de ma connaissance qui ont le plus de nom en ce mestier, et d'en examiner les qualités avec vous, tant pour la Poésie que pour la Prose Françoise et Latine, soit de nre Monde, soit des Estrangers. Vous prendrés vos mesures sur mes relaons sinceres et jugerés d'eux et de moy souverainem^t. Car ne ne pretens rien en cela que vous plaire et payer par mes diligences et par ma candeur l'obligeante confidence qu'il vous a pleu de me faire de vos si louables intentions M. à V.

Cette minute du manuscrit Sainte-Beuve est amputée de ce dernier alinéa :

Il y a bien, M^t, d'autres moyens louables de respandre et de maintenir la gloire de sa M^{té}, desquels mesme les anciens nous ont laissé d'illustres exemples qui arrestent encore avec respect les yeux des peuples, comme sont les pyramides, les colonnes, les statues equestres, les colosses, les arcs triomphaux, les bustes de marbre et de bronze, les basses tailles, tous monuments historiques auxquels on pourroit ajouster nos riches fabriques de tapisseries, nos peintures à fresque et nos estampes au burin, qui, pour estre de moindre durée que les autres, ne laissent pas de se conserver longtemps. Mais ces sortes d'ouvrages appartenant à d'autres arts que celuy des Muses, sur lequel vous avés souhaité mes sentimens, je me contenteroy de vous en avoir fait souvenir, afin que vous jugiés s'ils peuvent entrer en part de vos autres sublimes idées.

LISTE CHRONOLOGIQUE

DES MEMBRES DE L'ANCIENNE ACADÉMIE ROYALE
DES
INSCRIPTIONS ET BELLES-LETTRES
(1663-1793)

Date de la nomination	Nominations antérieures à 1701
1663	CHAPELAIN (Jean)
1663	BOURZEIS (l'abbé Amable de)
1663	CHARPENTIER (François)
1663	CASSAGNE (l'abbé Jacques)
1672	TALLEMANT (l'abbé Paul)
1674	QUINAULT (Philippe)
1679	PERRAULT (Charles)[2]
1683	FÉLIBIEN (André)
1683	LA CHAPELLE (Henri de BESSE, Sr de)
1683	RACINE (Jean)
1683	BOILEAUX-DESPREAUX (Nicolas)
1683	RAINSSANT (Pierre)
1691	TOURREIL (Jacques de)
1691	RENAUDOT (l'abbé Eusèbe)
1694	LA LOUBÈRE (Simon de)
1695	DACIER (André)
1699	PAVILLON (Etienne)

Date de la nomination	Période de 1701 à 1716
1701	BIGNON (l'abbé Jean-Paul)[3]
1701	CAUMARTIN (l'abbé Jean-François-Paul LE FÈVRE DE), évêque de Blois en 1719

2. Ch. Perrault tint la plume comme secrétaire avant 1679; mais il ne fut membre qu'une fois reçu à l'Académie française. L'abbé Jean Gallois le remplaça quelque temps comme secrétaire, mais ne fit jamais partie de l'Académie des Inscriptions et Belles-Lettres.

3. L'abbé Bignon, neveu de Pontchartrain, assistait aux séances depuis 1694.

Date de la nomination	Période de 1701 à 1716
1701	ROHAN (Armand-Gaston-Maximilien, cardinal de), évêque de Strasbourg
1701	SILLERY (Fabio Brûlart de), évêque de Soissons
1701	LA CHAISE (le P. François d'AIX DE)
1701	BERINCHEN (Jacques-Louis, marquis de)
1701	MABILLON (Dom Jean)
1701	AUMONT (Louis-Marie de LA ROCHE-BARON, duc d')
1701	LE PELETIER DE SOUZY (Michel)
1701	FOUCAULT (Nicolas-Joseph)[4]
1701	BOUTARD (l'abbé François)
1701	FÉLIBIEN (Jean-François)
1701	OUDINET (Marc-Antoine)
1701	FONTENELLE (Bernard LE BOUYER DE)
1701	ROLLIN (Charles)
1701	BEAUJEU (Honoré de QUIQUERAN DE)
1701	COUTURE (l'abbé Jean-Baptiste)
1701	VAILLANT (Jean-Foi)
1701	TILLADET (l'abbé Jean-Marie de LA MARQUE DE)
1701	POUCHARD (Julien)
1701	VERTOT (l'abbé René Auber, Sr de)
1701	CORNEILLE (Thomas)
1701	GALLAND (Antoine)
1701	BOURDELIN (François)
1701	ROUSSEAU (Jean-Baptiste)
1701	SIMON (Jean-François)
1701	PRÉVOST (Jean)[5]
1701	BONNODIÈRE (Jean-René de La)
1701	DUCHE (Joseph-François)
1701	BOIVIN (Louis), dit Boivin l'aîné
1701	HENRION (Nicolas)
1701	MOREAU DE MAUTOUR
1702	VAILLANT (Jean-François-Foi)
1704	LAMOIGNON (le président Chrétien-François de)
1705	FRAGUIER (Claude-François)
1705	BAUDELOT (Charles-César)
1705	DANCHET (Antoine)

4. A la place de d'Aguesseau, qui s'excusa.
5. Exclu en 1712.

Date de la   *Période de 1701 à 1716*
nomination

1705	BOZE (Claude Gros de)
1705	MASSIEU (l'abbé Guillaume de)
1705	VALOIS DE LA MARRE (Charles de)
1705	BOIVIN DE VILLENEUVE (Jean) dit Boivin le cadet
1705	BURETTE (Pierre-Jean)
1706	LA NEUFVILLE (Jacques LEQUIEN DE)
1706	VILLEFORE (Joseph-François BOURGOIN DE)[6]
1706	NADAL (l'abbé Augustin)
1706	BARAT (Nicolas)
1706	BOINDIN (Nicolas)
1706	MORIN (Henri)[7]
1706	PINART (Michel)
1706	LE ROY (l'abbé Louis)[8]
1708	LOUVOIS (Camille LE TELLIER, abbé de)
1708	ROY (Pierre-Charles)[9]
1708	MONGAULT (l'abbé Nicolas-Hubert)
1709	BIGNON (Jérôme), prévôt des marchands
1709	LE TELLIER (le P. Michel)
1710	BOISSY (Jean-Baptiste THIAUDIÈRE DE)
1710	ANSELME (l'abbé Antoine)[10]
1711	SEVIN (l'abbé François)
1711	BLANCHARD (Elie)
1711	HARDION (Jacques)
1712	FANIÈRE (Martin Billet de)[11]
1712	MORIN (Henri)[12]
1712	GODEAU (Michel)[13]
1712	MANDAJORS (Louis des Ours, Sr de Canvas et de)
1713	BANIER (l'abbé Antoine)
1713	FOURMONT (Etienne), dit Fourmont l'Aîné
1714	KUSTER (Ludolphe)[14]

6. Démissionnaire en 1708.
7. Morain, exclu en 1712, renommé la même année, donne sa démission en 1724.
8. Démissionnaire en 1716.
9. Démissionnaire en 1712.
10. Henrion, remplacé comme élève en 1710, est admis la même année à la vétérance et remplacé comme associé.
11. Démissionnaire en 1716.
12. Morin, exclu en 1712, renommé la même année, donne sa démission en 1724.
13. Démissionnaire en 1714.
14. Associé surnuméraire dès 1713.

Date de la nomination	*Période de 1701 à 1716*
1714	BERCY (Charles-Henri MALSON DE)
1714	FRÉRET (Nicolas)
1714	MAHUDEL (Nicolas)[15]
1714	FONTENU (l'abbé Louis-François de)
1714	GOULLEY DE BOISROBERT (l'abbé Alexandre)[16]
1715	SALLIER (l'abbé Claude)
1715	GUALTERIO (Philippe-Antoine, cardinal)[17]
1715	BANDURY (Dom Anselme)[18]
1715	CUPER (Gisbert)[19]

Date de la nomination	*Période de 1716 à 1793*
1716	GEDOYN (l'abbé Nicolas)
1716	LORMANDE (l'abbé Pierre-Paul de)[20]
1716	FALCONET (Camille)
1716	VALINCOUR (Jean-Baptiste-Henri du TROUSSET DE)
1716	RIENCOURT (Charles de)[21]
1716	ANTIN (l'abbé Pierre de PARDAILLAN DE GONDRIN D'), évêque de Langres en 1720 et devenu honoraire
1718	POLIGNAC (Melchior, cardinal de)[22]
1718	ISELIN (Jacques-Christophe)[23]
1719	MONTFAUCON (Dom Bernard de)
1719	LANCELOT (Antoine)
1719	RACINE (Louis)
1721	CHAMBORS (Guillaume de LA BOISSIÈRE DE)
1722	LÉVÊQUE DE POUILLY (Louis-Jean)[24]
1722	FONCEMAGNE (Etienne LAURÉAULT DE)
1722	SECOUSSE (Denis-François)
1723	DUBOIS (Guillaume, cardinal)

15. Exclu en 1744.
16. Exclu en 1727.
17. Honoraire étranger.
18. Id.
19. Id.
20. Démissionnaire en 1719.
21. Démissionnaire en 1727.
22. Honoraore surnuméraire en 1717.
23. Honoraire étranger.
24. Exclu en 1727.

Date de la nomination	Période de 1716 à 1793
1723	FLEURY (André-Hercule, cardinal)
1724	FOURMONT (l'abbé Michel), dit Fourmont le Jeune
1724	LA CURNE DE SAINTE-PALAYE (Jean-Baptiste de)
1726	ESTRÉES (Victor-Marie, maréchal duc d')
1726	COISLIN (Henri-Charles du CAMBOUT, duc de), évêque de Metz
1726	SOUCHAY (l'abbé Jean-Baptiste)
1727	BONAMY (Pierre-Nicolas)
1727	BARRE (Louis-François-Joseph de La)
1727	VATRY (l'abbé René)
1728	CANAYE (l'abbé Etienne de)
1728	VALBONNAIS (Jean-Pierre MORET DE BOURCHENU, marquis de)[25]
1729	LA NAUZE (Louis JOUARD DE)
1729	PARIS (l'abbé François)[26]
1729	SCHOEPFLIN (Jean-Daniel)[27]
1729	CAPPONI (Grégoire-Alexandre, marquis de)[28]
1732	SAINT-AIGNAN (Paul-Hippolyte de BEAUVILLIERS, duc de)
1733	ARGENSON (René-Louis de VOYER DE PAULMY, marquis d')
1733	ROTHELIN (l'abbé Charles d'ORLÉANS DE)
1733	RESNEL (Jean-François du BELLAY DE)
1734	DUREY DE NOINVILLE (le président Jacques-Bernard)[29]
1734	MAFFEI (Scipion, marquis de)[30]
1735	GEINOZ (l'abbé François)
1736	NICOLAÏ (Guillaume, marquis de)
1736	CAUMONT (Joseph de SEYTRES, marquis de)[31]
1736	BON (le président François-Xavier)[32]
1737	MAUREPAS (Jean-Frédéric PHÉLYPEAUX, comte de)
1737	LA BASTIE (Joseph de BIMARD, baron de)[33]
1738	MELOT (Anicet)

25. Associé correspondant honoraire.
26. Démissionnaire en 1733.
27. Associé correspondant, puis Académicien libre en 1750.
28. Honoraire étranger.
29. Académicien libre.
30. Honoraire étranger, puis Académicien libre en 1750.
31. Correspondant honoraire.
32. Correspondant honoraire, puis Académicien libre en 1750.
33. Correspondant honoraire.

Date de la   *Période de 1716 à 1793*
nomination

1738	DUCLOS (Charles PINOT-)
1740	LEBŒUF (l'abbé Jean)
1741	SURBECK (Eugène-Pierre de)[34]
1741	BOYER (Jean-François), ex-évêque de Mirepoix
1742	BIGNON DE BLANZY (Jérôme)
1742	LA BLETTERIE (l'abbé Jean-Philippe-René de)
1742	EGLY (Charles-Philippe de MONTHENAULT D')
1742	CAYLUS (Anne-Claude-Philippe de TUBIÈRES DE GRIMOARD DE PESTEL DE LÉVIS, comte de)
1743	VENUTI (l'abbé Philippe)[35]
1743	QUIRINI (Jean-Quirin, cardinal)[36]
1743	TURGOT (Michel-Etienne), prévôt des marchands
1743	POMPONNE (l'abbé Henri-Charles ARNAULD DE)
1743	LAMOIGNON DE BAVILLE (le président Chrétien-Guillaume de)
1743	LÉVÊQUE DE LA RAVALIÈRE (Pierre-Alexandre)
1744	BELLEY (l'abbé Augustin)
1744	NIVERNOIS (Louis-Jules BARBON-MANCINI-MAZARINI, duc de)
1744	FENEL (l'abbé Jean-Baptiste-Pascal)
1745	CIANTAR (Jean-Antoine, comte de)[37]
1746	GIBERT (Joseph-Balthazar)
1746	BOUGAINVILLE (Jean-Pierre de)
1746	BROSSES (le président Charles des)[38]
1746	TERCIER (Jean-Pierre)
1747	BARTHÉLEMY (l'abbé Jean-Jacques)
1748	LEBEAU (Charles), dit Lebeau l'Aîné
1748	OTTER (Jean)
1748	PEYSSONNEL (Charles, comte de)[39]
1749	ARGENSON (Marc-Pierre de VOYER DE PAULMY, comte d')[40]
1749	CAPPERONNIER (Jean-Augustin)
1749	MÉNARD (Léon)
1749	BERTIN DE BLAGNY (Auguste-Louis)

34. Id.
35. Correspondant honoraire, puis Académicien libre en 1750.
36. Honoraire étranger, puis Académicien libre en 1750.
37. Id.
38. Académicien libre.
39. Associé correspondant, puis Académicien libre.
40. Honoraire surnuméraire en 1748.

Date de la nomination	Période de 1716 à 1793
1749	ZURLAUBEN (Béat-Fidèle-Antoine-Jean-Dominique de)*[41]
1749	ASKEW (Antoine)*
1749	GUASCO (l'abbé Octovien de)*
1751	BIGNON (Armand-Jérôme)
1752	SIGRAIS (Claude-Guillaume BOURDON DE)
1753	GUIGNES (Joseph de)
1753	FOUCHER (l'abbé Paul)
1754	BATTEUX (l'abbé Charles)
1754	ANVILLE (Jean-Baptiste BOURGUIGNON D')
1755	CHESTERFIELD (Philippe DORMER-STANHOPE, comte de)*
1755	PASSIONEI (Dominique, cardinal)*
1755	HÉNAULT (le président Charles-Jean-François)
1756	LÉVÊQUE DE BURIGNY (Jean)
1756	PAULMY (Marc-Antoine-René de VOYER D'ARGENSON, marquis de)
1756	DUPUY (Louis)
1757	SAINT-FLORENTIN (Louis PHÉLYPEAUX, comte de)
1757	MAZOCCHI (Alexis-Symmaque)
1757	MALESHERBES (Chrétien-Guillaume de LAMOIGNON DE)
1758	LEBEAU (Jean-Louis), dit Lebeau le Jeune
1759	BRÉQUIGNY (Louis-Georges OUDARD FEUDRIX DE)
1759	CHABANON (Michel-Paul-Gui de)
1760	GAILLARD (Gabriel-Henri)
1761	MIGNOT (l'abbé Etienne)
1761	GARNIER (l'abbé Jean-Jacques)
1761	GROSLEY (Pierre-Jean)*
1761	JABLONOWSKI (Joseph-Alexandre, prince)*
1762	BEJOT (François)
1762	ARNAUD (l'abbé François)
1763	ANQUETIL-DEPERRON (Abraham-Hyacinthe ANQUETIL, dit)
1764	L'AVERDY (Clément-Charles-François de)
1765	ORMESSON (le président Louis-François LE FÈVRE D')
1766	AMEILHON (l'abbé Hubert-Pascal)
1766	BOUCHAUD (Mathieu-Antoine)
1767	GAUTIER DE SIBERT (Paul-Edme)
1767	ROCHEFORT (Guillaume DUBOIS DE)
1768	LÉVÊQUE DE POUILLY (Jean-Simon)*

41. * = Académicien libre.

Date de la nomination	Période de 1716 à 1793
1769	PACCIAUDI (le P. Paul-Marie)*
1770	LE ROY (Jean-David)
1770	LA PORTE DU THEIL (François-Jean-Gabriel de)
1771	BERNIS (François-Joachim de PIERRE, cardinal de)
1771	FEVRET DE FONTETTE (Charles-Marie)*
1772	DESORMEAUX (Charles-Louis RIPAULT-)
1772	ANSSE DE VILLOISON (Jean-Baptiste GASPARD D')
1772	DACIER (Joseph-Bon)
1772	BERTIN (Henri-Léonard-Jean-Baptiste)
1772	SÉQUIER (Jean-François), dit Séguier de Nîmes*
1772	LEBLOND (l'abbé Gaspard MICHEL, dit)
1772	MASSALSKI (Ignace, prince-archevêque de Vilna)*
1773	DUSSAULX (Jean)
1773	BARTOLI (Joseph)*
1775	DUTENS (Louis)*
1775	JOLY DE MAIZEROY (Paul-Gédéon)
1776	TURGOT (Anne-Robert-Jacques)
1777	AMELOT (Jean-Antoine)
1777	SAINTE-CROIX (Guillaume-Emmanuel-Joseph GUILHEM DE CLERMONT-LODÈVE, baron de)*
1777	BRUNCK (Richard-François-Philippe)*
1778	LARCHER (Pierre-Henri)
1778	GUÉNÉE (l'abbé Antoine)
1778	FRÉDÉRIC II, landgrave de Hesse-Cassel*
1780	CHOISEUL-GOUFFIER (Marie-Gabriel-Florent-Auguste, comte de)
1780	KERALIO (Louis-Félix GUINEMENT DE)
1780	BROTIER (l'abbé Gabriel)
1781	AUGER (l'abbé Athanase)
1781	BIGNON (Jean-Frédéric)
1782	BEAUVAU (Charles-Juste, maréchal-prince de)
1782	VAUVILLIERS (Jean-François)
1784	TORREMUZZA (Gabriel-Lancilotto CASTELLO, prince de)*
1784	BRETEUIL (Louis-Auguste LE TONNELIER, baron de)
1785	HOUARD (David)**[42]
1785	CLÉMENT (Dom François)**
1785	POIRIER (Dom Germain)**

42. ** = Associé libre résidant.

Date de la nomination	Période de 1716 à 1793
1785	MONGEZ (l'abbé Antoine)**
1785	BAILLY (Jean-Sylvain)**
1785	BARTHEZ (Paul-Joseph)**
1785	CAMUS (Armand-Gaston)**
1785	HENNIN (Pierre-Michel)**
1785	SILVESTRE DE SACY (Antoine-Isaac)[43]
1785	SAINT-SIMON DE SANDRICOURT (Claude-François-Siméon de)*, évêque d'Agde
1785	ANTONELLI (Léonard, cardinal)*
1785	PASTORET (Claude-Emmanuel-Joseph-Pierre, marquis de)
1786	BITAUBE (Paul-Jérémie)*
1786	FAURIS DE SAINT-VINCENT (le président Jules-François-Paul)*
1787	BRIENNE (Etienne-Charles de LOMÉNIE, cardinal de)
1787	BELIN DE BALLU (Jacques-Nicolas)
1788	DUPUIS (Charles-François)
1789	VILLEDEUIL (Pierre-Charles LAURENT, marquis de)
1789	MICHAELIS (Jean-David)*
1790	LEVESQUE (Pierre-Charles)
1791	GOSSELIN (Pascal-François-Joseph)
1792	SILVESTRE DE SACY (Antoine-Isaac)
1792	ORMESSON (Anne-Louis-François de PAULE LE FÈVRE D')**
1792	HEYNES (Christian-Gottlob)*

43. Associé libre résidant, démissionnaire en 1792.

LISTE CHRONOLOGIQUE

PAR CLASSE ET PAR FAUTEUIL

DES MEMBRES DE L'ANCIENNE ACADÉMIE ROYALE
DES
INSCRIPTIONS ET BELLES-LETTRES

I. — *ACADÉMICIENS HONORAIRES (10)*

Sièges créés en 1701

1

1701 BIGNON (l'abbé J.-P.)
1743 POMPONNE (de)
1756 PAULMY (marquis de)
1787 BRIENNE (cardinal de), mort
en 1794

2

1701 CAUMARTIN (de)
1703 ROTHELIN (de)
1744 NIVERNOIS (duc de), mort
en 1798

3

1701 ROHAN (cardinal de)
1749 ARGENSON (comte d')
1764 L'AVERDY (de), mort en 1794

4

1701 SILLERY (de)
1714 BERCY (de)
1742 CAYLUS (comte de)
1765 ORMESSON (L.-Fr. d')
1789 VILLEDEUIL (de), académicien libre en 1816

5

1701 LA CHAISE (le P. de)
1709 BIGNON (Jérôme)
1726 ESTRÉES (maréchal d')
1737 MAUREPAS (comte de)
1782 BEAUVAU (maréchal de), mort
en 1793

6

1701 BERINGHEN (marquis de)
1723 DUBOIS (cardinal)
1723 FLEURY (cardinal de)
1743 TURGOT (M.-E.)
1751 BIGNON (A.-J.)
1772 BERTIN, mort en 1792

7

1701 MABILLON (dom)
1709 LOUVOIS (de)
1718 POLIGNAC (cardinal de)
1741 BOYER
1755 HÉNAULT
1771 BERNIS (cardinal de), mort
en 1794

8

1701   AUMONT (duc d')
1704   LAMOIGNON (Chr.-G. de)
1709   LE TELLIER (le P. Michel)
1718   MONTFAUCON (dom de)
1742   BIGNON DE BLANZY (Jérôme)
1743   LAMOIGNON DE BÂVILLE
       (Chr.-G. de)
1759   MALESHERBES (de), mort en
       1794

9

1701   LE PELETIER DE SOUZY (Michel)

1726   COISLIN (duc de)
1732   SAINT-AIGNAN (duc de)
1776   TURGOT (A.-R.-J.)
1781   BIGNON (Jean-Frédéric)
1784   BRETEUIL (baron de), mort
       en 1807

10

1701   FOUCAULT
1720   ANTIN (d')
1733   ARGENSON (marquis d')
1757   SAINT-FLORENTIN (comte de)
1777   AMELOT, mort en 1794

II. — *ACADÉMICIENS PENSIONNAIRES (10)*

Sièges créés en 1701

NB. — *Les noms des membres nommés avant 1701 sont suivis d'un astérisque.*
La date placée à gauche du nom est celle de la nomination dans la classe.
La lettre V indique que le titulaire a été remplacé après avoir obtenu la vétérance.

1

1663   CHAPELAIN*
1674   QUINAULT*
1691   RENAUDOT* (l'abbé), V
1711   BAUDELOT
1722   VALOIS DE LA MARRE
1748   LA CURNE DE SAINTE-PALAYE
1781   GARNIER (l'abbé J.-J.)

2

1663   BOURZEIS* (de)
1672   TALLEMANT* (l'abbé Paul), V
1706   BOZE (Cl. Gros de)
1753   VATRY
1770   CAPPERONNIER
1775   LÉVÊQUE DE BURIGNY
1785   ANQUETIL-DUPERRON

3

1663   CHARPENTIER*
1702   VAILLANT le père

1706   FRAGUIER
1729   HARDION
1766   BARTHÉLEMY (l'abbé), mort
       en 1795

4

1663   CASSAGNE*
1679   PERRAULT* (Charles), démissionnaire en 1683
1683   FÉLIBIEN* le père
1695   DACIER* (André)
1722   BOIVIN l'aîné
1724   BOIVIN le cadet
1726   BLANCHARD
1756   RESNEL (du)
1761   BELLEY
1772   FOUCHER
1778   BRÉQUIGNY, mort en 1794

5

1683	LA CHAPELLE* (de)
1694	LA LOUBÈRE*, V
1705	SIMON, V
1712	MOREAU DE MAUTOUR, V
1736	FRÉRET (Nicolas)
1749	BONAMY
1770	SIGRAIS (de)
1791	ANSSE DE VILLOISON (d')

6

1683	RACINE* (Jean)
1699	PAVILLON*
1705	TILLADET (de)
1715	BURETTE
1747	RACINE (Louis), V
1747	SECOUSSE (D.-F.)
1754	LA NAUZE (de)
1773	ANVILLE (d')
1782	BEJOT
1787	LA PORTE DU THEIL (Fr.-J.-G. de)

7

1683	BOILEAU-DESPREAUX*, V
1705	COUTURE
1729	BANIER
1741	SALLIER
1761	LÉVÊQUE DE LA RAVALIÈRE
1762	GIBERT
1772	GUIGNES (de), mort en 1800

8

1683	RAINSSANT*
1691	TOURREIL* (de), V
1705	VERTOT (de)
1735	FOURMONT l'aîné (2 t.)
1746	FONCEMAGNE (de)
1770	CHABANON (de)
1792	DACIER (Joseph-Bon)

9

1701	BOUTARD, V
1711	MASSIEU (de)
1722	GEDOYN
1744	FALCONET
1762	BOUGAINVILLE (de)
1763	TERCIER
1767	LEBEAU l'aîné (Charles)
1778	DUPUY (Louis), mort en 1795

10

1701	FÉLIBIEN le fils, exclu
1716	ANSELME (le P.), V
1724	MORIN, démissionnaire en 1725
1726	SEVIN
1742	FONTENU (de)
1759	LEBŒUF
1760	LA BLETTERIE (de)
1772	BATTEUX
1780	GAILLARD (G.-H.)

III. — ACADÉMICIENS ASSOCIÉS *(10)*

Sièges créés en 1701

NB. — *La date portée à gauche du nom est celle de la nomination dans la classe.*
La lettre qui suit le nom indique que l'associé est devenu pensionnaire (P) ou qu'il a obtenu la vétérance (V).

1

1701	OUDINET, V
1711	VALOIS DE LA MARRE (de), P
1722	LÉVÊQUE DE POUILLY (J.-L.), exclu 1727
1728	CANAYE (de), V
1738	DUCLOS (PINOT-), V
1753	GUIGNES (de), P
1772	ANSSE DE VILLOISON (d'), P
1791	GOSSELIN (P.-F.-J.)

2

1701	FONTENELLE (de), V
1705	NEUFVILLE (de LA), V
1714	KUSTER
1716	ANTIN (de Gondrin d'), honoraire en 1720
1720	CHAMBORS (de)
1743	LÉVÊQUE DE LA RAVALIÈRE (P.-A.), P
1761	MIGNOT
1771	DESORMEAUX (RIPAULT-), P
1788	DUPUIS (Ch.-Fr.)

3

1701	ROLLIN, V
1705	FRAGUIER, P
1706	GALLAND
1715	FOURMONT l'aîné (2 t.), P
1735	GEINOZ
1752	SIGRAIS (de), P
1770	LA PORTE DU THEIL (F.-J.-G. de), P

1787	BELIN DE BALLU (J.-N.), mort en 1815

4

1701	BEAUJEU (de), V
1705	BAUDELOT, P
1711	MONGAULT, V
1711	BURETTE, P
1716	MANDAJORS (de), V
1716	HARDION, P
1729	LA NAUZE (de), P
1754	ANVILLE (d'), P
1773	DUSSAULX

5

1701	COUTURE, P
1706	MASSIEU, P
1710	HENRION, V
1710	ANSELME, P
1716	MAHUDEL, exclu
1744	BELLEY, P
1761	GARNIER, P
1781	AUGER
1792	SILVESTRE DE SACY

6

1701	VAILLANT le père, P
1702	BOIVIN l'aîné, P
1722	FONCEMAGNE (de), P
1746	GIBERT, P
1762	BEJOT, P
1782	VAUVILLIERS (de), mort en 1801

	7			9	
1701	TILLADET (de), P		1701	VERTOT (de), P	
1705	MOREAU DE MAUTOUR, P		1706	BOIVIN le cadet, P	
1712	NADAL, V		1724	FOURMONT le jeune	
1714	BOISSY (de), V		1746	BOUGAINVILLE (de), P	
1714	BLANCHARD, P		1762	ARNAUD	
1727	BONAMY, P		1785	HOUARD	
1749	MÉNARD				
1767	ROCHEFORT (de), P			10	

1767 ROCHEFORT (de), P
Siège d'associé supprimé en 1786

8

1701	POUCHARD
1705	PRÉVOST, exclu
1712	BOINDIN, V
1714	SEVIN, P
1726	SOUCHAY
1747	TERCIER, P
1763	ANQUETIL-DUPERRON, P
1785	PASTORET (marquis de)

10

1701	CORNEILLE (Thomas), V
1705	SIMON, P
1706	BOZE (Cl. Gros de), P
1706	DANCHET, V
1713	PINART, V
1713	MORIN, P
1724	LA CURNE DE SAINTE-PALAYE, P
1748	LEBEAU l'aîné, P
1767	GAUTIER DE SIBERT, P

Siège d'associé supprimé en 1786

IV. — *ACADÉMICIENS ÉLÈVES (10)*

1701-1716

NB. — *La date portée à gauche du nom est celle de la nomination. La lettre A indique la promotion au rang d'associé.*

	1		1706	BARAT	
			1706	MORIN, exclu 1712	
1701	GALLAND, A		1712	FANIÈRES (de), démissionnaire 1716	
1706	PINARD, A				
1714	FOURMONT l'aîné (Et.), A				
1715	SALLIER, A (1716)			3	

	2		1701	ROUSSEAU (J.-B.), V	
			1705	BURETTE, A	
1701	BOURDELIN, V		1712	BLANCHARD, A	
1705	BOIVIN le cadet, A		1714	GOULLEY, A (1716)	

4

1701	SIMON, A
1705	BOZE (Cl. Gros de), A
1706	VILLEFORE (de), démissionnaire
1708	ROY, démissionnaire
1712	MORIN, A
1714	BANIER, A (1716)

5

1701	PRÉVOST, A
1706	NADAL, A
1712	GODEAU, démissionnaire
1713	FRÉRET, A (1716)

6

1701	BONNODIÈRE (de La), exclu
1705	MASSIEU, A
1706	BOINDIN, A
1712	MANDAJORS (de), A (1716)

7

1701	DUCHE
1705	DANCHET, A
1706	LE ROY (l'abbé Louis), démissionnaire 1716

8

1701	BOIVIN l'aîné, A
1702	VAILLANT le fils
1708	MONGAULT, A
1711	SEVIN, A
1714	MAHUDEL, A (1716)

9

1701	HENRION, A
1710	BOISSY (de), A
1714	FONTENU (de), A (1716)

10

1701	MOREAU DE MAUTOUR, A
1705	VALLOIS DE LA MARRE (de), A
1712	HARDION, A (1716)

V. — ACADÉMICIENS ASSOCIÉS (10)

Sièges créés en 1716

NB. — *La date portée à gauche du nom est celle de la nomination dans la classe.
La lettre qui suit le nom indique que l'associé est devenu pensionnaire (P) ou vétéran (V).*

1

1716	BANIER, P
1729	PARIS, démissionnaire
1733	RESNEL (de), P
1756	LÉVÊQUE DE BURIGNY, P
1775	JOLY DE MAIZEROY
1780	KERALIO (de), mort en 1793

2

1716	FONTENU (de), P
1742	LA BLETTERIE (de), P
1760	GAILLARD, P
1780	BROTIER
1790	LEVESQUE

3

1716 FRÉRET (Nicolas), P
1736 NICOLAÏ (marquis de), V
1756 DUPUY, P
1778 LARCHER
    Elu membre de la IIIe classe
    en 1796, maintenu dans la
    IIIe classe en 1803
    Siège continué

4

1716 GOULLEY, exclu
1717 LA BARRE (de)
1738 MELOT
1759 CHABANON (de), P
1780 CHOISEUL-GOUFFIER (comte
    de)

5

1716 SALLIER, P
1742 EGLY (d')
1749 BERTIN DE BLAGNY, V
1759 LEBEAU, le jeune
1766 AMEILHON, P
    Siège d'associé supprimé en
    1786

6

1716 LORMANDE (de), démission-
    naire
1719 RACINE (Louis), P
1748 OTTER
1749 CAPPERONNIER, P

1770 LE ROY (David), P
    Siège d'associé supprimé en
    1786

7

1716 VALINCOUR (de), démission-
    naire
1719 LANCELOT
1740 LEBŒUF, P
1759 BRÉQUIGNY (de), P
1778 GUÉNÉE, mort en 1803

8

1716 GEDOYN, P
1722 SECOUSSE, P
1747 BARTHÉLEMY (l'abbé), P
1766 BOUCHAUD, P
    Siège d'associé supprimé en
    1786

9

1716 FALCONET
1744 FENEL, P
1754 BATTEUX, P
1772 LE BLOND

10

1716 RIENCOURT (de), démission-
    naire
1727 VATRY, P
1753 FOUCHER, P
1772 DACIER (Joseph-Bon), P
    Non remplacé (décret de la
    Convention du 25 no-
    vembre 1792)

VI. — *ACADÉMICIENS PENSIONNAIRES (1)*

Création de 1786

11

1786 AMEILHON

12

1786 BOUCHAUD

13

1786   GAUTIER DE SIBERT, mort
        en 1798

14

1786   ROCHEFORT (de)

1788   DESORMEAUX   (RIPAULT-),
        mort en 1793

15

1786   LE ROY (Jean-David), mort
        le 29 janvier 1803

VII. — SIÈGES CRÉÉS SOUS DES TITRES DIVERS
DE 1715 A 1750

Ordre chronologique

NB. — *La date qui précède le nom est celle de la nomination, la date qui suit celle du décès.*
En 1750, les survivants formèrent la classe nouvelle des Académiciens libres (AL).

Honoraires étrangers

1

1715   GUALTERIO (cardinal), † 1728
1792   CAPPONI (marquis de), † 1746

2

1715   BANDUSI (dom Anselme),
        † 1743
1743   QUIRINI   (cardinal),   AL
        (1750)

3

1715   CUPER (Gisbert), † 1717
1718   ISELIN (J.-Chr.), † 1733
1734   MAFFEI (marquis de), AL
        (1750)

Divers (sans suite)

1728   VALBONNAIS (marquis de),
        1730
1729   SCHOEPFLIN   (J.-D.),   AL
        (1750)
1734   DUREY DE NOINVILLE, AL
        (1750)
1736   BON (Fr.-X.), AL (1750)
1736   CAUMONT (marquis de), 1746
1717   LA BASTIE (baron de), 1742
1741   SURBECK (de), 1741
1743   VENUTI (l'abbé), AL (1750)
1745   CIANTAR (comte de), AL
        (1750)
1748   BROSSES (Ch. de), AL (1750)
1748   PEYSSONNEL (Charles), AL
        (1750)
1749   ZURLAUBEN (Fidèle de), AL
        (1750)
1749   ASKEW (Antoine), AL (1750)
1749   GUASCO (l'abbé de), AL (1750)

VII. — *ACADÉMICIENS LIBRES (12)*

Création de 1750

NB. — *La date portée à gauche du nom est celle de la première nomination.*

1

1729 SCHOEPFLIN (J. D.)
1771 FONTETTE (FEVRET DE)
1772 SÉGUIER (J.-Fr.), dit Séguier de Nîmes
1785 SAINT-SIMON (de), mort en 1794

2

1733 DUREY DE NOINVILLE
1768 LÉVÊQUE DE POUILLY

3

1734 MAFFEI (marquis de)
1775 PASSIONEI (cardinal)
1761 JABLONOWSKI (prince)
1777 BRUNCK, mort en 1803

4

1736 BON (Fr.-X.)
1761 GROSLEY
1786 FAURIS DE SAINT-VINCENT, mort en 1798

5

1743 VENUTI (l'abbé)
1769 PACCIAUDI (le P.)
1785 ANTONELLI (cardinal)

6

1743 QUIRINI (cardinal)
1755 CHESTERFIELD (comte de)

1773 BARTOLI (Joseph)
1789 MICHAELIS (J.-David)
1792 HEYNE (Chr.-Gottlob)

7

1745 CIANTAR (comte de)
1779 FRÉDÉRIC II, landgrave de Hesse-Cassel
1786 BITAUBE

8

1746 BROSSES (Charles de)
1777 SAINTE-CROIX (baron de)

9

1748 PEYSSONNEL (Charles)
1757 MAZZOCCHI
1772 MASSALSKI (prince), mort en 1794

10

1749 ZURLAUBEN (Fidèle de), mort en 1795

11

1749 ASKEW
1775 DUTENS (Louis)

12

1748 GUASCO (l'abbé de)
1783 TORREMUZZA (prince de), mort en 1792

IX. — *ASSOCIÉS LIBRES RÉSIDANT (8)*

Création de 1785

1

1785   CLÉMENT (dom François), mort en 1793

2

1785   POIRIER (dom Germain)

3

1785   MONGEZ (l'abbé Ant.)

4

1785   BAILLY (J.-Sylvain), mort en 1793

5

1785   BARTHEZ (Paul-Joseph), mort en 1806

6

1785   CAMUS (Armand-Gaston)

7

1785   HENNIN, mort en 1807

8

1785   SILVESTRE DE SACY, démissionnaire

1792   ORMESSON (A.-L.-F. d'), mort en 1794

État des Pensions de

l'Académie Royale des Inscriptions et Belles Lettres pour l'année 172?

Pensionnaires
Servans

		℔
Au Sr De Boze	2600,
Au Sr Abbé De Vertot	2000.
Au Sr De Mautour	2000.
Au Sr Burette	2000.
Au Sr De Valois	1300.
Au Sr Abbé Gedoyn	1300.
Au Sr Abbé Sevin	1000.
Au Sr Blanchard	1000.
Au Sr Hardion	1000.
Au Sr Abbé Banier	1000.

distribution de la pension de mr l'abbé Goutar

500ᵗ
500ᵗ
200ᵗ
200ᵗ

Pensionnaires
Vétérans

Au Sr Abbé Anselme	1700.
Au Sr de la Loubère	1500.
Au Sr Abbé Bouttard	1000.
Au Sr Félibien	600.

bon. veu dantm

mort le 26e Mars 1729.
mort le 9e Mars 1729.

20000,

Nous remercions Mme Lafitte-Larnaudie, Conservateur à l'Institut et M. Banzenouka de nous avoir permis de photocopier cet état.

Conclusion

Reviennent donc, une fois décrite la nature et établies les règles de fonctionnement des académies de l'histoire, nos questions : quels ont été les modalités et le résultat de leurs entreprises ? La définition de l'histoire savante s'était déployée dans un triple combat à l'intérieur de la pensée philosophique, de la pensée religieuse et de la pensée juridique de l'âge classique. Dans cet espace de tension, la définition de l'histoire savante était parvenue à imposer un nouveau paradigme en trois temps. 1 / A l'intérieur de la philosophie, elle avait constitué *la langue comme texte* susceptible d'herméneutique historique et de correction grammaticale. 2 / A l'intérieur de la pensée religieuse, elle avait constitué la *religion comme révélation* à travers l'injonction proclamée par Luc d'Achery et Jean Mabillon de l'union de la vérité et de la religion et elle avait structuré la piété comme création continuée. 3 / A l'intérieur de la pensée juridique du *mos gallicus* et des légistes gallicans, elle avait opposé au droit intangible, tout entier ramassé dans ses principes, l'élaboration jurisprudentielle d'une législation constituée dans et par l'histoire. Ces trois mouvements intensément polémiques à l'égard des forces jusqu'alors dominantes de la pensée métaphysique qui sanctifiaient le déroulement dans chacun de ses instants ont abouti à la conséquence formidable qui a édifié la rampe de lancement de la constitution de l'histoire savante. On pourrait l'appeler *la religion du fait*. Si chaque moment de l'histoire est incarné, comme le chuchote l'ultime phrase de *La Diplomatique* rédigée par Mabillon, en résonance avec la mystique de Pierre de Bérulle, de Charles de Condren ou de Jean-Jacques Olier, en accord avec l'union en Dieu de l'école française de spiritualité, alors chaque témoignage doit être recueilli avec le même soin, chaque vérité requiert la même dévotion, chaque monument sollicite le même scrupule. C'est la religion du fait qui va pulvériser la hiérarchie aristotélicienne des *boni auctores* et des meilleurs témoignages.

Pour que s'établisse une nouvelle approche du développement historique, il fallait que fût levé l'obstacle épistémologique de la notion traditionnelle d' « autorité historique » et de la conception antiquo-médiévale du temps comme catégorie réservée aux corps périssables et aux substances matérielles. Il fallait que fût révoquée en doute la conservation sélective des reliques des saints ou l'opération d'extraction des classiques latins et grecs comme rapport privilégié au passé, tandis qu'on éliminait sans retour de nombreux autres témoignages versés sans un remords dans la poussière et reconduits à la nuit des temps. Il fallait que fût reléguée l'idée de la hiérarchie des perfections qui conférait à certaines époques, à certains monuments ou à certains individus, une existence supérieure aux autres et que fût répudiée, enfin, l'idée d'un temps historique se déployant selon une dialectique descendante.

La religion du fait est, toute au rebours, une sanctification de tout le passé qui prend sa source dans la réévaluation du présent portée par l'érudition religieuse qui a véhiculé le nouveau paradigme de la science historique dans la certitude de Dieu vivant. Tout le passé est sanctifié, tous ses monuments ont un sens, parce que le verbe est en chaque moment incarné, que chacune des phrases fait sens et que ce sens est à établir et à retrouver. De là, le sériel des *Acta sanctorum*, juxtaposition de temps parfaits qui inaugure la grande activité épistémologique de l'histoire classique et qu'il ne faudrait pas interpréter comme un calendrier ou un éphéméride de moments disjoints et juxtaposés, mais d'abord et avant tout, comme la réévaluation des actes et des monuments qui est l'étape primordiale de la religion de fait. A ce principe, il faut ajouter le culte immédiat de la transmission qui implique l'hypothèse de continuité historique où chaque époque produit son sens légitime et que Bollandus et Mabillon, pour leur part, ont probablement interprété à travers l'expérience mystique ici tangente à l'histoire savante, de la communion des saints. Une certaine épistémologie positiviste actuelle ne comprend à l'évidence *rien* de l'histoire savante, elle qui croit que l'effort pour restituer l'ensemble des diplômes et des documents, la collation des chartes et des sources dans laquelle s'engage l'histoire savante classique ne concerne que la facticité sordide des faits, indépendamment de tout projet de reconstituer un sens global de l'histoire. Quelle sottise et quelle bévue ! Car ce n'est pas voir que la religion du fait qui va impulser la formidable infrastructure technologique de l'histoire dont nous sommes aujourd'hui héritiers, part de cette constatation qui est aussi un retournement : non pas seulement l' « histoire a du sens » mais d'abord et avant tout « le sens est histoire » qu'il faut lire « le sens est historique », déposé dans le passé, déployé dans le devenir ; de là, l'urgence et la nécessité d'authentifier les diplômes, de déchiffrer les inscriptions, de cataloguer les monuments. Mais aussi bien, ce sens est en déploiement ; il n'est pas au début, il est à la fin ; il n'est pas isolé, il gît dans la série. Au principe même du savoir technologique de la constitution de l'histoire savante, un double principe ; à l'œuvre, deux forces : un principe d'individuation et une force d'isolement qui culminent dans la reconnaissance de la pièce et dont la transcription ultime effectuée par la copie obtenue du voyage, sera la sacralisation de l'événement ou de la décision souveraine ; un principe de collection et une force de rassemblement qui s'expriment dans l'organisation des dépôts, l'édification des bibliothèques, la légitimation des ateliers de l'histoire. La traduction de la nouvelle éthique de l'histoire savante est technologique et son point d'application est la collation complète, sur le modèle cartésien des dénombrements complets, de toutes les sources du passé. Une technologie tout entière imprégnée du sens porté par le nouveau paradigme : d'une part, la valeur du témoignage accumulé est fonction de la quantité et de la concordance des textes, non de la qualité des personnes. Ici aussi s'impose le principe cartésien selon lequel le bon sens est la chose du monde la mieux partagée.

D'autre part, le principe de la non-discrimination des actes en fonction de la source qui les émet, inscrit la règle de la pertinence de tout le réel et, de la sorte, la réduction de toutes les sources historiques d'abord à un contenu formel qui prime leur contenu substantiel, ce contenu formel étant lui-même un protocole d'opérations sur des matériaux.

Dans la constitution des sources des antiquités nationales et provinciales, voire locales, accomplie par les mauristes, dans la publication du *Recueil des Ordonnances des Rois de France* par les Académiciens des Inscriptions, dans cette soif apparemment aveugle d'accumulation et de thésaurisation des pièces, bref dans l'immense périple imaginaire accompli par les académiciens de l'histoire, il n'y a pas d'autre but apparemment que la fièvre des grandes découvertes qui poussait l'homme occidental sur les routes des Indes et qui inclinait les mercantilistes à entasser imperturbablement leurs biens et les monnaies. Mais, pas plus que le commerce mondial n'avait (ou n'avait pas encore) pour but de stimuler ou de promouvoir l'industrie balbutiante, pas davantage le travail des bénédictins n'avait pour finalité la transformation de l'Etat. Néanmoins, un jour, les longues courses autour du monde aboutiront à financer l'explosion technologique des métropoles occidentales et, comme serviront à l'industriel du Lancashire les immenses savoirs thésaurisés de la Compagnie des Indes, les académies de l'histoire joueront un rôle unificateur de l'Etat au moins dans trois domaines, même si alors elles le joueront imparfaitement. D'abord la stabilisation d'une piété moderne capable de réconcilier un pays qui avait été profondément marqué par la dualité religieuse. Ensuite l'affirmation d'une prééminence de l'Etat fondée non sur une auto-affirmation, le coup de force de la volonté dont se réclamait le principat machiavélien mais sur une historicité première, qui a donné aux histoires provinciales, entreprises par les bénédictins, la fonction de base d'une histoire jurisprudentielle. Enfin, la collation systématique des sources de l'histoire de France a formé le moyen d'où pouvait germer une réformation des codes qui eût permis à la fois une unification de loi et un ressaisissement de l'histoire juridique.

Mais sitôt évoquée cette entreprise, on sent qu'on atteint là au niveau d'incompétence qui fut celui de la constitution de l'histoire savante et à l'impasse dans laquelle elle est entrée sans en sortir.

Avant même de recourir aux raisons de l'Etat on peut entreprendre de décrire les causes épistémologiques de cette aporie qui ont leur point de départ dans le paradigme plus haut décrit de la définition de l'histoire savante.

La succession réglée des principes que nous avons évoqués inscrit la révolution diplomatique au point d'aboutissement, au point de la perspective que tracent ces trois immenses soulèvements intellectuels qu'ont été la « *philologie humaniste* », la « *devotio moderna* » et la « *relégation du droit romain* » dont les prodromes peuvent être retracés à partir du XIVe siècle avec la redécouverte de l'Ancien Testament, de l'inaccomplissement du temps humain, de l'utopie positive de l'Etat des Hébreux. La définition de l'histoire savante en constitue bien l'aboutissement mais, comme dans les tableaux de Poussin, la perspective n'est-elle pas elle-même oblique, courbe, qui contourne dans ses énoncés, un obstacle majeur ? N'y a-t-il pas, au sein de la définition de l'histoire savante, une clairière enclose, irrédente venue du vieux savoir historique auquel elle n'a pas su assigner un statut ? Einstein énonçant la théorie de la relativité dut faire retour sur l'ancienne structure intellectuelle qu'il avait bouleversée et trouver une place dans son système, pour la physique newtonienne; ce fut, on le sait, celle que décrit le cas particulier des petites vitesses, très inférieures à la vitesse de la lumière. Pour la science diplomatique fondatrice de l'histoire moderne, l'équivalent de la mécanique newtonienne dans la comparaison que nous évoquons, se trouve dans la science de l'Antiquité dont les protocoles dataient pour l'essentiel de la révolution humaniste des XVe et XVIe siècles et qu'appliquaient les antiquaires et les lettrés. Une fois n'est pas coutume, le platonisme, qui avait eu de si heureux effets dans la constitution de la physique galiléenne, en a eu de très mauvais dans l'unification de l'histoire savante. Car les Belles-Lettres antiquisantes, elles aussi, étaient platoniciennes lorsqu'il était question de formuler la doctrine des canons de la langue, du style ou de la civilisation. Dans la théologie contemplative du Timée, il y a une dialectique descendante émanatiste des idées; il existe des

formes parfaites dont la *mathesis* constitue la propédeutique par rapport
auxquelles la nature n'existe que comme dégradation, chute, approxi-
mation. L'appréhension de l'idée parfaite se donne dans l'heureuse
combinaison des nombres (le nombre d'or, la cabbale pratique, etc.),
l'appréhension démiurgique de la bonne forme, l'invention d'un style
classique sont fondées sur l'apogée miraculeux d'une civilisation qui
est le moment de son incarnation où le verbe se fait chair. D'où la
constitution d'un canon : les modes d'engendrement de la bonne
forme que sont par exemple le latin cicéronien ou le grec attique, la
rhétorique quintillienne ou les lois de la perspective ou encore la
formation d'un organon dans le recensement, le dénombrement
complet des bonnes formes : la grammaire des grandes civilisations
rassemblées dans des moments d'éternité intangibles : le siècle de
Périclès, le siècle d'Auguste, l'Eglise des Pères et d'Origène, peut-être
le royaume de Salomon. L'unité et la belle totalité de ces civilisations ne
peuvent être conférées que par le témoignage le plus irréfutable, celui
du témoin privilégié : *boni auctores, ktema eis aei* (œuvre pour l'éternité,
Thucydide), *monumentum aere perennius* (Horace). Ici les idéaux de
l'histoire ancienne rejoignaient les coordonnées épistémologiques de
l'historiographie médiévale pour faire du passé l'objet d'un acte de
confiance.

A cette idéologie, imperturbablement diffusée par la pédagogie
jésuite sur ce point fidèle à l'idéal iréniste que fut peut-être celui du
dernier Erasme, la constitution de l'histoire savante s'affrontait
perpendiculairement. A la religion éternelle, déjà contenue en germe
dans la sagesse antique, elle opposait la présomption historique d'une
piété révélée qui s'établit par ruptures successives du sentiment
religieux, parfaitement lisibles dans la philologie des monuments
écrits. Au droit romain comme fondement infondé de la pensée
juridique, elle opposait une évolution historique là aussi discontinue,
des juristes romains classiques au *Corpus Juris Civilis*, des Douze
tables aux Pandectes, puis une rupture tout aussi forte avec le droit
moderne. Contre le culte des modèles du bien dire et du bien faire,
elle indiquait la variété des témoignages et la diversité des chemins,
l'existence des langues et des symboles qui n'étaient pas la lente

dégradation d'une seule et immuable expérience, mais déjà la véritable patience du concept, dans les plis et les replis d'une histoire encore inachevée.

Pour que la révolution diplomatique fût continue et pût envahir tout le champ de l'histoire, il eût fallu qu'elle soit reconnue dans l'Antiquité comme dans le développement historique contemporain, il eût fallu que les civilisations du passé, fondatrices du monde occidental, fussent à leur tour soumises au processus de mise à l'épreuve que Mabillon faisait subir aux chartes médiévales. Or, c'est ici que l'histoire savante a connu sa défaite. Elle a été attaquée sur les trois terrains qui constituaient le sol nourricier de son paradigme. La piété comme révélation a été irréductiblement mise en cause avec la défaite de l'érudition religieuse dans l'Eglise et la désagrégation qui lentement mais sûrement a atteint la Congrégation de Saint-Maur. Le droit comme constitution a été défait dans la recherche qui postulait le seul pouvoir constituant du souverain et admettait bien l'existence d'un établissement, mais fondé originairement et une fois pour toutes dans le passé. Enfin, et c'est peut-être le plus important parce que c'est ce qui décidera de la division prolongée des études historiques, la religion du fait a cédé le pas devant l'autorité des *boni auctores* dans le domaine des *antiquitates*. A l'examen proposé par la révolution diplomatique et épigraphique, a été opposée, par le siècle des Lumières, une longue résistance dont les symptômes classiques ont produit successivement refoulement, dénégation et déplacement de la définition de l'histoire savante. Refoulement, le refus d'appliquer aux Ecritures, après la querelle du spinozisme, les méthodes critiques. Dénégation, la querelle des Anciens et des Modernes, la montée en majesté du pyrrhonisme et de la critique critique de l'histoire, l'apparition de la notion de civilisation chez Voltaire et Gibbon et, pour finir, le culte acritique celui-là, d'une antiquité fondatrice dont les canons chronologiques sont fournis par Manéthon et Bérose chez Fréret. Déplacement, la recherche à l'infini d'une suite synchronique de nouvelles civilisations elles-mêmes classiques, l'Inde védique, la Chine confucéenne et la naissance du mythe maçonnique égyptien comme fondement infondé ultime, et principe pseudo-diachronique

d'une science universelle unique et anhistorique. A terme, le retour
du refoulé, c'est l'explosion hirsute, boursouflée, des signifiants
symboliques, le texte redevenu ésotérique et initiatique, la lettre
cannibale de l'esprit, même si, au début du xixᵉ siècle, le déchiffrement
des hiéroglyphes par Champollion est un ultime et dernier sursaut
triomphant pour revenir à l'histoire et à la bonne philologie.

Dans cet espace dessiné à la fin par la défaite de l'érudition, il faut
reconnaître, quand bien même on en a le regret ou le remords, qu'un
pan entier de l'histoire, celui qui est concomitant à la Bible, a eu
tendance à se reconstituer comme mythe édifiant ou édificateur, même
si, dans le même temps, des gardes-fous et des contre-investissements
étaient mis en place ou édifiés, pour que se poursuive la quête du
passé de l'humanité. Il faut avouer que, pour une part qui n'est pas
négligeable, la méthode historique savante, limitée dans son objet, a,
dans d'autres domaines, perdu sa pointe critique quand elle n'est pas
devenue un modèle asservi. Il faut observer enfin que les sciences
historiques se sont divisées sur la médiane du temps, selon la quantité
et les modalités du traitement des sources qu'elles offraient et que,
pour l'essentiel, les méthodes de la révolution diplomatique n'ont
trouvé qu'une assise régionale dans les frontières de l'histoire moderne.

Mais alors la constitution de l'histoire savante ? Mais ses institutions ? Elles sont issues de la religion du fait qui appela des
équipes et organisa des moyens. Les grandes équipes, les grands
ateliers ont été la Congrégation bénédictine de Saint-Maur, l'Académie des Inscriptions et Belles-Lettres. Les moyens mis en œuvre,
ce sont la collation et la publication des sources susceptibles de
contribuer à l'édification des antiquités nationales, à l'élaboration
singulière et savante, soupçonneuse mais non pressée de l'histoire
de France. C'est à ces institutions que l'on doit l'élaboration technologique qui, par les outils de la copie, du voyage, centralise les sources
dans le dépôt et qui, dans cette phase mercantiliste d'accumulation des
sources, a encore la forme de la bibliothèque. Le projet de constituer
une évaluation des antiquités nationales est nécessairement combiné
avec une estimation de la légitimité des titres et de la recherche des
droits. Dans la constitution de l'histoire savante, la recherche histo-

rique contracte avec l'ambition d'unification juridique une alliance de longue durée dont le contrat de mariage sera déposé au Cabinet des Chartes. Incontestablement cette constitution de l'histoire savante n'est pas sans emprunter à l'apparence du mode manufacturier que Marx a décrit, à la difficulté près que nous avons soulevée, de la pertinence de l'imputation du procès sans sujet. Car à ce point, il faut reconnaître derrière les académies de l'histoire, la décision ou le programme d'un ministre de la monarchie. Richelieu pour la Congrégation de Saint-Maur, le couple Colbert-Pontchartrain pour l'Académie des Inscriptions et Belles-Lettres, bientôt Bertin pour le Cabinet des Chartes. Richelieu, Colbert, bientôt Bertin, trois moments constitutifs de l'histoire de la monarchie qui jalonnent les trois étapes décisives de l'érudition nationale. Mais peut-être que davantage que la simple rencontre, somme toute courante dans la France d'Ancien Régime, d'une initiative culturelle et d'un patronage politique, il faut y voir une formation qui ressortit à celle de l'Etat. Et y observer, pour reprendre encore une fois la terminologie de Marx lorsqu'il décrit le passage de la manufacture à la grande industrie, le passage d'une subsomption formelle qui devient subsomption réelle.

De Richelieu à la fin du règne de Louis XVI, la France d'Ancien Régime semble en effet parcourir la distance qui sépare le « Principat » à l'italienne, de « la République » telle que Jean Bodin en avait dégagé les principaux déterminants. La constitution de l'espace érudit suit pas à pas ce développement. Le rapport entre Grégoire Tarrisse, le fondateur de Saint-Maur avec le cardinal de Richelieu n'a rien de fortuit. Mais il demeure furtif. Connaisseur de l'Eglise, théologien gallican comme le montrent aujourd'hui les historiens qui corrigent le fil d'une historiographie trop attentive à la filiation machiavélienne de l'évêque de Luçon, Richelieu a connu, dans ses grandes lignes, la valeur et la puissance de la tradition intellectuelle bénédictine et en a supputé l'importance pour la restauration de l'Etat. Au moment où le parti dévot, espagnoliste se retourne vers le mirage impérial du Moyen Age, le Cardinal retrouve la veine des légistes de Philippe le Bel : le roi de France est empereur en son royaume. Et bien que les immenses recherches de Saint-Maur ne soient pas *a priori* liées à la politique française, elles lui serviront à terme, en confortant l'Eglise gallicane pour l'unité de laquelle les mauristes trouvent dans l'histoire même de leur ordre des raisons d'indépendance et à l'égard du sacerdoce et de l'Empire. La Congrégation stabilise aussi une piété moderne élargie et réconciliée au-delà des guerres de religion. Les études mauristes sur les antiquités nationales affirment l'existence d'un Etat qui se constitue, non dans l'auto-affirmation de la volonté machiavélienne du Prince mais dans une historicité première, recommencée, qui est celle de la tradition de la France.

Cependant, avec le principat de Richelieu le mouvement est encore incomplet. Avec Colbert et le Grand Siècle on passe à une étape plus concentrée, plus inédite de l'action de l'Etat que manifeste la création de l'Académie d'Histoire, si celle-ci n'était encore, au moins à la période de sa formation, marquée par la commandite du Prince dont le Bon plaisir, particulièrement affirmé dans le domaine des arts, fait écho à celui des Médicis bienfaiteurs de l'humanisme florentin qu'il évoque irrésistiblement. C'est pourquoi la seconde étape, qui est celle de la véritable naissance de l'Académie des Inscriptions en 1701, avec le tandem Pontchartrain-Bignon, est plus décisive autant qu'elle est ambivalente. La volonté de contrôler les lettres et l'histoire au temps de la librairie s'associe à l'idée d'une recherche ordonnée à partir de l'Antiquité. Dans l'idée programme selon laquelle l'Antiquité classique pourrait être l'organon des études érudites et le creuset nécessaire d'une histoire de France, réside déjà, comme Voltaire le comprendra avec profondeur, le sentiment d'identification du Grand Siècle avec le siècle d'Auguste. C'est peut-être cette pente impériale de la monarchie absolue et de la deuxième époque du règne de Louis XIV, qui léguera à l'érudition savante de l'Académie, ses contradictions et ses apories. Contradiction originaire, le parti pris pour les Modernes dont Charles Perrault, le fondateur de l'Académie, est le hérault et dont l'accusation vraie ou fausse mènera Fréret à la Bastille. Aporie, la fascination pour les civilisations classiques, la place retrouvée du symbole sur l'histoire effacée; l'invagination de l'Académie devant la poussée des idéologies de l'histoire qui bruissent et buissonnent autour d'elles, venues de la société civile et qu'elle ne peut ni émonder, ni arracher, empêchée qu'elle est de traiter ouvertement l'histoire de France. Dans ces diaclases de la raison historique, passe au début l'irruption, déjà ni droite ni gauche, de la coterie germaniste, de ce mythe impérial renaissant, alors que Versailles se meut dans des conventions hiératiques dont Saint-Simon se fait le chroniqueur exalté, tandis qu'à la fin, suprême retour en arrière, les grands érudits comme Bréquigny ou Lacurne de Sainte-Palaye, incapables de faire fonctionner l'institution, renouent personnellement avec les ministres et filent vers le nouvel abri du Cabinet des Chartes.

L'oiseau de Minerve se lèvera-t-il le soir tombé ! Nous sommes en 1788, encore une minute Monsieur le Bourreau, et le zélé Moreau continue de s'agiter, malgré la révolte des privilégiés et la journée des Tuiles pour le parti de la mise en cause des privilèges parlementaires et de la réforme administrative dont Bertin est la figure énergique et réservée. A l'extrême fin de l'Ancien Régime, Jacob-Nicolas Moreau mettra en place un système de collation et de centralisation des archives publiques fondé sur le dépôt légal et le Cabinet des Chartes mènera à son terme avec brio, la constitution de l'histoire savante en organisant, avant la Révolution, l'inventaire de toutes les chartes existantes et en constituant la centralisation de toutes les lois, édits ou règlements à venir. La dernière des Académies de l'histoire parviendra-t-elle à réaliser avec succès la politique de recherche historique de la Monarchie ?

Orientation bibliographique

Introduction : Les Institutions de l'Histoire

OUVRAGES CONSULTÉS

Georges Canguilhem, Nature dénaturée et nature naturante, *Savoir, faire, espérer, les limites de la raison*, Bruxelles, 1976.
— *La formation du concept de réflexe aux XVIIe et XVIIIe siècles*, Paris, 1955.
François Dagognet, *Tableaux et langages de la chimie*, Paris, 1963.
François Fossier, La charge d'historiographe du xvie au xixe siècle, *Revue historique*, CLVIII, 1.
Michel Foucault, *Les machines à guérir*, Bruxelles, 1975.
Bernard Guénée et Françoise Lehoux, *Les entrées royales françaises 1328-1515*, Paris, 1960.
Ralph E. Giesey, *The royal funeral ceremony in Renaissance France*, Genève, 1960 et trad. franç. par Dominique Ebnöther, *Le roi ne meurt jamais. Les obsèques royales dans la France de la Renaissance*, Préface de François Furet, Paris, 1987.
Gérard Gusdorf, *Les sciences humaines et la pensée occidentale*, Paris, 1966-1973, 6 vol.
Sarah Hanley, *The lit de justice of the kings of Francs. Constitutional ideology in legend ritual and discourse*, Princeton, 1983.
Jean Jacquot, *Les fêtes de la Renaissance*, Paris, 1956.
Joseph Klaits, *Printed propagande under Louis XIV. Absolute monarchy and public opinion*, Princeton, 1972.
Arnaldo Momigliano, *Problèmes d'historiographie ancienne et moderne*, trad. franç., Paris, 1983.
Ernest Renan, L'instruction supérieure en France, *Revue des Deux Mondes*, 1884.
Orest Ranum, *Artisans of glory, writers and historical thought in seventeenth century France*, Chapel Hill, 1980.
Pierre Redondi, *Galilée hérétique*, Paris, 1985.

Congrégation de Saint-Maur[1]

SOURCES MANUSCRITES

Un fonds particulièrement riche se trouve au Cabinet des Manuscrits de la Bibliothèque nationale (*Manuscrits français* et notamment *ancien fonds Saint-Germain*[2], *Manuscrits latins*).

Ms. Fr. 15356, f⁰ 173, Notes de Dom Luc d'Achery sur l'organisation des études.

Ms. Fr. 15783, Dom Jamin, Mémoire pour servir à l'histoire du Chapitre... de la Congrégation de Saint-Maur tenu dans l'abbaie royale de Saint-Denis-en-France, le 24 avril 1766.

Ms. Fr. 15784, Chapitre général de la Congrégation de Saint-Maur, tenu en l'abbaye de Saint-Germain-des-Prés, en présence des Commissaires du Roi et dont la première séance eut lieu le 28 septembre 1766.

Ms. Fr. 15785-787, Chapitres généraux de la Congrégation de Saint-Maur (1766 et 1767), projets de réformes.

Ms. Fr. 15788, Projet de réforme de la Congrégation de Saint-Maur.

Ms. Fr. 15789, Mélanges sur la Congrégation de Saint-Maur. Projets de travaux d'érudition (notamment f⁰ 56, projet de travail pour la table des manuscrits concernant l'histoire de France).

Ms. Fr. 15793, Lettre et avis sur les occupations des jeunes religieux; f⁰ 33, Dom Claude Martin, Avis aux supérieurs pour occuper utilement leurs religieux.

Ms. Fr. 16817-16818, Papiers de Dom Lobineau.

Histoire de Saint-Germain-des-Prés

Ms. Fr. 16849-16859, Registres originaux des actes capitulaires de Saint-Germain-des-Prés tant en spirituel qu'en temporel.

1. A l'exception des œuvres de Mabillon.
2. Le catalogue de l'ancien fonds Saint-Germain est très instructif : par l'extrême diversité de son fonds et de ses recueils, il tient de l'ancien et du moderne. Il y a de tout. Des pièces touchant l'histoire ecclésiastique bien sûr, mais aussi l'histoire ancienne, histoire de France, l'administration, le Parlement, les honneurs, privilèges et prérogatives et autorités des pairs de France, la réformation de la justice. Certaines pièces sont nettement classées. Ainsi *Mss 15790*. Mélanges littéraires et polémiques concernant la Congrégation de Saint-Maur — ou *15795-15796*, pièces relatives aux jésuites. D'autres sont tout au juste des mélanges relatifs à différentes affaires *(15647, 15648)*. Les copies et originaux sont mêlés. Les recueils constitués en vue de l'instruction et de la connaissance historique d'un dossier précis ou les papiers d'Auguste Galland relatifs à l'histoire de France depuis Henri IV alternent avec des fonds venus de collections particulières, ainsi l'inépuisable fonds de Achille III de Halay. Ce qu'on observe ici à l'œuvre, c'est le travail en train de s'effectuer, d'une mise en ordre *a posteriori* des pièces relatives à l'histoire. L'ensemble est très riche en pièces. On trouve ainsi de la bibliographie 11180-18138, *Inventaire du Trésor des Chartes*, par Pierre Dupuy et Théodore Godefroy. Enfin l'histoire diplomatique est très importante.

Ms. Fr. 16860, Registres des délibérations des conseils des Seigneurs de l'abbaye royale de Saint-Germain-des-Prés (janvier 1767 - mai 1781).

Ms. Fr. 16861, Nécrologue de l'abbaye de Saint-Germain-des-Prés.

Ms. Fr. 16863-16864, Pièces concernant le temporel de l'abbaye de Saint-Germain-des-Prés et qui ont servi au travail des commissaires pour dresser l'état du temporel tant actif que passif.

Ms. Fr. 16866-16867, Mélanges relatifs à l'abbaye de Saint-Germain-des-Prés.

Ms. Fr. 17669, L'origine de la Congrégation de Saint-Maur, Ordre de saint Benoît et son progrès... Dom Ange Malet.

Ms. Fr. 17670, Histoire de la réforme de l'ordre de saint Benoît en France par la Congrégation de Saint-Maur.

Ms. Fr. 17672, « Croniques de la Congrégation de Saint-Maur depuis 1642 jusqu'en 1655 », par Dom Bernard Audebert.

Ms. Fr. 17673, Règlements des chapitres généraux confirmés à commencer en règlement du chapitre général de 1645, confirmé au chapitre général de 1648 jusqu'en 1733.

Ms. Fr. 17675, Ce « ramast des délices monastiques », cf. notamment f⁰ 704-723, « Relation fidèle de ce qui s'est passé au monastère de Saint Pierre de Corbie au sujet de Dom Gabriel Gerberon, religieux et souprieur ».

Ms. Fr. 17684, f⁰ 13, Dom Luc d'Achery, Note au sujet de l'organisation des études.

Ms. Fr. 17716, Papiers de D. Vincent Thuillier; f⁰ 157, « Mémoire sur les services que la Congrégation de Saint-Maur peut rendre à l'Etat ».

Ms. Fr. 19622, Relation des actions mémorables des quatre premiers supérieurs généraux de la Congrégation de Saint-Maur et de quelques autres supérieurs religieux de la même Congrégation (vie des R.P. Grégoire Tarrisse, Jean Harel, Bernard Audebert, Vincent Marsolle, supérieurs généraux) par Dom G. Mommole.

Ms. Fr. 22313, f⁰ 245, Circulaire de Dom Grégoire Tarrisse en date du 13 nov. 1627.

Ms. Fr. 9408, Liste alphabétique des littérateurs bénédictins de la Congrégation de Saint-Maur et de leurs ouvrages en 1768.

Collection Grenier 164, f⁰ 204, Programme des études par Dom Luc d'Achery adressé le 10 mai 1648 au chapitre général de Vendôme.

Fonds Moreau 288, f⁰ 2, Observations des religieux de la Congrégation de Saint-Maur sur le projet de collection des chartes.

Fonds Moreau 305, Instruction pour les bénédictins au sujet du travail des chartes. « Plan d'étude pour la Congrégation de Saint-Maur, 1766. » Liste des bénédictins des Congrégations de Saint-Maur et de Saint-Vannes employés au travail des chartes. Liste des correspondants. Etat des pièces copiées par le Cabinet des Chartes, 1783-1787.

Fonds Moreau 306, Correspondances bénédictines (Dom de Vaines — à propos de son dictionnaire de diplomatie), lettres.

Fonds Moreau 307. Collections historiques et littéraires entreprises par les bénédictins. F⁰ 172, *Recueil des historiens de France et des historiens des croisades.* Lettres. F⁰ 38, *Acta sanctorum des Bollandistes.* F⁰ 59, *Nouvelle collection des Conciles de la France.* F⁰ 68, *Art de vérifier les dates.* F⁰ 92, *Collection des Etats généraux.* F⁰ 105, *Histoire de Normandie et de Berry.* F⁰ 130. *Capitulaires des rois de France.* F⁰ 195, *Table chronologique des chartes et diplômes.* F⁰ 201, Principaux ouvrages relatifs à l'histoire de France composés par des religieux de la Congrégation de Saint-Maur.

Fonds latin :

Ms. *12667*, f⁰ 307, Instructions du 8 mars 1648 de Dom Grégoire Tarrisse.
Ms. *13072*, f⁰ 72, Dom Grégoire Tarrisse, Méthode pour la recherche des vieux manuscrits.
Ms. *13859-13861*, Correspondance des procureurs généraux de Saint-Maur près de la cour de Rome.

CORRESPONDANCE BÉNÉDICTINE

Une histoire de la Congrégation de Saint-Maur pourrait être entreprise à travers un dépouillement systématique des correspondances bénédictines. Un catalogue des lettres manuscrites accumulées à la Bibliothèque nationale. Un catalogue a été établi par M. Sepet (Correspondances des bénédictins). Il s'agit notamment de D. Bulteau, Claude Estiennot, Michel Germain, Jean Guillot, Dom Lecerf, Dom Le Nourry, Claude Martin, Dom Martène, Dom Ruinart, Denys de Sainte-Marthe, Dom Martianay, Dom Massuet, Dom La Teste, Dom Vincent Thuillier, Dom Le Sueur, Dom Claude de Vic... certaines sont énormes, celle de Jean Mabillon est en onze volumes ! *(Ms. Fr. 19643-19659)*, celle de Luc d'Achery en huit volumes *(Ms. 17682-17689)*, celle de Bernard de Montfaucon en treize volumes *(Ms. Fr. 17701-17713)* ; on trouve des recueils et lettres dans les *Fonds Moreau (306)*, *Français 25537, 25538* (lettres adressées à Dom Martène, Bouquet, Constant, Maur, Audren, Durand, etc.), *Fr. 6198*. Correspondance des bénédictins D. Luc d'Achery avec le cardinal Albani, cardinal Bona, Mabillon, Sechi.

Valéry, *Correspondance inédite de Mabillon et de Montfaucon avec l'Italie*, Paris, 1746, 3 vol.
Alphonse Dantier, *Rapports sur la correspondance inédite des bénédictins de Saint-Maur*, Paris, 1857.
Emile Gigas, *Lettres des bénédictins de la Congrégation de Saint-Maur publiées d'après les originaux conservés à la Bibliothèque nationale*, Copenhague, 1893, 1 vol.
Arthur de La Borderie, *Correspondance historique des bénédictins et autres documents inédits relatifs à leurs travaux sur l'histoire de Bretagne*, Paris, 1880.
Pierre Gasnault, La correspondance des mauristes aux XVIIe et XVIIIe siècles, in *Sous la règle de saint Benoît. Structures monastiques et société en France du Moyen Age à l'époque moderne*, Paris, Genève, 1982.

(En dehors du catalogue Sepet au Cabinet des Manuscrits de la Bibliothèque nationale, P. Gasnault soulignait que plusieurs inventaires ont été faits : notamment par D. Thierry Rejalot concernant les lettres publiées (3 081). Dantier, Henri Stein, Dom Paul Denis se sont relayés pour mettre en place une publication d'un recueil complet des correspondances bénédictines qui n'a pu aboutir. Un catalogue des lettres de Mabillon se trouve dans H. Leclercq, *Dom Mabillon, op. cit.*)

SOURCES IMPRIMÉES

Dom Luc d'Achery, *Venerabilis Guiberti Abbatis B. Mariae de Novigento opera omnia...*, Paris, 1651.
— *Veterum aliquot scriptorum... Spicilegium...*, Paris, 1655-1677, 13 vol.

Dom Luc d'Achery, Remarques faictes de quelques actions et parolles du R.P. Dom Grégoire Tarrisse, par Dom Luc d'Achery, 1649, in *Mélanges et documents publiés à l'occasion du deuxième centenaire de la mort de Mabillon.*

Mémoires du R.P. Dom Bernard Audebert estant Prieur de Saint-Denis et depuis assistant du R.P. Général publiées par le R.P. Dom Léon Guilloreau (« Archives de la France monastique »), Paris, 1911.

Marquis d'Argenson, *Considérations sur le gouvernement ancien et présent de la France comparé avec celui des autres Etats, suivi d'un nouveau plan d'administration*, Paris, 2e éd., 1784.

Dom Jacques Bouillart, *Histoire de l'abbaye royale de Saint-Germain-des-Prés*, Paris, 1724.

Henry de Boulainvilliers (cf. liv. I), *Essai sur la noblesse de France*, Paris, 1732.

Dom Bouquet, *Recueil des historiens des Gaules et de la France jusqu'en 1328*, Paris, 1738, 1757, 9 vol. in-fo.

Dictionnaire de théologie catholique : article « Mauristes ».

Dom Calmet, *Commentaire historique et moral de la règle de saint Benoît*, Paris, 1734, 2 vol,

Dom Clémencet, *L'art de vérifier les dates*, Paris, 1750.

Abbé Dubos, *Histoire critique de l'établissement de la monarchie française*, Paris, 1734, Paris, 1735, 3 vol.

Michel Germain, *Monasticum Gallicanum. Collection de 168 planches de vues topographiques*, s.l., Paris, avec une préface de Léopold Delisle.

— *Histoire des derniers chapitres généraux de la Congrégation de Saint-Maur*, s.l., 1736.

Théodore Godefroy, *Le cérémonial de France ou description des cérémonies, rangs et séances observés aux couronnemens et enterremens des roys et reynes de France*, Paris, 1619.

— *Traités touchant les droicts du Roy...*, éd. J. Dupuy, Paris, 1665.

Dom Le Cerf de La Vieville, *L'histoire de la constitution Unigenitus, en ce qui concerne la Congrégation de Saint-Maur*, Utrecht, 1736.

Le Laboureur, *Histoire du gouvernement de la France et de l'origine et de l'autorité des pairs du Royaume et du Parlement*, 1740 et La Haye et Francfort, 1753, 2 vol.

Sébastien Le Nain de Tillemont, *L'histoire des empereurs et autres princes qui ont régné durant les six premiers siècles de l'Eglise...*, Paris, 1690-1738, 6 vol.

— *Mémoires pour servir à l'histoire des six premiers siècles justifiez par les citations des auteurs originaux*, Paris, 1693-1712.

Louis-Adrien Le Paige, *Lettres historiques sur les fonctions essentielles des Parlements sur les droits des pairs et les lois fondamentales du royaume*, Amsterdam, 1753.

Dom Le Noir, *Collection chronologique des actes et des titres de Normandie*, Paris, 1788.

Dom Alexis Lobineau, *Histoire de Bretagne composée sur les titres et les auteurs originaux...*, Paris, 1707, 2 vol.

Dom Mabillon, Avis pour ceux qui travaillent aux histoires des monastères de la Congrégation de Saint-Maur, in *Ouvrages posthumes*, t. II.

Dom Martène, *Histoire de la Congrégation de Saint-Maur, 1612-1747*, Paris, 1928-1941, 9 vol.

Dom Martène et Dom Durand, *Voyage littéraire de deux religieux bénédictins de la Congrégation de Saint-Maur*, Paris, 1717-1724, 2 vol.

Dom Maur Audren, *Lettre à Nosseigneurs des Etats de Bretagne touchant la nouvelle histoire de la province composée par les soins du R.P. Dom Maur Audren*, publiée par Dom C. A. Lobineau assisté de Dom Denys Briant, s.l., 1703.

Dom Mège, *Commentaire sur la règle de saint Benoît*, Paris, 1687.

Dom Mège, Mémoire des Instructions qu'il faut avoir des monastères pour l'Histoire générale de la Congrégation, *Revue Mabillon*, 1910.

François-Eudes de Mézeray, *Mémoires historiques et critiques*, Amsterdam, 1752.

Dom H. Morice et Dom M. Taillandier, *Histoire ecclésiastique et civile de Bretagne composée sur les auteurs et les titres originaux...*, Paris, 1705-1756, 2 vol.

Mémoire pour servir de preuves à l'histoire ecclésiastique et civile de Bretagne tirées des archives de cette province, de celles de France et d'Angleterre, des recueils de plusieurs scavans antiquaires, 1742-1746.

Bernard de Montfaucon, *Analecta Graeca, sive varia opuscula graeca hactenus non edita...*, Paris, 1668.

— *Paleographia Graeca, sive de ortu et progressu Litterarum Graecarum, et de variis omnium saeculorum scriptionis graecae generibus*, Paris, 1707.

— *L'Antiquité expliquée et représentée en figures*, Paris, 1719, 4 vol.

— *Bibliotheca bibliothecarum Manuscriptorum nova*, Paris, 1739.

— *Les monuments de la monarchie françoise qui comprennent l'histoire de France, avec les figures de chaque règne...*, Paris, 1729-1733, 5 vol.

Dom Edme Perreau, *Histoire des derniers chapitres généraux de la Congrégation de Saint-Maur pour servir de supplément à l'histoire de la Congrégation*, Paris, 1736.

— *S. Aurelii Augustini opera emendata studio monachorum OSB Congregationis S. Mauri*, Paris, 1681-1700, 11 vol.

Dom Urbain Plancher, *Histoire générale et particulière de Bourgogne...*, Dijon, 1739-1748-1770, 4 vol. in-f°.

Règles communes et particulières pour la Congrégation de Saint-Maur, s.l., 1663 et 1687.

Regula Sanctissimi Patris Benedicti cum Declarationibus Congregationis Sancti Mauri, Jussu et auctoritate Capituli Generalis ejusdem Congregationis, Paris, 1646 et 1663, in Albareda, n° 275 et Albareda, n° 307.

Richelieu, *Testament politique*, La Haye, 1740, 2 vol.

— *Lettres et instructions diplomatiques et papiers d'Etat du cardinal de Richelieu*, éd. par d'Avenel, Paris, 1859, 8 vol.

Denys de Sainte-Marthe, *Gallia Christiana, in provincias ecclesiasticas distributa...*, Paris, 1717-1770, 16 vol.

Emmanuel Sieyès, *Qu'est-ce que le tiers état ?*, Paris, 1981, et Paris, 1982.

Dom Grégoire Tarrisse, *Avis aux RR. PP. supérieurs de la Congrégation de Saint-Maur*, Paris, 1632.

Dom Tassin, *Histoire littéraire de la Congrégation de Saint-Maur*, Bruxelles, 1770.

Dom Vaissette, *Abrégé de l'histoire du Languedoc*, Paris, 1749, 6 vol.

Dom Claude de Vic et Dom J. Vaissette, *Histoire générale du Languedoc avec des notes et des pièces justificatives...*, Paris, 1730-1745.

OUVRAGES CONSULTÉS

Abbé Anger, Les mitigations demandées par les moines de Saint-Germain-des-Prés en 1768, *Revue Mabillon*, 1908 (« Archives de la France monastique », n° 4).

J. d'Avenel, *Histoire de la vie et des ouvrages de Daniel Huet*, Mortain, 1853.

Georges d'Avenel, *Richelieu et la monarchie absolue*, Paris, 1884-1890, 4 vol.

Dom Ursmer Berlière, *Nouveau supplément à l'histoire littéraire de la Congrégation de Saint-Maur*, Paris, 1931, 3 vol.

Dom Jean Martial Besse, *Les études ecclésiastiques d'après la méthode de Mabillon*, Paris, 1902.

— Les correspondants cisterciens de Luc d'Achery et de Mabillon, *Revue Mabillon* (« Archives de la France monastique », n°s 1-2-3-4).

Edmund Bishop, Richelieu and the benedictins, *Liturgica Historica papers in the liturgy and religion life on the western church*, Oxford, 1918.

Henri Brémond, *Histoire littéraire du sentiment religieux depuis la fin des guerres de religion jusqu'à nos jours*, Paris, 1916-1933, 11 vol.

Emmanuel de Broglie, *Bernard de Montfaucon et les bernardins, 1715-1750*, Paris, 1891, 2 vol.

Dom Cuthbert Butler, *Le monachisme bénédictin*, Paris, trad. franç., 1924.

Michel Carmona, *La France de Richelieu*, Paris, 1984.

Xavier Charmes, *Le Comité des travaux historiques et scientifiques (Histoire et documents)*, Paris, 1885-1886, 3 vol.

Pierre Chaunu, Jansénisme et frontières de la catholicité xviie et xviiie siècles, *Revue historique*, 1962.

P. de Crouzat-Cretet, *L'Église et l'État ou les deux puissances du XVIIIe siècle (1715-1789)*, Paris, V, 1893.

Alphonse Dain, La paléographie grecque, *L'histoire et ses méthodes*, Paris, 1961.

François de Dainville, *La naissance de l'humanisme moderne*, Paris, 1940.

J. Daoust, « Bénédictins », *Dictionnaire des lettres française, XVIIIe siècle*, Paris, 1960.

H. Delehaye, *L'œuvre des bollandistes*, Bruxelles, 2e éd., 1959.

Léopold Delisle, *Catalogue des actes de Philippe-Auguste*, Paris, 1856.

Dom Paul Denis, La correspondance de Dom Antoine Durban, *Revue Mabillon*, t. 6, 1910.

— Les bénédictins de Saint-Germain-des-Prés et la cour de Rome en 1735, *Revue Mabillon*, 1908.

— Documents sur l'organisation des études de la Congrégation de Saint-Maur, in *Revue Mabillon*, 1910-1911, n° 6, 1911-1912, n° 7.

— *Le cardinal de Richelieu et la réforme des monastères bénédictins*, Paris, 1913.

Léon Deries, Un grand sauveteur de documents historiques, l'ancien bénédictin Germain Poirier, *Revue Mabillon*, 1930.

A. Dupront, *Les lettres, les sciences, la religion, les arts dans la société française de la seconde moitié du XVIIIe siècle (Cours CAV)*, Paris, 1963.

— L. A. Muratori et la société européenne des pré-Lumières. Essai d'inventaire et de typologie, *Bibliotheca de l'édizione nazionale del carteggio* di L. A. Muratori, IV, Firenze, 1976.

Augustin Fliche et Victor Martin, *Histoire de l'Eglise depuis les origines à nos jours*, 26 vol. (les luttes politiques doctrinaires aux xviie et xviiie siècles), Paris, 1956, t. 19.

Jeannine Fohlen, Dom Luc d'Achery et les débats de l'érudition mauriste, in *Revue Mabillon*, t. LVII, p. 117-156, janvier-mars 1967.

François Fossier, L'histoire littéraire de la France au xviiie siècle d'après les archives des bénédictins de Saint-Maur, *Journal des savants*, 1976.

Marc Fumaroli, Temps de croissance et temps de conception. Les deux antiquités dans l'érudition jésuite au xviie siècle, *XVIIIe siècle*, avril-juin 1981, n° 133.

François Furet et Mona Ozouf, Deux légitimations historiques de la société française du XVIIIe siècle : Mably et Boulainvilliers, *L'Histoire au XVIIIe siècle*, Aix-en-Provence, 1975.

Fustel de Coulanges, *Histoire des institutions de l'ancienne France*, Paris, 1911, 4 vol.

Gallia Christiana... Opera et studio D. Dionysii Sammarthini... et Ed. Dom Piolin, Paris, Palmé, 1870-1874, 13 vol. in-f°.

Pierre Gasnault, Les travaux d'érudition des mauristes au XVIIIe siècle, *Historische Forschung im 18 Jahrhundert Organisation Zielsetzung Ergebnisse*, Bonn, 1976, dans *Pariser Historische Studien*, vol. 13.

Roger Gazeau, Les constitutions de la Congrégation de Saint-Maur, *Sous la règle de saint Benoît*, Paris, Genève, 1982.

Lucien Goldman, *Le Dieu caché...*, Paris, 1955.

Benjamin Guérard, *Polyptique de l'abbé Irminon*, Paris, 1844, t. I.

Odette Hélie d'Allerit, *Spiritualité et rayonnement au XVIIe siècle, la Congrégation de Saint-Maur*, Thèse lettres, Strasbourg, 1975.

P.-D. Huet, *Mémoires* (trad. Ch. Nisard), Paris, 1853.

A. M. P. Ingold, *Histoire de l'érudition bénédictine de saint Augustin avec le journal inédit de Dom Ruinart*, Paris, 1903.

Jauffret, *Mémoires pour servir à l'histoire de la religion à la fin du XVIIIe siècle*, Paris, 1803, 2 vol.

D. Julia et L. Donnet, Le recrutement d'une congrégation monastique à l'époque moderne : les bénédictins de Saint-Maur, esquisse d'histoire quantitative, *Actes du Colloque international d'histoire monastique de Reims, Saint-Thierry, 11 au 14 oct. 1976, réunis par Michel Bar*, Saint-Thierry, 1979.

Charles de Lama, *Bibliothèque des écrivains de la Congrégation de Saint-Maur*, Paris, 1881.

Gustave Lanson, L'érudition monastique du XVIIe siècle et XVIIIe siècle, in *Hommes et livres*, Paris, 1895.

Madeleine Laurain-Portemer, Les travaux d'érudition des mauristes, in *Mémorial du XIVe centenaire de l'abbaye de Saint-Germain-des-Prés*, Paris, 1959.

Jacques Le Goff, *Les intellectuels au Moyen Age*, Paris, 1960.

Maurice Lecomte, Les bénédictins et l'histoire des provinces aux XVIIe et XVIIIe siècles, *Revue Mabillon*, 1927-1928 (en plusieurs livraisons).

Jules Leroy, *Saint-Germain-des-Prés, capitale des lettres*, Paris, 1973.

L. Lévy-Schneider, *L'autonomie administrative de l'épiscopat français à la fin de l'Ancien Régime*, 1926.

Dom Lobineau, *Histoire des saints de la Bretagne et des personnes qui s'y sont distinguées par une éminente piété*, Paris, 1724.

Revue Mabillon, années 1905-1967 (abbaye de Ligugé, 17 vol.).

Abbé Marchasson, Quelques moments d'une longue et riche histoire, *Le palais abbatial de Saint-Germain-des-Prés. Nouvelles de l'Institut catholique de Paris*, 1978-1979, n° 3.

Dom Edmond Martène, *La vie des justes*, Ligugé, Paris, 1918, 1924, 3 vol.

— *Histoire de la Congrégation de Saint-Maur*, 1612-1747, Ligugé, Paris, 9 vol.

V. Martin, *Les origines du gallicanisme*, Paris, Blond & Gay, 1939, 2 vol.

— *Le gallicanisme politique et le clergé de France*, Paris, 1929.

— *Les négociations... relatives à la publication du Concile de Trente en France (1599-1601)*, Thèse, Paris, 1919.

Karl Marx, *Le Capital*, trad. franç. J. Roy, Paris, 1954-1967, 8 vol.

Mémorial du XIVe centenaire de l'abbaye de Saint-Germain-des-Prés, Paris, 1959.

Michaud, *Biographie universelle ancienne et moderne*, Paris, 1854, 45 vol.

Jeannine Michaud-Fohlen, Dom Luc d'Achery et les débuts de l'érudition ecclésiastique, *Revue Mabillon*, janvier-mars 1967.

— *La vie et l'œuvre de Dom Luc d'Achery*, Thèse de l'Ecole des Chartes, 1952, dactylographiée.

D. G. Morin, Journée d'un moine, *Revue bénédictine*, 1889.

Roland Mousnier (sous la dir. de), *Richelieu et la culture*, Paris, 1987.

Bruno Neveu, La vie érudite à Paris à la fin du xviie siècle d'après les papiers du P. Léonard Sainte-Catherine, *Bibliothèque de l'Ecole des Chartes*, t. LXXIV, 1964.

— *Sébastien Le Nain de Tillemont (1637-1698) et l'érudition ecclésiastique de son temps*, Paris, 1967.

— *Un historien à l'école de Port-Royal, Sébastien Le Nain de Tillemont, 1637-1698*, La Haye, 1966.

— L'histoire littéraire de la France et l'érudition bénédictine au siècle des Lumières, *Journal des Savants*, 1979.

Jean Orcibal, *Les origines du jansénisme*, Louvain, Paris, 1967-1968, 3 vol.

Guy Oury, *L'ordre de saint Benoît*, Paris, s.d.

Abbé Picot, *Mémoires pour servir à l'histoire ecclésiastique du XVIIIe siècle*, Paris, 1806, 2 vol., 3e éd. 1853-1857, 7 vol.

Dom Piolin, Le cardinal de Richelieu dans ses rapports avec la Congrégation de Saint-Maur, in *Revue des Questions historiques*, 1891, t. XLIX.

Bernard Plongeron, *Théologie et politique au siècle des Lumières (1770-1820)*, Genève, Droz, 1973.

Bernard Plongeron, Jean Godel, 1945-1970 — un quart de siècle d'histoire religieuse. A propos de la génération des « secondes Lumières » (1770-1826), *Annales hist. de la Rév. française*, 1972, 208, n° 2, 181-203, 209, n° 3, 352-389.

A. Renaudet, *L'Eglise catholique des signes de la Réforme à la clôture du Concile de Trente*, Paris, 1946, p. 15.

Ulysse Robert, *Supplément à l'histoire littéraire de la Congrégation de Saint-Maur*, Paris, 1881.

François Rousseau, *Un promoteur de l'érudition française bénédictine, Dom Grégoire Tarrisse, premier supérieur général de la Congrégation de Saint-Maur, 1575-1648*, Paris, Lille, 1924.

Renée Simon, *Henry de Boulainvilliers, historien, politique, philosophe, astrologue*, Thèse, Lille, 1939, Paris, s.d.

Rémy Snoers, *L'argument de tradition dans la controverse eucharistique entre catholiques et réformés français au XVIIe siècle*, Louvain, 1951.

Sous la règle de saint Benoît, structure et société en France du Moyen Age à l'époque moderne, Genève, Paris, 1982.

Henri Stein, Le premier supérieur de la Congrégation de Saint-Maur : Dom Grégoire Tarrisse, 1575-1648, *Mélanges et documents publiés à l'occasion du 2e centenaire de la mort de Mabillon*, Ligugé, 1908.

René Taveneaux, *Le jansénisme en Lorraine, 1640-1789*, Paris, 1960.

— *Jansénisme et politique*, Paris, 1965.

Georges Tessier, Saint-Germain et les mauristes, *Revue d'histoire de l'Eglise de France*, t. XLIII, 1957.

Saint-Thierry (anonyme) : Saint-Thierry, une abbaye du vɪᵉ siècle au xxᵉ siècle, *Actes du Colloque international d'histoire monastique de Reims, Saint-Thierry, 11 au 14 octobre 1976*, par *Michel Bar*, Saint-Thierry, 1979, 4° H 1107 (1976).

Etienne Thuau, *Raison d'Etat et pensée politique à l'époque de Richelieu*, Paris, 1966.

Michel Vaissière, Guillaume Briçonnet, abbé rénovateur de Saint-Germain-des-Prés (1507-1534), *Revue d'histoire de l'Eglise de France*, 1974.

F. Van den Broucke, L'esprit des études dans la Congrégation de Saint-Maur, in *Los monjes y los estudios IV semano de estudio monasticos*, Poblet, 1961.

Abbé J. B. Vanel, *Les Bénédictins de Saint-Maur à Saint-Germain-des-Prés (1630-1792)*, *Nécrologue des religieux de la Congrégation de Saint-Maur décédés à l'abbaye de Saint-Germain-des-Prés*, Paris, 1896.

Dale Van Kley, *The jansenists and the expulsion of the jesuits from France, 1707-1765*, New Haven and London, 1975.

René Voetzel, *Vraie et fausse Eglise selon les théologiens protestants du XVIIᵉ siècle*, Paris, 1956.

H. B. Walters, *The English Antiquaries of the sixteenth, seventeenth and eighteenth century*, London, 1934.

Académie des Inscriptions et Belles-Lettres

SOURCES MANUSCRITES

ARCHIVES DE L'ACADÉMIE DES INSCRIPTIONS

Le cadre de classement est : A : Séances, Correspondances;
B : Dossier personnel;
C : Mémoires et papiers d'érudits;
D : Mémoires adressés au concours.

De A 86 à A 92, Correspondance des ministres de tutelle.

1674-1742, Table chronologique des matières les plus importantes principalement par rapport à l'administration intérieure de l'Académie.

1701-1720, Registre-Journal des délibérations de l'Académie.

1714-1720, Sommaire des délibérations du comité de librairie pour l'impression des mémoires de l'Académie composée de Monsieur l'abbé Bignon, Mrs Couture, de Boze, Fraguier et Burette.

A 36, Histoire littéraire.

A 36, Travaux littéraires.

A 56, Journal des savants.

A 76, Chartes et diplômes.

A 99, Registre des dépenses, gestion de Félibien.

A 103, Pension des académiciens.

A 104, Différends arbitrés par l'Académie entre ses membres.
A 116, Comité des manuscrits chargés de la fabrication des notices et extraits.
C 34, 35, 36, 37, 37 *bis*, Papiers de Fréret.
De D 1 à D 75, Liste des mémoires adressés aux concours institués par l'Académie.

BIBLIOTHÈQUE NATIONALE

Ms. Fr. 21939-21942, Registre de Mr l'abbé Bignon contenant les ouvrages présentés
à Mgr le Chancelier Phélypeaux et autres chanceliers par les auteurs ou les libraires,
la distribution des divers ouvrages à Mrs les examinateurs avec les approbations ou
motifs de réprobation.
Ms. Fr. 3294, Projet concernant les chroniques et mémoires relatifs aux notices et aux
extraits des manuscrits.
Ms. Fr. N.a. 2261, Devises et jetons.
Ms. Fr. n.a. 3543 à 3545 et 6443, Mélanges provenant de Claude Gros de Boze et des
Bignon.
Ms. Fr. n.a. 6463, Compte rendu des séances 1703-1706.
Ms. Fr. n.a. 7483, Mémoire sur le travail de l'Académie.
Fonds grec, supplément 301, Papiers de Fourmont avec pièces relatives aux ambassades de
Nointel et de Guilleragues.
Fonds grec, supplément 932, f° 190-198, Mémoire des observations qu'on peut faire dans le
voyage du Levant remis à M. Galland lors de son voyage.
Mélanges Colbert, 30, Recueil de mémoires formés par l'abbé Amable de Bourzeis, f° 1,
299, 307, 311, 962.

SOURCES IMPRIMÉES

Recueil en 51 volumes dont 5 volumes de tables qui commence en 1717 et comprend
Histoires et Mémoire, sous les titres : *Histoire de l'Académie royale des Inscriptions et Belles-
Lettres depuis son établissement* et *Mémoire de littérature tirées des registres de l'Académie royale
des Inscriptions et Belles-Lettres*. Le dépouillement systématique de ces études et mémoires
constitue la base fondamentale de notre recherche. Nous nous sommes aidée des biblio-
graphies, des travaux de l'AIBL rassemblés par :

Charles-Clément-François de L'Averdy, *Tableau général raisonné et méthodique des ouvrages
contenus dans le « recueil des mémoires de l'Académie royale des Inscriptions et Belles-Lettres »
depuis sa naissance jusques et y compris l'année 1788, servant de supplément aux tables de
ce recueil...*, Paris, 1791.
Eugène de La Rozière et Eugène Chatel, *Table générale et méthodique des mémoires contenus
dans les recueils de l'Académie des Inscriptions et Belles-Lettres et de l'Académie des Sciences
morales et politiques*, Paris, 1856.
Robert de Lasteyrie, *Bibliographie générale des travaux historiques et archéologiques publiés
par les sociétés savantes de la France*, Paris, 1901.

Ce dépouillement a mis en évidence la reprise par les académiciens malgré quelques
difficultés, notamment celles occasionnées par l'abbé de Vertot, des règles méthodologiques et critiques de l'histoire savante. En témoigne avec éclat le sixième volume des

Mémoires de littérature de l'année 1729 où quatre auteurs, Anselme, de Pouilly, Sallier, Fréret, discutent la tradition des origines de Rome et le crédit qu'on peut accorder ou non au témoignage des historiens romains. En témoigne encore la volonté constante de se servir des documents originaux réaffirmée contre le pyrrhonisme ambiant et encore au t. 35 des *Mémoires*, la querelle Bonamy-Voltaire et le mémoire de Bonamy.

TRAVAUX DE L'AIBL

Notices et extraits des manuscrits de la Bibliothèque du Roi — premier volume paru en 1787 (après un début d'analyse par Dacier exposé in *Eclaircissement sur le travail dont l'AIBL est chargée relativement aux manuscrits de la bibliothèque*, Paris, 1790).

Ce travail fut divisé en :

Recueil des Ordonnances des Rois de France de la troisième race (jusqu'en 1314) par M. de Bré-quigny (continué par MM. Pardessus et Laboulaye), Paris, 1769-1876, 8 vol.

Table chronologique des diplômes, chartes, titres et actes imprimés concernant l'histoire de France, 1er vol., Paris, 1769.

Diplomata, chartae, epistolae et alia documenta ad res gallo-francicas spectantia, Paris, 1791.

Ces travaux ont été recensés dans un ouvrage collectif, *Les travaux de l'AIBL. Histoire et inventaire des publications*, Paris, 1947.

AUTRES SOURCES

Abbé Antoine Banier, *L'explication historique des fables où l'on découvre leur origine et leur conformité à l'histoire ancienne*, Paris, 1711, 2 vol.

— *La mythologie et les fables expliquées par l'histoire*, 1738-1740, 3 vol.

Jean-Jacques Barthélemy, *Voyage du jeune Anarchasis en Grèce dans le milieu du IV*e *siècle*, Paris, 1778, 4 vol.

Baudelot de Dairval, *De l'utilité des voyages et de l'avantage que la recherche des antiquités procure aux savants*, Paris, 1686.

Louis de Beaufort, *Dissertation sur l'incertitude des cinq premiers siècles de l'histoire romaine*, Utrecht, 1750.

Samuel Bochart, *Geographia sacra (Geographiae sacrae par prior Phaley, seu de dispersione gantium et terrarum divisione parta in aedificatione turris Babel. Geographiae sacrae pars altera Chanaan, sece de Coloniis et sermone Phoenicium)*, Caen, 1646.

Boutard, *Ode latine sur l'établissement de l'Académie royale des Inscriptions traduite en vers français présentés au Roy*, 1702.

Comte de Caylus, *Recueil d'antiquités*, Paris, 1750-1760, 7 vol.

Jean Chapelain, *Lettres de Jean Chapelain...*, publiées par P. Tamizey de Larroque, Paris, 1880-1883, 2 vol.

Colbert, *Lettres, instructions et mémoires de Colbert publiées par Pierre Clément*, Paris, 1868, 5 vol.

Antoine Court de Gébelin, *Le monde primitif analysé et comparé avec le monde moderne congédié dans son génie allégorique dans les allégories auxquelles conduisit ce génie*, Paris, 1773-1782, 9 vol.

Claude Gros de Boze, *Histoire de l'Académie royale des Inscriptions et Belles-Lettres depuis son établissement avec les éloges des académiciens morts depuis son renouvellement*, Paris, 1740.

Bon Joseph Dacier, *Eclaircissement sur le travail dont l'Académie des Inscriptions et Belles-Lettres est chargée relativement aux manuscrits de la Bibliothèque*, Paris, 1790.

Charles Du Cange, *Glossaire français faisant suite au Glossarium mediae et infimae latinitatis*, 1879, 2 vol.

— *Histoire de l'état de la ville d'Amiens*, Amiens, 1840.

Charles-François Dupuis, *L'origine de tous les cultes ou religion universelle*, Paris, an III, 4 vol.

Denis Godefroy, *Mémoires et Instructions pour servir dans les négociations et affaires*, 1665 et 1689.

Jean-Baptiste La Curne de Saint-Palaye, *Mémoires sur l'ancienne chevalerie considérée dans son établissement politique et militaire*, Paris, 1781, 3 vol.

— *Dictionnaire historique de l'ancien langage français*, Paris, 1875-1882, 10 vol.

Eusèbe de Laurière, *Ordonnance des rois de France de la troisième race*, Paris, 1723, Epître dédicatoire.

Charles-Clément-François de Laverdy, *Notice du manuscrit de la Bibliothèque du Roy n° 178 parmi les manuscrits de Brienne intitulé : « Procès criminel fait à Robert d'Artois, Comte de Beaumont, Pair de France »*, Paris, 1787.

Médailles sur les principaux événements du règne de Louis le Grand, Paris, 1702.

Mémoires concernant l'histoire, les sciences, les arts, les mœurs, les usages... des Chinois, Paris, 1775-1791.

Charles Perrault, *Mémoires de ma vie*, Paris, 1909.

Baron de Sainte-Croix (Guilhem de Clermont-Lodève), *Recherches historiques et critiques sur les mystères du paganisme*, Paris, 1784 et 1817, 2 vol.

Josèphe-Juste Scaliger, *Opus de emendatione temporum accesserunt veterem graecorum selecta cum notis*, Paris, 1583 et 1598, in-f°.

OUVRAGES CONSULTÉS

Académie des Inscriptions et Belle-Lettres, 1663-1963. Exposition organisée à l'occasion du tricentenaire, Paris, avril-juin 1963.

Jean Babelon, *La numismatique antique*, Paris, 1944.

Ernest Babelon, *Traité des monnaies grecques et romaines*, Paris, 1901-1932, 7 vol.

Jurgis Baltrusaitis, *Essai sur la légende d'un mythe, la quête d'Isis. Introduction à l'égyptomanie*, Paris, 1967 et 1985.

Yvon Belaval et Dominique Bourel, *Le siècle des Lumières et la Bible*, Paris, 1986.

Léonid Belozubov, *L'Europe savante, 1718-1720*, Paris, 1968.

Jacques Bertrand, *L'Académie des Sciences et les académiciens de 1666 à 1773*, Paris, 1888.

Louis Bertrand, *La fin du classicisme et le retour à l'antique dans la seconde moitié du XVIIIe siècle en France et les premières années du XIXe siècle*, Paris, 1908, Genève, 1968.

E. Bonnardet, Essai de bibliographie oratorienne : Jean-Paul Bignon, *L'Oratoire de France*, 17e année, n° 25, janvier 1737.

Paul Bonnefon, Charles Perrault. Essai sur sa vie et ses ouvrages, *Revue d'Histoire littéraire de la France*, juillet-septembre 1904; Charles Perrault, littérateur et académicien, *Revue d'Histoire littéraire de la France*, octobre-décembre 1905.

Emmanuel de Broglie, *Bernard de Montfaucon et les bernardins*, Paris, 1891, 2 vol.

André Chastel, *Art et humanisme à Florence au temps de Laurent le Magnifique*, Paris, 1959.

F. Charrot, *La pédagogie des jésuites*, Paris, 1943.

Elvira Eliza Claire Stefanelli, Numismatics, an Ancient Science, A survey of its history, *Contributions from the Museum of History and Technology*, Washington, 1967.

Bon-Josèphe Dacier, *Tableau historique de l'érudition française*, Paris, 1862.

Georges Davy, *Les étapes de l'archéologie*, Paris, 1942.

Léopold Delisle, *Le Cabinet des Manuscrits de la Bibliothèque impériale*, Paris, 1868, 2 vol.

— Mémoire sur les Actes d'Innocent III, *Bibliothèque de l'Ecole des Chartes*, 4e série, t. IV, 1898.

Dictionnaire de Théologie catholique.

E. Du Boys, *Les correspondants de l'abbé Nicaise : I. Un érudit du XVIIᵉ siècle, Ezechiel Spanheim. Lettres inédites (1681-1706)*, Paris, 1889.

Henri Duranton, Le métier d'historien au XVIIIᵉ siècle, *Revue d'Histoire moderne et contemporaine*, XXIII, octobre-décembre 1976.

— L'Académicien en mission : l'historien idéal d'après les éloges de l'Académie des Inscriptions et Belles-Lettres, *L'histoire au XVIIIᵉ siècle. Colloque d'Aix-en-Provence 1975*, Aix-en-Provence, 1980.

René Dussaud, *La nouvelle Académie des Inscriptions et Belles-Lettres, 1795-1914*, Paris, 1946, 2 vol.

Paul-Marie Duval, L'archéologie antique, *L'histoire et ses méthodes*, Paris, 1961.

Emile Egger, *L'hellénisme en France ; leçons sur l'influence des études grecques dans le développement de la langue et de la littérature française*, Paris, 1869.

Hendrik Johannes Erasmus, *The origins of Rome in historiography from Petrarch to Perizonius*, Assen, Leiden, 1962.

Robert Estival, *Le dépôt légal sur l'Ancien Régime de 1537 à 1791*, Paris, 1961.

Betty J. Feeter Robs, *Les fondements de l'alchimie de Newton ou la chasse au lion vert*, trad. franç., Paris, 1981.

Bernard Le Bovier de Fontenelle, *Histoire du renouvellement de l'Académie royale des Sciences en 1699 et les éloges historiques de tous les académiciens morts depuis ce renouvellement ; avec un discours préliminaire sur l'utilité des mathématiques et de la physique*, Paris, 1708.

Bruno Fortier, *La politique de l'espace parisien à la fin de l'Ancien Régime*, Paris, 1975.

Michel Foucault (sous la dir. de), *Les machines à guérir, aux origines de l'hôpital moderne*, Paris, 1976, Bruxelles, 1978.

A. Furetière, *Dictionnaire universel contenant généralement tous les mots français tant vieux que modernes et les termes des sciences et des arts*, Rotterdam, La Haye, 1690.

Jean Gaulmier, A la découverte du Proche-Orient : Barthélemy d'Herbelot et sa bibliothèque orientale, *Bulletin de la Faculté des Lettres de Strasbourg*, octobre 1963.

Lionel Gossman, *Medievalism and ideologies of the enlightenment, the world and work of Lacurne de Sainte-Palaye*, Baltimore, 1969.

Anthony Grafton, Joseph Scaliger and historical chronology, the rise and fall of a discipline, *History and theory*, 1975, XIV.

Abbé H. Grégoire, *Plan d'association entre les académies*, s.l.n.d.

Chantal Grell, *Histoire ancienne et érudition. La Grèce et Rome dans les travaux des érudits au XVIIᵉ siècle*, Thèse dactyl., Sorbonne, Paris, 1981.

Claude Gros de Boze, Histoire de l'Académie des Inscriptions et Belles-Lettres, *MAI*, 1717, I.

Joseph de Guignes, *Histoire générale des Huns, des Turcs, des Mogols et autres Tartares occidentaux*, Paris, 1756-1758, 4 vol.

Jürgen Habermas, *L'espace public*, trad. franç. par M. B. de Launay, Paris, 1978.

Roger Hahn, *The anatomy of a scientific institution. The Paris academy of science, 1666-1803*, Berkeley-Londres, 1971.

Mohamed Abdel Halim, *Antoine Galland, sa vie, son œuvre*, Paris, 1964.

Josèphe Jacquiot, *Médailles et jetons de Louis XIV*, Paris, 1968, 2 vol.

Charles Joret, *D'Ansse de Villoison et l'hellénisme en France pendant le dernier tiers du XVIIIe siècle*, Paris, 1910.

R. Kerviler, Les Bignon, *Le Bibliophile français*, 1772.

Ernest Maindron, *L'Académie des Sciences*, Paris, 1888.

— *Les fondations de prix à l'Académie des Sciences, les lauréats, 1714-1790*, Paris, 1801.

Henri-Jean Martin, *Livre, pouvoir et société à Paris au XVIIe siècle*, Genève, 1984, 2 vol.

Franck E. Manuel, *The eighteenth century confronts the gods*, Harvard, 1959.

Alfred Maury, *L'ancienne Académie des Inscriptions et Belles-Lettres*, Paris, 1864.

— *L'ancienne Académie des Sciences*, Paris, 1864.

Jean Meyer, Mythes monarchiques : le cas Henri IV aux xviie et xviiie siècles, *La monarchie absolutiste et l'histoire de France*, Paris, 1982.

Arnaldo Momigliano, Gli studi classici di Scipione Maffei, *Contributo alla storia degli studi classici*, t. 2, Rome, 1960.

Louis Moreri, *Le grand dictionnaire historique ou le mélange curieux de l'histoire sainte et profane*, Lyon, 1674, 3 vol., Paris, 1751, 10 vol.

Bruno Neveu, Muratori et l'historiographie gallicane, *L. A. Muratori, storiographo atti del convegno*, Modena, 1972.

Charles Nisard, *Correspondance du comte de Caylus avec le P. Paciaudi, ... suivie de celle de l'abbé Barthélemy...*, Paris, 1877, 2 vol.

— *Le triumvirat littéraire au XVIe siècle : Juste Lipse, Joseph Scaliger, Isaac Casaubon*, Paris, 1852.

Martha Ornstein, *The role of scientific societies in the seventeenth century*, Hamden, London, 1963.

Nikolaus Pevsner, *Academy of art, past and present*, Cambridge, 1940.

Virgile Pinot, Etude de la correspondance de Nicolas Fréret avec les missionnaires chinois, *Mélanges offerts à Gustave Lanson*, Paris, 1922.

— *La Chine et la formation de l'esprit philosophique en France (1640-1740)*, Paris, 1932.

Krisztof Pomian, *Collectionneur, amateur et curieux, Paris-Venise, XVIe-XVIIIe siècle*, Paris, 1987.

Jacques Proust, *L'Encyclopédie*, Paris, 1694.

Rapport sur l'état des lettres et des arts en France, s.l., 1794.

Rapport sur les encouragements, récompenses et pensions à accorder aux gens de lettres, aux savants et aux artistes, Paris, an III, 1795.

Ernest Renan, *Histoire générale des langues sémitiques*, Œuvres complètes, t. VIII, Paris, 1958.

W. S. Revah, « Académie », *Encyclopedia Universalis*.

Document sur la suppression des académies en 1793, *Revue des Documents historiques*, Paris, 1879.

Daniel Roche, Sciences et pouvoirs dans la France du xviiie siècle, 1666-1803, *Annales ESC*, juillet 1974.

— *Le siècle des Lumières en province*, Paris, 1975, 2 vol.

Samuel Rocheblave, *Essai sur le comte de Caylus*, Paris, 1889.

Charles Rollin, *Méthode d'étudier les Belles-Lettres ou Traité des Etudes*, Paris, 1726-1728, 2 vol.

Jean-Jacques Rousseau, *Œuvres complètes*, édition présentée par M. Launay, Paris, 1968, 3 vol.

Robert Schackleton, *Montesquieu, biographie critique*, trad. franç. par Jean Loiseau, Grenoble, 1977.

Raymond Schwab, *La Renaissance orientale*, Paris, 1950.

J. M. Schwartz, Antiquity not mysterious : the Academy des Inscriptions et Belles-Lettres, 1701-1749, *Branden's university dissertation abstract*, XXVII, 12.

Jean Sirinelli, *Les vues historiques d'Eusèbe de Césarée durant la période prénicéenne*, Paris, 1961.

Jacques Sole, *Les mythes chrétiens de la Renaissance aux Lumières*, Paris, 1979.

Jean Starobinski, *1789. Les emblèmes de la raison*, Paris, 1973.

Tableau historique de l'Académie des Inscriptions et Belles-Lettres, Paris, 1856.

Les travaux de l'Académie des Inscriptions et Belles-Lettres, Paris, 1947.

Frances A. Yates, *Giordano Bruno and the hermetic tradition*, London, 1964.

Errata à paraître dans le volume IV.

Table des matières

Instruction du 8 mars 1648 de Dom Grégoire Tarrisse.
Méthode pour la recherche des manuscrits (circulaire sur l'histoire de l'ordre de Dom Grégoire Tarrisse).
Lettre circulaire de Luc d'Achery du 10 mai 1648.
Décision du Chapitre de 1636 concernant les bibliothèques bénédictines.
Méthode que l'on doit garder en transcrivant les commentaires sur la Règle.
Lettre et avis sur les occupations des jeunes religieux.
Notices biographiques de : Jean-Luc d'Achery, Philippe Bastide, Martin Bouquet, Pierre Coustant, Claude Estiennot, Michel Germain, Antoine-Paul Le Gallois, Dom Lobineau, François Lami, Edmond Martène, Claude Martin, Bernard de Montfaucon, Antoine Rivet, Thierry Ruinard, Denys de Sainte-Marthe, Jean-Grégoire Tarrisse, Prosper Tassin, Charles-François Toustain.

DEUXIÈME PARTIE
L'ACADÉMIE ROYALE DES INSCRIPTIONS
ET BELLES-LETTRES

La fondation du 2 février 1663. « La petite Académie » et son évolution, créée officiellement en 1701, modifiée en 1750, 1786, supprimée en 1793. La préhistoire européenne : les académies italiennes. La préhistoire française : les académies informelles, l'Académie de Vincennes. L'explosion académique en France et en Europe. Rôle de Colbert. Les débuts de l'Académie et la gloire du Roi. Les propositions de Chapelain : l'Académie, cour suprême des arts. Sens de l'activité numismatique et des inscriptions. Rôle des devises et des jetons. La curialisation des doctes.

Les règlements de 1701. Le nombre et les attributions des académiciens. Les obligations des membres (recrutement, assiduité, travaux, rédaction et impression). Les pensions. Le contrôle de l'Académie par les différents ministres. La structure hiérarchisée de l'Académie : les officiers, les honoraires, les pensionnaires, les associés. Les grands érudits. L'évolution des esprits. Le système des prix. Importance primordiale de l'histoire ancienne. L'Académie des Inscriptions, « compagnie » comme l'Académie française ou technocratie en formation comme l'Académie des Sciences ?

De l'histoire ancienne à l'histoire universelle. La dispute en 1724 sur les sources de l'histoire romaine. Le contexte : le retour à l'antique. La redéfinition des rapports entre érudition laïque et érudition religieuse. La critique de l'autorité des historiens anciens. Les Mémoires de Levesque de Pouilly. Le Mémoire de l'abbé Antoine Anselme. Le Mémoire de l'abbé Sallier. Le Mémoire de Nicolas Fréret. Le sauvetage de l'histoire ancienne par Nicolas Fréret. Séparation entre l'histoire ancienne et l'histoire moderne. La revalorisation des sciences auxiliaires. Le développement de la numismatique. Le développement de l'archéologie. La création des musées. Les problèmes de chronologie ancienne. Juste-Josèphe Scaliger. Les fragments de Manethon et Bérose. La dispute prolongée sur la chronologie au XVIIIe siècle avec La Nauze, Gibert, Belley, Larcher, Jean Sylbain Bailly. *La mythologie comparée.* Evhémérisme et symbolique. L'abbé Banier et le baron de Sainte-Croix. Nicolas Fréret et ses *Réflexions générales sur la nature de la religion des Grecs.* Le concept de peuple. Les études orientales à l'Académie. La retombée des études hébraïques. Premiers travaux sur les manuscrits orientaux à la Bibliothèque du Roi. Travaux de Joseph de Guignes et Sylvestre de Sacy. Anquetil-Duperron, fondateur de l'indianisme. Développement des études chinoises avec Etienne Fourmont et Nicolas Fréret. Publication des *Mémoires sur les Chinois* rassemblés par les missionnaires jésuites.

Imprimé en France
Imprimerie des Presses Universitaires de France
73, avenue Ronsard, 41100 Vendôme
Décembre 1988 — N° 34 226

OUVRAGES DE BLANDINE BARRET-KRIEGEL

L'Etat et les esclaves, Paris, Calmann-Lévy, 1979, 2ᵉ éd., 1980, 262 p.
Les Chemins de l'Etat, Paris, Calmann-Lévy, 1986, 302 p.
L'Etat et la démocratie, Rapport à François Mitterrand, président de la République française, Paris, La Documentation française, 1986, 218 p.

Les Historiens et la Monarchie :

Jean Mabillon, Paris, PUF, 1988, 304 p.
La Défaite de l'érudition, Paris, PUF, 1988, 352 p.
Les Académies de l'Histoire, Paris, PUF, 1988, 384 p.
La République incertaine, Paris, PUF, 1988 (à paraître).

En collaboration

Moi Pierre Rivière... un cas de parricide du XIXᵉ siècle, sous la direction de Michel Foucault, Paris, Gallimard, 1973.
Le Philosophe et les Pouvoirs, entretiens avec Jean Toussaint Desanti et Pascal Lainé, Paris, Calmann-Lévy, 1976.
Les Machines à guérir (aux origines de l'hôpital moderne), sous la direction de Michel Foucault, Paris, Institut de l'Environnement, 1976; Bruxelles, Mardaga, 1978.